KB071615

학교폭력예방 및
학생생활의 이해

공감, 소통, 배려가 답이다

김붕섭 · 김붕년 · 김의성 · 김혜림 · 박효정 · 서 미 · 이영주
이인재 · 이현철 · 전인식 · 정시영 · 조윤오 · 최성보 공저

학지사

| 머리말 |

교육부가 2016년 12월 5일에 발표한 2016년 제2차 학교폭력 실태조사 결과(전국 초등학교 4학년부터 고등학교 2학년에 재학 중인 374만 명이 응답함), 피해 응답률은 0.8%로 2012년 8.5%였던 것에 비하면 줄었지만, 2만 8,000여 명이 여전히 학교폭력의 피해를 받고 있으며, 중·고등학생에 비해 초등학생의 피해가 높게 나타났다. 피해 유형별로는 언어폭력, 집단따돌림, 신체 폭행 순으로 높게 발생하였고, 피해는 교실이나 복도 등 주로 학교 안에서 동학년 학생에게 당했으며 쉬는 시간이나 하교 이후에 주로 발생하였다. 또한 학교폭력을 목격할 때 4명 중 3명은 주위에 알리거나 도움을 요청하지만 여전히 4명 중 1명은 모른척 하는 것으로 나타났다. 이 조사에서 학교폭력의 피해자가 줄고 있는 것으로 나타나 다행스럽기는 하지만, 학교폭력 문제를 처리하는 학교폭력대책자치위원회의 심의 건수가 계속 증가하는 통계를 볼 때, 학교폭력이 정말로 줄었다고 쉽게 낙관할 수만은 없을 것 같다.

국내·외를 막론하고 학생, 학부모, 교육자, 연구자들의 오랜 관심의 대상인 학교폭력의 문제는 최근 들어 학생 간의 단순한 말다툼이나 신체적 폭력은 줄어들고 있지만, 저연령화되고 교묘화되는 등 정서적 폭력의 비중이 증가하고 있어 새로운 대책마련이 필요한 실정이다. 실제로 학교폭력 피해자들의 신체적·정신적인 후유증이 지속되고 있으며 학교를 중도탈락하는 경우도 있다. 학교폭력은 피해를 입은 학생의 개인적인 삶의 차원에서도 안타까운 일일 뿐 아니라 사회적으로도 부정적인 영향이 크기 때문에, 우리는 학교폭력이 갖는 심각성에 대하여 더 이상 강 건너 불 보듯이 무관심해서는 안 된다. 학교폭력의 의미와 특성 그리고 발생 원인 및 그 후유증 등에 대한 올바른 이해를 바탕으로 학교폭력의 상황을 타개할 수 있는 구체적이고 효과적인 실천 방안들을 강구함으로써 미래 주인공인 청소년과 한국 사회에 희망적인 메시지를 주어야 할 것이다. 이러한 노력은 단지 특정한 사람이나 전공 영역에서만 다룰 수 있는 사안이 아니다. 청소년을 둘러싸고 있는 삶의 복잡성과 다양성에 의한 문제를 특정한 분야만이 제시하는 관점과 전략만으로는 절대로 해결할 수 없기 때문이다. 그러므로 청소년이 경험하고 있는 학교폭력이라는 방대한 주제에 대하여 다양한 분야의 이론과 내용을 살펴보고 그러한 과정을 통해서 실제적인 해결을 위한 방향들을 잡아가는 것은 필요하고도 의미가 있다. 이와 같이 학교폭력에 대한 학제적이고 포괄적인 접근은 이전의 시도와는 다른 신선한 내용과 방향들을 제시할 수 있을 것이라는 기대를 갖게 한다.

이 책은 이러한 문제의식을 바탕으로 학교폭력 예방에 도움이 될 수 있도록 기획되었으며, 학교폭력 및 청소년과 관련된 다양한 분야의 최고 전문가들이 오랜 시간 각자가 고민하고 연구한 분야의 전문적 지식과 경험을 바탕으로 집필하였다. 구체적으로 살펴보면 이 책은 총 4부 13개의 장으로 구성되어 있다. 제1부에서는 학교폭력의 의미와 유형을 연구자들의 관점과 법률적 관점으로 나누어 체계적으로 분석한 후, 학교폭력이 발생하는 원인을 개인적 요인, 가정 및 학교 요인 그리고 사회 요인의 차원에서 기술하고 있다. 제2부에서는 학교폭력의 예방과 대책을 위한 정부의 제도적 및 실제적 노력이 어떠하였는지를 「학교폭력예방법」의 제정 과정과 어울림 학교폭력 예방 프로그램을 예시로 기술하고 있다. 제3부에서는 학교폭력에 대한 대응 전략을 상담 개입, 학교폭력 가해 학생에 대한 정신의학적 접근, 사이버폭력의 구조에 대한 이해와 대응, 학교폭력에 대한 판례를 통한 법적 조치의 접근 등 다양한 영역에서 구체적인 사례를 통해 제시함으로써 학교폭력에 대한 대응과 예방을 위한 실질적인 대안을 마련하는 데 유익한 정보를 제공하고 있다. 제4부는 외국의 학교폭력에 대한 대응 사례를 분석한 것으로 외국의 학교폭력과 사이버폭력에 대한 대응 사례를 살피고 그것이 한국 사회의 학교폭력 예방 및 대응에 어떤 시사점을 지니는지를 탐구하고 있다.

　이 책은 학교 내·외의 학교폭력 문제에 관심을 갖고 해결하고자 노력하는 학생과 각 분야의 전문가들이 학교폭력의 특징과 심각성을 올바르게 이해하고 이에 따른 효과적인 대응을 마련하는 데 있어 실질적으로 참조해 볼 수 있는 최신의 이론과 동향을 소개함은 물론 구체적인 국내·외의 사례를 통한 대응 전략을 제시하고 있어 학교폭력에 관한 기존 도서들이 가지고 있는 전공 중심의 한계점을 극복하고 있다고 판단된다. 뿐만 아니라 학교폭력과 청소년 문제와 관련한 다양한 영역의 쟁점을 해당 분야 전문가의 지식과 경험을 바탕으로 학제적으로 균형 있고 통합적으로 담고자 하였다. 이는 각 저자가 역할을 나누어 집필한 주제와 내용을 살펴보면 쉽게 확인할 수 있을 것이다.

　또한 이 책이 세상에 나올 수 있도록 출판을 허락해 주신 학지사 김진환 대표이사님과 세심한 교정을 위해 수고해 주신 오수영 선생님을 포함한 모든 관계자에게 깊이 감사를 드린다. 원고가 늦어짐에도 기다려 주시고 우리 저자들이 가장 편하게 작업을 수행할 수 있도록 배려해 주시면서 책 디자인과 편집에서 작은 부분에 이르기까지 정성을 다해 세심하게 신경을 써 주셨다.

　저자들의 손을 떠나 독자에게 다가가는 이 책이 부족한 점이 많지만, 우리나라의 학교폭력 예방과 대응을 위해 노력하는 관련된 모든 분에게 보탬이 되길 기도한다.

2017년
저자 일동

| 차 례 |

■ 머리말 _ 3

PART **01** **학교폭력의 이해**

제1장 학교폭력의 의미와 유형 ································· 13
  1. 학교폭력의 의미 13
  2. 학교폭력의 유형 20
  3. 결론 24

제2장 학교폭력의 발생 원인 ································· 27
  1. 개인적 요인 28
  2. 가정적 요인 33
  3. 학교 요인 38
  4. 사회적 요인 44

PART **02** **학교폭력대책 추진 경과 및 예방 프로그램**

제3장 학교폭력예방 및 대책 ································· 59
  1. 학교폭력예방 및 대책의 추진 의의 59

2. 학교폭력예방 및 대책의 변천과정 61
3. 결론 및 제언 92

제4장 어울림 학교폭력예방 프로그램의 이해 ·················· 95
1. 어울림 학교폭력예방 프로그램 개발 배경 95
2. 어울림 프로그램 개발 개요 및 내용 97
3. 기본 프로그램의 구성 113
4. 어울림 프로그램 운영 및 적용 효과 121
5. 결론 141

PART 03 학교폭력 대응전략

제5장 학교폭력 상담 개입 전략 ································ 147
1. Wee 프로젝트와 학교폭력 147
2. 학교폭력 상담 개입 전략에 대한 이해 150
3. 요약 및 결론 174

제6장 학교폭력 가해학생에 대한 정신의학적 개입 ········· 179
1. 학교폭력 프로그램 개발의 필요성 179
2. 학교폭력 문제의 대두 180
3. 학교폭력의 정의 182
4. 학교폭력의 현황 183
5. 학교폭력 연관 요인 185
6. 가해학생 그룹의 심리적 특성 189
7. 가해학생 대상 프로그램 195
8. 학교폭력 프로그램 고찰 209
9. 학교폭력 프로그램의 대안 215

제7장 사이버폭력의 구조와 실태 ······························ 223
1. 서론 223

    2. 사이버폭력의 구조 225

    3. 사이버폭력 실태와 전망 236

    4. 결론 246

제8장 사이버폭력 가해자의 이해와 개입 ································· 251

    1. 사이버폭력 가해자의 개념 251

    2. 사이버폭력 가해 경험에 영향을 주는 요인 253

    3. 사이버폭력 가해행동 감소를 위한 개입과 전략 259

제9장 학교폭력에 대한 법적 조치 ······································· 269

    1. 학교폭력 문제의 실태 269

    2. 학교폭력의 법적 개념 270

    3. 학교폭력 사안처리 274

제10장 학교폭력 유형별 판례분석 ······································· 289

    1. 학교폭력에서 학교의 책임 범위 289

    2. 집단 따돌림 및 괴롭힘 291

    3. 사이버폭력 296

    4. 성폭력 301

제11장 학교폭력 사례 유형 및 상담 개입 ···························· 305

    1. 학교폭력 가·피해 상담 사례 유형 및 상담전략 306

    2. 공격성에 따른 가해 유형 330

    3. 사례 연구 및 분석 338

PART 04 외국의 학교폭력 대응 사례

제12장 외국의 학교폭력 대응 사례 ······································· 353

    1. 서론 353

    2. 미국 354

    3. 영국 359

4. 기타 유럽 361

5. 일본 365

제13장 외국의 사이버폭력 대응 및 사후지도 ·························· 371

1. 서론 371

2. 사이버폭력의 특징 및 대응 원칙 373

3. 외국의 사이버폭력 대응 정책 및 프로그램 379

4. 외국의 사이버폭력 대응 전략의 시사점 395

5. 결론 및 정책적 제언 400

■찾아보기 _ 405

PART **01**
학교폭력의 이해

제1장 학교폭력의 의미와 유형
제2장 학교폭력의 발생 원인

|제1장|
학교폭력의 의미와 유형

1. 학교폭력의 의미

국내외를 막론하고 최근의 학교폭력(school violence)은 저연령화, 집단화, 가해와 피해의 중복적·순환적 경험, 사이버폭력(cyber bullying)과 같은 새로운 형태의 폭력이 증가하는 등 그 양상이나 정도를 볼 때 과거와 비교되지 않을 정도로 빈번하고 심각하다. 따라서 이제 학교폭력은 그와 관련된 개인과 사회에 미치는 부정적 영향이 매우 크다는 점을 감안하면 더 이상 간과할 수 없는 중요한 교육 현안 중의 하나가 되었다. 학교폭력의 실체에 대해 보다 균형적·종합적으로 이해하고, 이에 대한 근본적인 해결방안을 마련하기 위해서는 먼저 학교폭력이 무엇인지 그 의미와 유형을 정확히 이해할 필요가 있다.

우선, 폭력(violence)에 관한 사전적 의미에 대해 살펴보자. 옥스퍼드 사전에 의하면, 폭력이란 "해치고(hurt), 상해를 가하거나(injure) 죽이려는(kill) 의도를 가진 물리적인 힘과 관련된 행위"라고 설명하고 있는데, 이는 파괴적인 행동, 사소한 공격(assault), 무기를 사용한 공격, 성폭력(sexual assault), 상해 그리고 더 나아가 죽음에까지 이르게 하는 심각한 폭력으로부터 나오는 광범위한 행동을 함축하고 있다. 폭력(violence)과 공격(aggression)은 때로 동의어로 사용되지만, 공격은 강압적이거나 적대적인 태도(a forceful or hostile attitude)를 포함하는 보다 더 포괄적인 용어인 반면, 폭력은 실제로 물리적인 힘을 사용하는 것을 의미한다(Large & Nielssen, 2011, p. 209).

미국이나 캐나다 등에서는 보통 학교폭력을 일컬을 때 'school bullying'이라는 용어를 사용해 왔다. 원래 bullying이라는 용어는 학교폭력 관련 연구로 유명한 노르웨이의 올베우스(Olweus)가 창안한 것인데, 미국을 포함한 다른 나라의 연구자들이 이를 가져다 쓰면서 bullying은 세계적으로 학교 내 폭력의 가장 보편적인 형태로 여겨졌다. 그런데 이 bullying이라는 용어는 연구자마다 또 국가마다 그것이 규정되고 개념화되는 방식이 다양할 뿐만 아니라 각 국가에서 bullying을 자국의 언어로 번역하여 쓰고 있지만, 정확하고 엄밀한 의미를 가진 단일한 단어를 찾기가 어렵다.

Bullying이라는 용어는 일반적으로 괴롭힘(harassment)이라는 개념과 동일한 것으로 간주되곤 하는데, 종종 타인 또는 개인들의 집단에게 반복적으로 부당한 공격을 하는 한 형태를 말한다. 그러나 bullying은 시간이 지나면서 지속됨에 따라 더욱 은밀하게 퍼지는 경향이 있으므로 괴롭힘보다는 폭력이라는 용어와 훨씬 더 유사한 것으로 볼 수 있다. 세계보건기구(The World Health Organization, 2002)에 의하면, 폭력행위(bullying behavior)란 신체적이고 심리적인 힘(force) 또는 파워(power)를 가지고 자신, 다른 사람, 한 집단이나 공동체에게 위협하거나 이를 실제로 사용하여 상해, 죽음, 심리적인 해로움, 발육불량, 박탈을 유발하도록 하는 것을 말한다. 미국에서는 bullying이란 "스스로를 쉽게 방어할 수 없는 보다 약한 피해자에게 특별히 사악한 형태의 공격적 행동을 반복적으로 하는 것"으로(Smith, Schneider, Smith, & Ananiadou, 2004, p. 547) 간주하는가 하면, 보다 포괄적으로는 "개인 또는 한 집단에 의해 반복적이고 지속적으로 수행된 공격적인 행동 또는 의도적으로 해로움 주기(harm doing)를 말하는데 이는 힘의 차이에서 발생하는 것"이라고 설명을 하기도 한다(Nansel et al., 2001).

21세기에 들어 컴퓨터와 인터넷이 급속도로 발달하고, 스마트폰, SNS 등 의사소통 수단이 확대되면서 최근에는 폭력의 본질에 대한 변화가 있어 왔다. 즉, 전통적으로 폭력은 학교 안이나 주변에서 발생한 것을 지칭한 반면, 오늘날에는 사이버폭력(cyber bullying)이 학교폭력의 주요한 특징으로 나타나고 있다. 사이버폭력이란 컴퓨터, 스마트폰, 다른 전자 장치를 사용하여 타인에게 의도적이고 반복적인 해로움을 가하는 것을 말한다(Hinduja & Patchin, 2009, p. 5.). 여기에는 전통적인 폭력의 개념 안에 공통적인 의도성, 반복, 해로움을 유발하는 행동과 같이 중요한 몇 가지 요인들이 포함되어 있지만, 십대가 가장 일반적으로 사용하고 있는 테크놀로지가 포함됨으로써 청소년들의 의사소통과 상호작용의 변화된 본질에 초점을 두는 현상을 일컫는다고 할 수 있다.

　학교폭력은 주체와 대상, 형태 및 발생 장소 등에 따라 다양하게 나타나고 있을 뿐만 아니라 연구자마다 다양한 시각차가 있어 한마디로 규정하기가 쉽지 않지만, 크게 연구자들의 관점과 법률적 관점으로 나누어 살펴볼 수 있다.

　먼저, 연구자들의 관점과 관련하여 국내 연구자의 견해를 살펴보자. 김종미(1997)는 학교폭력이란 학교를 중심으로 발생하는 것으로 정신적 · 신체적으로 나약하여 외부의 압력에 대해 스스로 방어할 능력이 없는 아동에 대하여 힘이 강한 개인이나 집단이 고의적으로 단기간 또는 장기간에 걸쳐 가하는 물리적 · 심리적 공격이라고 하였다. 문용린 등(2008)은 자기보다 약한 처지에 있는 상대에게 불특정 다수의 학생이 남에게 보이지 않는 장소에서 신체 · 심리적인 폭력을 반복하여 행하거나 심각한 공격을 가하는 문제 행동으로 보았으며, 이혜원 등(2009)은 학교와 학교주변에서 학생과 학생 사이에 힘이 불균형한 상태로 의도적이고 반복적으로 일어나는 공격 행위라고 정의내리고 있다. 또한 이순례(2012)는 타인에게 해를 입히기 위하여 힘, 무력, 언어적 공격, 상징적 · 심리적 강제 및 집단적 따돌림 등 다양한 수단을 사용하여 학교나 학교주변에서 심리적 혹은 신체적 피해를 입히는 행위라고 말하고, 김승혜(2012)는 학교에 다니는 청소년 사이에 발생하는 심리적 · 신체적 · 물리적 폭력을 모두 포함한 행동이라고 하였다.

　외국 연구자의 경우, 올베우스(Olweus, 1993, 1994)는 bullying의 개념을 학교폭력의 한 형태로 선도적으로 규정했는데, 그가 말하는 학교폭력이란 한 명 또는 그 이상의 학생이 행하고, 가해자와 피해자 간의 관계가 힘의 불균형 상태에 있으며 이것이 지속적이고 반복적인 부정적 행위로 나타나는 것을 말한다. 여기서 말하는 부정적 행위란 누군가가 의도적으로 다른 사람에게 상처를 주거나 불안을 끼치거나 또는 그렇게 하려고 시도하는 경우를 말한다. 여기에는 직접적인 가해(때리기, 발로 차기 등)뿐만 아니라 간접적인 가해(놀리기, 소문 퍼뜨리기 등)를 포함한다. 그에 의하면(Olweus, 1999), 학교폭력은 다음과 같은 네 가지 행동적 특성을 가지고 있다. 첫째, 공격은 일정한 시간에 걸쳐 반복적으로 이루어지고 있다. 둘째, 가해자는 피해자에게 의도적으로 해를 입히고자 한다. 셋째, 피해자는 가해자에게 무기력하게 노출되어 있다는 느낌을 받고 있다. 넷째, 가해자와 피해자 간에는 힘의 불균형(an imbalance of power)이 있다. 한편, 학교폭력을 신체적·심리적 상해나 재산상의 피해를 가져오는 의도적이고 부주의한 행동(Astor & Meyer, 2001)으로 보거나, 다른 학생들에게 해로움을 주거나 다른 학생들의 소유물이나 학교 재산에 해를 끼치고자 하는 의도를 지닌 학교 학생들의 행동으로 신체적·언어적 폭력, 위협적인 행동, 재산상의 피해 등이 이에 포함된다고 주장하는 이들도 있다(Astor, Benbenishty, Pitner, & Zeira, 2004; Benbenishty & Astor, 2005). 뿐만 아니라 때리기, 밀치기, 욕하기, 차기, 나쁜 소문 퍼뜨리기, 따돌리기, 협박하는 제스처 등과 같이 다양한 형태의 학교폭력이 힘의 악용에서 나온다고 보고, 학교폭력을 힘의 체계적인 악용이라고 정의하는 사람도 있다(Smith & Scharp, 1994). 콜로로소(Coloroso, 2003)는 학교폭력이 성립하기 위한 세 가지 요건을 의도성(intentional), 반복성(repeated), 힘의 불균형(imbalance)으로 보고, 이 중 하나 이상의 요건이 성립된다면 그 행동은 학교폭력이라고 할 수 있다고 말하고 있다. 여기서 의도성이란, 실수가 아닌 고의적으로 해를 입히거나 괴롭히는 말과 행동을 말하며, 반복성이란 어쩌다 한번 일어난 행동이 아니고 반복적으로 되풀이되는 행동을 말한다. 또한 힘의 불균형이란 힘이 더 센 학생이 약한 학생을, 상급생이 하급생을, 다수의 학생이 한두 명 소수의 학생을 괴롭히는 것을 말한다. 연구자들은 전통적으로 학교폭력을 한 개인 또는 집단이 특정인에게 언어적 폭력(악담, verbal abuse), 신체적 폭력, 사회적 거부(social rejection) 등과 같이 반복적으로 모욕(humiliation)을 주거나 위협(intimidation)을 가하는 사회적 상호작용이라고 설명한다.

지금까지 국내외의 연구자들이 정의한 학교폭력의 의미를 정리하면, 학교폭력이란 타인에게 해를 입히기 위하여 힘, 무력, 언어적 공격, 상징적·심리적 강제 및 집단적 따돌림 등 다양한 수단을 사용하여 학교나 학교 주변에서 심리적 혹은 신체적 피해를 입히는 행위라고 말할 수 있다. 학교폭력의 개념 속에서 볼 수 있는 공통적인 특징으로는 폭력의 의도성 및 지속성과 함께 학생 간 상호작용에 있어서 힘의 불균형이 존재한다는 점을 들 수 있다. 즉, 학교폭력의 가해자는 다른 학생에게 의도적인 해를 끼치려는 공격적인 행동을 하고 있으며, 폭력의 피해자는 따돌림이나 신체적인 허약함 등 여러 이유에 의해서 폭력으로부터 자신을 방어하지 못하는 것이다. 일반적으로 학교폭력에서 가해자(aggressor)는 피해자(victim)에 비해 훨씬 더 강하거나 어떤 면에서는 더 큰 힘이 있다. 그러므로 동등한 학생들 간에 발생하는 갈등은 학교폭력으로 여기지 않는다.

다음으로, 학교폭력의 법률적 관점을 알아보기 위해 현재 우리나라의 법에서 규정하고 있는 학교폭력에 대한 법적 정의를 살펴보자. 「학교폭력예방 및 대책에 관한 법률」(법률 제11388호, 2012. 3. 21. 일부개정, 2012. 5. 1. 시행) 제2조 제1항에 의하면, 학교폭력이란 "학교 내외에서 학생을 대상으로 발생한 상해, 폭행, 감금, 협박, 약취·유인, 명예훼손·모욕, 공갈, 강요·강제적인 심부름 및 성폭력, 따돌림, 사이버 따돌림, 정보통신망을 이용한 음란·폭력 정보 등에 의하여 신체·정신 또는 재산상의 피해를 수반하는 행위"라고 정의하고 있다. 이 법에서 규정하고 있는 학교폭력의 특성을 김혜경(2013, pp. 267-270)은 다음과 같이 분석하고 있다. 첫째, 장소적 적용 범위를 학교 내·외로 한 것은 학교 외에서의 폭력 행위도 이 법의 적용 대상임을 주의적이고 선언적으로 표현하고자 하였다는 것이다. 둘째, 기존의 학교폭력 범위인 '학생 간에 발생한' 사건에서 '학생을 대상으로 발생한' 사건으로 확대하여 학교 밖 청소년 등에 의한 학교폭력도 이 법에 따라 지원을 받을 수 있게 하였다는 것이다. 셋째, 학교폭력의 범위에 전형적인 형법상의 범죄 행위에 속하는 상해, 폭행, 감금, 협박, 약취·유인, 명예훼손·모욕, 공갈, 강요 이외에도 강제적인 심부름 및 성폭력, 따돌림, 사이버 따돌림, 정보통신망을 이용한 음란·폭력 정보 등에 의

한 폭력도 포함했다는 점이다. 특히 성폭력을 학교폭력으로 포함시키는 것에 대해
지나치게 다양하게 해석될 여지 및 그 행위의 정도나 유형의 다양성이 문제가 될
수 있다는 점 등을 둘러싸고 논란이 있지만, 피해자의 신체적 · 정신적 고통을 수
반하는 행위라는 점에서 학교폭력의 범주에 포함시키게 되었다는 점이다. 또한 사
이버 따돌림을 추가하면서 정보통신기기를 이용한 따돌림행위나 특정 학생과 관
련된 개인정보 또는 허위사실을 유포하여 상대방이 고통을 느끼도록 하는 일체의
행위도 학교폭력의 범주 내에 포함시켰다. 학교폭력의 여러 유형과 그 구체적인
의미를 살펴보면 〈표 1-1〉과 같다.

⭐ 표 1-1 「학교폭력예방 및 대책에 관한 법률」에 나타난 학교폭력의 유형과 의미

용어	의미
상해	신체의 완전성을 해하는 것으로 남의 몸에 상처를 내어 해를 입히는 것
폭행	학생 간 발생하는 폭행으로 해당 사안은 교원이 해결해야 하고, 당사자 간 분쟁을 교육적 차원에서 조정하기 위해서는 다소 구체성을 띠어야 하기 때문에 형법상 협의의 개념인 '사람의 신체에 대한 유형력의 행사'로 해석(형법상 폭행죄에 해당하는 협의의 개념)
감금	장소 이전의 자유를 침해하는 행위를 말하는 것으로 신체 그 자체를 구속하지 않고, 일정한 장소에서 나오지 못하게 하는 것
협박	상대방의 반항을 불가능하게 하거나 곤란하게 할 정도는 아니라도 상대방이 현실로 공포심을 느낄 수 있을 정도의 해악의 고지가 있는 경우(형법상의 협의의 개념)
약취	폭행 또는 협박으로 사람의 현재의 상태에서 자기 또는 제3자의 실력적 지배하에 두는 것
유인	허위의 사실을 가지고 상대방을 착오에 빠뜨리게 하거나 감언이설로 상대방을 현혹시켜 판단을 바르게 할 수 없게 된 사람을 자기 또는 제3자의 심리적 지배 내에 옮기는 행위
명예훼손	특정 또는 불특정 다수가 인식할 수 있는 상태에서 진실한 사실이나 허위의 사실을 적시하여 그 사람의 평판이나 사회적 가치를 떨어뜨리는 행위
모욕	공연히(불특정 또는 다수인이 인식할 수 있는 상태) 사실을 적시하지 아니하고 사람에 대하여 경멸의 의사 표시를 하는 행위

공갈	재물을 교부받거나 재산상의 이득을 취득하기 위하여 폭행 또는 협박으로 공포심을 일으키는 행위
강요	특정인에게 하기 싫은 일을 억지로 또는 강제로 요구하는 행위
강제적인 심부름	특정인에게 강제적으로 심부름을 시키는 행위
성폭력	성욕의 흥분, 자극 또는 만족을 목적으로 하는 행위로서 상대방에게 폭행과 협박을 하면서 신체적인 접촉을 하거나 성행위를 강제로 하는 것
따돌림	학교 내외에서 2명 이상의 학생들이 특정인이나 특정 집단의 학생들을 대상으로 지속적이거나 반복적으로 신체적 또는 심리적 공격을 가하여 상대방이 고통을 느끼도록 하는 일체의 행위
사이버 따돌림	인터넷, 휴대전화 등 정보통신기기를 이용하여 학생들이 특정 학생을 대상으로 지속적ㆍ반복적으로 심리적 공격을 가하거나, 특정 학생과 관련된 개인 정보 또는 허위 사실을 유포하여 상대방이 고통을 느끼도록 하는 일체의 행위
재물손괴	「민법」상 재물은 유체물(동산, 부동산) 또는 전기 기타 관리가 가능한 자연력을 말하며, 「형법」상으로는 유체물 및 관리할 수 있는 동력을 말하고 손괴죄는 재물만을 객체로 함(손괴란 재물에 직접 유형력을 행사하여 그 이용 가능성을 침해하는 것임)
정보통신망을 이용한 음란ㆍ폭력 정보	특정인에 대하여 모욕적인 언사나 욕설ㆍ허위의 글이나 사생활에 관한 사실을 인터넷 게시판에 올리거나 인터넷상이나 휴대전화를 통해 성적 수치심을 주는 음란한 대화를 강요하거나 위협이 되는 문자나 동영상을 보내어 정신적 피해를 주는 일체의 행위

「학교폭력예방 및 대책에 관한 법률」에 나타난 학교폭력은 학생과 학생 간, 학생을 대상으로 일어나는 신체적ㆍ언어적 폭력을 의미하며, 학생 간의 폭력 중에서도 과거에는 학생 개인 대 개인 싸움, 학교 대 학교, 학교 내 집단 패싸움 등 단순히 신체적인 가해 행위를 학교폭력으로 간주했지만, 이후 심리적 위협과 집단의 따돌림을 포함한 다양한 형태의 폭력을 포함하는 것으로 학교폭력을 정의하였다. 다시 말해, 힘의 우위에 있는 개인 또는 패거리들이 주위 학생들에 대해 언어적 위협, 놀림, 소지품 은닉, 따돌림, 집단에 의한 무시, 신체적 폭력, 성추행, 금품갈취는 물론 재물손괴 등의 행동을 하고, 공포분위기를 조성함으로써 주위 학생들이

심리적인 소외감과 극도의 불안감을 겪고, 신체적인 상처와 물리적인 손해를 감수하고 있는 상태라면 학교폭력이 발생한 것으로 볼 수 있다는 것이다(정종진, 2013). 즉, 학교폭력에 대한 법적 정의에서 학교폭력은 학교 내외에서 학생을 대상으로 한 행위를 말한다. 그 행위는 때리는 행위, 말 또는 글로 협박하는 행위, 특정 장소에 학생을 가두거나 행동을 제한하는 행위, 주변 학생들에게 욕을 하거나 유언비어를 유포하는 행위, 다른 학생들로 하여금 어울리지 못하게 조장하는 행위, 인터넷 및 휴대폰으로 성적인 내용이나 폭력적인 내용을 보내는 행위 등을 말한다. 그리고 이러한 행위를 통해 신체적, 정신적 또는 재산상의 피해를 주는 모든 행위를 말한다. 학교폭력에 대한 다양한 정의에 다소의 시각차가 있지만, 학생이 겪는 일체의 유·무형의 위력 행사에 의한 신체적, 정신적, 성적 또는 사이버상의 피해라는 점에서는 공통적이다.

2. 학교폭력의 유형

우리나라에서 많이 발생하고 있는 학교폭력의 유형을 분류해 보면 신체폭력, 언어폭력, 금품갈취, 강요, 따돌림, 성폭행, 사이버 및 매체 폭력, 폭력서클 등이다. 대구광역시 교육청이 학교폭력을 세분한 것을 보면 〈표 1-2〉와 같다(교육과학기술부, 2012). 여기서 유의해야 할 것은 학교폭력을 인식할 때 사소한 괴롭힘이나 장난이라고 가장한 행위도 학교폭력에 해당한다는 점이다.

⭐ 표 1-2 우리나라에서 발생하고 있는 학교폭력의 유형

유형	사례
신체폭력	• 상해, 폭행: 신체를 손, 발로 때리는 등 고통을 주는 행위(주먹이나 발로 몸을 때리기, 뺨 때리기, 사람에게 돌을 던지기, 침을 뱉기, 손이나 옷을 잡아당기거나 밀기, 강제로 모발을 자르기 등) • 약취: 강제(폭행, 협박)로 일정한 장소로 데리고 가는 행위

	• 감금: 일정한 장소에서 쉽게 나오지 못하게 하는 행위 • 유인: 상대방을 속이거나 유혹해서 일정한 장소로 데리고 가는 행위 • 장난을 빙자해서 꼬집기, 때리기, 힘껏 밀치는 행동 등이라도 상대 학생이 폭력 행위로 인식하는 모든 행위
언어폭력	• 명예훼손: 여러 사람 앞에서 상대방의 명예를 훼손하는 구체적인 말(성격, 능력, 배경 등)을 하거나 그런 내용의 글을 인터넷, SNS 등으로 퍼뜨리는 행위 ※ 내용이 진실이라고 하더라도 범죄이고, 허위인 경우에는 형법상 가중 처벌됨 • 모욕: 여러 사람 앞에서 모욕적인 용어(생김새에 대한 놀림 등 상대방을 비하하는 내용)를 지속적으로 말하거나 그런 내용의 글을 인터넷, SNS 등으로 퍼뜨리는 행위 • 협박: 신체 등에 해를 끼칠듯 한 언행("죽을래?" 등)과 문자 메시지 등으로 겁을 주는 행위
금품갈취	• 공갈: 돌려 줄 생각이 없으면서 돈을 요구하기, 옷이나 문구류 등을 빌린다며 되돌려 주지 않기, 일부러 물품을 망가뜨리기, 돈을 걷어오라고 하는 행위 등

강요	• 강요: 폭행 또는 협박으로 상대방의 권리 행사를 방해하거나 의무 없는 일을 하게 하는 행위
	※ 바바리맨을 하도록 강요하는 경우, 스스로 자해하거나 신체에 고통을 주게 하는 경우 등이 강요죄에 해당됨
	• 심부름 강요: 의사에 반하는 행동을 강요하는 행위(과제 대행, 게임 대행 등)
	※ 속칭 빵 서틀*, 와이파이 서틀 등
	  – 빵 서틀: 힘센 학생들의 강요로 빵을 사다 주는 등의 잔심부름을 하는 학생이나 그 행위 자체를 일컫는 말
	  – 와이파이 서틀: 학교 일진 학생들이 괴롭힘의 대상이 된 학생에게 무선 데이터 무제한 요금제에 가입하게 한 뒤 스마트폰 '태더링'이나 '핫스팟' 기능을 통해 자신들은 공짜로 인터넷을 사용하는 것

따돌림	• 학교 내외에서 2인 이상의 학생들이 특정인이나 특정 집단의 학생들을 대상으로 지속적이거나 반복적으로 신체적 또는 심리적 공격을 가하여 상대방이 고통을 느끼도록 하는 일체의 행위 • 싫어하는 말로 바보 취급하기, 빈정거림, 면박이나 핀잔주기, 겁주는 행동, 말을 따라 하며 놀리기 등 • 다른 학생들과 어울리지 못하도록 막기
성폭력	• 성적인 말과 행동을 함으로써 상대방이 성적 굴욕감, 수치감을 느끼도록 하는 행위 • 상대방에게 폭행과 협박을 하면서 성적 모멸감을 느끼도록 신체적 접촉을 하

	는 행위 • 폭행과 협박을 하여 성행위를 강제하거나 유사 성행위, 성기에 이물질을 삽입하는 행위
사이버 및 매체 폭력	• 특정인에 대한 모욕적인 말이나 욕설 등을 인터넷 게시판, 카페 등에 올리는 행위 • 특정인에 대한 허위 내용의 글이나 사생활에 관한 사실을 인터넷이나 SNS 등으로 불특정 다수에게 공개하는 행위 • 위협·조롱·성적 수치심을 주는 글이나 그림 혹은 동영상 등을 정보통신망을 통하여 유포하는 행위 • 공포심이나 불안감을 유발하는 문자나 음향 혹은 영상 등을 휴대전화 등 정보통신망으로 반복적으로 전송하는 행위 • 인터넷이나 휴대전화 등으로 협박·비난·위협하기, 헛소문 퍼뜨리기, 사이버머니나 아이템 훔치기, 악성 댓글 달기, 원치 않는 사진 혹은 동영상을 찍거나 유포시키는 행위 등
폭력서클	• 신입생에게 서클에 가입하도록 강요하는 것 • 다른 학교 일진들과 정기적으로 모이고 세력 다툼을 하는 것 • 'ㅇㅇ파' 이름을 붙이고 몰려다니면서 위화감을 조성하는 행위

* 주: 셔틀은 중·고등학교에서 힘센 학생들의 강요로 빵이나 담배 등을 대신 사다주거나 와이파이를 제공하는 행위나 대리로 시험을 쳐 주는 행위를 하는 사람을 뜻하는 신조어로 학교폭력을 배경으로 탄생한 용어다. 빵 셔틀은 자신보다 힘이 센 학생들에게 강요당해 빵을 사오는 등의 잔심부름을 하는 학생이나 혹은 그 행위 자체를 일컫는 말이다. 강제적인 심부름이 학교폭력에 해당하는 이유는 빵 셔틀이 그 명령을 거부하면 당연히 폭력적인 보복이 뒤따르므로 단순히 빵을 사오는 개념이 아닌 일종의 학교폭력이며 심각한 사회문제가 되기 때문이다(조대훈 외, 2013).

〈표 1-2〉에서 제시한 '사이버 및 매체 폭력'의 대표적인 형태가 최근 학교에서 심각하게 발생하고 있는 사이버폭력(cyber bullying)이다. 사이버폭력은 간단히 말하면 사이버 공간에서 정보통신 기술(컴퓨터, 휴대폰, 이메일, 메신저, 비디오카메라 등)을 활용하여 고의적인 공격, 욕설, 위협, 협박과 같은 온라인(인터넷) 괴롭힘, 즉 폭력적 행위를 말하는 것으로 연구자에 따라서는 사이버 따돌림, 사이버 왕따라는 용어를 쓰기도 한다(한국정보화진흥원, 2013; 안성진 외, 2015).

전통적인 학교폭력과 사이버폭력 간에는 유사성도 있지만 사이버폭력이 전통적인 학교폭력과 다른 중요한 특성들도 있다. 전통적인 학교폭력은 학교와 일터에서 다른 사람들에게 잘 알려져 있다. 그러나 사이버폭력의 가해자들은 대부분의 경우 드러나지 않는다. 이러한 사이버폭력의 측면이 이를 특히 해로운 것으로 만든다. 전통적 학교폭력에서는 체중이 많이 나가고 신체적으로 허약하거나 장애아 또는 인기가 없는 아이들이 종종 타깃이 되었다(Olweus, 1999). 이와 달리 특정 타깃이 없는 사이버폭력 앞에서 모든 학생은 잠재적인 희생자라 볼 수 있다. 전통적인 학교폭력은 주로 학교 안에서 공부를 하는 낮에 발생한다. 그러나 사이버폭력은 언제든지 발생한다. 사이버폭력의 징조나 이미지는 광범한 목격자들이 재빨리 퍼뜨릴 수 있다.

방송통신위원회와 한국인터넷진흥원(2013)의 사이버폭력 실태조사에서는 〈표 1-3〉과 같이 사이버 따돌림을 사이버폭력의 범주 중 하나로 보고 있다.

★ 표 1-3 사이버폭력의 유형과 의미

유형		의미
모욕		인터넷상에서 특정인에 대하여 모욕적인 언사나 욕설 등을 하는 행위
명예훼손		비방을 목적으로 인터넷상에 구체적인 내용의 허위 또는 사실이 유포되어 피해를 입은 경우
성폭력		인터넷을 통해 성적 수치심이 혐오감을 일으키는 말이나 음향, 글이나 사진 · 그림, 영상 등을 받는 경우
스토킹		공포심이나 불안감을 일으키게 하는 음성, 문자, 화상 등을 반복적으로 받아 피해를 입은 경우
사이버 따돌림	카카오톡 왕따	-카따: '카카오톡 왕따'를 뜻하는 십대들의 은어로 오프라인에서의 왕따 행위를 모바일 공간으로 옮겨와서 자행하는 것 -떼까: 채팅방에서 피해학생에게 단체로 욕을 퍼붓는 것 -카톡 방폭: 채팅방에 피해학생을 초대한 뒤 한꺼번에 나가버려 피해학생만 카톡방에 남게 하는 것 -카톡 감옥: 피해학생을 계속 채팅방으로 초대하여 괴롭히는 것 -기타: 채팅방에서 피해학생의 말만 무시하며 유령 취급하는 행위, 피해학생을 초대한 뒤 일제히 의미 없는 메시지를 던져서 휴대폰을 마비시키는 행위
	와이파이 셔틀	스마트폰의 '테더링' 기능을 이용하여 피해학생의 스마트폰을 와이파이 공유기처럼 사용하는 것으로, 무선 데이터 갈취를 통해 금전적 피해를 주는 것
	하트 셔틀	게임(애니팡 등)을 하기 위해 필요한 '하트'를 피해학생에게 상납 받는 방식의 아이템 갈취 행위

3. 결론

　　지금까지 학교폭력의 의미와 여러 유형에 대해 살펴보았다. 빈번하게 발생하고 그 정도가 심각한 학교폭력을 충분히 이해하기 위해서는 학교폭력의 의미 속에 깃든 다양한 측면을 종합적으로 고려해야 한다. 오늘날의 학교폭력은 단지 학교 내에서 발생하는 학생들에게 해로움을 유발하는 극단적인 신체적 힘을 사용하는 것만을 의미하지 않는다. 학교폭력은 단순한 물리적 폭력, 금품 갈취로만 한정되는 것이 아니라 학교 내외에서 학생들에게 해악을 끼칠 의도를 가진 모든 행동으로서 피해학생이 느끼는 신체적 · 심리적 · 정신적 폭력을 포함한다. 다시 말해, 학생들이 학교 내외에서 영향을 받는 모든 유형의 폭력을 의미한다고 할 수 있다.

📑 참고문헌

교육과학기술부(2012). 학교폭력 현장 컨설팅 자료집.

김혜경(2013). 학교폭력에 대한 형사법적 접근의 제한. 형사정책연구, 24(4), 257-293.

김종미(1997). 초등학교에서 발생하는 학교폭력의 성격과 유발 요인. 한국심리학회지: 발달, 10(2), 17-32.

노순규(2012). 학교폭력의 원인과 해결 방법. 서울: 한국기업경영연구원.

문용린, 김준호, 임영식, 곽금주, 최지영, 박병식, 박효정, 이규미, 임재연, 정규원, 김충식, 이정희, 진태원, 장현우, 장맹배, 강주현, 이유미, 이주연, 박명진(2006). 학교폭력예방과 상담. 서울: 학지사 · 청소년폭력예방재단.

안성진, 이창호, 조윤오, 오인수, 김봉섭, 김경희, 이승하, 진달용, 임상수, 최숙영, 이원상, 이유미, 신나민(2015). 사이버불링의 이해와 대책. 경기: 교육과학사.

이순례(2012). 학교폭력의 원인 및 대처방안에 관한 연구. 한국형사정책연구원.

이혜원, 김성천, 김혜래, 노혜련, 배경내(2009). 학생권리와 학교사회복지. 서울: 한울아카데미.

정종진(2015). 학교폭력의 예방 및 대책. 서울: 학지사.

조대훈, 김승혜, 강민수, 전연진, 이유미, 최희영(2013). 학교폭력예방 및 대책. 서울: 박영사.

한국정보화진흥원(2013). 사이버불링의 이해와 대응 방안.

Astor, R. A., & Meyer, H. A. (2011). The conceptualization of violence - prone school subcontexts: Is the sum of the parts greater than whole? *Urban Education, 36,* 374-399.

Astor, R. A., Benbenishty, R., Pitner, R., & Zeira, A. (2004). Bullying and peer victimization in schools. In P. A. Meares & M. W. Fraser (Eds.), *Intervention with children and adolescents: An interdisciplinary perspective* (pp. 471-448). Boston: Pearson.

Benbenishty, R., & Astor, R. (2005). *School violence in context: Cultural, neighborhood, family, school, and gender.* New York: Oxford University Press.

Coloroso, B. (2003). *The bully, the bullied, and the bystander.* New York: Harper Collins.

Hong, J. S., & Espelage, D. L. (2012). A review of research on bullying and peer victimization in school: An ecological system analysis. *Aggression and Vioent Behavior, 17,* 311-322.

Large, M. M., & Nielssen (2011). Violence in first-episode psychosis: A systematic review and meta-analysis. *Schizophrenia Research, 125*, 209-220.

Nansel, T. R., Overpeck, M., Pilla, R. S., Ruan, W. J., Simons-Morton, B., & Scheidt, P. (2001). Bullying behaviors among U. S. youth: Prevalence and association with psychosocial adjustment. *Journal of the American Medical Association, 285*, 2094-2100.

Olweus, D. (1993). *Bullying at school: what we know and what we can do.* Cambridge: Blackwell.

Olweus, D. (1994). Bullying at school: Basic facts and effects of a school based intervention program. *Journal of Child Psychology and Psychiatry, 35,* 1171-1190.

Olweus, D. (1999). Norway. In P. K. Smith, Y. Morita, J. Junger-Tas, D. Olweus, R. Catalano, & P. Slee (Eds.). *Nature of school bullying: A cross-national perspective.* London: Routledge.

Patchi, J. W., & Hinduja, S. (2011). Traditional and Nontraditional Bullying Among Youth: A Test of General Strain Theory. *Youth & Society, 43*(2), 727-751.

Smith, J. D., Schneider, B. H., Smith, P. K., & Ananiadou, K. (2004). The effectivness of whole school antibullying programs: A synthesis of evauation research. *School Psychology Review, 33*, 547-560.

Smith, P. K., & Sharp, S. (eds.) (1994). *School Bullying-Insight and Perspectives.* London, Routledge.

World Health Organiztion (2002). World report on violence and health. retrieved 2017. 1. 15. from http://apps.who.int/iris/bitstream/10665/42495/1/9241545615_eng.pdf

|제2장|
학교폭력의 발생 원인

학교는 학생들이 가장 많은 시간을 보내는 장소로, 가장 안전한 곳이어야 한다. 그러나 배움의 장이 되어야 할 학교에서 폭력으로 인한 문제가 점점 더 많아지고 있으며, 그 정도나 양상이 다양하고, 학교폭력이 발생하는 연령 또한 점점 더 낮아지고 있다. 학교폭력은 한 가지 원인에 의해 발생하기보다는 여러 원인이 복합적으로 작용하여 발생하는 경우가 많다. 학교폭력의 원인들은 학교 내의 요인에만 국한되지 않으며 개인적 요인, 가정적 요인, 사회문화적 요인 등 너무나 방대하다.

일반적으로 비행이나 문제를 일으키는 청소년들은 한 가지 문제에만 국한하지 않고 여러 문제행동을 동시에 보이는 경향이 있으므로 청소년 비행 유발 요인들이 학교폭력과도 관련이 있다고 볼 수 있다(Donovan & Jessor, 1985). 기존의 청소년 비행과 학교폭력에 관한 선행 연구에서 제시한 여러 입장을 종합해 보면 학교폭력은 개인적 요인, 가정적 요인, 학교 요인 및 지역사회 요인으로 구분할 수 있다(김창군, 임계령, 2010). 따라서 이 장에서는 학교폭력 발생에 영향을 미치는 요인을 개인적 요인, 가정적 요인, 학교 요인, 사회적 요인으로 나누어 설명하고자 한다.

1. 개인적 요인

1) 성별

일반적으로 여성보다는 남성의 성향이 좀 더 폭력적이고 파괴적이기 때문에 여학생보다는 남학생들 사이에서 학교폭력이 더 많이 일어나고 있다고 알려져 있다. 실제로 성별에 따른 학교폭력 실태조사에 의하면 남학생이 여학생에 비해 폭력에 관여할 확률이 3배 이상이나 된다(한국청소년개발원, 1995). 호르몬의 변화와 2차 성징이 나타나는 사춘기 이후에는 남학생들의 경우 남성 호르몬이 많아지는데, 실제로 남성 호르몬인 안드로겐은 공격성과 상관관계가 매우 높은 것으로 알려져 있다(Brooks-Gunn & Warren, 1989; Eccles et al., 1988; Olweus, Matteson, Schalling, & Low, 1988). 국내외 연구들에서도 여학생보다는 남학생의 학교폭력 및 괴롭힘 발생률이 훨씬 높게 나타나는 것으로 보고되고 있다(교육부, 2013, 2014a, 2014b; 청소년폭력예방재단, 2013; Bosworth, Espelage, & Simon, 1999). 교육부의 학교폭력 실태에 관한 조사 결과에 의하면, 2013년에는 남학생이 2.2%, 여학생이 1.6%, 2014년에는 남학생이 1.6%, 여학생이 1.1%로 남학생이 여학생보다 학교폭력의 피해를 훨씬 많이 받고 있는 것으로 나타났다. 그러나 학교폭력의 피해 유형은 성별에 따라 차이가 있는 것으로 나타나고 있다. 학교폭력에 대한 성별 차이를 살펴본 연구들에 의하면 남학생의 경우 여학생에 비해 학교폭력의 피해가 더 높은 것으로 나타났으며, 학교폭력의 유형에서도 '맞았다'와 같은 신체폭력, 폭행, 스토킹, 금품갈취 등의 피해 유형이 훨씬 높은 것으로 나타났다. 그러나 여학생은 남학생과 같이 신체적인 폭력의 피해를 받기보다는 '욕설이나 모욕적인 말을 들었다'와 같은 언어폭력이나 집단 따돌림, 사이버 괴롭힘 등의 간접적인 학교폭력이 훨씬 많이 발생하는 것으로 나타났다(교육부, 2014a; 이병환, 권인탁, 엄재춘, 2015). 즉, 남학생의 경우는 신체적·물리적 폭력과 같은 직접적인 피해가 많기 때문에 피해를 명확하게 확인할 수 있는 경향이 높다. 그러나 여학생의 경우 언어폭력이나 집단 따돌림 등의 간접

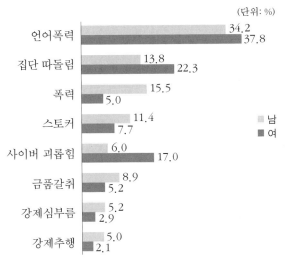

(단위: %)

언어폭력　34.2 / 37.8
집단 따돌림　13.8 / 22.3
폭력　15.5 / 5.0
스토커　11.4 / 7.7
사이버 괴롭힘　6.0 / 17.0
금품갈취　8.9 / 5.2
강제심부름　5.2 / 2.9
강제추행　5.0 / 2.1

남
여

◀ 그림 2-1　성별에 따른 학교폭력 피해 유형

출처: 교육부(2014a).

적이고 정신적인 폭력이 많아 실제로 피해자가 폭력의 상황을 알리지 않는다면 학교
에서 학교폭력의 피해를 알기 쉽지 않기 때문에 그 피해가 더 심각할 수 있다.

2) 연령

학교폭력은 오래전부터 발생해 왔으나 그것이 사회적 문제로 대두되면서 2010
년 이후부터는 정부 차원에서 '폭력·따돌림 없는 학교 만들기' 계획을 수립하여
안전한 학교환경을 조성하기 위한 노력이 이루어져 왔다. 최근에는 학교폭력이
더욱 조직화되고 강력해지는 경향이 있으며, 학교폭력의 발생 연령이 점점 더 낮아
지는 추세를 보이고 있어 우리 사회의 중요한 사회적 문제로 대두되었다. 기존의
선행 연구들은 중학생 시기가 학교폭력의 발생률이 가장 높고 심각하다고 보고하
고 있다(박종효, 2007; Olweus, 1993; Solberg, Olweus, & Endresen, 2007). 그러나 국
내에서 2012년부터 2014년까지 5번 이루어졌던 교육부의 학교폭력 실태 전수조
사에서, 초등학교 시기가 중학교와 고등학교 시기에 비해 학교폭력의 피해를 받

고 있다는 응답이 더 많은 것으로 보고되고 있을 정도로 초등학교에서의 학교폭
력은 문제가 되고 있다. 또한 2012년 청소년폭력예방재단의 전국 학교폭력 실태
조사 발표자료에 의하면 재학기간 중 학교폭력 경험이 있다고 응답한 학생 1,264
명 중 학교폭력 피해를 처음 당한 시기에 대한 질문에서 '초등학교 5학년'이라고
응답한 학생이 17.8%로 가장 높았으며, '초등학교 1학년'이 9.4%, '초등학교 2학
년'이 8.1%, '초등학교 3학년'이 13.0%로 초등학교 저학년 때의 피해 경험이 전체
응답자의 30.5%로 높게 나타났다. 그리고 시기적으로 살펴보면 초등학교 시기가
78.3%, 중학교 시기가 19.8/%, 고등학교 시기가 1.9%로, 초등학교 때 처음 학교
폭력을 경험한 비율이 매우 높을 정도로 학교폭력의 발생 시기가 빨라지고 있다.

표 2-1 학년별 학교폭력 피해 응답률   (단위: %)

피해 응답률	2012년 1차	2012년 2차	2013년 1차	2013년 2차	2014년 1차
초	15.2	11.1	3.8	2.7	2.4
중	13.4	10.0	2.4	2.0	1.3
고	5.7	4.2	0.9	0.9	0.6

출처: 교육부(2014a).

표 2-2 처음 학교폭력을 경험한 시기   (단위: 명, %)

항목	초1	초2	초3	초4	초5	초6	중1	중2	중3	고1	고2	전체
빈도	118	101	163	182	222	192	157	68	23	16	8	1,250
비율	9.4	8.1	13.0	14.6	17.8	15.4	12.6	5.4	1.8	1.3	0.6	100

출처: 청소년폭력예방재단(2012).

3) 심리적 특성

청소년기는 아동기에서 성인기로 가는 전환기로서 신체적·심리적·사회적 변
화가 많이 일어나는 시기다. 특히 학교폭력과 관련된 심리적 특성에 관한 연구에

따르면 가해학생들은 충동적이고 공격적이며, 자기중심적이고 분노조절 능력이 다른 학생들보다 낮은 특성을 보인다. 그들은 우울감과 열등감이 강하며, 자기조절 능력과 공감능력이 약하다. 또한 일반 학생들과 비교해 볼 때 가해학생들은 학업성취도와 학업 흥미가 낮고, 자아개념이 부정적이며, 자존감이 낮은 것으로 나타났다(문용린, 이승수, 2010; 박효정, 정미경, 김효원, 2009; 유리향, 2012; 윤영준, 2011; 염영미, 2012; 장맹배, 2011). 즉, 학교폭력과 연관된 심리적 특성으로는 공격성과 충동성, 타인에 대한 낮은 공감능력 등이 있다.

공격성이란 개인이 얼마나 공격적 성향을 가지고 있는가에 관한 것으로 학교폭력을 가장 잘 예측할 수 있는 심리적 특성으로 볼 수 있다(김경, 2005; 도기봉, 2008a; 이상균, 2005; 조유진, 2006; Hubbard, 2001). 공격성은 사춘기의 호로몬 변화와 신체적 변화 등과도 연관성이 있다(Paikoff, Brooks-Gunn, & Warren, 1991). 즉, 공격 성향이 강하면 자기중심적으로 행동하는 경우가 많으며, 공격 성향으로 인해 사회 질서나 규범을 고려하지 않고 자신의 감정대로 행동하고 정서적으로 불안한 요인도 있다. 이러한 정서 불안이 정서장애로 이어져 개인이 반항적이고 충동적이고 파괴적인 행동을 하며 다른 사람을 괴롭히게 된다고 보고되고 있다. 폭력가해학생들은 일반적으로 자신에 대한 만족 및 수용 정도가 낮아 스스로를 열등하고 쓸모없는 존재로 인식하고, 사랑받을 만한 존재가 아니라고 느끼며, 가정환경에 대한 만족도도 대체로 낮은 경향을 보인다. 이러한 낮은 자아개념은 학생들로 하여금 폭력 등 다양한 문제행동에 참여하도록 한다(손원경, 1998). 또한 공격성이 높은 학생들은 스스로 분노를 조절하거나 화를 참는 능력이 부족하고 자신이 처한 상황에 대한 해석과 인식에 있어서 일반 청소년보다 더 많은 스트레스를 경험한다(김창군, 임계령, 2010; 노성호, 2004).

충동성이란 충동에 대한 자제력이 부족한 것으로 순간적인 충동을 억제하지 못한 경우 분노의 표출이다. 이는 힘을 행사하기 위한 수단인 폭력행위를 가중시킬 수 있다. 누구나 폭력행동의 경향성이 있지만, 대부분은 양심이나 도덕적 기준을 바탕으로 자기통제를 하여 자신이 가진 공격성을 행동으로 표출하지 않는다. 그러나 자기조절이나 통제성이 부족한 학생들의 경우, 스트레스를 받는 상황에서 이를 해소하기 위해 자신보다 약하다고 생각하는 학생에게 공격성을 표출하여 학교폭력이 일어날 수 있다(김병찬, 2012; 박동호, 2011; 이은경, 2011; 정현주, 2011).

학교폭력 가해학생들은 공격성 이외에도 타인에 대한 **공감능력**이 낮아 다른 사람이 고통받는 것은 상관하지 않고 자신이 하고 싶은 것이라면 거리낌 없이 행동하고 타인의 어려움에 무관심하거나 무시하는 경향이 있으며 타인을 지배하려는 욕구가 높다(김혜원, 이혜경, 2000; 손원경, 1998; Jolliffe & Farrington, 2004). 또한 타인이 어떻게 되든 상관없이 자기만 불이익을 받지 않으면 된다는 가치관이 팽배하여 바람직한 규범과 도덕적인 윤리의식이 내면화되지 않아 폭력행위를 하게 되는 경향이 있다(권복순, 1997). 실제로 국내에서 학교폭력 가해자에게 피해를 준 이유를 물었을 때 '장난'이었다는 응답이 33.1%로 가장 높았으며, '오해와 갈등'이라는 응답이 18.4%, '상대방의 학생이 잘못해서'라는 응답이 17.3%로 나타났다. 가해학생들은 학교폭력이 범죄라는 인식도 낮았으며, 학교폭력에 대한 자신의 잘못의 인식도 낮은 것으로 나타났다(청소년폭력예방재단, 2013).

피해를 당했을 때 소극적으로 대처하거나 무시할 경우 학교폭력의 피해자가 될 가능성이 높아지고 반복적으로 괴롭힘을 당하게 되는 경우가 많다(김옥렬, 2006). 학교폭력의 피해를 받은 학생들은 자신에게 닥친 상황이나 스스로에 대해 부정적으로 인식하고 자신을 실패자로 생각하는 등 자존감이 낮으며, 불안해하는 경향이 있다(김옥렬, 2006; 육홍렬, 2005). 실제로 2012년 교육부의 학교폭력 실태조사 결과에 의하면 학교폭력을 경험한 학생들 중 학교폭력의 고통으로 인해 자살을 생각해 보았다는 응답이 44.7%로 나타났다. 이는 2011년 결과에 비하면 약 13.3%가 증가한 수치이며, 학교폭력을 경험한 학생들은 70% 이상이 자살생각 이외에도 모욕감, 분노, 억울함, 증오 등으로 인해 가해학생에게 복수충동을 느끼고 있다고 한다. 즉, 학교폭력을 경험한 학생들은 불안이나 우울과 같은 심리적 문제뿐만 아니라 학업에 대한 흥미 저하, 학교 적응의 어려움, 스트레스 등과 같은 발달적 문제를 갖게 되며, 나아가 성인이 되는 과정에서 **사회성 발달**에도 문제를 가질 수 있다(Olweus, 1993).

2. 가정적 요인

가정은 개인의 성격과 행동 유형을 형성하는 데 매우 중요한 영향을 미친다. 많은 연구에서 평온하지 않은 가정환경이 학교폭력을 유발할 수 있는 주요한 위험 요인이라고 지적하고 있다. 가정은 부모와 자녀를 구성원으로 하여 상호 신뢰를 바탕으로 협력하여 살아가는 혈연 공동체로서 인간에게 행동 지침을 교육하고 정서를 안정시키는 기능을 수행한다. 그러나 가정의 경제적 빈곤, 부모의 자녀 양육 방식, 부모의 불화나 이별, 가족 구성원 간의 갈등, 가정폭력 및 부모의 범죄 성향 등의 가정적 요인은 자녀의 학교폭력에 영향을 미치는 변인이 될 수 있다(곽영길, 2007; 김규태, 2013; 김병찬, 2012; 김창군, 임계령, 2010; 정현주, 2011).

1) 경제적 수준

가정은 최초의 인간관계를 형성하는 곳으로 가정환경이 청소년의 발달과정에 있어 성격이나 가치관, 행동 형성에 중요한 영향을 미치는 요인이다(윤경아, 2001). 가정의 경제적 수준에 따라 금전적으로 수입이 없거나 부족해서 나타나는 절대적 빈곤가정과 희망하는 수준의 경제생활이나 문화생활 등을 하지 못함으로써 생겨나는 심리적 요인에 의한 상대적 빈곤가정으로 분류할 수 있다. 절대적 빈곤가정은 노인가족, 병자가족, 한부모가족 등에서 많이 나타나며, 국민총생산이 낮은 국가일수록 절대적 빈곤가정의 비율이 높아진다. 특히 한부모가족의 경우 양 부모 가족에 비해 빈곤율이 상대적이 높다. 빈곤은 물질적 빈곤뿐만 아니라 교육과 의료, 사회적 가치 등 정서적 · 사회적 지원에서의 빈곤을 동시에 의미하는 것이다. 절대적 빈곤은 인간을 열등감에 빠뜨리고 무기력하게 하며, 정서적 불안정을 야기함으로써 특히 청소년들을 공격적 행위에 빠져들게 하는 요인이 된다. 실제로 경제적 수준이 낮은 가정의 자녀들의 경우 그렇지 않은 가정의 자녀들보다 폭력적 행동을 하는 경향이 높은 것으로 나타났다(곽영길, 2007; 김병찬, 2012; 정현주, 2011).

그러나 가해학생 가정의 경제적 수준이 낮을 것이라는 예상과 달리 최근에는 경제적으로 더 부유한 가정의 자녀들에 의해 학교폭력이 이루어지는 것으로 보고되고 있다(이춘재, 곽금주, 1999). 따라서 학교폭력은 절대적인 기준에서의 경제적 수준보다는 경제적 환경과 더불어 부모와 자녀 간의 심리·사회적 환경을 고려하여 살펴보는 것이 더욱 중요하다.

2) 부모의 양육 태도

일반적으로 부모와 자녀 간의 유대관계가 강했다 하더라도 자녀의 사춘기가 시작되면 부모와의 갈등이 유발되는 경우가 많다. 부모와 십대 청소년 자녀 간의 갈등은 주로 학교 성적, 친구 문제, 부모에 대한 불복종, 형제와의 갈등, 정리정돈과 같은 일상적인 일에서 나타난다. 이러한 갈등은 자녀의 경우 부모로부터 독립하고 싶은 욕구를 반영한 것일 수 있고, 부모의 입장에서는 자녀가 사회적 규범을 따르도록 가르치려는 노력을 반영한 것일 수 있다. 이러한 갈등에서 많은 부모는 그들이 가진 힘이나 권위를 행사함으로써 그것을 해결하려고 하는 경우가 많다(Montemayor, 1982).

자녀가 성장하면서 호르몬의 변화, 신체적 변화, 논리적 추론과 같은 인지적 변화, 부모로부터의 정서적 독립과 정체감을 수반하는 사회적 변화는 이전에 가졌던 부모와의 관계와는 다른 관계를 필요로 하며, 부모는 자녀의 급속한 성장과 변화로 인해 자녀에 대한 권위를 유지하고 자녀를 통제하는 데 어려움을 느낀다. 이러한 변화에 맞춰 부모와 자녀 간의 관계가 제대로 수정되거나 변화되지 않는다면 대개 관계가 더욱 어려워지고 갈등이 깊어지게 된다(Weng & Montemayor, 1997).

바움린드(Baumrind, 1991)는 애정과 통제라는 두 차원에 따라 부모의 유형을 네 가지로 나누어 설명하고 있다. 애정 차원이란 부모가 자녀에게 얼마나 애정적이고 지원적이며 민감한 반응을 보이고 관심을 갖고 있는가를 말한다. 통제 차원은 자녀에게 성숙한 행동을 요구하며 행동을 통제하는 것을 말한다. 애정과 통제 차원이 둘 다 높은 경우는 '권위적' 부모, 통제 차원은 높지만 애정 차원이 낮은 경우는 '권위주의적' 부모, 애정 차원은 높지만 통제 차원이 낮은 경우는 '허용적' 부모, 애정과 통제 차원이 모두 낮은 경우는 무관심한 '방임형' 부모로 명명한다. 부모의 양육행동 유형과 청소년의 사회적 행동 간의 관계에 대한 선행 연구에 의하면 부모가 권위적인 양육행동을 보일수록 자녀는 책임감과 자신감, 사회성이 높은 것으로 나타났다. 반면, 부모가 권위주의적인 태도를 보이는 경우 자녀는 충동적이고 공격적인 행동과 같은 반항적 성격과 더불어 의존적이고 복종적이며 위축된 행동을 보이며, 사회성이 부족한 것으로 나타났다. 부모가 허용적인 양육행동을 보이는 부모자녀 관계에서는 자녀가 자신감이 있고 적응을 잘하지만 충동적이고 규율을 무시하며 제멋대로 행동하는 특성이 나타났다. 부모가 방임형 양육행동을 보이는 부모자녀 관계에서는 자녀가 독립심과 자기통제력이 부족하고 공격적이며 충동적으로 많은 문제행동을 보이는 것으로 나타났다(Fuligni & Eccles, 1993; Kurdek & Fine, 1994; Smetana & Berent, 1993; Steinberg, Hanborn, Darling, Mounts, & Dornbusch, 1994). 국내 연구에서도 부모의 강압적·권위적·비일관적이고 엄격한 훈육 태도는 자녀의 폭력행동에 큰 영향을 주는 것으로 나타났다(박효정, 정미경, 2006; 신혜섭, 2005; 이상균, 2005).

3) 가족 유형

과거에는 가정이 일터인 동시에 생활 터전이었으며 교육의 장으로서 다양한 가족 구성원으로부터의 양육과 더불어 자연스럽게 교육이 이루어졌다. 그러나 요즘에는 가정이 점차 부부 중심으로 핵가족화되어 가고, 결혼 연령이 늦어지면서 저출산으로 인해 가족에 외동 자녀가 많아졌다. 또한 이혼율 증가와 맞벌이 부부의 증가도 가정에 영향을 미치는 중요한 사회적 변화로 볼 수 있다. 이혼율이 증가하면서 자녀가 한부모가정에서 생활하는 경우와 부모의 재혼으로 인해 계부모와 함께 사는 경우가 점차 늘어나고 있다. 그리고 부모의 맞벌이로 인해 방과 후 대부분의 시간 동안 부모의 돌봄을 받지 못하는 자녀 또한 증가하고 있는 것이 최근의 추세다.

가정은 인격 형성에 가장 큰 영향을 미치는 사회단위로서 구성원 상호 간의 사랑과 신뢰를 바탕으로 인간에게 가장 중요한 행동 지침을 교육하고 정서를 안정시키는 기능을 수행한다. 특히 청소년의 인격 형성은 가정으로부터 결정적 영향을 받는다고 할 수 있다. 그러나 최근의 사회적 변화에 따른 가정환경의 변화로 인해 가정교육의 기능이 약화되었으며, 가정 내 대인관계에서 양보심, 인내심, 협동심 등을 학습할 기회가 상실되면서 자녀들이 안정적인 정서적 · 사회적 발달에 어려움을 가지는 것이 현실이다.

부부의 이혼은 부부뿐만 아니라 자녀들에게도 여러 가지 부정적 정서를 경험하게 한다. 특히 부모의 이혼 후 어머니와 함께 사는 남아들의 경우 남성 모델의 부재로 인해 학교에서 적응하지 못하고 비행을 보이는 경우가 여아들보다 훨씬 많다(Bank, Forgatch, Patterson, & Fetrow, 1993; Hetherington, Anderson, & Hagan, 1991). 반면, 여아들은 남아들보다 부모의 이혼 후 오랫동안 분노를 경험하며, 특히 아버지에 대한 분노가 더 심하다(Kaufmann, 1987). 그리고 부모의 경우 이혼을 부부관계의 실패보다는 인생에 대한 실패로 바라보는 경향이 있어 우울증에 빠지거나, 자녀보다는 스스로의 문제에 빠지기 때문에 부모의 역할을 잘하지 못하고 자녀가 부모의 이혼에 적응하는 데 도움을 주지 못하는 경우가 많다(Forehand, Thomas, Wierson, Brody, & Fauber, 1990).

또한 맞벌이 가정이 많아짐에 따라 자녀와의 대화가 줄어들고 함께 지내는 시간이 적어진 탓에 가정교육이 부족해지면서 자녀들이 학교폭력에 가담하는 경우가 증가할 수 있다(이금주, 2002).

결손가정에서 자라거나 부모가 범죄 성향이 있는 경우, 자녀는 학교폭력에 노출될 가능성이 높다(신성옥, 2001). 이러한 가정의 아이들은 유해한 환경에 방치되거나 폭력에 쉽게 노출될 가능성이 많아, 처음에는 폭력의 피해자였다가 나중에는 폭력의 가해자가 되는 경우가 많다. 실제로 가정폭력을 경험하거나 한부모가정, 조손가정 등의 결손가정 자녀일 경우 학교폭력과 연관성이 높은 것으로 나타났다(문용린, 이승수, 2010; 유리향, 2012; 윤영준, 2011; 이진숙, 2010).

4) 가정폭력

학교폭력에 대한 교사들의 태도를 조사한 한 연구에 의하면, 많은 교사는 가정에서 자녀에 대한 부모의 무관심이 학교폭력을 유발하는 중요한 원인이라고 인식하고 있었다(박다애, 2001). 학교폭력의 원인을 연구한 기존 연구들은 학생의 폭력, 학교 부적응, 자살, 가출 등의 문제가 피학대 경험에서 이루어졌다고 보고함으로써 학생의 피학대 경험이 폭력행동을 유발하는 직접적인 원인임을 주장하였다. 즉, 폭력비행이나 폭력범죄 학생들의 대부분은 성장과정에서 학대를 받은 학생으로 밝혀져서 아동학대와 학교폭력은 높은 인과관계가 있다고 설명한다.

발달은 환경과 개체의 상호작용에 의하여 이루어진다. 특히 청소년들은 성장과정에서 그들의 경험이 쌓여 습관이 되고 성격이 된다. 그러므로 가정에서 폭력을 목격하거나 경험한 자녀들은 부모의 공격성을 배움과 동시에 폭력에 대해 허용적인 태도를 가지게 되고, 가정이 폭력의 학습장이 되어 학교폭력의 가해자가 될 가능성이 높아진다(조춘범, 2005).

오키프(O'Keefe, 1994)에 의하면 가정폭력을 경험하면 단순하게 폭력을 목격한 자녀도 공격 성향을 보이며 정서 불안, 부적응 등과 같은 다양한 문제를 보이는 경우가 많다. 실제로 가정폭력을 경험한 자녀의 약 40% 이상이 부적응 행동을 보였는데, 이러한 가정폭력은 대물림되고 다른 폭력으로 확대·재생산되기 때문에 그 문제가 더 심각하다. 국내에서 가정폭력이 자녀들에게 미치는 영향을 살펴본 결과, 자녀가 가정에서 학대를 경험한 경우 우울증, 등교거부, 성적 저하, 학교 부적응과 더불어 공격적이고 파괴적인 행동을 보이는 것으로 나타났다(김광일, 1988). 특히 방임적 폭력, 성적 폭력의 경험이 많을수록 학교폭력에서 가해자가 될 가능성이 높고, 정신적인 폭력의 경험이 많을수록 학교폭력에서 피해자가 될 가능성이 높은 것으로 나타났다(김경미, 2014). 가정에서의 체벌이 폭력의 사회화에 지니는 의미와 영향을 살펴본 연구에 의하면, 부모가 자녀에게 적절한 양육 태도나 부모로서의 역할을 제대로 보여 주지 못할 경우, 자녀들은 그러한 모습을 그대로 모방할 가능성이 높으며, 가정에서의 체벌이 사회에서의 폭력행동을 촉진시키고 강화시킬 수 있다(Gelles & Straus, 1988). 또한 부모가 자녀교육에 무관심하며 모순되고 일관성 없는 훈육 태도를 보이고, 제대로 된 행동 모델을 제시하지 못하면, 자녀들은 불안감을 느끼며 부모와의 갈등을 겪을 뿐만 아니라 나아가 학교폭력에 가담할 가능성이 높다(권이종, 1995). 부부간의 지속적인 폭언이나 폭행도 부부만의 문제가 아니며 자녀들의 발달에 직간접적인 영향을 준다. 실제로 어려서부터 가정에서 폭력을 목격했던 어머니는 자녀를 학대할 확률이 다른 사람들보다 4배 더 높은 것으로 나타났다(강진령, 유형근, 2000; 장희숙, 2003).

3. 학교 요인

우리나라는 중학교 진학률이 90%를 넘고, 고등학교 진학률은 80% 이상이며, 대학교 진학률 또한 80%를 넘을 정도로 다른 나라에 비해 교육열이 상당히 높은 편이다. 교육열과 진학률이 높다보니 학교교육은 인생을 설계하고 준비하는 과정보다는 상급학교 진학에 더 우선순위를 두고 있다(곽영길, 2007). 그리고 학교에서 보내는 시간이 많아짐에 따라 청소년에 대한 가정의 영향력은 저하되고 학교환경이 청소년에게 주는 영향력이 증대되고 있다. 그러므로 학교폭력에 대한 요인을 개인적 요인과 가정적 요인에서의 문제로 볼 수도 있지만 오늘날 학교교육이 갖고 있는 여러 가지 역기능적 요소들 또한 학생들의 학교폭력에 영향을 주는 중요한 요인이라 할 수 있다.

1) 학교환경

「학교폭력예방 및 대책에 관한 법률」에 따르면, 학교폭력은 학교 내외에서 학생 간에 발생한 폭행, 협박, 따돌림 등에 의하여 신체, 정신 또는 재산상의 피해를 수반하는 행위를 말한다. 그런데 실제로 학교폭력은 학교 안에서뿐만 아니라 학교 밖에서 더 많이 일어난다. 한 연구 결과에 의하면 청소년 폭력 사건 중 약 25만 5,000건은 학교 내에서 일어났고 약 67만 1,000건은 학교 밖에서 일어났다(Kaufman et al., 1998). 2014년 교육부의 학교폭력 실태조사 결과에 의하면 학교폭력의 피해 장소로 학교 안에서 폭력이 발생한 비율이 74.7%로 나타났고, 그중에서도 교실 안에서 발생했다는 응답이 45.0%로 가장 높았으며, 학교 내 다른 장소가 14.6%, 복도가 8.9%, 학교 운동장이 3.9%, 화장실이 1.7%, 기숙사가 0.8%로 나타났다. 학교폭력의 피해 장소로 학교 밖에서 폭력이 일어났다는 응답은 전체 응답자 중 25.2%였는데, 학교 밖에 해당되는 공간으로는 사이버 공간(7.9%), 놀이터(3.5%), 학원 및 학원 주변(2.9%), PC방 및 노래방(1.5%), 집(1.3%), 학교 밖 다른 장소(8.2%)가 있었다.

높은 학교폭력률을 보이는 학교들의 특징은 학교의 규모가 크고 학급당 학생 수와 전학생이 많으며 학습에 필요한 자원이 부족한 경향이 높다(Warner, Weist, & Krulak, 1999). 다른 연구에 의하면 학교 규모가 크고 학생 수가 많은 학교는 더 많은 주의와 개입을 필요로 하는 위험군에 있는 학생들이 많으며, 이들 위험군의 학생들이 교사와 의미 있는 상호관계를 형성하는 데에도 어려움이 있고 학생들 간의 관계 형성에도 어려움이 있어 다양한 형태의 학교폭력이 발생할 가능성이 높다(Walker & Greshman, 1997).

▲ 그림 2-2 학교폭력 피해 장소

출처: 교육부(2014a).

2) 또래관계

청소년기에는 삶에서 친구와의 관계가 매우 중요하다. 한 연구에서 13~16세 사이의 청소년들은 하루에 부모와는 28분, 친구들과는 130분을 함께 보내고 있는 것으로 나타났다(Buhrmester & Carbery, 1992). 청소년기에는 부모보다 친구들과 더 많은 시간을 보내며, 자신의 고민을 솔직하게 더 많이 털어놓고, 친구들에게서 친밀감에 대한 욕구를 더 많이 충족한다(Buhrmester & Furman, 1987). 이처럼 친구관계가 중요한 시기에 친구들로부터 따돌림을 당하거나 폭력을 경험한다는 것은 스트레스와 좌절, 슬픔을 경험한다는 것을 의미한다.

청소년기에는 친구와의 관계에서 상호작용을 통해 '상호성'을 배우게 되는데, 이는 긍정적인 측면도 있고 부정적인 측면도 있다(Rubin, Bukowski, & Parker, 1998). 실제로 일탈행위를 하는 비행 친구들과 자주 접촉하고 친한 관계를 유지하며 문제행동에 대해 호의적인 태도를 가진 학생일수록 문제행동이 훨씬 많고 비행행동도 증가한 것으로 나타났다(Fraser, 1996; Warr & Stafford, 1991). 즉, 비행 친구와 우호적인 관계를 가진 학생들은 학교폭력을 일으킬 가능성이 높다는 것이다(이은정, 2003; 임영식, 1998; 조유진, 2006; Farrington & Loeber, 2000).

제2차 세계대전에 부모를 잃은 후 함께 지냈던 여섯 명의 아이를 연구한 결과에서는 그들은 부모를 잃었지만 서로 의지하고 강한 애착을 형성하면서 문제행동을 일으켜 비행 청소년이 되거나 우울증과 같은 정신적 질병에 걸리지 않은 것으로 나타났다(Freud & Dann, 1951). 이 연구 결과는 사회성 발달에서 친구의 중요성을 강조한 것으로 정상적인 사회성 발달을 위해서는 청소년들에게 좋은 교우관계가 필수적이다.

일탈 친구들과의 접촉은 학교폭력 가해의 중요한 예측변인이며, 친구들로부터의 따돌림과 왕따 등의 관계는 청소년 비행, 음주문제, 우울증과 같은 여러 가지 문제행동과 더불어 중퇴와 같은 학교 부적응과도 연관이 깊다(Hops, Davis, Alpert, & Longoria, 1997; Kupersmidt & Coie, 1990). 특히 일탈 친구들이 술과 약물, 문제행동을 또래 친구에게 전파할 경우 친구와의 관계를 유지하기 위해 문제행동이나 학교폭력 행위에 가담하기도 한다. 이와 같이 다른 사람의 압력 때문에 자신의 태도나 행동을 선택하는 것을 **동조행동**이라고 하는데, 특히 동조행동에 대한 또래 압력은 청소년기에 가장 강력하다(Camerena, Sarigiani, & Petersen, 1990). 즉, 청소년들은 다른 사람에 대한 반응에 민감하기 때문에 다른 사람으로부터 인정받기 위해 동조행동을 하게 되며, 학교폭력과 같은 반사회적 행동에 대한 동조행동은 7~8세부터 시작해 14~15세까지 계속해서 증가하다가 16~17세부터 감소하는 것으로 나타났다. 일탈 친구와의 상호작용을 통해 폭력행위에 동조하면 그것을 시도할 가능성이 높아지며, 모방을 통해 학습된 폭력행동은 또래관계 속에서 점차 강화되고 습관화된다(도기봉, 2008b; Olweus, 1993). 그리고 처음에는 학교폭력의 피해자였던 학생들이 점차 학교폭력이나 집단 괴롭힘에 익숙해지면서 폭력행동을 학습하게 되어 가해자로서 폭력적인 행동을 보이는 경우도 있다. 실제로 교육부 조사에 의하면, 학교폭력 피해학생 4명 중 1명은 폭력가해 경험도 가지고 있는 것으로 나타났다(교육부, 2012). 청소년기는 가정의 영향보다는 또래의 영향을 더 많이 받는 시기로 교우관계는 건전하고 바람직한 성장에 도움이 될 수도 있지만, 일탈 친구의 유혹이나 영향을 받아 반사회적 행동을 배우고 모방하면서 폭력에 참여하는 부정적인 결과를 초래하기도 한다.

3) 교사와의 관계

학교폭력에 영향을 미치는 학교 요인으로 과밀한 학급 및 학생 수, 폭력행위를 유발하기 쉬운 학교 건물 구조 등의 학교의 환경적인 측면도 있지만, 학교 내에서 교사의 무관심, 학교의 미온적인 대응, 교사의 통솔력과 지도력의 부재 등도 중요한 요인으로 지적되고 있다(이상균, 1999). 학교에서 많은 시간을 보내는 학생들에게 있어 교사와 학생 간, 특히 담임이나 교과담당 교사, 학생과 학생 간의 관계는 매우 중요하며, 교사는 학교 요인 중 학교폭력에 영향을 미치는 중요한 요인이 될 수 있다. 학교 내에서 교사와 학생 간, 학생과 학생 간에 비인격적 인간관계가 형성되는 것은 경쟁적·적대적 관계로 이끌어 그에 따른 스트레스가 폭력을 유도하는 구조적 원인이 될 수 있다.

조사에 의하면 대부분의 학생은 교사들이 학생들에게 무관심하며, 지나치게 규칙만 고수하고 훈계를 한다고 생각하고 있었다. 또한 학생들이 하고 싶어 하는 것을 하게끔 그냥 놔두거나 혹은 두려워하고 소심해 보이는 교사들이 훨씬 많다고 인식하고 있었으며, 소수의 교사만 도전을 주고 일관성 있고 공정한 훈계를 하는 것으로 인식하고 있었다(Shafii & Shafii, 2006).

교사와의 관계가 긍정적이고 친밀한 학생의 경우 난폭하고 공격적인 행동이 적게 나타났으며, 교사와의 관계가 적대적이고 부정적인 학생의 경우 학교폭력 가해행동에 참여하는 비율이 높은 것으로 나타났다(박영신, 김의철, 2001; 박종효, 2007; 이상균, 2005; Swearer, Espelage, & Napolitano, 2011). 또한 교사가 학교폭력에 민감하게 반응하고 적극적으로 대처할 경우 학교폭력은 상당히 줄어들게 된다(도기봉, 2007; 신성자, 2005; 이은정, 2003; Ross, 1996). 그러나 현실적으로 국내의 교육환경을 보면 교사가 수적으로 부족하고 업무량이 과다하며 학교폭력에 대한 교사교육 및 지원이 부족한 것이 사실이다. 이러한 열악한 환경은 교사로 하여금 학생지도를 소홀하게 하는 원인이 될 수 있다. 그리고 폭언과 폭행, 체벌, 성폭행 등을 자행하는 것처럼 교사로서의 인격과 인성이 부족한 것도 문제가 될 수 있다(주희종, 1998). 최근에는 학부모가 교육 및 자녀에 대해 관심이 많아 학교교육에 대한 학부모의 무분별한 간섭과 교사 폭행이 늘어나고 있는 것도 사실이다. 이는 교권 저하와 더불어 교사에게 위협과 폭력을 행사하는 현상을 가속화시킬 수도 있다(최서윤, 2015). 게다가 높은 교육열로 인해 학교 교육과정보다 학원, 과외 등 사교육을 더욱 중시하는 교육 풍토는 학교와 교사의 올바른 기능을 하기 어렵게 한다. 또한 학교폭력에 대한 온정주의적 시각으로 인해 가해학생에 대한 처벌보다는 교육적 차원의 계도 조치에 치우치는 경우 학교폭력의 심각성이 반감될 수 있다. 학교에서 문제를 숨기고 덮으려는 경향이 높을수록 학교폭력이 더 심각해지고 조직화될 가능성이 있으므로 조기에 개입하여 문제를 해결하기 위해 노력하는 것이 필요하다.

4) 입시 위주의 교육

입시 위주의 경쟁적 교육체제로 인한 스트레스는 학교폭력의 요인이 될 수 있으며 그 밖에 인성교육 부재, 교사와 학생 간의 상호작용 부족 등도 학교폭력에 영향을 미친다(주희종, 1998; 최서윤, 2015; Mayer, 1995).

현대에 들어서면서 학교교육이 보편화되고 대중화됨에 따라 학교의 규모가 커지고 보다 조직화되었으며, 사회가 요구하는 수단적 기능을 담당하기 위하여 학교조직은 점차 관료화되고 형식화되었다. 특히 현재의 학교환경에서는 주입식 지식 위주의 교육, 시험 성적에 따른 단선적 평가, 인간적 고려가 어려운 대형 학급, 창의적이고 탐구적이기보다는 획일화된 교육 풍토 그리고 입시 위주의 교육이 청소년들에게 부정적인 영향을 주고 있다(박다애, 2001). 즉, 입시 위주의 교육으로 인해 학생들은 시험 스트레스가 증가하고 있으며, 경쟁 위주의 교육으로 인해 학생의 자살시도, 소수의 성적 우수자를 위한 비정상적인 교육과정 운영 등에 노출되고 있다. 학교에서 학업을 중시하다 보니 학생들도 오직 성적에만 열정을 쏟게 되고 학생 개개인이 가진 가치는 무시되고 있다. 실제로 우리나라 학생들의 경우 자아정체감이 OECD 국가 평균보다 낮은 편이고, 학교교육은 대학 진학을 위한 수단이 되어 버렸으며 학생들을 문제 푸는 기계로 만들고 있다. 이런 현실 속에서 학생들은 시험과 관련이 없는 과목은 공부하지 않게 되고, 입시에 중요한 주요 과목 이외의 다른 과목들은 점점 경시하고 있다. 학교 역시 인성 계발이나 지식의 이해보다는 지식을 주입하고 문제를 빠르게 푸는 법을 가르치고 있다. 협력보다는 경쟁 위주의 교우관계, 성적을 높이기 위한 사교육과 입시 위주의 학교교육으로 인해 학업성취가 낮은 학생들은 소외되기 쉽다(김성곤 외, 2014).

학교는 학생들이 상급학교에 진학하는 데 우선권을 두고 있는 실정이므로, 청소년들이 적성이나 개인적인 취향에 맞춰 자신의 인생을 설계하고 준비하는 장소로서의 기능을 제대로 수행하지 못하는 등 왜곡된 모습을 보이고 있다(곽영길, 2007). 진학과 입시 제도는 부모들의 지나친 기대와 욕심, 경쟁심을 유발하고 청소년들에게 스트레스를 증가시켜, 심지어 가출, 중퇴, 학교폭력 및 자살에 이르게 할 확률을 높일 수 있다.

4. 사회적 요인

학교폭력에 영향을 미치는 요인 중 개인적 요인, 가정적 요인, 학교 요인은 모두 학생들에게 직접적으로 영향을 미치는 요인이다. 반면, 사회적 요인은 학교폭력에 직접적인 영향을 미치는 요인이라기보다는 다른 요인과 상호작용하여 간접적으로 영향을 미치는 요인이라고 볼 수 있다. 이 절에서는 사회적 요인으로서 유해환경, 대중매체, 사회문화가 학교폭력에 미치는 영향에 대해 살펴본다.

1) 유해환경

지역사회는 가정 및 학교와 함께 청소년의 중요한 생활의 장이다. 최근 여러 가지 사회적 조건과 가치관이 변모하면서 지역사회의 환경이 특히 청소년에게 많은 영향을 주는 환경적 요인으로 나타나고 있다. 학교 주변 또는 집 주변의 유해환경은 학교폭력에 중요한 요인이 되고 있는데, 학생들이 자주 다니는 곳에 있는 술집, 나이트클럽, 풍기 문란한 숙박업소 등의 유흥가는 퇴폐적인 성인 문화를 드러내며 좋지 않은 영향을 준다. 학생들은 이러한 장소를 통해 폭력적이고 퇴폐적인 모습을 자주 목격하게 되고, 정서적으로 순화되거나 안정되지 못하고 때로는 이러한 곳에서 일어나는 폭력에 직접 가담하기도 한다. 불량 만화방, 비디오방, 오락실, 록카페, 유흥업소 등 학교폭력을 부추기는 학교 주변의 향락 산업 발전은 청소년들이 허영심을 채우고 유흥비를 마련하기 위해 또래 학생들에게 금품갈취와 폭력을 하도록 하는 데 영향을 미치는 것으로 나타났다. 정리하자면, 학교폭력을 유발하는 지역사회의 원인으로는 학교 주변에서 성행하고 있는 유해환경을 들 수 있는데, 예컨대 불량 주택지, 빈민가, 오락실, 유흥업소, 노래방, 게임방 등이 있다. 이러한 학교 주변 유해업소의 난립을 막기 위해 「학교보건법」을 통해 학교 주변

200m 안에는 유해시설이 들어서지 못하도록 금지하고 있다. 학교환경위생정화구역은 교육감이 지정하며 절대정화구역과 상대정화구역으로 구분된다. 학교 근처에 있어서 정문으로부터 50m 이내를 절대정화구역, 외곽 경계선으로부터 200m 이내는 상대정화구역으로 지정된다. 학교정화구역 내에서는 노래연습장, 당구장, PC방, 만화대여소 등 청소년 유해업종의 영업이 제한된다. 절대정화구역에서는 무조건 대상 업종의 영업이 금지되며, 상대정화구역에서는 해제허가신청을 하여 학교장이 주관하는 정화시설심사위원회의 허가를 받아야 한다. 학교 주변의 게임방, 술집 등과 같은 유해업소는 학생들로 하여금 호기심을 자극하고 유흥비에 대한 욕구를 만들어 내며, 다른 청소년들에게 폭력을 행사해서라도 금품을 갈취하는 행동을 선택하도록 하는 분위기를 조성한다(김창군, 임계령, 2010). 특히 금품갈취는 학교 주변의 유해업소 등이 많은 곳에서 일어나는 경우가 많아 보통 학교폭력이 발생할 잠재적 피해 지역이 될 수 있다. 또한 유해업소에서 발생한 폭력이 발생할 경우 학교 밖의 폭력조직과 연계되거나 폭력의 정도가 더 흉포화될 수 있다.

　지역의 범죄율이나 폭력 허용 정도 또한 학교폭력을 가중시키는 요인이 될 수 있다(김성곤 외, 2014). 즉, 어떤 지역은 폭력적 행위가 일상적으로 자주 일어나는가 하면 어떤 지역은 폭력이나 위험이 비교적 적다. 폭력이 흔하게 일어나는 지역에 거주하는 청소년의 경우 폭력을 일상생활의 한 부분으로 여기고 적응하게 되며, 폭력에 대한 지역사회의 허용적 태도와 신념이 실제로 각 개인이 폭력 사용에 대해 쉽게 용인하고 긍정적인 태도를 갖게 함으로써 폭력적인 행동을 더 많이 하는 데 직접적인 영향을 미친다(Shafii & Shafii, 2006).

2) 대중매체

　현대사회에서 미디어는 다양한 방식으로 청소년에게 영향을 미치고 있다. 국내외 연구에 의하면 청소년은 평균 주당 17시간 정도 TV를 시청하고 하루에 2시간씩 인터넷을 사용하며(Nielsen Media Research, 1998; Roper Starch Worldwide, 1999), 활동 시간의 약 39%를 TV 시청 및 인터넷, 비디오게임 등으로 보내는 것으로 나타났다(Merrill, 1999). 우리나라 청소년들도 여가 시간의 1/3을 TV 시청, 1/4을 컴퓨터 게임에 할애하고 있는 것으로 나타났다(김기헌, 이경상, 2006). 즉, 청소년들이 생활하면서 많은 시간을 TV나 컴퓨터 게임, 인터넷 활동으로 보낼 만큼 대중매체는 청소년들의 생활에서 큰 비중을 차지하고 있다. 여기서 문제는 이러한 대중매체가 점점 더 폭력적으로 변화하고 있다는 것이다. 선행 연구에 따르면 한 아동은 대중매체를 통해 초등학교를 졸업할 때까지 10만 회 이상의 폭력행위와 8,000회 이상의 살인을 목격하게 된다(김혜원, 이혜경, 2000; 한유경 외, 2014; Shafii & Shafii, 2006).

대중매체가 심리·정서적 정화의 기능도 하지만, 그것의 폭력적인 내용에 노출되면 폭력행동이 더욱 조장되거나 증가될 수 있다. 대중매체의 폭력 장면에 빈번하게 노출되면 실제 생활에서 폭력에 대한 감정 반응이 둔화되며 분노 상태에서 폭력을 행사하려는 동기가 증가하여 반사회적인 공격행동을 할 수 있다는 것이다. 또한 폭력 장면의 주인공을 영웅화하는 것은 폭력을 미화하는 것으로 폭력에 대한 우호적인 태도를 형성시키는 중요한 요인으로 작용하게 된다. 즉, 청소년은 대중매체에 접할 기회가 많아짐에 따라 폭력물에 의해 공격적 태도를 갖게 되어 잠재적인 폭력 성향이 형성되기 쉽다. 1972년 미국 공중보건국장(U.S. Surgeon General) 보고서와 1982년 미국 정신건강연구소(Institute of Mental Health)는 모두 TV의 폭력 장면은 실제의 폭력 장면을 증가시킨다고 보고하고 있으며 폭력적인 내용의 비디오, 컴퓨터 게임 등은 공격행동과 반사회적 행동을 부추긴다고 지적하고 있다. 그 예로, 학생들에게 폭력적인 내용의 비디오를 시청하거나 게임을 직접 해 보게 한 후에 학생들은 더 공격적인 성향을 보였다(Griffiths, 1999). 다시 말해, 대중매체를 통한 폭력에의 노출은 청소년의 공격성을 증가시키는 주요 요인이 되며(임영식, 1998; 전상혁, 2005; 도기봉, 2009), 학교폭력을 유발하는 원인이 될 수 있다는 것이다(Griffiths, 1999; Wiegman & van Schie, 1998).

최근에는 전통적인 요인 이외에도 인터넷과 스마트폰 등 IT 산업과 모바일 통신 기기의 발달과 보급이 확대되면서 이에 따른 요인들을 간과하기 어렵다. 최근에는 따돌림형 학교폭력의 상당수가 스마트폰의 채팅과 SNS, 메신저를 통해 때와 장소를 가리지 않고 발생하고 있으며 학교폭력 내에서 사이버 괴롭힘과 따돌림의 발생률이 점점 높아지고 있다. 또한 인터넷상의 폭력적인 동영상이나 사진, 영화 등 각종 매체들의 선정적이고 폭력적인 장면이나 기사 등도 학생들의 정서 순화에 악영향을 미치고 있다. 사이버 괴롭힘과 따돌림은 직접적으로 폭력을 가하는 것이 아니다 보니 가해학생들이 직접적인 폭력을 했을 때보다 죄의식을 덜 느끼고, 사이버상으로만 이루어지다 보니 교사나 학부모들이 실제로 학교폭력의 발생 여부를 확인하기가 어렵기 때문에 제지하기가 쉽지 않다. 최근 교육부의 학교폭력 실태조사 결과에 의하면 사이버 공간에서 피해를 입었다는 응답 건수가 초등학생이 2013년 1차 조사에서는 4.9%였으나 2차 조사에서는 6.6%로 상승하였고, 2014년 1차 조사에서는 다시 4.8로 감소한 후 2차 조사에서는 6.2%로 상승하였다. 중학생의 경우 2013년 1차와 2차 조사, 2014년 1차와 2차 조사에서 각각 10.2%와 9.9%, 11.2%와 9.8%로 나타났다. 중학생의 경우는 약 10% 정도가 사이버 학교폭력을 경험하고 있으며, 인터넷 및 스마트폰의 보급이 초등학생들까지 확대되면서 초등학생 사이에서도 사이버 괴롭힘이 증가하고 있다고 볼 수 있다(교육부, 2013, 2014a, 2014b).

3) 사회문화

현대사회가 점차 도시화 및 산업화되면서 지역사회의 상대적 빈곤과 계층 차이에서 오는 부모 권위의 약화, 교육에서의 소외, 의료 혜택 부족, 직업 및 생활 수준의 심한 격차에 따른 심리적인 열등감, 다른 계층으로의 이동 실패로 인한 좌절과 포기 등의 문제가 나타나고 있다. 그리고 청소년의 폭력은 양적으로도 증가하였을 뿐만 아니라 질적으로도 변화하였다(조종태, 2013). 급격한 사회 변화와 정보화로 인해 현대인은 풍요로운 삶을 누리고 있지만, 물질적 풍요가 비인간화 현상을 초래하여 윤리의 상실 및 무시, 가치관의 혼란, 청소년 비행 및 성폭력, 왕따 발생 등으로 사회 전반의 질서가 붕괴되는 현상이 두드러지고 있다. 성인들이 청소년 비행을 방관 및 묵인하는 사회 풍토, 즉 청소년 비행에 대한 성인의 무관심도 학교폭력을 유발하는 한 요인으로 작용하고 있다(김성곤 외, 2014).

지금의 어른들이 청소년일 때에도 소위 일진문화가 있었다. 그러나 과거의 일진 문화는 변방문화였으며, 일진이 일으키는 학교폭력도 학급의 일반 학생이 아닌 다른 학급이나 학교의 일진과의 싸움이었던 것이 일반적이다. 그러나 최근의 왕따 현상은 학교에서 일어나지만 과거와 달리 일진 아이들이 주류로서 학급의 생활 문화와 질서를 장악하고 있다. 그러므로 학교에서 한 학생을 왕따시키면 다른 아이들은 자신들이 왕따를 당하지 않기 위해 동조하거나 방관하게 된다. 따라서 왕따 및 학교폭력의 피해학생들은 아무도 도와주지 않는 고립된 상황에 빠지게 되기 때문에 더욱 힘들어질 수 있다(배영미, 2012).

학교폭력을 저지르는 이유를 살펴보면 '뚜렷한 이유 없이, 장난 삼아, 심심풀이'라고 답하는 경우가 가장 많다. 가해학생은 학교폭력을 장난으로 인식하는 경우가 많고 이를 목격한 학생도 방관하는 경향이 있다. 이와 같이 학교폭력이 청소년들 사이에서는 하나의 행동문화로 보편화되고 있는 것이 학교폭력을 증가시키는 데 영향을 줄 수 있다. 그리고 언론에서도 학교폭력과 관련된 장면을 여과 없이 내보내고 무분별한 보도를 하면서 모방범죄를 촉발하기도 한다.

박홍근(교육문화체육관광위원회 소속) 국회의원이 경찰청에서 제출받은 자료(최근 5년간 학교 내 살인 및 상해 사건 발생건수)에 따르면 2008년부터 2013년 10월까지 전국 초·중·고에서 발생한 살인은 23건이었고, 상해는 4,335건이었다. 그리고 학교폭력으로 인한 경찰 검거 현황을 살펴보면 2011년 2만 1,957명이었으나 2012년에는 2만 3,877명으로 약 1,920명이 증가한 것으로 나타났다(고광명, 2014). 일산 알몸졸업식 사건, 빵셔틀, 집단 성폭행 등 최근 들어 학교폭력이 점차 흉포화되고 집단화되어 가며, 피해자와 가해자가 중·고등학생뿐 아니라 초등학생까지 저연령화되어 간다. 또한 폭력의 유형도 신체적 폭력뿐 아니라 정신적인 폭력, 나아가 살인이나 자살까지로 이어져 학교폭력이 큰 사회적 문제로 부각되고 있다.

학교폭력의 책임이 누구에게 있느냐는 물음에 모든 학생이 학생 스스로에게 있다고 답했다. 그다음은 부모라고 하였다. 또한 일부 교사 및 학부모는 아이들이 자라면서 싸우는 것이 일반적이라고 인식하며 학교폭력의 원인을 피해학생에게 돌리거나 학교폭력을 대수롭지 않게 생각하는 경우도 많다. 더불어 학교폭력이 발생했을 경우 학교에 부정적인 이미지를 줄 수 있고 학생 신상에 불이익을 줄 수 있다는 점을 우려하여 학교폭력을 은폐하거나 축소하려는 교사의 경향도 학교폭력의 심각성을 반감시킬 수 있다. 학교폭력의 예방을 위해서는 최우선적으로 인식의 변화가 이루어지는 것이 필요하다. 그리고 학교폭력에 대한 학교의 대응방식 변화도 필요하다. 학교폭력에 대해서 가해학생이나 교원의 처벌과 징계에 치중하는 현재의 대응방식으로는 학교폭력을 근절하기 어렵다. 가해학생에 대한 선도와 치료, 반성의 기회 제공, 사회성과 정서 교육 프로그램 제공과 더불어 학교폭력의 신속한 해결과 폭력이 허용되지 않는 학교 분위기 조성을 위해 학교가 앞장서야 하며, 지역사회와 외부 전문가의 적극적인 협조를 구하는 자세도 필요하다(이승현, 2012).

최근 들어 정부 차원에서 학교폭력과 관련된 대책이 많이 수립되고 과거에 비해 피해학생에 대한 보호와 가해학생에 대한 처벌이 강화되기는 하였으나 여전히 학교폭력 근절을 위한 법적 장치는 미비한 부분이 있다. 학교폭력은 단순히 학교에서의 문제만이 아니라 학생을 둘러싸고 있는 가정환경, 학교환경, 지역환경, 사회환경 등이 모두 복합적으로 결합되어 발생한 것이므로 어느 한 요소에 대한 규제만으로는 해결되기 어렵다. 즉, 학교폭력은 사회 내의 여러 가지 요인이 상호작용하여 나타나는 결과이므로, 학교폭력을 단순히 피해자와 가해자 개인의 문제 혹은 학교의 문제로만 보지 않고, 사회적 문제로 이해하여 개인, 가정, 학교, 사회가 그것을 해결하기 위해 공동으로 노력하는 것이 필요하다. 또한 학교폭력에 대해서는 단기적인 강력한 처벌이 아닌 장기적 안목에서의 치료와 교육을 통한 대안 모색이 이루어져야 할 것이다.

🗂 참고문헌

강진령, 유형근(2000). 집단괴롭힘. 서울: 학지사.

곽영길(2007). 학교폭력 피해에 대한 인식과 경험에 관한 연구: 서울시 고등학생을 중심으로.
  동국대학교 대학원 박사학위논문.

고광명(2014). 학교폭력의 실태와 대책에 관한 연구. 용인대학교 대학원 석사학위논문.

교육부(2012). 학교폭력근절 종합대책. 교육부 2013년 2월 6일 보도자료.

교육부(2013). 2013년 2차 학교폭력 실태조사 및 정보공시 분석결과 발표.

교육부(2014a). 2014년 1차 학교폭력 실태조사 및 정보공시 분석결과 발표.

교육부(2014b). 2014년 2차 학교폭력 실태조사 및 정보공시 분석결과 발표.

권이종(1995). 청소년과 교육병리. 서울: 양서원.

김광일(1988). 가정폭력: 그 실상과 대책. 서울: 탐구당.

김경(2005). 청소년 비행의 개인적 요인과 사회적 요인의 상호작용에 관한 연구. 숭실대학교
  대학원 박사학위논문.

김경미(2014). 학교폭력 가해행동을 한 남자 청소년의 경험: 근거이론 연구. 동아대학교 대학
  원 박사학위논문.

김기헌, 이경상(2006). 청소년 생활시간 활용실태 및 변화. 서울: 한국청소년개발원.

김규태(2013). 생태학적 관점에서 학교폭력 실태와 원인에 대한 학생, 학부모 및 교원의 인식
  차이. 중등교육연구, 61(1), 29-57.

김보준(2012). 학교폭력의 경찰 대응에 관한 법적 연구. 연세대학교 대학원 석사학위논문.

김병찬(2012). 학교폭력문제해결에 있어 교원의 역할과 책임에 관한 소고. 한국교원교육연구,
  29(3), 19-47.

김성곤, 황인호, 차주환, 장성화, 김순자, 윤향숙(2014). 학교폭력예방의 이론과 실제. 서울: 동문
  사.

김옥렬(2006). 학교폭력의 실태와 대처방안에 관한 연구. 남부대학교 경찰행정대학원 석사학
  위논문.

김창군, 임계령(2010). 학교폭력의 발생원인과 대처방안. 법학연구, 38, 173-198.

김혜원, 이혜경(2000). 집단 괴롭힘의 가해와 피해행동에 영향을 미치는 사회적, 심리적 변인
  들. 한국심리학회지: 사회 및 성격, 14(1), 45-64.

권복순(1997). 청소년 폭력행위의 실태와 대책에 관한연구. 대구효성가톨릭대학교 대학원 석
  사학위논문.

노성호(2004). 학교폭력의 실태와 문제점. 범죄방지포럼, 제15호.

도기봉(2007). 학교폭력 가해행동에 영향을 미치는 요인에 관한 연구. 대구대학교 대학원 박사학위논문.

도기봉(2008a). 학교폭력에 영향을 미치는 공격성과 생태체계요인의 상호작용효과. 청소년복지연구, 10(2), 73-92.

도기봉(2008b). 학교요인이 학교폭력에 미치는 영향에서 개인요인의 조절효과. 청소년복지연구, 10(3), 51-74.

도기봉(2009). 지역사회 환경적 요인이 학교폭력에 미치는 영향: 공격성을 중심으로. 한국지역사회복지학, 29, 83-103.

문용린, 이승수(2010). 학교폭력현황과 과제. 서울: 한국교육개발원.

박다애(2001). 학교폭력에 영향을 미치는 요인에 관한연구. 한림대학교 사회복지대학원 석사학위논문.

박동호(2011). 창원지역 중학교 학생들의 학교폭력 실태와 예방대책에 관한 연구. 경남대학교 대학원 석사학위논문.

박영신, 김의철(2001). 학교폭력과 인간관계 및 청소년의 심리행동특성: 폭력가해, 폭력피해, 폭력무경험 집단의 비교를 중심으로. 한국심리학회지: 사회문제, 7, 63-89.

박종효(2007). 학교폭력 가해행동에 대한 이해: 대인관계의 매개효과. 교육학연구, 45(1), 1-24.

박효정, 정미경, 김효원(2009). 학교폭력지표개발 및 타당화. 한국교육, 36(3), 27-51.

박효정, 정미경(2006). 질적 분석을 통한 학교폭력 현상의 이해. 한국교육, 33(4), 167-197.

배영미(2012). 학교폭력 문제 해결 및 예방을 위한 방안. 한국가정과교육학회 학술대회, 115-141.

신성자(2005). 학교폭력, 가해, 피해 그리고 대응 관련 요인. 사회과학, 17, 111-142.

신성옥(2001). 학교폭력의 실태와 폭력 예방에 관한 연구: 김제시 지역을 중심으로. 군산대학교 교육대학원 석사학위논문.

신혜섭(2005). 중학생의 학교폭력 유형에 영향을 미치는 변인: 가해경험, 피해경험, 가해·피해 중복경험에 대한 분석. 청소년학연구, 12, 123-149.

손원경(1998). 학교폭력 가해 및 피해 중학생의 사회적 지지 지각에 관한 연구. 동아대학교 대학원 석사학위논문.

염영미(2012). 학교폭력 가해청소년을 위한 명상활용 집단 상담 프로그램 개발. 숙명여자대학교 대학원 박사학위논문.

유리향(2012). 어머니 양육행동과 초등학생의 괴롭힘 간의 관계: 정서조절력과 공감의 중다매개효과. 전남대학교 대학원 박사학위논문.

육홍렬(2005). 중학교 학교폭력에 대한 교사와 학생의 인식비교. 금오공과대학교 교육대학원 석사학위논문.

윤경아(2001). 학교폭력의 실태와 대책에 관한 연구. 대전대학교 대학원 석사학위논문.

윤영준(2011). 부모의 양육태도와 집단 따돌림 가해의 관계에서 대인관계성향과 도덕성의 효과. 전북대학교 대학원 박사학위논문.

이금주(2002). 학교폭력의 실태 및 요인에 관한 관련 요인에 관한 연구. 호남대학교 대학원 석사학위논문.

이병환, 권인탁, 엄재춘(2015). 학교폭력예방의 이론과 실제. 경기: 교육과학사.

이상균(1999). 학교에서의 또래폭력에 영향을 미치는 요인. 서울대학교 대학원 박사학위논문.

이상균(2005). 청소년의 또래폭력 가해경험에 대한 생태 체계적 영향 요인. 한국아동복지학, 19, 141-170.

이승현(2012). 학교폭력예방 및 대책에 관한 법률의 개정내용 및 개선방안. 형사정책연구, 23(2), 157-190.

이은경(2011). 개인과 가족차원의 보호요인이 또래 괴롭힘 피해청소년의 적응도 변화경로에 미치는 영향. 단국대학교 대학원 박사학위논문.

이은정(2003). 학교체계요인이 집단 따돌림 가해 경험에 미치는 영향에 관한 연구: 가해경험 집단을 중심으로. 연세대학교 대학원 석사학위논문.

이진숙(2010). 근거이론으로 접근한 학교폭력 피해학생의 학교 적응과정에 관한 연구. 명지대학교 대학원 박사학위논문.

이춘재, 곽금주(1999). 학교에서의 집단따돌림: 실태, 특성 및 대책. 서울: 집문당.

임영식(1998). 학교폭력에 영향을 미치는 요인에 관한 연구. 청소년학연구, 5(3), 1-26.

장맹배(2011). 학교폭력 분쟁조정 결과에 영향을 미치는 요인연구. 가톨릭대학교 대학원 박사학위논문.

장희숙(2003). 아내 폭력가정 자녀의 적응에 영향을 미치는 요인들: 쉼터 거주 아동을 중심으로. 한국사회복지학, 11(3), 65-91.

전상혁(2005). 청소년 유해환경 변화와 청소년 보호전략: 학교폭력을 중심으로. 연세대학교 대학원 석사학위논문.

정현주(2011). 아동기 또래 괴롭힘 가해/피해 경험과 문제행동의 발달과정 간 관계와 예측요인. 가톨릭대학교 대학원 박사학위논문.

조유진(2006). 집단 괴롭힘 목격과 피해경험의 가해와 경로에 대한 중재요인. 숙명여자대학교 대학원 박사학위논문.

조종태(2013). 학교폭력에 대한 효율적 대처방안. 저스티스, 134(3), 151-160.

조춘범(2005). 청소년의 가정폭력 경험과 인터넷 중독과의 관계에 관한 연구. 연세대학교 대학원 석사학위논문.

주희종(1998). 청소년 인권의 현황과 대책. 청소년 인권보호 위원회.

최서윤(2015). 학교폭력 원인에 대한 교육철학적 규명. 서울: CH 출판.

청소년폭력예방재단(2012). 전국 학교폭력 실태조사 발표자료.

청소년폭력예방재단(2013). 2012년 학교폭력 실태조사. 서울: 청소년 폭력예방재단.

한국청소년개발원(1995). 청소년의 폭력에 관한 의식 및 실태조사. 한국청소년개발원.

한유경, 이주연, 김성식, 신민섭, 정제영, 정성수, 김성기, 박주형, 장원경, 이동형, 김영화, 오
민수, 이승연, 신현숙(2014). 학교폭력과 괴롭힘 예방: 원인진단과 대응. 서울: 학지사.

American Online/Roper Starch.(1999). Youth Cyberstudy. New York: Roper starch
worldwide

Bank, L., Forgatch, M., Patterson, G., & Fetrow, R. (1993). Parenting practices of single
mothers: Mediators of negative contextual factors. *Journal of marriage and the
family*, 55(2), 371-384.

Baumrind, D. (1991). Effective parenting during the early adolescent translation. In P. A.
Cowan & E. M. Hetherington (Eds.), *Advances in family research* (Vol.2). Hillsdale,
New Jersey: Erlbaum.

Bosworth, K., Espelage, D. L., & Simon, T. R. (1999). Variables associated with bullying
behavior in middle school students. *The Journal of Early Adolescence*, 19, 341-362.

Brooks-Gunn, J., & Warren, M. P. (1989). Biological and social contribution to negative
affect in young adolescent girls. *Child Development*, 60, 40-55.

Buhrmester, D., & Carbery, J. (1992, March). *Daily patterns of self-disclosure and
adolescent adjustment*. Paper presented at the biennial meeting of the Society for
Research on Adolescence, Washington, DC.

Buhrmester, D., & Furman, W. (1987). The development of companionship and intimacy.
Child Development, 58, 1101-1113.

Camarena, P. M., Sarigiani, P. A., & Petersen, A. C. (1990). Gender-specific pathways to
intimacy in early adolescence. *Journal of Youth and Adolescence, 19*, 19-32.

Donoban, J., & Jessor, R. (1985). Structure of problem in adolescence and young
adulthood. *Journal of Counseling and Clinical Psychology, 53*, 890-904.

Eccles, J. S., Miller, C., Tucker, M. L., Becker, J., Schramm, W., Midgley, R., Holms, W.,
Pasch, L., & Miller, M. (1988, March). *Hormones and affect at early adolescence*.
Paper presented at the biennial meetings of the Society for Research on Adolescence,

Alexandria, Virginia.

Farrington, D. P., & Loeber, R. (2000). Epidemilogy of juvenile violence. *Child and Adolescent Psychiatric Clinics of North America, 9*(4), 733–748.

Forehand, R., Thomas, A. M., Wierson, M., Brody, G., & Fauber, R. (1990). Role of maternal functioning and parenting skills in adolescent functioning following parental divorce. *Journal of Abnormal Psychology, 99*, 278–283.

Freud, A., & Dann, S. (1951). Instinctual anxiety during puberty. In A. Freud (Ed.), *The ego and its mechanisms of defense.* New York: International Universities Press.

Fraser, M. (1996). Aggressive behavior in childhood and early adolescence: an ecological developmental perspectives on youth violence. *Social Work, 41*(4), 347–361.

Fuligini, A. J., & Eccles, J. S. (1993). Perceived parent-child relationships and early adolescents' orientation toward peers. *Developmental Psychology, 29*, 622–632.

Gelles, R. J., & Straus, M. A. (1988). *Intimate violence.* New York: Simon & Schuster.

Griffiths, M. (1999). Violent video games and aggression: a review of the literature. *Aggression & Violent Behavior, 4*, 203–212.

Hetherington, E. M., Anderson, E. R., & Hagan, M. S. (1991). Divorce: effects of on adolescents. In R. M. Lerner, A. C. Petersen, & J. Brooks-Gunn (Eds.), *Encyclopedia of adolescence* (Vol. 1). New York: Garland.

Hops, H., Davis, B., Alpert, A., & Longoria, N. (1997, April). *Adolescent peer relations and depressive symptomatology.* Paper presented at the meeting of the Society for Research in Child Development, Washington, DC.

Hubbard, J. A. (2001). Emotion expression processes in children's peer interaction: the role of peer rejection, aggression, and gender. *Child Development, 72*, 1426–1438.

Jolliffe, D., & Farrington, D. P. (2004). Empathy and offending: a systematic review and meta-analysis. *Aggression and violent Behavior, 9*, 441–476.

Kaufmann, K. (1987). *Parental separation and divorce during the college years.* Unpublished doctoral dissertation, Harvard University.

Kaufman, P., Chen, X., Choy, S. P., Chandler, K. A., Chapman, C. D., Rand, M. R., & Ringel, C. (1998). *Indicators of school crime and safety.* Washington, DC: U.S. Department of Justice, Bureau of Justice Statistics; U.S. Department of Education, Office of Educational Research and Improvement.

Kupersmidt, J. B., & Coie, J. D. (1990). Preadolescent peer status, aggression, and school adjustment as predictors of externalizing problems in adolescence. *Child*

Development, 61, 1350-1362.

Kurdek, L. A., & Fine, M. A. (1994). Family acceptance and family control as predictors of adjustment in young adolescence: Linear, curvilinear, or interactive effects? *Child Development, 65,* 1137-1146.

Mayer, G. R. (1995). Preventing antisocial behavior in the school. *Journal of Applied Behavior Analysis, 28,* 467-478.

Merrill, S. A. (1999). Roselawn: A community regaining its youth. *The Clearing House, 73,* 101-110.

Montemayor, R. (1982). The relationship between parent-adolescent conflict and the amount of time adolescent spent with parents, peers, and alone. *Child Development, 53,* 1512-1519.

Nielsen Media Research (1998). *1998 report on television.* New York: Author.

Olweus, D. (1993). *Bullying at school: What we know the what we can do.* MA: Blackwell Publishers.

Olweus, D., Matteson, A., Schalling, D., & Low, H. (1988). Circulating testosterone levels and aggression in adolescent males: A causal analysis. *Psychosomatic Medicine, 50,* 261-272.

O'Keefe, M. (1994). Adjustment of children from maritally violent homes. *Families in Society, 75*(7), 403- 415.

Paikoff, R. L., Brooks-Gunn, J., & Warren, M. P. (1991). Effects of girls' hormonal status on depressive and aggressive symptoms over the course of one year. *Journal of Youth and Adolescence, 20,* 191-215.

Ross, D. (1996). *Childhood bully and teasing: What school personnel, other professionals and parents can do.* Alexandria, Virginia: American Counseling Association.

Rossman, S. B., & Morley, E. (1996). Introduction. *Education and Urban Society, 28*(4), 395-411.

Rubin, K. H., Bukowski, W., & Parker, J. G. (1998). Peer interactions, relationships, and groups. In N. Eisenberg (Ed.), *Handbook of Child psychology* (5th ed., Vol. 3). New York: Wiley.

Roper Starch Worldwide, Inc(1999). America online/Roper Starch Youth Cyberstudy. New York: Anthor.

Shafii, M., & Shafii, S. L. (2006). 학교폭력: 평가, 관리, 예방(김상식, 황동현, 정일미 공역). 서울: 하나의학사.

Smetana, J. G., & Berent, R. (1993). Adolescents' and mothers' evaluations of justifications for disputes. *Journal of Adolescent Research, 8*, 252-273.

Steinberg, L., Lamborn, S. D., Darling, N., Mounts, N. S., & Dornbusch, S. M. (1994). Over-time changes in adjustment and competence among adolescents from authoritative, authoritarian, indulgent, and neglectful families. *Child Development, 65*, 754-770.

Solberg, M. E., Olweus, D., & Endresen, I. M. (2007). Bullies and victims at school: Are they the same pupils? *British Journal of Educational Psychology, 77*, 441-464.

Swearer, S. M., Espelage, D. L., & Napolitano, S. A. (2011). 괴롭힘의 예방과 개입: 학교에서 어떻게 도울것인가(이동형, 이승연, 신현숙 공역). 서울: 학지사.

Walker, H. M., & Gresham, F. M. (1997). Making schools safer and violence-free. *Intervention in School and Clinic, 32*, 199-204.

Warner, B. S., Weist, M. D., & Krulak, A. (1999). Risk factors for school violence. *Urban Education, 34*, 52-58.

Warr, M., & Stafford, M. (1991). The influence of delinquent peers: What they think or what they do? *Criminology, 29*, 851-865.

Weng, A., & Montemayor, R. (1997, April). *Conflict between mothers and adolescents*: Paper presented at the meeting of the Society for Research in Child Development, Washington, DC.

Wiegman, O., & van Schie, E. G. (1998). Video game playing and its relations with aggressive and prosocial behavior. *British Journal of Social Psychology, 37*, 367-387.

PART 02

학교폭력대책 추진 경과 및 예방 프로그램

제3장 학교폭력예방 및 대책
제4장 어울림 학교폭력예방 프로그램의 이해

|제3장|
학교폭력예방 및 대책

1. 학교폭력예방 및 대책의 추진 의의

우리나라는 그동안 고도의 경제성장을 이루어 왔다. IMF 발표에 의하면 2015년 우리나라의 1인당 GDP는 2만 8,338달러(미화 기준)로 세계 28위를 차지하였다. 더욱이 2015년 무역거래 규모 면에서는 세계 8위로 엄청난 경제적 성공을 이루었다. 학생들의 학업성취도 국제비교에서도 우리나라는 수년 동안 최상위권을 유지하고 있다.

그럼에도 불구하고 우리나라 국민들의 행복감은 세계 최하위 수준에 머무르고 있다. 2015년 미국 여론조사 기관인 갤럽(Gallup)의 조사에 의하면 한국인들의 행복지수는 조사대상 143개국 중 118위다. 우리나라 청소년의 주관적 행복도 역시 OECD 36개국 가운데서 23위를 차지하고 있다. 이를 입증이라도 하듯, 우리나라 청소년의 사망 원인 1위가 자살이고, 우리 사회는 지금 아동 학대 및 방임, 가정폭력, 성폭력, 군대폭력, 학교폭력 등 다양한 정서적·신체적 폭력 문제에 직면해 있다.

우리 사회가 이처럼 위험하고 불안한 폭력문제들에 직면하게 된 데에는 아동폭력, 가정폭력, 학교폭력 등에 대한 정부의 엄격한 기준과 잣대 적용이 한몫하고 있지하지만, 그 원인으로는 무엇보다도 우리 사회의 특수성에 연원하는 것을 거론할 수 있다. 우리나라는 1960~1970년대 이후 줄곧 빈곤 문제를 해결하는 데 주력해 왔다. 학교교육도 경제성장을 뒷받침하기 위해 필요한 인력을 양성·공급하는 데 주력해 왔고, 전인적 성장보다는 인지적 능력 계발을 위한 교육에 치중해 왔다. 물론 이러한 현상은 비단 우리나라에만 국한된 것이 아니다. 유럽에서도 18세기 계몽주의 사상운동의 영향으로 감성보다는 이성이 우월한 것이라는 인식이 확산되면서 감성보다는 이성적 능력을 계발하는 데 초점을 맞추어 왔었다(Brooks, 2013).

그런데 이러한 인지적 능력 계발 중심의 교육에 대해 이의를 제기하는 학자들이 늘어나고 있다. 김주환(2011)에 따르면 이성은 자동차에, 감성은 운전수에 비유할 수 있다. 이성이 기계적 능력이라면, 감성은 방향을 정하는 일을 한다. 감성은 감사하는 마음, 자기존중감, 자기조절 능력, 도덕성, 대인관계 능력 등을 아우르는데, 감성이 풍부해지면 인지적 능력도 향상될 수 있다.

다중지능이론을 주창한 하버드 대학교의 심리학자인 하워드 가드너(Howard Gardner)는 우리의 지능이 언어, 음악, 논리수학, 공간, 신체운동, 인간친화, 자기성찰, 자연친화라는 8개의 지능과 1/2개의 종교적 실존지능으로 구성되어 있다고 주장한다. 그는 기존 지능검사로 인간의 능력을 재단할 수 없고, 각 영역별로 수많은 인재가 있을 수 있다고 밝혔다.

또한 말콤 글래드웰(Malcolm Gladwell, 2013)은 노벨상을 수상한 사람들의 학력을 들여다보면 하버드, 예일, MIT 등 미국 아이비리그 출신자들보다 의외로 들었을 때 잘 알지 못하는 대학 출신자들이 많다고 하였다. 그는 노벨상을 수상하려면 노틀담 대학이나 일리노이 대학에 들어갈 실력만 되면 충분하다고 하였다.

더욱이 놀라운 것은 근대 경제학의 창시자로 알려진 애덤 스미스(Adam Smith, 2014)도 그가 쓴『도덕 감정론(The Theory of Moral Sentiments)』에서 행복은 물질적 부유함으로 충족될 수 없고, 사람이 행복해지려면 도덕적이어야 하며, 감정이 중요하다고 주장했다. 다시 말해, 우리의 생각과 행동을 사회적 규범에 맞게 하고, 우리의 감정을 적절하게 주변인들과 조화되도록 표출하는 것이 행복의 원천이라는 것이다.

이와 같은 많은 증거와 전문가들의 견해는 우리로 하여금 공감 및 의사소통과 같은 청소년들의 비인지적 역량이 사회의 행복도를 높이고 개인의 사회적 성취를 결정하는 중요한 요인이라는 것을 일깨워 준다. 따라서 정부는 앞으로 학생들의 인지적 능력 못지않게 비인지적·정서적 능력을 계발하기 위해 다양한 노력을 지속적으로 기울일 필요가 있다.

이에 따라 이 장에서는 학교폭력 및 학교 부적응을 예방하고 학생들의 정서적 능력을 계발하기 위해 정부가 추진해 온 다양한 정책을 살펴보겠다. 주요 내용으로 학교폭력의 개념, 법률, 관련 부처의 주요 정책 및 추진내용 등을 살펴보고, 향후 추진해야 할 정책의 방향을 제시하고자 한다. 특히 「학교폭력예방 및 대책에 관한 법률」(이하 「학교폭력예방법」)의 학교폭력 정의, 「학교폭력예방법」의 제·개정 내용, 5년 주기의 학교폭력예방 및 대책 기본계획, 기타 정권 변동기별로 수립·시행된 주요 대책을 중심으로 관련 정책을 고찰하고자 한다.

2. 학교폭력예방 및 대책의 변천과정

1) 학교폭력의 개념 및 법률의 형성과정

(1) 학교폭력의 개념

학교폭력의 개념과 정의는 2004년 「학교폭력예방법」이 제정되면서 명료화되었다. 당시 제정된 「학교폭력예방법」에서는 학교폭력을 "학교 내외에서 학생 간에 발생한 상해, 폭행, 감금, 협박, 약취, 유인, 명예훼손, 모욕, 공갈, 강요 및 성폭력, 따돌림, 정보통신망을 이용한 음란, 폭력 정보에 의하여 신체, 정신 또는 재산상의 피해를 수반하는 행위"로 정의하였다. 이후 2012년 개정된 「학교폭력예방법」에서는 학교폭력을 "학교 내외에서 학생을 대상으로 발생한 상해, 폭행, 감금, 협박, 약취·유인, 명예훼손·공갈·강제심부름 및 성폭력, 따돌림, 사이버 따돌림, 정보통신망을 이용한 음란·폭력 등에 의하여 신체·정신 또는 재산상의 피해를 수반하는 행위"로 규정하여 피해자가 학생인 경우로 구체화하고 있다.

학교폭력은 학교 내외에서 학생을 대상으로 발생한 것이기 때문에 학교 밖에서 발생한 상해 등도 피해자가 학생이면 학교폭력으로 간주되며, 학교 밖 청소년이 피해자라면 「학교폭력예방법」의 적용을 받지 않는다. 단, 가정에서 학생인 형제간에 발생한 상해 등의 사건에 대해서는 피해자가 학생이라고 하더라도 「가정폭력범죄의 처벌 등에 관한 특례법」의 적용을 받게 된다. 이와 유사하게, 최근 불거지고 있는 아동학대의 경우, 피해아동이 학생이라 할지라도 「아동학대·범죄의 처벌 등에 관한 특례법」의 적용을 받는다. 이 경우 피해아동은 아동보호전문기관 또는 수사기관에 신고함으로써(동법 제10조) 응급조치 등 보호조치를 받을 수 있다.

이상과 같이 학교폭력의 개념을 살펴보았지만, 실제로 어떤 사안이 학교폭력인지의 여부는 「학교폭력예방법」 제14조에 의거하여 구성된 학교폭력 문제 전담기구의 조사를 토대로 학교폭력대책자치위원회 심의를 통해 결정된다(동법 제12조). 자치위원회는 위원장 1인을 포함하여 5인 이상 10인 이하의 위원으로 구성하되, 전체위원의 과반수를 학부모대표로 구성하도록 규정되어 있다(동법 제13조). 자치위원회는 심의를 통해 가해학생이 행사한 학교폭력 사안의 고의성, 지속성, 심각성, 반성 정도, 해당 조치로 인한 선도 가능성, 당사자 간의 화해 정도, 피해학생이 장애인인지 여부 등을 종합적으로 고려하여(동법 시행령 제19조), 피해학생의 보호와 가해학생의 선도·교육을 위하여 가해학생에 대해 1개 이상의 조치[1]를 취할 것을 학교장에게 요청하여야 한다. 학교장은 자치위원회의 요청이 있은 지 14일 이내에 해당 조치를 취하여야 한다(동법 제17조).

....

1) 「학교폭력예방 및 대책에 관한 법률」 제17조 제1항의 조치는 1. 피해학생에 대한 서면사과, 2. 피해학생 및 신고·고발 학생에 대한 접촉, 협박 및 보복행위의 금지, 3. 학교에서의 봉사, 4. 사회봉사, 5. 학내외전문가에 의한 특별 교육 이수 또는 심리치료, 6. 출석정지, 7. 학급교체, 8. 전학, 9. 퇴학처분으로 구성되어 있다.

 학교폭력은 오래전부터 존재해 온 문제이지만, 1995년 마련된 5·31 교육개혁
안의 '폭력 없는 학교사회의 구축'이라는 과제에 '학교폭력 피해학생 및 학부모를
위한 자구노력 지원'과 '학교폭력 가·피해학생 선도·치유를 위한 전문가 위탁교
육 제도 도입'이 포함되면서 정부의 공식 안건으로 채택되었다(교육부 내부자료).
그 이전에 공식적으로 '학교폭력'이라는 용어를 사용한 경우는 없었고, 일부 불량
청소년 등이 주로 신학기에 학교 바깥에서 학생을 괴롭히는 일에 대해 '학원폭력'
이라는 이름으로 에둘러 표현하거나 경찰이 신학기에 학교 주변의 폭력 문제에
개입하여 해결하는 방식으로 다루어져 왔다(김종기, 2013).

 하지만 학교폭력이 지속적인 사회적 이슈로 등장하자 정부는 2004년 「학교폭력
예방법」을 제정하여 학교폭력예방 및 대책 기본계획을 5년 단위로 수립·시행해
왔고, 심각한 학교폭력으로 인한 자살사건 등이 발생할 때마다 폭력 유형에 초점
을 맞추어 학교폭력 관련 대책을 수립·시행해 왔다. 이명박 정부는 2011년 12월
대구 모 중학교 자살사건 등을 계기로 2012년 2월 6일에 학교폭력근절 종합대책을
관계부처 합동으로 수립·시행하였다. 2013년 2월 출범한 박근혜 정부는 성폭력,
가정폭력, 불량식품과 함께 학교폭력을 4대악의 하나로 규정하고 범정부 차원에
서 학교폭력의 예방과 대응을 위한 다각적인 노력을 기울여 왔다. 특히 박근혜 정
부는 2013년 7월에 '학교폭력 및 학생위험 제로 환경 조성'이라는 목표하에 현장
중심 학교폭력 종합대책을 수립·발표하였고, 2014년 12월에는 제3차 학교폭력
예방 및 대책 기본계획을 수립·시행하였다. 이후 2015년 8월에는 상반기 실태조
사 분석 결과에서 초등학생의 학교폭력 피해 경험률이 높게 나타남에 따라 초등
학생 맞춤형 학교폭력 대책을 수립·시행하였으며, 동년 8월에는 서울 모 중학교
학생 방화미수 사건을 계기로 학생보호 및 학교안전 지원 방안을 수립하여 시행
해 오고 있다.

 이러한 범정부 차원의 지속적인 근절 노력의 결과로, 2012년 하반기 학교폭
력 실태조사에서 8.5%였던 학교폭력 피해 경험률은 2015년 하반기에 0.9%로 대
폭 낮아졌다. 또한 국민안전처 체감도 조사에서 일반 국민의 학교폭력 불안감은
2014년 하반기에 53.9%였지만, 2015년 하반기에는 38.5%로 낮아졌다. 더 나아

표 3-1 최근 5년간 학업중단 학생 현황 (단위: 명, %)

구분	초등학교			중학교			고등학교			전체		
	재적학생수	학업중단자	학업중단율	재적학생수	학업중단자	학업중단율	재적학생수	학업중단자	학업중단율	재적학생수	학업중단자	학업중단율
2015	2,714,610	14,555 (2,733)	0.54 (0.10)	1,585,951 1,585,951	9,961 (4,376)	0.63 (0.28)	1,788,266 1,788,266	22,554 (17,850)	1.26 (1.00)	6,088,827 6,088,827	47,070 (24,959)	0.77 (0.41)
2014	2,728,509	14,886 (2,777)	0.55 (0.10)	1,717,911 1,717,911	11,702 (5,476)	0.68 (0.32)	1,839,372 1,839,372	25,318 (20,249)	1.38 (1.10)	6,285,792 6,285,792	51,906 (28,502)	0.83 (0.45)
2013	2,784,000	15,908 (2,406)	0.57 (0.09)	1,804,189 1,804,189	14,278 (7,007)	0.79 (0.39)	1,893,303 1,893,303	30,382 (25,016)	1.6 (1.32)	6,481,492 6,481,492	60,568 (34,429)	0.93 (0.53)
2012	2,951,995	16,828 (2,453)	0.57 (0.08)	1,849,094 1,849,094	16,426 (8,382)	0.89 (0.45)	1,920,087 1,920,087	34,934 (28,793)	1.82 (1.50)	6,721,176 6,721,176	68,188 (39,628)	1.01 (0.59)
2011	3,132,477	19,163 (3,294)	0.61 (0.11)	1,910,572 1,910,572	17,811 (9,871)	0.93 (0.52)	1,943,798 1,943,798	37,391 (30,847)	1.92 (1.59)	6,986,847 6,986,847	74,365 (44,012)	1.06 (0.63)

출처: 교육부(2016). 보도자료(2015학년도 학업중단 학생, 전년대비 4,836명 감소).
주1: 학업중단율 = 학업중단자 수/재적학생 수×100(학업중단자에서 사망자는 포함되지 않음)
주2: 괄호 안은 질병, 해외 출국을 제외하고 가사, 학교 부적응 등 부적응 관련 사유로 학업을 중단한 학생 수

가 학교 부적응으로 학업을 중단한 학생 수가 2011년에는 4만 4,012명이었지만, 2015년에는 2만 4,959명으로 크게 줄어들었다(〈표 3-1〉 참조). 이러한 성과를 거둔 배경은 대안교육 강화, 학업중단숙려제 시행 등과 더불어 학교폭력에 대한 관련 부처의 적극적인 정책 추진 및 범사회적인 관심과 노력 때문으로 보인다(교육부 내부자료).

(2) 학교폭력 관련 주요 정책의 형성과 변천과정

모든 사회문제가 정부의 공식적인 안건, 즉 정부의제(governmental agenda)로 상정되는 것은 아니다. 콥과 엘더(Cobb & Elder, 1972: 정정길, 2014 재인용)에 의하면 정부의제는 사회문제(social problems), 사회적 이슈(social issue), 공중의제(public agenda)의 단계를 거쳐 형성된다. 사회적 이슈 또는 쟁점은 집단들 간에 의견의 일

치를 보기 어려운 논쟁의 대상이 되는 사회문제를 말한다. 공중의제는 사회문제 가운데서 많은 사람이 알거나 관심을 가지며, 상당수의 사람이 정부의 조치가 필요하다는 인식을 가지고 있고, 정부가 문제해결의 권한을 가지고 있다고 생각하는 사회문제를 말한다. 정부의제는 정부의 공식적인 의사결정에 의하여 해결하기로 밝힌 사회문제를 말한다. 물론 이러한 정책의제의 설정과정은 앞과 같이 반드시 일관된 과정을 거치는 것은 아니다. 콥의 모형에 의하면, 사회문제에서 바로 정책의제로 되는 경우(내부접근형)가 있지만, 사회문제에서 바로 정부의제가 되어 공중의제로 되는 경우(동원형)도 있고, 사회문제에서 공중의제를 거쳐 정부의제로 설정되는 경우(외부주도형)도 있다.

한편, 킹던(Kingdon, 2011)은 **다중흐름모형**(multiple-stream model)을 통해 어떤 사회문제가 정부문제로 다루어지는 것은 점증적·합리적 요인에 의하여 이루어지는 것이 아니라 다소 우연적이면서도 극적인 요인에 의하여 좌우되는 경향이 있음을 보여 준다. 킹던의 주장에 의하면 정책의제는 문제의 흐름, 정치의 흐름, 정책의 흐름이 어떤 우연한 극적인 사건을 계기로 결합하여 정책의 창(policy window)이 열리고, 이때 정책 창도자들(policy entrepreneurs)이 기회를 잘 활용함으로써 정책의제로 상정하여 정책의 변동을 가져오게 한다는 것이다.

학교폭력 문제를 다중흐름모형을 통해 분석해 보면, 학교폭력이라는 사회문제는 앞서 언급한 것처럼 학교가 만들어진 이후부터 계속 존재해 왔지만, 정부가 공식적인 안건으로 상정하여 다루기로 결정한 것은 1990년대 후반부터다. 그간 정부는 학교폭력 문제를 해결하기 위한 다양한 정책을 마련하여 시행해 왔지만, 2004년이 되어서야 「학교폭력예방법」을 제정하여 공식적으로 다루기 시작했다. 그 이후에도 크고 작은 학교폭력 사건이 발생하였고(문제의 흐름), 정권의 변동이 있었으며(정치의 흐름), 중대한 사건이 발생할 때마다 다양한 정책이 마련되어 시행되어 왔지만(정책의 흐름), 주요한 정책 변동은 대개 극적이고 우연한 사건이 계기가 되어 정책의 창이 열려서 정부의 공식의제로 상정·추진되어 왔다.

(3) 2004년 「학교폭력예방법」의 제정 배경

1995년 6월 학교폭력 피해로 16세의 남학생이 투신자살을 한 사건이 발생하자 신문과 TV 등 각종 뉴스 매체에서는 이 사건을 집중적으로 다루었고, 마침내 학교폭력은 국회, 대통령 등 모든 정부기관에서 관심을 끄는 사회문제로 부각되었다. 당시 정부는 학교폭력근절을 지시하고, 국무조정실 주관으로 교육부, 경찰청, 검찰청 등 관계기관과 합동으로 학교폭력근절대책을 수립하였다(이승현, 정제영, 강태훈, 김무영, 2014). 이 대책은 정부뿐만 아니라 일반 시민과 사회 민간단체 등 사회의 여러 주체가 학교폭력에 대한 예방과 근절에 관심을 갖기 시작한 직접적인 계기가 되었다.

이후 1990년대 후반부터 학교폭력이 사회적인 문제로 부각되었고, 1995년 학교폭력근절 종합대책이 마련되었지만, 2001년 부산에서 학교폭력으로 인한 살인사건 등이 잇따라 발생하자 학교폭력대책국민협의회가 발족되기에 이르렀다. 한편, 2004년 「학교폭력예방법」이 제정되기 이전에는 가해학생에 대한 조치로 주로 「교육법」상 징계나 「소년법」상 보호처분이 내려졌고, 심한 폭력인 경우에는 형법에 따라 처벌되거나 민사상 손해배상책임을 지는 것이 대부분이었다(이승현 외, 2014). 하지만 학교폭력이 지속적으로 증가하고 학교폭력에 대한 예방과 대책 마련을 위한 법 제정이 시급하다는 학교 현장의 요구가 확산되면서 「학교폭력예방 및 대책에 관한 법률」이 2004년에 제정되었다.

「학교폭력예방법」은 학교폭력의 예방과 대책에 관하여 필요한 사항을 규정함으로써 학교폭력 피해학생의 보호와 가해학생의 선도 및 교육, 피해학생과 가해학생 간의 분쟁조정을 통한 학생 인권 보호와 더불어 학생을 건전한 사회 구성원으로 육성할 것을 목적으로 제정되었다. 이 법률은 학교 현장에서 학교폭력에 보다 효과적으로 대처할 수 있도록 학교폭력 관련 전담기구 설치, 정기적인 학교폭력예방교육 실시, 학교폭력 피해자의 보호와 가해자에 대한 선도 · 교육 등을 포함하여 학교폭력예방 및 대책을 위한 제도적 틀을 마련한 것에 의의가 있다.

(4) 2012년 「학교폭력예방법」의 주요 내용

2004년 「학교폭력예방법」이 제정된 이후 2012년 1월 26일에 법률이 개정되었다. 개정 법률안은 학교폭력과 관련하여 학교 내외에서 따돌림의 심각성을 인식하도록 따돌림의 정의를 신설하고, 강제적인 심부름도 학교폭력 정의에 새롭게 추가하여 학교폭력의 정의를 구체화하고, 학교폭력에 대한 예방 및 대책의 실효성을 확보하기 위하여 교육과학기술부 장관으로 하여금 시·도교육청의 학교폭력예방 및 대책을 평가하고 이를 공표하도록 하였다.

또한 피해학생의 보호를 위하여 가해학생의 보호자가 부담해야 하는 비용에 피해학생 치료를 위한 요양비뿐만 아니라 심리상담·조언 및 일시보호에 드는 비용을 추가하고, 학교폭력대책자치위원회가 가해학생에 대한 조치를 요청할 경우 학교의 장은 30일 이내에 이행하도록 하였으며, 가해학생이 다른 학교로 전학을 간 이후에는 피해학생 소속 학교로 다시 전학 오는 것을 금지하였다.

이와 더불어 학교폭력대책자치위원회가 내린 전학 등의 조치에 대하여 이의가 있는 학생 및 보호자는 시·도학생징계조정위원회에 재심을 청구할 수 있도록 하는 한편, 학교폭력 관련 업무를 담당하는 자가 누설해서는 안 되는 자료에 학교폭력 신고자나 고발자와 관련한 자료를 추가하였고, 학교폭력대책기획위원회 위원에 심리학자를 포함하는 등 현행 제도의 운영상 나타난 일부 미비점을 개선·보완하였다. 특히 2012 개정법률안은 피해자 보호를 더 두텁게 하였다는 점에서 이전의 개정법률안과는 차별화된다. 이를 구체적으로 살펴보면 다음과 같다.

첫째, 따돌림의 심각성을 인식하도록 따돌림의 정의를 신설하고, 강제적인 심부름도 학교폭력의 정의에 추가하였다(안 제2조).

둘째, 교육과학기술부 장관으로 하여금 시·도교육청의 학교폭력예방 및 대책을 평가하고 이를 공표하도록 하였다(안 제6조 제3항 신설).

셋째, 학교폭력대책기획위원회 위원에 심리학자를 포함하도록 하였다(안 제8조 제3항 제4호).

넷째, 피해학생과 가해학생의 치료 등을 위하여 상담·교육·치료기관을 지정하였을 때에는 이를 인터넷 홈페이지에 게시하고, 학부모에게 알릴 수 있도록 하였다(안 제10조 제3항).

다섯째, 학교폭력대책자치위원회 구성에 있어 대통령령으로 정하는 규모 이하의 학교는 교육감의 보고를 거쳐 둘 이상의 학교가 공동으로 자치위원회를 구성할 수 있도록 하였다(안 제12조 단서 신설).

여섯째, 학교폭력대책자치위원회의 소집요건을 재적위원 1/3 이상에서 1/4 이상으로 완화하였다(안 제13조 제2항 제1호).

일곱째, 성폭력 등 특수한 학교폭력 사건에 대해서는 학교폭력을 전담하는 기구가 전문기관에 조사를 의뢰할 수 있도록 하였다(안 제14조 제7항).

여덟째, 피해학생의 치료를 위한 요양비뿐만 아니라 심리상담·조언 및 일시보호에 소요되는 비용까지 가해학생의 보호자가 부담하도록 하고, 가해학생 또는 그 보호자가 불분명하거나 부담능력이 없는 경우에는 학교안전공제회 또는 시·도 교육청이 우선 부담하고, 이후 가해학생 보호자에 대하여 구상권을 행사할 수 있도록 하였으며, 피해학생의 보호자로 하여금 필요시 공제급여를 학교안전공제회에 직접 청구할 수 있도록 하였다(안 제16조 제5항 및 제6항).

아홉째, 학교폭력 가해학생에 대한 조치를 '경한 조치'에서 '중한 조치' 순으로 변경하였다(안 제17조 제1항).

열째, 자치위원회가 가해학생에 대한 조치를 요청할 경우 30일 이내에 이행하도록 하고, 가해학생이 다른 학교로 전학을 간 이후에는 피해학생 소속 학교로 다시 전학 오지 못하도록 하였다(안 제17조 제5항 및 제8항).

(5) 2014년 「학교폭력예방법」의 주요 내용

최초로 「학교폭력예방법」이 제정된 이후 학교폭력에 관한 인식이 변화하고 학교폭력 발생 유형 등 학교폭력을 둘러싼 환경이 변화함에 따라 그 필요성이 제기되어 2014년에 추가로 법률이 개정되었다.

개정된 「학교폭력예방법」의 주요 내용은 다음과 같다.[2]

----

2) 시행 2014. 1. 31. 법률 제11948호, 2013. 7. 30. 일부개정.

첫째, 국가 및 지방자치단체의 학교폭력예방 및 근절을 위한 조사ㆍ연구ㆍ교육ㆍ계도 등 법적ㆍ제도적 장치 마련에 대한 책무성이 강화되었다. 교육부 장관으로 하여금 학교폭력예방 및 대책에 관한 정책목표 및 방향을 설정하도록 하고, 학교폭력의 근절을 위한 조사ㆍ연구ㆍ교육 및 계도에 관한 사항 등이 포함된 학교폭력예방 및 대책에 관한 기본계획을 5년마다 수립ㆍ시행하도록 하였다(법 제4조, 제6조).

둘째, 시ㆍ도교육청의 교육감으로 하여금 학교폭력 관련 전담부서를 설치ㆍ운영하도록 하고, 매년 학교폭력의 예방 및 대책에 관한 시행계획을 수립하도록 하였다. 아울러 학교의 장으로 하여금 학교폭력의 예방 및 대책에 관한 실시계획을 수립ㆍ시행하도록 하였다(법 제11조).

셋째, 학교폭력예방 및 대책과 관련된 사항을 심의하기 위하여 초ㆍ중ㆍ고등학교에 교사 및 학부모 등을 위원으로 하는 학교폭력대책자치위원회를 설치ㆍ운영하고, 동 위원회에서 학교폭력의 예방 및 대책 수립을 위한 학교체제 구축, 피해학생의 보호, 가해학생에 대한 선도 및 징계, 피해학생과 가해학생 간의 분쟁조정 등을 심의하도록 하였다(법 제12조).

넷째, 학교의 장으로 하여금 학교폭력 가해학생 조치 및 그 결과 등을 교육감에게 보고하고, 관계기관과 협력하여 학교폭력단체의 결성 예방 및 해체에 노력하여야 할 것을 규정하였다(법 제19조).

2) 제1차 학교폭력예방 및 대책 기본계획 수립ㆍ시행

(1) 수립 배경 및 주요 내용

2004년 제정된 「학교폭력예방법」이 매 5년 단위로 학교폭력예방 및 대책 기본계획을 수립ㆍ시행하도록 규정함에 따라 2005년 3월 처음으로 학교폭력예방 및 대책 5개년 기본계획이 발표되었다.

제1차 학교폭력예방 및 대책 5개년 기본계획은 2005년부터 2009년까지 시행해야 할 국가 차원의 학교폭력예방 및 대책에 관한 청사진을 제시하였다. 당시 교육인적

자원부, 청소년보호위원회, 행정자치부, 문화관광부, 정보통신부, 여성부, 대검찰청, 경찰청 등이 참여하여 학교폭력의 예방과 근절을 위한 범정부 차원의 종합적인 대책을 수립하였다.

제1차 학교폭력예방 및 대책 기본계획의 주요 내용은 학교폭력예방·근절을 통한 안전하고 즐거운 교육환경 조성 및 전인적인 성장을 그 목표로 설정하고, 그것을 달성하기 위한 네 가지 추진 방향으로 학교폭력의 예방·근절을 효율적으로 추진할 수 있도록 관련 추진체 간의 연계·운영 활성화, 학교폭력예방을 위한 교육 및 지원 강화, 교원의 학생생활지도 전문능력 제고, 범정부 차원의 청소년 유해환경 정화를 통한 교육환경 조성을 포함하였다.

(2) 각 부처별 주요 추진과제

학교폭력은 교육인적자원부를 중심으로 관계부처 합동으로 추진되었는데, 각 부처별 주요 추진과제는 다음과 같다.

첫째, 교육인적자원부는 학교폭력예방교육을 강화하였다. 이를 위해 인성교육 프로그램 개발·보급, 인성교육 평가척도 개발·적용, 관련 민간단체 및 전문가 등과 연계한 인성교육을 추진하였으며, 모든 학교에서 의무적으로 학교폭력예방 교육과 인터넷을 활용한 교사·학부모 대상 정보통신윤리 교육 등을 실시하도록 하였다. 또한 범정부 차원[3]의 학교폭력대책기획위원회를 구성하여 학교폭력예방 및 대책에 관한 기본계획 심의 및 시행에 대한 평가를 실시하였고, 학교폭력과 관련하여 중앙 행정기관, 지방자치단체의 장, 교육청, 학교폭력대책자치위원회, 전문가 등이 요청하는 사항에 대해 심의하였다.

둘째, 청소년보호위원회는 지역 사회 내 학교폭력예방 관련 협력망 운영, Youth Patrol(YP) 시범학교 운영, 비행·일탈·학교 부적응 학생 대상의 교육 프로그램 운영, 청소년 유해업소 및 유해환경 정화활동, 청소년 폭력예방을 위한 미디어 공

---

3) 교육인적자원부, 행정자치부, 문화관광부, 정보통신부, 여성부, 청소년보호위원회, 대검찰청, 경찰청, 관련 전문가·민간단체 관계자 등 11명

모전 등을 추진하였다.

셋째, 행정자치부는 교육인적자원부 · 법무부 · 경찰청과 공동으로 매년 3~4월에 학교폭력 자진신고 및 피해신고 기간을 지정 · 운영하였다. 학교폭력 자진신고 또는 피해신고 대상은 초 · 중 · 고등학교에 재학 중인 만 18세 미만의 청소년 중에서 학교폭력 서클 구성 · 가입 또는 가입을 권유받은 자, 교내 · 외에서 학교폭력을 행사하거나 타인의 금품을 갈취한 자, 학교폭력 피해자, 기타 학교 내외에서 학교폭력을 저지른 범죄 가해자 등이다. 자진 신고자들에게는 자수자의 자수 경위, 개전의 여부, 피해자 의사 등을 종합적으로 고려하여 불입건하는 등 최대한 선처하였으며, 재비행 방지를 위한 선도 프로그램을 운영하였다. 또한 피해 신고자에 대해서는 신분 비밀보장을 하였고, 본인과 보호자가 희망할 시 전학 조치 및 의료 · 법률 지원을 추가로 제공하였다.

넷째, 문화관광부는 유해영상물 심의 강화, 영상물 등급분류제에 대한 인식 제고, 영상물에 대한 등급분류 및 청소년 유해영상물 등에 대한 청소년 접근 차단, 등급 분류된 영상물 등의 사후 확인을 통한 청소년 유해매체물 등에 대한 사후관리 및 감독을 강화하였다. 이와 더불어 학교순회 청소년상담사를 배치하였고, 지방자치단체 · 한국청소년상담원 · 지방청소년상담실 주관으로 청소년상담사의 양성 · 확대를 통해 개인 및 집단 상담, 전화상담, 사이버상담, 찾아가는 상담 등을 실시하였다. 아울러 학생들의 자율적인 고충 해결을 위해서 또래상담자 지침서 제작 · 배포, 또래상담 활성화 대회 개최, 또래상담자 양성 등 청소년 또래상담 활성화를 위해 노력하였다.

다섯째, 정보통신부는 주요 포털 사이트 커뮤니티의 유해정보 단속, 폭력행위 묘사로 폭력범죄를 유발하는 인터넷 정보 유통 모니터링 및 (적발 시) 정보통신윤리위원회에 의한 시정 요구, 폭력 · 음란성 청소년 유해매체 정화활동, 청소년 유해매체물 분야별 모니터링 및 정기적 고시, 모니터 요원 지정 · 활용 등 사이버 유해환경 파악 및 단속을 실시했다.

여섯째, 여성부는 학교 성교육 · 성희롱 · 성폭력 예방교육, 관리자 및 교직원의 의식 제고를 위한 관련 연수과정 확대 운영, 여성긴급전화 1366 운영, 성교육 및 성폭력 예방교육 등에 대한 현장 의견 수렴 등 성폭력 예방을 위한 다양한 노력을 기울였다.

일곱째, 대검찰청은 서울중앙지검, 서울동부지검, 춘천지검 등에서 시범 실시 중인 기소유예제도 등을 확대 실시하는 것을 검토하였으며, 부산지검에서 시행하고 있는 소년사건처분자료조사위원제도, 소년분류심사원 교육이수조건부 선도유예제도에 대한 성과 분석을 확대 실시하였다. 또한 가해학생에 대한 선도 가능성, 학부모의 선도 노력 정도, 피해자와의 화해 여부 등을 종합적으로 고려한 다양한 선도 처분방식 자료를 개발하였으며, 가해학생 부모의 자녀 지도 및 피해자 회복을 위한 자발적인 참여 유도 등 가해학생 선도를 위한 제도 개선 등을 추진하였다.

여덟째, 경찰청은 명예 경찰 소년단과 집단 따돌림 피해학생 간에 또래 친구 맺기 주선 및 봉사활동 참여 유도를 통한 선도 효과 제고를 위해 노력하였다. 또한 전국 지방경찰청 및 경찰서별로 학교폭력대책반(247개반, 1,681명 운영)을 구성하여 학교 내외에서 갈취행위를 일삼는 불량 서클 단속을 강화하였으며, 전국 중·고등학교에 학교전담경찰관을 지정하였으며, 학교와 협력하여 문제 학생의 상담 활동을 실시하였다.

(3) 성과

제1차 학교폭력예방 및 대책 5개년 기본계획의 주요 성과는 다음과 같다. 교육과학기술부 내에 기획위원회가 설치되었고, 지역위원회(시·도), 자치위원회(학교)가 조직되었으며, 시·도교육청과 학교단위에서 학교폭력전담 부서 및 기구가 구성·운영되는 등 학교폭력예방·근절 지원체제가 구축되었다. 시·도교육청을 중심으로 학교폭력근절 추진협의체가 구성되고, 지역청소년통합지원체제(CYS-net) 구축사업이 추진되는 등 학교폭력예방 및 대처를 위한 연계·협력망이 갖추어졌다. 또한 배움터지킴이 배치, CCTV 설치, 긴급전화 설치, 자진신고 및 피해신고 기간 운영, 학교폭력 SOS지원단 등 학교폭력예방·신고 인프라가 확대되었다. 단위학교의 학생상담 기능을 강화하기 위해 전문상담교사가 배치되었고, 친한 친구 교실이 운영되었으며, Wee 클래스가 설치되었다.

이와 더불어 학교폭력예방 및 근절 우수교원에 대한 인센티브를 부여하였으며, 학교 부적응을 예방하고 고위험군 학생에 대해 전문상담 서비스를 제공하는 Wee 프로젝트를 추진하여 위기 학생에 대한 안전망을 확충하였다.

(4) 한계점

이러한 추진 성과에도 불구하고 제1차 학교폭력예방 및 기본계획의 한계점도 노출되었다. 시·도청별로 지역위원회는 구성되었으나 지역위원회의 운영이 활성화되지 못한 시·도청이 많았고 시·도교육청과의 업무 협조체제가 잘 이루어지지 못했다. 또한 학교폭력대책자치위원회 심의 건수는 증가하였으나, 여전히 학교폭력대책자치위원회 심의에 대해 소극적인 학교가 대부분이었으며, 자치위원회 심의 건수가 많으면 '학교 평가나 이미지에 부정적인 영향을 미친다'는 인식이 팽배하여 자치위원회 개최에 미온적인 반응을 보이기도 하였다. 더불어 학교폭력에 대한 일반 교사들의 관심과 대응 능력 부족, 사안처리 관련 업무 부담, 학생지도의 어려움, 행·재정적 지원 부족, 과도한 책임 부여 등으로 학교폭력 업무를 기피하는 현상이 나타나기도 하였다.

3) 제2차 학교폭력예방 및 대책 기본계획

(1) 수립 배경

2007년 2월 정부는 '5대 폭력 관계 장관회의'를 개최하여 학교폭력예방 및 대책 5개년 기본계획에 의거하여 2년간 추진해 왔던 학교폭력 관련 정책에 따른 추진 성과와 문제점 그리고 정책 실현에 따른 저해 요인 등을 심층적으로 분석하였다. 이를 바탕으로 중점 과제 15개를 선정하여 추진하였으며, 2009년 12월에는 제2차 학교폭력예방 및 대책 5개년 기본계획(2010~2014)을 수립·시행하였다. 정부는 사소한 폭력행위에도 적극적으로 대처하고, 단위학교의 책무성 강화를 통해 학교 차원에서 적극적으로 대응하며, 전문적 진단과 상담이 가능한 시스템을 구축하였다.

(2) 주요 내용

제2차 학교폭력예방 및 대책 5개년 기본계획은 학교폭력 없는 안전하고 즐거운 교육환경 조성을 목적으로 교육과학기술부, 방송통신위원회, 법무부, 행정안전부, 보건복지부, 여성가족부, 대검찰청, 경찰청 등 여러 부처 간 협업을 통해 수립되었다. 제2차 학교폭력예방 및 대책 5개년 기본계획에는 학교폭력 안전 인프라 확충, 맞춤형 예방교육 강화, 단위학교의 대응능력 및 책무성 제고, 가해자 선도ㆍ피해자 치유 시스템 질 제고, 존중과 배려의 학교문화 조성, 지역사회와 함께 하는 학교 안전망 구축의 6개의 정책과제와 78개의 세부 사업이 포함되어 있다.

제2차 학교폭력예방 및 대책 기본계획의 방향성과 주안점을 살펴보면 다음과 같다.

첫째, 학교폭력예방교육의 효과성 제고 필요성에 대한 인식을 볼 수 있다. 정부는 강당식, 방송식 집합교육 등 형식적ㆍ관행적 예방교육으로는 그 효과에 한계가 있을 수밖에 없다고 보고 학교급별, 학년별 위계에 따른 단계적 예방교육 프로그램 마련과 더불어 장기적으로 서로 존중하고 배려하는 학생문화 조성이 필요하다는 인식을 하였다.

둘째, 정부는 경미한 폭력행위에 대해 적극적으로 대처할 필요성에 대한 인식을 하였다. 학교폭력을 장난, 사소한 다툼으로 받아들이는 사고가 팽배해 있었는데, 이러한 인식을 불식시키고 심각성을 느끼게 해야 한다는 것이다.

셋째, 정부는 학교폭력에 대한 책무성 강화를 통해 단위학교의 적극적인 대처가 필요하다는 인식을 하였다. 학교폭력에 대한 소극적ㆍ미온적 대처로 인해 폭력행위의 재발과 민원이 지속적으로 발생하고 있으므로 이를 방지하기 위해서는 정보공시의 상세화, 학교폭력 안전도 평가 등 교원 및 학교를 적극적으로 움직이게 하는 시스템을 마련하는 것이 필요하다는 것이다.

넷째, 정부는 전문적 진단ㆍ상담ㆍ치유 시스템을 구축하여 반복적 발생 기제를 차단할 필요가 있다는 인식을 하였다. 학교 차원의 징계와 단순한 일회성 상담 위주로는 전문적인 선도와 치유에 한계가 있다고 보고, 가ㆍ피해학생에 대한 전문 진단ㆍ상담, 맞춤형 프로그램 적용, 추수지도 등 체계적인 상담ㆍ치유망이 구축될 필요가 있다는 것이다.

다섯째, 정부는 다문화가정·장애학생 등에 대한 지원책 마련이 필요하다는 인식을 하였다. 사회적 약자로서 학교폭력 피해 위험도가 높은 다문화가정, 장애 자녀에 대한 보호·지원을 강화해야 하며 그 밖에 다양한 유형의 따돌림, 괴롭힘 등 가해행동 방지를 위한 선제적 대응이 필요하다는 것이다.

여섯째, 정부는 지역사회와 함께 하는 학교폭력 안전망의 구축이 필요하다는 인식을 하였다. 학교 차원의 학교폭력예방, 가·피해학생 선도와 치유 체계가 요청되며 지역사회 유관기관 및 전문단체 등과 유기적인 연계·협력망을 구축해야 한다는 인식을 한 것이다.

(3) 부처별 주요 추진활동

각 부처별 주요 학교폭력 관련 추진활동을 살펴보면 다음과 같다.

첫째, 교육과학기술부는 학교폭력예방교육의 실효성을 높이는 데 주안점을 두었다. 이를 위하여 학교급별 맞춤형 예방교육 강화, 교원의 대응역량 강화, 학교폭력 추세에 맞춘 선제적인 대응, 가정의 예방기능 강화를 위한 대책을 수립하였다. 구체적으로 단위학교 '학부모회' 활동의 일환으로 어머니폴리스 활동[4]을 전개하였고, 초등학생의 등하교 상황을 학부모에게 SMS로 알려 주는 안심알리미 서비스를 실시하였으며, 주기적인 학교폭력 실태조사 등을 실시하였다. 학교폭력예방 활동에 공로가 있는 교원에 대한 인센티브 부여, 학교폭력예방 유공교원 대상 전보가산점 부여, 교육전문직 채용 시 가산점 부여, 유공교원에 대한 장관·교육감 표창, 학교폭력 책임교사 업무 부담 경감 등 학교폭력 유공교원에 대한 인센티브를 강화하였다. 또한 학교폭력 발생 위험도가 높은 쉬는 시간, 점심시간, 방과 후 시간에 배움터지킴이를 활용한 학교 내외 순찰 강화, 학교폭력 사전 차단, 조기 발견, 신속 대처를 위한 학교 내 CCTV 확대 설치 등을 추진하였다.

....

4) 등하교, 점심시간에 학교와 주변 놀이터, 공원, 통학로 등 아동범죄 취약 지역의 중점 순찰 및 아동 안전지도

76

둘째, 방송통신위원회는 사이버 청정학교 및 인터넷 미디어 교실 운영, 초·중·고등학교 대상 사이버 청정학교 지정·운영, 인터넷 윤리교육 추진, 게임 콘텐츠 및 자가진단 시스템을 활용한 인터넷 윤리 교실 운영 등 정보통신의 건전한 이용을 위한 교육을 실시하였다. 또한 인터넷 선플달기 행사 추진, 불법·유해정보 모니터링 및 유통 방지를 위한 민원처리팀을 24시간 가동하였으며, 불법·유해정보 유통 방지를 위하여 정보통신 서비스 제공 사업자가 청소년보호 책임자를 지정하여 청소년 유해정보에 대한 접근이 제한되도록 관리 및 조치하고, P2P와 웹하드 사업자를 대상으로 기술적 보호조치 기반 시스템을 지원하였다.

셋째, 법무부는 학생의 책임감과 준법성 확산을 위한 학생자치법정[5] 운영, 일탈·비행 초기단계에 있는 소년범에 대한 대안교육 실시, 학교폭력 가해자와 법원 대안교육 명령자 및 검찰의 기소유예자 등을 대상으로 한 대안교육 실시와 더불어 법과 질서를 존중하는 민주시민 양성을 위한 다양한 토론·체험 중심의 법교육 프로그램을 개발하여 일선학교에 보급하였다.

넷째, 여성가족부는 학교폭력 피해학생을 위한 청소년 동반자 프로그램 운영, 솔리언 또래상담자[6] 운영 및 솔리언 또래상담 지도자 양성교육, 인터넷상의 음란물 및 청소년 유해정보 차단, 인터넷 사업자 대상 청소년보호 교육 등을 실시하였다. 가정의 보호가 어려운 고위험군 가해학생을 대상으로 청소년 동반자 프로그램 운영과 더불어 종합적(예방적·회복적) 보호지원 등을 통해 비행 재발 방지 및 사회복귀 지원을 하였고, 학교폭력 피해학생과 가족이 심리·정서적 갈등을 해결하고 자신감을 회복할 수 있도록 학교폭력 피해학생 가족지원 프로그램을 운영하

---

5) 학교생활 규정을 일정 기준 이상 위반한 학생을 대상으로 학생이 구성원(배심원, 판사, 검사, 변호사 등)이 되어 자치법정을 운영함. 교칙 위반이 잦은 학생들을 대상으로 학생들이 재판부를 구성하여 동료 학생을 심리, 변호, 재판하는 프로그램이며, 미국의 청소년법정(Teen Court)에서 유래한 대표적인 법교육 프로그램임

6) 솔리언 또래상담에서 솔리언은 solve(해결하다)+ian('사람'을 뜻하는 접미어)의 합성어로 친구가 어려움을 해결해 나갈 수 있도록 함께 돕는 친구를 의미함. 청소년이 어려움을 호소하는 다른 또래를 지지하고 지원하는 과정을 통해 문제해결을 돕는 프로그램임. 또래상담 방법: 일대일 또래상담, 이메일, 채팅/또래상담 운영 절차: 또래상담 전문지도자 → 또래상담 지도자 → 또래상담자

였다. 여성·학교폭력 피해자 원스톱지원센터와 해바라기 아동센터의 기능을 강화하였고, 피해자 및 가족 지원을 위한 전문화된 프로그램을 개발·보급하였다. 또한 유치원 및 학교 주변을 아동범죄 예방 및 아동보호를 위한 아동보호구역으로 지정하였고, 인지행동치료 교육 대상을 확대하여 보호관찰소 수강명령을 받은 학생뿐만 아니라 일반 성폭력 가해학생까지 실시하는 등 성폭력 가해학생의 교육도 실시하였다.

다섯째, 대검찰청은 소년범 범죄자에 대한 선도체제 강화 및 소년범 사건처리 관련 정책·제도 개선과 더불어 소년사건 검사의 결정 전 조사 처리제도 및 조건부 기소유예제도 등을 운영하였다.

여섯째, 경찰청은 학교폭력 발생 빈도가 높은 신학기 초 4개월간 신고기간[7]을 운영하였고, 학교폭력 및 범죄 예방을 위해 야간 취약 시간대 주기적인 교내 순찰 및 우범·취약 지역 학교 대상 순찰을 강화하였으며, 범죄·학교폭력 등으로부터 아동을 보호하기 위해 아동보호구역 내 놀이터 및 공원 등에 CCTV를 설치하였다. 또한 가해학생에 대한 선도 및 상담 강화, 학교폭력 가해자 조사 시 초기단계 범죄 심리사 등 전문가 참여, 인성검사 및 재비행 위험성 분석 후 선도 프로그램과 연계한 소년범 조사 시 전문가 참여제 운영, 명예경찰 소년단을 활용한 학교폭력 신고, 기타 피해학생과 친구 맺기·체험활동 등을 통한 학교폭력예방 및 피해학생 학교적응을 지원하였다. 아울러 청소년 비행·탈선을 조장하는 유해환경(유해업소, 유해약물, 유해행위, 유해매체물)에 대한 집중 단속도 실시하였다.

4) 관계부처 합동 학교폭력근절 종합대책

(1) 수립 배경 및 법률 개정 이유

2012년 2월 6일 국무총리주관 학교폭력근절 종합대책이 관계부처 합동으로 수립·발표되면서 「학교폭력예방법」 개정과 더불어 다양한 대책이 제시되었다(이승

---

7) 1학기 3~4월(2개월), 2학기 9~10월(2개월), 연간 총 4개월 운영

현 외, 2014). 이는 2011년 말 학교폭력 관련 집단 따돌림, 학교폭력으로 인한 학생들의 자살 등의 문제가 연이어 발생하자 관계부처 합동으로 학교폭력 없는 행복한 학교를 만들기 위해서 수립·시행되었다.

정부는 「학교폭력예방법」 및 동법 시행령 제정(2004. 7.) 이후 학교폭력예방 및 대책 5개년 기본계획의 수립 등 수차례 학교폭력과 관련된 대책을 수립·추진하였으나, 학교 현장의 근본적인 변화를 이끌어 내지 못하였다. 이는 학교폭력 문제의 직접적인 당사자인 학생, 교사, 학부모가 함께 학교폭력근절을 실천하도록 지원하는 정책 및 제도의 개선이 부족하였기 때문이며, 근본적으로 학생들의 배려·공감·협동심을 키우는 실천 중심의 인성교육에 대한 정책적인 뒷받침이 이루어지지 못하였다는 인식을 바탕으로 하고 있다.

이러한 문제 상황에 대한 인식은 정부 차원의 엄중한 대책의 필요성을 불러일으켰고, 마침내 학교폭력 문제의 근본적 해결을 위해서 교육부뿐만 아니라 전 부처가 총력을 기울여야 한다는 인식하에 학교폭력근절 종합대책을 마련하게 되었다(이승현 외, 2014). 2·6 관계부처 합동 학교폭력근절 종합대책은 교장과 교사의 역할 및 책임 강화, 신고·조사체계 개선 및 가·피해학생에 대한 조치 강화, 또래활동 등 예방교육 확대, 학부모교육 확대 및 학부모의 책무성 강화, 교육 전반에 걸친 인성교육 실천, 가정과 사회의 역할 강화, 게임·인터넷 중독 등 유해요인 대책의 7대 영역의 과제로 구성되었다.

정부는 이 대책을 발표한 이후 「학교폭력예방법」을 빠른 속도로 정비하였다. 법률의 주요 개정 내용은 다음과 같다.

먼저, 집단 따돌림이 심각하여 학교 내외 관련 종사자들이 집단 따돌림의 심각성을 절실히 인식하도록 따돌림의 개념을 명확히 정의하였으며, 강제적인 심부름도 학교폭력의 범주에 추가하여 학교폭력의 정의를 이전의 법률보다 좀 더 구체화하였다. 또한 학교폭력에 대한 예방 및 대책의 실효성을 확보하기 위해 당시 교육과학기술부 장관으로 하여금 시·도교육청의 학교폭력예방 및 대책을 직접 평가하고 이를 공표하도록 하였다.

또한 피해학생에 대한 보호와 적극적인 지원을 위하여 가해학생의 보호자가 부담하여야 하는 비용에 피해학생 치료를 위한 요양비뿐만 아니라 심리상담·조언 및 일시보호에 드는 비용을 추가하였다. 아울러 학교폭력대책자치위원회가 가해학생에 대한 조치를 요청할 경우 학교의 장은 30일 이내에 이행하도록 하였으며, 가해학생이 다른 학교로 전학을 간 이후에는 피해학생 소속 학교로 다시 전학 오는 것을 원칙적으로 금지하였다. 그리고 학교폭력대책자치위원회가 내린 강제전학 등의 조치에 대하여 이의가 있는 학생 및 보호자가 시·도학생징계조정위원회에 재심을 청구할 수 있도록 하는 한편, 학교폭력 관련 업무를 담당하는 자가 누설해서는 안 되는 자료에 학교폭력 신고자나 고발자와 관련한 자료를 추가하는 등 운영상 드러난 현행 제도의 일부 한계점을 개선·보완하였다.

2012년 개정법률(법률 제11388호, 2012. 3. 21. 일부개정. 2012. 5. 1. 시행)은 기존에 학생 사이에서 발생한 학교폭력 행위만을 처벌하는 것이 가해자나 피해자 중 일방이 근로청소년이나 학생이 아닌 경우 적용할 수 없는 점을 고려하여 학생 간 폭력을 학생을 대상으로 한 사건까지 확대하였고, 사이버 따돌림이라는 개념을 도입하여 스마트폰이나 인터넷 등을 통하여 SNS상에서 발생하는 폭력행위 모두를 처벌하도록 하였다(이승현 외, 2014).

(2) 부처별 주요 추진활동
각 부처별 학교폭력 관련 주요 추진활동을 살펴보면 다음과 같다.

첫째, 교육과학기술부는 학교장의 역할 및 책무성을 강화하였다. 이를 위해 학교폭력대책자치위원회 운영 활성화, 학교폭력 은폐 시 엄중 조치, 담임의 역할 강화 및 생활지도 여건 조성을 위한 학생생활지도 기록관리 도입, 학교폭력 관련 징계사항에 대해 학교생활기록부 기재와 더불어 교원이 생활지도에 전념할 수 있는 환경을 조성하고, 전문상담인력도 확충하기로 하였다. 그리고 신고·조사체계 개선 및 가·피해학생에 대한 조치 강화를 위한 117 학교폭력신고센터 설치 및 조사기능 강화, 학교폭력 은폐 방지를 위한 제도 개선, 피해학생에 대한 우선적 보호와 치유 지원, 가해학생에 대한 엄격한 조치 및 재활치료 도입을 하였다.

둘째, 법무부는 가해학생의 재활치료를 지원하였으며 부산, 광주, 대전, 청주,

안산, 창원의 전국 6개 지역에 청소년비행예방센터를 운영하였다. 또한 학생들이 학교에서 타인을 배려하고 법과 질서를 존중하는 민주시민의식과 준법정신을 함양하도록 준법교육, 학교자치법 운영을 지원하였으며, 교사들이 학교폭력 발생 시 능동적으로 대처할 수 있도록 「소년법」 「학교폭력법」 등 관련 법률에 대한 연수를 지원하기로 하였다.

셋째, 경찰청은 지속적인 대응 및 조기 예방교육을 주관하여 실시하였으며, 117 학교폭력신고센터 설치 및 조사기능 강화,[8] 학교폭력 신고 대표전화 117 통합 및 24시간 운영, 117과 안전Dream 포털을 연계한 신고 활성화, 학교폭력 안전Dream 팀 운영, 경찰서별 학교폭력전담경찰관 운영을 통해 학교폭력에 대응하였다. 아울러 범죄예방 교육, 재범방지 프로그램 운영 내실화 및 가해학생 조사 시 전문가 참여제를 추진하였다. 또한 PC방 합동 단속을 강화하였으며, 청소년의 PC방 이용 시간 준수 관련 법령을 위반한 업주에 대한 벌칙 규정을 강화하였다.

넷째, 여성가족부는 또래 프로그램 도입 · 운영 지원, 또래상담 · 중재활동 지도자 양성, 자녀 이해 지원을 위한 학부모교육 및 교육정보 제공, 가정의 문제해결 능력을 키울 수 있도록 만든 아버지 교육[9] 확대, 학교폭력예방 전문강사 양성 프로그램 개설 및 공공기관과 민간기업 대상 학부모교육 실시, 가족친화 우수기업 선정 시 수요일 정시 퇴근 주요 평가요소 반영, 청소년수련시설을 활용한 가족캠프 및 토요체험 프로그램 운영 등 가족단위 교육 프로그램 확대 추진을 하였다. 그리고 가족문제 심층진단 및 가족관계 회복 지원 프로그램 활성화, 저소득가정 청소년 대상 방과 후 아카데미를 통한 학교폭력 피해 사례 발굴 및 피해청소년 지원, 실천 · 체험 위주의 가족봉사단 및 사제동행 봉사단 운영을 하였다. 아울러 학교폭력예방 차원의 '가족가치 확산' 실천 캠페인을 전개하였으며, 학교폭력예방 등 위기 청소년 지원을 위한 온 · 오프라인 홍보, 게임중독 극복 청소년 스토리텔링 공익광고, 청소년 인터넷게임 중독 예방 인식 확산 및 치료 지원 등 홍보를 강화하

---

8) 1개소에 3~6명이 한 팀이 되어 상시 근무하며 학교폭력 신고 접수 및 상담기관 연계
9) 책 읽어 주는 아빠모임, 아빠와 함께하는 1박 2일, 아버지 요리학교 등 아버지 교육 추진

였다.

다섯째, 문화체육관광부는 인간성 및 도덕성 회복을 위해 청소년, 학부모, 교원 대상으로 인(仁)과 효(孝)에 바탕을 둔 예절교육을 추진하였고, 인성교육 전문 강사진을 구성하여 학교·기업체·관공서 대상 방문교육을 실시하였다. 특히 범정부 학교폭력근절 대책 홍보 총괄 및 범사회적 학교폭력근절 캠페인과 공익광고 기획·추진, 게임·인터넷의 중독 예방을 위한 제도 개선,[10] 게임 부작용 해소를 위한 온라인 게임 과다이용 예방 사업을 추진하였다. 또한 학교·Wee 센터 등과 연계한 건전한 게임이용문화 교육 및 게임중독 진단·상담을 실시하였고, 효율적인 게임 과몰입 예방정책 마련을 위한 전국 초·중·고등학생 대상 종합실태조사, 정규·방과 후 수업 활용 및 전문강사 파견을 통한 초·중등학교 대상 찾아가는 게임문화교실 운영, 45개 Wee 센터 내 전문상담인력(1센터당 1명) 상근 배치 등을 통한 게임 과몰입 진단·예방·상담을 지원하였다. 이밖에 게임 기업이 출연하고 게임문화재단이 시행하는 지역 거점별 상담치료센터 운영 등을 추진하였다.

(3) 성과 및 한계점

관계부처 합동 학교폭력근절 종합대책을 수립·추진한 결과로 학교폭력에 대한 경각심이 높아졌으며, 학교폭력 피해 응답률이 2012년 8.5%에서 2013년 2.2%로 감소하는 등 가시적인 성과가 나타나기 시작했다. 특히 인성교육 중심의 세부과제 운영과 학교폭력 신고체계 개선, 가해학생 및 피해학생에 대한 조치 개선에 중점을 둔 점은 긍정적으로 평가할 수 있다(이승현 외, 2014). 하지만 학교폭력이 완전히 근절되지 않았고 심각한 피해는 크게 줄어들지 않아 학생·학부모의 불안감은 여전하였다. 이에 학교폭력과 관련한 문제를 해결하기 위한 근원적인 해법은 학교 현장에 있다는 판단하에 학교폭력 실태조사를 하고 기존의 학교폭력 관

---

10) 셧다운제 강화 등 과도한 게임 이용을 제한하며, 부모명의 도용 방지를 위해 아이핀 사용 확대 등 청소년에 대한 게임제공 제한제도를 실효성 있게 운영하고 청소년 문제와 관련하여 제도 운영상의 문제점을 보완함. 게임 시작 후 2시간이 경과하면 자동으로 게임이 종료되도록 하는 쿨링 오프제(Cooling off) 도입을 추진함

런 종합대책을 평가하였으며, 학교 현장의 의견을 토대로 박근혜 정부에 들어와서 현장중심의 맞춤형 학교폭력 대책을 수립·시행하게 되었다.

한편, 2013년 제1차 학교폭력 실태조사 분석 결과 강제적 심부름(80.2%p↓), 금품갈취(77.2%p↓) 등 쉽게 드러나는 유형의 폭력이 크게 감소했지만, 집단 따돌림(46.2%p↓), 사이버 괴롭힘(54.1%p↓) 등 조직화되고 은밀해지기 쉬운 유형의 폭력은 상대적으로 감소율이 낮았다. 또한 폭행·감금, 강제적 심부름의 경우 남학생의 피해 응답률이 높았고, 집단 따돌림, 사이버 괴롭힘의 경우 여학생의 피해 응답률이 높았다.

5) 현장중심 학교폭력 대책

(1) 수립 배경

그동안 지속적이고 다양한 학교폭력 관련 종합대책을 수립·시행하고 관계부처 합동 2·6 학교폭력근절 종합대책을 수립·추진해 온 결과, 사회적으로 학교폭력에 대한 경각심이 제고되었으며, 학교폭력 피해 응답률이 급감(2012년 2차 8.5% → 2013년 1차 2.2%)하는 등 가시적인 성과가 나타났다. 하지만 학교폭력에 대한 학교 현장의 낮은 자율성, 예방교육 시수의 부족, 학생상담 인력의 부족, 피해학생 보호 미흡 등 일부 개선·보완 필요성이 제기되었다. 이에 행복하고 안전한 학교를 비전으로 학교폭력 및 학생위험 제로 환경 조성을 목표로 2013년 7월 23일 현장 중심 학교폭력대책을 수립·시행하게 되었다. 이 대책은 학교장과 교사의 역할과 책임을 강화하기 위한 교원 가산점제 운영, 전문상담교사 배치인력 증원, 신고 및 조사 체계의 신속성 확보를 위한 학교전담경찰관제도 운영, 학교폭력예방을 위한 대안교육 기회 제공 등의 계기가 되었다(이승현 외, 2014).

(2) 주요 추진과제

현장중심 학교폭력 대책의 주요 내용은 다음과 같다.

첫째, 학교 현장의 다양하고 자율적인 학교폭력예방활동 지원을 강화하였다.

2. 학교폭력예방 및 대책의 변천과정

학교폭력 인식 및 대처, 감정조절, 공감능력 향상 등을 위해 국가 수준의 체험형 예방교육 프로그램인 어울림 프로그램[11]을 개발·보급하였다. 실효성 있는 학교 폭력예방교육을 추진하기 위해 학생의 눈높이에 맞는 맞춤형 교육을 실시하였고, 시·도교육청별로 연극·뮤지컬 등 공감형 학교폭력예방 프로그램을 개발하여 모든 학생에게 학교폭력예방 참여 기회를 제공하였다. 또한 학교폭력예방교육의 내실화를 도모하기 위한 언어폭력, 사이버폭력, 집단 따돌림, 성폭력 등 학교폭력 유형별 대처를 위해 학교폭력예방교육 전문강사를 육성하였다. 강사의 인력 풀은 교육부와 시·도교육청 홈페이지에 안내하였고, 해당 학교의 요청에 따라 찾아가 는 학교폭력예방교육을 실시하였다.

둘째, 학교의 자율적인 학교폭력예방활동 활성화를 위해 학교장의 학교폭력예 방 및 대책 수립·시행 의무를 명확히 하였으며, 또래상담·또래조정·자치법정 등 또래활동을 선도하는 어깨동무학교 지원을 확대하였다. 특히 학교폭력예방에 어려움을 겪는 학교를 우선 지원하였으며, 학생 및 교원 연수를 지원하였다. 이후 어깨동무학교는 지속적으로 확대되어 2016년 기준 약 3,500개교에서 또래 중심의 다양한 학교폭력예방활동을 수행하고 있다.

셋째, 학교의 자율적인 예방활동을 적극적으로 유도하기 위해 학교폭력예방 우 수학교를 육성하고, 학교폭력 우수교원에 대해 승진가산점을 부여하며, 학교정보 공시를 강화하고, 시·도교육청 평가 시 학교폭력예방 관련 노력도 반영과 더불어 우수사례를 발굴하는 사업을 지속적으로 추진하고 있다.

넷째, 꿈과 끼를 살리는 교육과정 운영 및 대안교육을 활성화하기 위하여 자유 학기제 실시, 대안교실 확산 등 학교중심 대안교육 체계를 마련하고 학업중단 청 소년 통합지원 프로그램을 확대 운영하였다. 아울러 인성교육, 예술·체육교육,

---

11) 한국형 KiVa 프로그램(핀란드)으로 역할극 등 체험 중심으로 구성되었으며, 학교급별(초저/초고/ 중/고)로 구분되었으며, 학생용(48종), 교원용(24종), 학부모용(24종)이 개발되었다. 개발 분야는 6개 분야이며, 공감, 의사소통, 갈등해결, 자기존중, 감정조절, 학교폭력 인식·대처 모듈로 구성 되었고, 주요 활동으로 집단상담, 미술·음악치료, 역할극 등 다양한 체험형 학교폭력예방 프로그 램으로 구성되었다.

맞춤형 진로 설계, 교원업무 경감 등 교육 정상화 과제 등도 추진하였다.

다섯째, 학생 언어문화 개선을 통한 언어폭력 예방을 위해 초등학교 저학년부터 바른 언어 교육을 강화하고, 언어습관 자가진단표 및 맞춤형 교육 매뉴얼을 개발·보급하였으며, 바른 언어 사용을 위한 우수사례 발굴 및 캠페인을 실시하였다. 학생들이 언어폭력도 명확하게 학교폭력임을 인식하도록 하기 위해 교육과정과 연계하여 초등학교 저학년부터 단계적으로 바른 언어 사용에 대한 교육을 강화하였다.

여섯째, 사이버폭력 신고 및 예방교육을 활성화하기 위해 학교전담경찰관이 SNS상 친구 등록 등을 하여 사이버폭력 발생 시 즉시 대응할 수 있는 체계[12]를 마련하였고, 인터넷 치유학교 및 인터넷 중독 대응센터를 운영함과 동시에 찾아가는 사이버폭력 예방교육을 강화하였다. 또한 청소년 대상 스마트폰 유해정보 차단 앱 서비스를 실시함과 더불어 전국 17개 시·도에 인터넷중독대응센터를 설치·운영하였다.

(3) 부처별 주요 추진과제

각 부처별 주요 추진과제를 살펴보면 다음과 같다.

첫째, 교육부는 학교의 학교폭력예방활동 및 학교의 책무성을 강화하기 위한 다양한 프로그램을 운영하였다. 어울림 프로그램 개발·보급, 체험형 학교폭력 예방교육 프로그램 개발·지원, 학교폭력 유형별 학교폭력예방교육 전문강사 육성·관리 등이 대표적인 과제들이다. 그 밖에 언어문화 개선을 통한 학교폭력예방교육 강화, 처벌보다는 관계 회복에 중점을 둔 집단 따돌림 해소, 지역별·학교급별 맞춤형 학교폭력 대책 수립·추진, 피해학생 전담지원기관 운영, Wee 프로젝트 운영 내실화 추진, 온라인 기반 익명 신고·상담 시스템 또한 7·23 현장중심 학교폭력 대책의 주요 과제들이다.

둘째, 미래창조과학부는 인터넷중독대응센터를 전국 17개 시·도청 단위로 확

---

12) 학생들이 SNS를 통한 사이버폭력 피해를 받는 경우 학교전담경찰관, 교내 상담인력 등을 대화방으로 초대하여 즉시 도움을 요청하며, SNS를 통한 사이버폭력 발생 시 학교전담경찰관, 교내 상담인력 등의 즉시 개입·지원 체계를 마련함

대 설치하였으며, 학생 대상 인터넷 · 스마트미디어 중독 예방교육을 위한 레몬교실을 운영하였고, 학교폭력 신고전화 117을 긴급통신용 전화로 지정하였다.

셋째, 법무부는 학생자치법정 운영 확대 및 내실화, 학교관리자 대상 법교육 실시, 청소년비행예방센터 증설, 가족단위 치유 · 교육 프로그램 운영, 대한법률구조공단과 연계한 무료 법률 서비스 지원, 학교폭력 피해학생에 대한 범죄피해구조금 및 이전비 등 지원을 하였다.

넷째, 안전행정부는 국가 · 공공기관 직장교육 시 학교폭력 등 예방교육의 연 1회 이상 실시, 지방자치단체 평가 시 학교폭력 관련 영역 강화 및 포상 확대, 학교 내 전문상담교사 확대, SOS 국민안심서비스 운영, 학교폭력예방 · 근절 우수지역 인증제의 도입 · 운영을 하였다.

다섯째, 경찰청은 학교전담경찰관 대상 연 1회 이상 연수 실시, SNS상의 친구등록 등을 통한 사이버폭력 즉시대응 체제 구축, 폭력 서클의 실태 파악 및 맞춤형 대응, 117 학교폭력 신고 · 상담센터 기능 개선 및 운영 내실화, 학교전담경찰관 증원(1인당 10개교 담당) 등의 과제를 추진하였다.

여섯째, 문화체육관광부는 연극, 뮤지컬 등 문화 예술을 활용한 체험형 예방교육 확대, 체육 · 예술교육 지원, 우수사례 발굴 · 확산 및 언론 홍보 강화, 언어문화 개선 운동, 게임 과몰입 상담 · 치유 전문인력 Wee 센터 배치 확대, 피해학생을 위한 문화 · 예술치유 프로그램 지원, 종교계 협력을 통한 예방교육 활동 지원을 하였다.

일곱째, 보건복지부는 학생의 정신 · 건강 지원을 위한 지역사회 협력, 국립 정신병원 내 학교폭력 가 · 피해학생 전문 심리치료센터 설치, 노인 일자리 사업과 연계한 CCTV 관제 및 순찰 인력 지원 등의 과제를 추진하였다.

여덟째, 여성가족부는 또래상담 활성화를 위한 지원, 청소년상담복지센터 내 사이버폭력 관련 전문상담사 배치, 인터넷 · 게임 중독 상담 및 치료 지원 및 온라인상 청소년 유해정보 모니터링, 성폭력 피해 청소년 치유 · 보호 및 가해청소년 특별교육, 위기학생 심층상담 지원을 위한 청소년 동반자 확대, 가족관계 회복 프로그램 활성화, 청소년상담복지센터를 통한 학업중단 청소년 지원 프로그램 확대,

117 학교폭력신고상담센터 기능 개선 및 운영의 내실화, 청소년유해환경감시단을 통한 청소년 건전생활 지도, 청소년 활동 및 지역사회 참여 활성화 등의 사업을 추진하였다.

아홉째, 방송통신위원회는 청소년 대상 스마트폰 유해정보 차단 앱 서비스 개발, 사이버폭력 대처를 위한 교원 및 전문상담교사 대상 원격연수 지원, 사이버폭력 예방 홍보자료 개발 및 캠페인 등을 추진하였다.

(4) 성과 및 한계점

7·23 대책은 2·6 대책 중 구체성이 결여된 부분을 극복하고 실제 학교 현장에서 적용할 수 있는 대책들을 제안했다는 점에서 교육정책의 활용도에 있어서 긍정적으로 평가되고 있다(이승현 외, 2014).

7·23 현장중심 학교폭력 대책의 주요 성과는 다음과 같다.

첫째, 국가 수준의 학교폭력예방교육 프로그램(어울림)을 개발·보급하여 학급 단위의 체험형 예방교육의 체계화·내실화 기반을 마련하였다. 연극·뮤지컬 등 감성 중심의 문화체험형 예방교육 활성화로 학교폭력의 심각성과 예방에 대한 학생들의 인식을 제고시킬 수 있었고, 또래보호 활동을 통해 학생들 스스로 학교폭력 문제에 적극 대처하도록 하고 학생 스스로 문제를 해결하는 문화를 확산할 수 있었다.

둘째, 찾아가는 바른 우리말 선생님, 바른말 누리단, 욕설퇴치 아이디어 공모전 등 언어문화를 개선하는 계기가 되었다. 또한 청소년 대상 스마트폰 유해정보 차단 앱 서비스를 제공하였고, 상설 인터넷 치유학교 설치 및 상담복지센터 내 인터넷 중독 전담 전문상담사 배치 기반을 마련하였다.

셋째, 시·도별로 피해자 상담 및 보호를 위한 전담지원기관을 조기에 구축하여 학교폭력 등으로 인한 자살 위험·우울증·외상후 스트레스장애 등을 조기에 발견하고 전문 상담 및 치료 연계가 가능하도록 하였으며, 학교폭력 가해학생 등 위기학생 지원을 위한 Wee 프로젝트의 확대를 가능하게 하였다.

넷째, 학교폭력에 대한 학교역량 제고 및 은폐·축소에 대한 관리·감독을 강화하였고 학교폭력 은폐·축소 등과 관련된 민원을 즉시 신고하면 사안처리점검단을 통해 신속하고 공정한 학교폭력 사안의 처리가 가능하도록 하였다.

한편, 현장중심 학교폭력 대책을 추진함에 있어서의 한계는 다음과 같다.

첫째, 학교폭력의 지속적인 감소 추세에도 불구하고 학교폭력에 대한 국민들의 안전 체감도는 여전히 낮다.

둘째, 사이버상에서 학생들의 의사소통이 급증하면서 발생하는 다양한 신종 사이버폭력과 일상화된 언어폭력에 대한 적절한 대응이 미흡한 실정이다.

셋째, 학생들에 대해 평소 많은 관심과 시간을 투자할 수 있는 담임시간의 확보와 교원업무 경감 등 실질적인 생활지도 여건은 아직도 미흡하다.

넷째, 전문상담인력 및 Wee 프로젝트가 지속적으로 확충되고 있으나 여전히 전문상담인력이 부족한 실정으로 관계부처와 협업하여 학교 현장의 수요를 더욱더 정확하게 반영하려는 적극적인 노력이 필요한 실정이다.

6) 제3차 학교폭력예방 및 대책 기본계획

(1) 수립 배경

제3차 학교폭력예방 및 대책 기본계획(2015~2019)[13](2014. 12.)은 2015년부터 향후 5년간 추진해야 할 정책방향·목표 및 추진과제를 제시한 것으로 '학교폭력 및 학생위험 제로환경 조성'을 목표로 5대 분야의 16개 중점추진 과제를 포함하고 있다. 제3차 학교폭력예방 및 대책 기본계획은 학교폭력 문제의 근원적인 해소를 위해서는 각 기관 간 유기적인 협력을 통해 학교 현장의 근본적인 변화를 이끌어 내고, 사회 전반의 학교폭력 문화를 개선하기 위한 지속적인 노력이 필요하다는 인식하에 '행복하고 안전한 학교'를 비전으로 설정하였다.

그간의 성과를 살펴보면, 학교폭력에 대한 꾸준한 관심과 노력으로 학교폭력

---

13) 제3차 학교폭력예방 및 대책 기본계획(2015~2019): 15개 부처, 5대 분야, 16개 과제, 39개 세부 과제

은 전반적으로 감소하고 있으며(2012년 2차 8.5% → 2013년 1차 2.2% → 2013년 2차 1.9% → 2014년 1차 1.4% → 2014년 2차 1.2%), 117 학교폭력 신고·상담센터 신고 및 처리 건수 또한 일평균 278.1건(2013년)에서 219.6건(2014년)(21%↓)으로 감소하였다. 아울러 학생들의 안전한 학습환경 조성에 기여하기 위한 학교전담경찰관 및 배움터지킴이 등 학생보호 인력을 확대 배치하였다. 또한 약 99%의 학교가 영상정보처리기기(CCTV)를 설치·운영하고 있다. 학교폭력예방교육 시간이 증가하고 있으며 학생의 직접적인 참여를 통해 학교 여건에 적합한 자율적인 학교폭력 예방활동이 확산되고 있다. 또한 학교폭력으로 인해 어려움을 겪는 학생들을 위한 Wee 프로젝트가 강화되었으며, 피해학생 보호·치유 전문기관과 가해학생 선도교육기관이 증가하였다.

그러나 추진상의 한계점도 노출되었다. 학교폭력의 전반적인 감소에도 불구하고 크고 작은 학교폭력은 소수지만 꾸준한 빈도로 발생하고 있다. 학기 초와 취약학교에서는 학교폭력 사건이 여전히 발생하고 있어 학교 현장의 문화를 근본적으로 바꾸는 변화 없이는 학교폭력이 다시 확산될 가능성이 여전히 상존하고 있다.

학교폭력의 예방 및 근절을 위해서는 학교폭력 안전 인프라의 양적 확충과 함께 질적인 제고가 필요한 실정이다. 학교폭력예방 및 학교안전 강화를 위한 CCTV는 양적으로 확충되었으나 고화질 CCTV 비율이 여전히 낮고 실시간 관제 등 통합관제 시스템이 제대로 구축되지 않고 있다. 외부인의 학교 무단침입에 대한 안전 수준이 낮은데도 효과적인 대처방안이 마련되지 못한 것도 한계다. 또한 학교폭력 사안처리에 대한 불만이 여전하고 학교폭력대책자치위원회 진행과정상의 전문성·공정성에 대한 문제가 지속적으로 제기되고 있다. 이를 반영하듯 피해학생의 재심청구 건수가 2012년 268건에서 2013년 370건으로 증가하였으며, 피해학생과 가해학생의 재심기관이 달라 모순된 결정이 나오는 사례가 발생하고 있어 혼란을 초래하기도 하였다. 학교폭력 사안처리의 체계화에도 불구하고 아직까지 학교 현장에서는 화해 중심의 분쟁조정보다는 사안조사에 집중하고 있어 사안처리 후 해당 학생이 학교생활에 어려움을 겪는 경우가 자주 발생하고 있다. 따라서 가·피학생에 대한 맞춤형 프로그램 적용, 추수지도 등 체계적인 상담과 치유 시스템이 필요한 실정이다.

(2) 주요 추진과제

제3차 학교폭력예방 및 대책 기본계획의 주요 내용은 다음과 같다.

첫째, 인성교육 중심의 학교폭력예방 강화다. 학생의 발달단계를 고려한 생명존중 교육을 실시하고, 생활예절 및 예체능 교육의 활성화를 통한 체험중심 인성교육을 확대하였다. 또한 학교폭력예방을 선도할 어깨동무학교를 확대 운영하고 친구사랑주간을 운영하여 학교폭력예방 캠페인 활동을 전개하였다. 학생 간에 갈등을 해결하고 의사소통 능력을 향상시킬 수 있는 국가 수준의 체험형 예방교육 프로그램인 어울림 프로그램을 지속적으로 수정·보완하고 이를 확대 적용하였다.

둘째, 학교 건축이나 개·보수 시에 범죄예방환경설계(Criminal Prevention through Environmental Design: CPTED) 적용을 확대하고 외부 출입자 통제를 위한 시설 설치 확대, 학교보안관 및 배움터지킴이 등 학생보호 인력의 운영 확대, 학생 안전지역 확대 및 순찰 강화, 학생에게 유해한 환경의 관리 강화, 위험한 순간에 도움을 받을 수 있는 학생보호 및 학교안전 서비스 확대를 하였다.

셋째, 공정한 학교폭력 사안처리 및 학교역량 강화다. 이를 위해 117 학교폭력 신고 전화를 내실 있게 운영하고 학교별 익명신고 운영을 도입하였다. 또한 학교폭력 조기 감지체계 구축, 학교폭력 관련 다양한 정보 제공 및 이용 활성화, 학교폭력 관련 전문성과 공정성을 강화하기 위한 법조인·의료인·경찰·청소년 전문가 등 외부위원의 위촉 확대를 하였으며 학교폭력 사안 은폐·축소 시 엄중 조치 등 책무성을 강화하였다.

넷째, 피해학생 보호·치유 및 가해학생 선도를 위한 노력을 기울였다. 이를 위해 학교폭력 피해학생 종합지원 체계를 구축하고, 가족해체 증가 등을 고려하여 돌봄기능이 강화된 가정형 Wee센터를 확대 추진하고, 학교폭력 피해학생 즉시 보호 및 지원을 강화하였다. 아울러 전국단위 기숙형 피해자 전담지원기관인 해맑음센터의 운영 내실화 및 인터넷 중독 고위험군 청소년을 위한 국립청소년 인터넷드림마을 운영 등을 통해 치유 서비스의 제공도 확대하였다.

다섯째, 가정의 역할과 책무성을 제고하였다. 가족캠프, 가족축제 등 가족단위 프로그램을 활용한 가족교육을 강화하고 가족단위 집단상담을 실시하는 한편, 자녀의 발달단계별 학부모교육 이수 및 성실 참여 의무화를 추진할 계획이다. 아울러 관계부처 합동 학교 주변 유해업소 점검 및 단속을 지속적으로 실시하고, 시·도의 책무성 강화를 위한 학교폭력 정보 공시 및 평가를 시행하였다. 기타 청소년보호 책임자 지정사업자 현장실태조사, 청소년보호 협의체 운영, 사이버·언어폭력 예방을 위한 U-클린 캠페인, 인터넷 윤리의식 제고를 위한 아름다운 인터넷 세상 캠페인 등도 계획에 포함하고 있다.

(3) 부처별 주요 추진과제

제3차 학교폭력예방 및 대책 기본계획의 부처별 주요 추진과제는 다음과 같다.

첫째, 교육부는 또래활동을 통한 건전한 학교문화 조성, 체험중심 학교폭력예방 활동 강화, 언어·사이버폭력에 대한 대응 강화, 범죄예방환경설계(CPTED) 적용 확대 등 안전 인프라 확충, 학교폭력 조기 감지·신고체계 강화 및 사안처리 공정성·객관성 확보, 피해학생 보호 및 치유 지원 내실화, 가정의 교육기능 강화 등을 추진하고 있다.

둘째, 미래창조과학부는 IT 기술을 활용한 사이버폭력 등 대응을 위해 사이버폭력 가상체험 시뮬레이션 개발 및 보급, 인터넷중독대응센터(17개 시·도) 운영, 건전한 스마트폰 이용을 위한 연구학교 운영 등을 추진하고 있다.

셋째, 법무부는 학교폭력예방을 위한 법질서 의식 함양을 지원하기 위해 체험·참가형 법교육 프로그램을 확대 운영하고, 학교폭력예방을 위한 행복나무와 마음모아 톡톡 프로그램 등을 보급한다. 또한 학교폭력 피해학생에 대한 법률 지원 및 구조금 지원 서비스를 제공하고 청소년비행예방센터 등 가해학생 특별교육 지원을 확대하였다.

넷째, 행정자치부는 지방자치단체를 중심으로 한 학교폭력 관련 대민지원을 위해 학교 주변 CCTV 설치, 학교 CCTV와 지자체 통합관제센터 간 연계 확대, 출생 신고 시 부모교육 자료 보급, 지역위원회(협의회) 운영 활성화 및 지자체 평가 시 학교폭력 지표 반영 등을 추진하고 있다.

다섯째, 문화체육관광부는 문화예술 관련 학교폭력예방활동의 지원을 위해 찾아가는 바른 우리말 아나운서 선생님 운영 등 언어문화 개선 운동 전개, 모범 PC방 인증 및 인센티브 부여 등 건전한 PC방 이용환경 조성, 문화예술 교육 프로그램 지원, 인터넷게임 과몰입 부작용 해소 사업 등을 추진하고 있다.

여섯째, 보건복지부는 피해학생 정신건강 등 치유 지원에 초점을 두고 노인 일자리 사업과 연계한 교내 CCTV 관제 전담요원 배치, 정신건강 문제군 학생 치유·회복 지원, 국립정신병원 내 아동청소년정신건강증진센터 운영 등을 추진하고 있다.

일곱째, 여성가족부는 청소년 유해 요소를 제거하기 위해 학교 주변 청소년 출입금지 및 제한업소 단속·캠페인 강화, 국립청소년인터넷드림마을 운영, 인터넷·게임·영상물 등 유해정보 모니터링 강화, 성폭력 피해학생 치유·보호 및 가해학생 특별교육 지원 확대, 청소년상담복지센터에 사이버폭력 관련 전문상담사 배치, 가족관계 유대감 강화 프로그램 운영 및 부모교육 활성화 등의 과제를 추진하고 있다.

여덟째, 경찰청은 준법의식 함양 및 학생들의 자율적인 학교폭력 대응역량 강화를 위해 경찰관서 등을 이용하여 경찰활동을 체험하는 청소년 경찰학교를 확대 운영하는 한편, 학교전담경찰관 운영 내실화, 폭력 서클 등 고위험 학생에 대한 조기 감지 및 대응 강화, 117 신고·상담센터 접근 매체 다양화 및 상담역량 강화 등의 과제를 추진하고 있다. 한편, 최근 부산 학교전담경찰관의 부적절 사안을 계기로 교육부와 경찰청 합동으로 2016년 9월에 학교전담경찰관 매뉴얼을 개정·시행하였다. 동 제도의 개선을 통해 교육부와 경찰청은 중앙-지역단위별 상설협의체를 구성하여 협의회를 반기별로 개최하기로 하였고, 전담경찰관의 업무예측 가능성을 높이기 위해 학교 방문 일정이 포함된 월별 활동계획서를 사전에 학교에 제출하도록 하여 학교전담경찰관과 단위학교 간 정보공유 체계를 강화하였다. 아울러 학생 면담 시 사전·사후 통보를 명문화하여 학교와 정보를 공유하도록 개선하였다.

3. 결론 및 제언

　정부는 그동안 학교폭력 문제의 근원적인 해결을 위해 관계부처 합동 및 민관 협업을 통해 학교폭력예방교육 및 체험형 예방활동을 지속적으로 확대하고, 안전 인프라를 고도화하며, 가·피해학생 지원 내실화, 사안처리의 공정성·객관성 제고 등 다양한 학교폭력예방 및 근절 대책을 지속적으로 추진해 왔다. 그 결과, 학교폭력 실태조사 피해 응답률은 2013년 2차 1.9%, 2014년 2차 1.2%, 2015년 2차 0.9%로 꾸준하게 감소하였고, 학업중단 등 학교 부적응 학생도 지속적으로 감소해 왔다.

　이러한 성과를 가져오게 한 주요 과제들을 요약하면 다음과 같다.

　첫째, 정부는 학교 현장의 학교폭력예방활동 강화를 위해 학생들의 공감, 배려, 의사소통, 갈등해결 능력 향상을 위한 어울림 프로그램을 확대 운영해 왔다(2015년 536교 → 2016년 1,011교). 또한 학생이 주체가 되어 또래상담, 또래조정 등 활동을 하는 어깨동무학교 운영(2015년 3,109교 → 2016년 3,531교), 학생의 바른 언어습관 형성을 위한 언어순화 캠페인 및 스마트기기 중독 치유를 위한 가족치유캠프 운영도 2015년 15회, 900명에서 2016년 32회, 1,600명으로 확대하였다.

　둘째, 학교폭력예방 안전 인프라를 확충하기 위해 모든 학교에 학생보호 인력을 1명 이상 배치하도록 유도하고, 학생보호 인력 미배치 학교에는 사회복무요원(병무청)을 배치하거나 아동안전지킴이(경찰청)를 활용하도록 하였다. 또한 범죄예방환경설계 시범학교 운영을 2014년 25교에서 2015년 50교, 2016년 100개교로 확대하고, 모든 학교를 신·개축할 때 범죄예방환경설계 적용 의무화를 추진할 계획이다(2019년까지). 사전 감지 역량을 강화하기 위해 고화질 CCTV 설치를 확대하여 2015년 41.2%에서 2016년 45%로 늘리고, 관계부처 협업을 통한 CCTV 관제능력도 강화해 왔다.

　셋째, 고위기 학생 선별·치료 지원 강화를 위해 Wee 센터별 정신과 자문의(센터별 1명) 지정을 통한 고위기 학생 심리치료 연계 등 정신의학적 지원을 강화하고, 고위기군 학생 심리치료 이행 표준 매뉴얼을 개발하여 사례 유형별 정신의학적 치료 연계자료로 활용할 계획이다. 또한 전문상담교사 배치 확대 및 업무처리 매뉴얼 개발·보급으로 단위학교의 상담 서비스를 내실화할 계획이다. 가정적 요인으로는 학교생활에 어려움을 겪는 학생을 위한 가정형 Wee센터 설치를 확대하여 학교 밖 안전망도 강화해 나갈 계획이다.

네 번째, 학교폭력 사안처리 공정성·객관성 강화를 위해 학교폭력 가해학생에 대한 조치별 적용기준을 2016년 9월 고시하여 사안처리의 공정성·객관성을 강화하고, 학교폭력 대응요령 등에 대한 연수 강화로 교원, 자치위원 등의 사안처리 역량 강화도 지속적으로 추진할 계획이다.

지금까지 살펴본 바와 같이 정부가 관계부처 합동 및 민관 협력을 통해 학교폭력예방 및 대책을 지속적으로 추진해 온 결과로 학교폭력은 놀라울 정도로 감소하였다. 아울러 학업중단 학생도 지속적으로 감소하는 추세다. 하지만 여전히 학교폭력은 존재하고 있고, 학교폭력 또는 학교 부적응의 원인이 되는 개인적 요인, 가정적 요인, 학교 요인, 사회적 요인에 대한 지속적이고 체계적인 접근이 필요한 실정이다. 특히 최근 아동학대 또는 가정폭력으로 인한 유아 사망사건이 늘어나고 있는 현실을 직시하고 여성가족부, 보건복지부 등 관계부처와 협업하여 가정의 역할과 기능을 회복하는 정책이 강화되어야 할 것이다. 또한 학교폭력의 유형이 물리적 폭력보다는 정서적·언어적 폭력이 많은 것으로 진화되고 있어 이에 대한 맞춤형 대책도 지속적으로 추진되어야 한다. 더 나아가 학교폭력뿐만 아니라 학교 부적응 학생을 위한 맞춤형 대책도 강화되어야 한다. 학교 내 학업 부적응 학생들이 학업을 중도에 포기하면 사회 부적응자가 될 위험성이 훨씬 커지므로 이들이 학업을 무사히 마칠 수 있도록 다양한 맞춤형 대안교육 프로그램이 강화되어야 할 것이다. 그리고 공교육과정 내에서 학생들이 올바른 도덕적 인성의 기초 위에 상호 소통하고 공감하며 배려할 수 있는 감성적 역량을 강화하기 위한 예방교육 프로그램도 지속적으로 확대 운영되어야 할 것이다.

🗂 참고문헌

교육부(2012). 관계부처합동 학교폭력근절 종합대책.

교육부(2013). 2013년 학교폭력예방 및 대책지원 사업 계획.

교육부(2014). 현장중심 학교폭력 대책 2014년도 추진계획.

교육부(2015a). 학교폭력예방 및 대책 기본계획 2015년도 시행계획.

교육부(2015b). 초등학생 맞춤형 학교폭력 대책.

교육부(2016). 학교폭력예방 및 대책 2016년 시행계획.

김종기(2013). 아버지의 이름으로. 서울: 은행나무.

김주환(2011). 회복탄력성. 경기: 위즈덤하우스.

김천기(2013). 학교폭력 학생부 기재 정책의 합리성에 대한 비판적 고찰. 교육사회학연구, 23(4), 119-153.

이승현, 정제영, 강태훈, 김무영(2014). 학교폭력 가해학생 관련 정책의 효과성 분석 연구. 한국형사정책연구원. 연구총서 14-AA-02.

정정길(2014). 정책학원론. 충북: 대명출판사.

Brooks, D. (2013). *The Social Animal: The Hidden Sources of Love, Character, and Achievement.* New York: Random House.

Gladwell, M. (2013). *David and Goliath.* New York: Little, Brown and Company.

Kingdon, J. W. (2011). *Agendas, Alternatives, and Public Policies*, updated 2nd ed. New York: Longman.

Smith, A. (2014). *The Theory of Moral Sentiments.* Pantianos Classics.

|제4장|
어울림 학교폭력예방 프로그램의 이해

1. 어울림 학교폭력예방 프로그램 개발 배경

학교폭력의 원인은 다양하지만, 학생의 인성 및 사회성 함양을 위한 교육적 실천이 미흡한 점이 주요한 원인이다. 높은 학업성취 수준에 비해, 학생들은 타인과 관계를 원만히 맺고 협력하는 사회적 상호작용 능력이 부족하며, 학업 스트레스를 해소할 수 있는 정서교육에 참여할 기회가 부족한 실정이다. 따라서 학교 구성원의 공감과 소통 능력을 향상시키기 위해 학교폭력예방교육을 강화할 필요가 있다.

이에 교육과학기술부는 2012년 1학기에 학교 구성원의 공감 및 소통능력 향상을 위한 어울림 프로그램을 15개교를 대상으로 시범 운영하였으며, 2학기에는 43개교로 확대 운영하였다. 이를 통해 학교폭력예방을 위한 공감 및 소통의 학교문화 조성 및 국가 수준의 표준 프로그램 개발의 필요성을 확인한 바 있다.

교육부는 2013년 대통령 업무보고를 통해 2012년에 시범 운영한 어울림 프로그램을 보완하여 표준화된 학교폭력예방교육 프로그램으로 개발하고 학교 여건을 고려해 단계적으로 확대할 것을 계획하였다. 이는 학교폭력의 근본적인 예방을 위한 현장 중심의 학교폭력 근절방안의 주요 내용이었으며, 박근혜 정부의 국정과제에 반영되었다. 즉, 추진과제 76번 학교폭력 및 학생위험 제로환경 조성의 추진계획으로, 학생 · 학부모 · 교직원 대상의 학교폭력예방 프로그램 개발 및 학교 여건을 고려한 단계적 운영 확대가 포함되었다.

이후 교육부 학교폭력대책과는 2013년 6월에 어울림 프로그램 추진 기본계획을 수립하였고, 정부는 7월 23일에 정홍원 국무총리 주재로 제5차 학교폭력대책위원회를 열어 관계부처 합동으로 2013년 7월 23일에 현장중심 맞춤형 학교폭력대책을 마련하였다. 7 · 23 대책을 수립함에 있어 정부는 실효성 있는 학교폭력대책을 수립하기 위해서는 전국적인 규모의 학교폭력 실태조사를 지속적이고 체계적으로 실시하고 그 분석 결과를 토대로 학교폭력의 정확한 실태와 발생 원인을 파악하는 것이 필요하다는 의견(박효정, 2012)을 반영하여 정부, 시 · 도교육청, 학교 차원에서 객관적 데이터에 근거한 맞춤형 대책을 수립하였고, 사후 대응보다는 학교 폭력예방에 중점을 둔 대책을 마련하였다. 즉, 학생들이 안전하고 건강하게 교육받고 성장하기 위해서는 학교폭력이 발생하지 않아야 한다는 점에서 사전 예방에 중점을 두고 있으며, 이를 위해 학교폭력예방교육 프로그램인 어울림 프로그램을 정규교육과정에 반영하여 모든 초 · 중 · 고등학교에 지속적이고 체계적으로 실시할 계획임을 밝혔다(교육부, 2013, 2014).

어울림 프로그램 추진 기본계획의 주요 내용은 학교 현장에서 내실 있는 학교폭력예방교육이 이루어질 수 있도록 국가 수준의 어울림 프로그램을 개발하고 보급하는 것이다. 이와 같이 어울림 학교폭력예방 프로그램이 국가적 수준에서 추진되게 된 것은 학교폭력 문제를 해결하기 위한 가장 근본적인 대책은 학교폭력예방교육이라는 중요성 인식에서 출발하였다.

2. 어울림 프로그램 개발 개요 및 내용

1) 어울림 프로그램 개발의 이론적 근거[1]

어울림 학교폭력예방 프로그램을 개발하기에 앞서, 개발을 위한 이론적 기초를 정립하기 위하여 학교폭력 개념 및 유형, 학교폭력 경향성, 학교폭력의 가해 · 피해 · 방관자의 특성 그리고 학교폭력예방을 위해 필요한 요인을 분석하였다. 또한 프로그램의 영역 및 핵심 구성 요소를 추출하기 위해 국내외 학교폭력예방 프로그램을 분석하였고 학생들이 인식하고 있는 최근 학교폭력 경향성과 학교폭력예방교육의 실태 및 요구사항을 파악하기 위해서 초 · 중 · 고등학생을 대상으로 면담을 실시하였다. 이와 같은 분석의 결과는 어울림 프로그램의 핵심 요소를 추출하고 내용을 구성하기 위한 개발 지침에 반영되었다.

첫째, 학교폭력예방 프로그램의 핵심 구성 요소와 관련해서는 학생들의 사회 · 정서적 능력을 계발하는 것이 필요하며, 학교폭력 발생 시 실질적인 대응전략도 향상시킬 필요가 있는 것으로 분석되었다. 따라서 연령에 따른 사회 · 정서적 특성을 이해하여 프로그램에 반영해야 하고 학부모, 교사, 학교폭력 전문가의 지원역량을 키워 학교폭력 징후에 대한 민감성을 향상시킴으로써 학생의 사회적 · 정서적 역량 계발을 지원하고 강화할 필요가 있음을 확인하였다. 이에 학교폭력예방 프로그램은 학생용뿐 아니라 교사용, 학부모용을 개발하여 학교폭력을 다차원적으로 예방할 수 있도록 하였다.

둘째, 긍정적인 학교문화는 학교폭력 발생을 낮추는 것과 관련이 있다고 보고되어(Bauer, Lozano, & Rivara, 2007), 많은 학교에서 학교폭력을 예방하기 위해 다양한 학교폭력예방 프로그램을 실시하여 학교폭력 발생률을 줄이기 위해 노력하

---

[1] 이 부분은 '박효정 외(2014). 학교폭력표준프로그램개발연구(수탁연구CR 2014-29)'의 내용을 발췌 · 정리한 것임

고 있다. 학교를 중심으로 운영되는 예방 프로그램은 또래관계를 긍정적으로 향상시키고, 학교폭력에 대한 이해를 높이며, 학교폭력에 대응하는 긍정적인 태도를 향상시킴으로써 안전하고 긍정적인 학교문화를 형성하는 데 도움이 된다(Bauer et al., 2007). 이처럼 학교폭력예방 프로그램을 개발할 때 학생의 역량과 긍정적 학교문화 개선에 초점을 두어야 한다는 점이 반영되었다.

셋째, 학교폭력에 대한 변화 경향성을 보면, 학교폭력이 해가 갈수록 그 심각성에 대한 인식이 점차 높아질 뿐 아니라 그 범위도 점차 확대되고 있어 학교폭력예방을 위한 대책이 시급하다는 사실을 잘 알 수 있다. 또한 학교폭력 발생에서 남학생의 학교폭력 경향성은 좀 더 물리적인 데 비해 여학생의 학교폭력 경향성은 좀 더 심리적이고 관계적인 양상을 나타냄으로써 성별에 따른 학교폭력 경향성의 차이를 확인시켜 주었다. 이는 학교폭력예방대책에서 성차가 고려되어야 함을 시사하는 결과다. 마지막으로, 전체 학교급과 성별을 통해 언어폭력, 사이버폭력, 집단 따돌림 등 정서적 폭력의 피해율도 점차 늘고 있음이 확인되었다.

넷째, 프로그램의 영역 및 핵심 구성 요소를 추출하기 위해 국내외 학교폭력예방 프로그램을 분석하였다. 구체적으로 국내외 학교폭력예방 프로그램의 내용과 핵심 구성 요소 및 프로그램의 적용 효과를 분석하여 프로그램의 효과 제고에 기여하는 요인을 추출하였다. 이러한 국내외 프로그램을 분석한 결과 다음과 같은 점을 확인할 수 있었다.

대부분의 학교폭력예방 프로그램은 학생을 대상으로 하지만 학교폭력예방의 효과성을 극대화시키기 위해서는 학생의 학교폭력에 대한 정확한 이해와 예방을 위한 역량 계발뿐 아니라 교사와 학부모의 학교폭력에 대한 정확한 인식, 학생 특성에 대한 이해 그리고 학교폭력예방을 위한 지원역량의 강화도 필요하다는 점을 알 수 있었다. 이에 몇몇 프로그램은 학생을 대상으로 하는 프로그램과 학부모와 교사를 대상으로 하는 프로그램을 함께 개발하여 시행하고 있다.

또한 학교폭력예방 프로그램은 대상과 목적에 따라 내용이 다양하였다. 예를 들면, 학교환경을 중심으로 학교문화를 개선하기 위한 프로그램, 가족을 중심으로 공격적이고 폭력적인 행동을 개선하기 위한 프로그램, 가해자와 피해자의 심리적인 치유를 목적으로 하는 프로그램, 그리고 학생 개인의 공격성 대체훈련 프로그램 등이 있다(Elliott, Olweus, Limber, & Mihalic, 1999). 또한 프로그램의 구현방법과 관련해서는 구체적인 학교폭력 사안에 대한 역할극을 중심으로 구성한 프로그램, 문제해결을 위해 브레인스토밍과 토론을 중심으로 하는 프로그램, 비디오나 강의로 이루어진 교육중심 프로그램 등 다양한 방법이 활용되고 있다.

프로그램 분석의 영역과 내용에 있어서는 대상에 따라 다양한 학교폭력예방 프로그램이 활용되고 있는데, 국가적 차원에서 의무교육으로 실시하기도 하였다. 핀란드, 미국, 오스트리아 등 국외 많은 나라에서는 1980년대 전후로 학교폭력의 심각성을 인식하고 이를 예방하기 위한 다양한 프로그램을 개발하고 있다. 예를 들면, 핀란드는 학생 개인의 긍정적인 심리·사회적 역량을 증진시키고자 각 연령에 맞는 학교폭력예방 프로그램인 KiVa 프로그램을 개발하고 이를 의무적으로 실시함으로써 긍정적인 학교문화를 형성하기 위해 노력하고 있다. 특히 오프라인뿐만 아니라 온라인 등 다양한 접근방법으로 교육활동을 전개하고 있다.

이와 같은 국내외 학교폭력 관련 프로그램의 분석을 통하여 학교폭력예방 프로그램 개발에 주는 시사점을 다음과 같이 도출하였다.

첫째, 학교폭력예방 프로그램은 온라인과 오프라인 등 다양한 접근방법을 통해 체계적으로 접근할 때 프로그램의 효과를 높일 수 있다. KiVa 프로그램의 경우 학교폭력예방활동을 지원하기 위해 온라인과 오프라인 자원을 동시에 개발하여 운영하고 있으며, 온라인 게임을 통해 학생들의 흥미를 유발시켜 학교폭력예방교육의 효과성을 높이고 있다. 특히 온라인을 통해 각 학교의 프로그램 운영에 대한 평가와 피드백을 제공하는 등 온라인과 오프라인을 적극적으로 활용하여 프로그램 운영의 효율성을 높이고 있다.

둘째, 학교폭력예방 사업은 전문가 및 교사 네트워킹 형성을 통한 협력적 지원, 학교폭력예방 프로그램 전문가 양성 등 적극적인 정책적 지원이 바탕이 될 때 프로그램이 좀 더 체계적으로 운영될 수 있으며 예방 효과도 높이는 것으로 보인다. 예를 들면, 오스트리아의 ViSC 사회적 유능감 프로그램의 경우 프로그램의 성공적 정착을 위해 전문가 양성, 교사훈련, 프로그램 운영이 체계적으로 이루어지고 있다. 즉, 오스트리아는 ViSC 코치 양성과정을 통해 학교폭력예방 프로그램의 전문가를 배출한다. 이들은 학교단위로 컨설팅을 제공하며, 학교환경과 학교폭력 발생 특성을 분석하여 학교 실정에 맞는 프로그램을 제공하고, 실제적인 프로그램 운영과 정착을 위해 교사를 훈련시키는 등의 역할을 한다.

셋째, 학생용 프로그램 개발과 함께 교사와 학부모의 학교폭력예방 지원을 위한 역량 강화 프로그램 개발이 동시에 이루어지는 것이 효과적일 것이다. 교사와 학부모를 위한 학교폭력예방 프로그램은 대부분의 학생용 프로그램에 대한 안내와 활용을 위한 연수와 가이드에 초점이 맞춰져 있다. 그러나 스위스의 Be-Prox 프로그램은 교사의 학교폭력예방역량을 기르기 위한 프로그램으로서, 교사가 학교폭력 발생을 민감하게 인지하고 개입하는 기술, 학생들을 공감하고 사회적 역량을 강화하기 위한 기술, 그리고 학생들의 특성을 이해하고 학교폭력 발생 시 개입하고 지원하기 위한 역량을 향상시키기 위한 내용을 포함하고 있다. 이를 위해 프로그램의 활동은 교사가 가진 전문성과 경험을 인정해 주면서 토론과 논의를 통해 이해를 확장시키고, 문제에 대한 해결방안을 도출하는 방법을 사용하고 있다. 이처럼 교사와 학부모의 학생 특성에 대한 이해, 학교폭력 발생과 유형에 대한 이해, 개입 방법에 대한 이해가 동시에 이루어진다면 학교폭력예방이 좀 더 효과적으로 이루어질 수 있을 것이다.

넷째, 국외 학교폭력예방 프로그램은 학생들의 발달 특성에 대한 이해와 이론적 근거를 통해 이루어지고 있기 때문에 각 프로그램의 목표와 기대 효과가 명확하다. 예를 들면, 핀란드의 KiVa 프로그램은 사회인지이론에 근거하여 또래관계를 활성화하여 학교문화를 개선하는 것을 목표로 하고 있으며, ViSC 사회적 역량 프로그램은 학교폭력 문제를 협력적으로 해결할 수 있는 사회적 역량을 성장시키는 데 초점이 있다. 따라서 효과적인 학교폭력예방 프로그램의 개발은 대상 학생에 대한 분석과 연구를 바탕으로 체계적으로 이루어져야 할 것이다.

다섯째, 국외에서 개발된 프로그램은 단순히 학교폭력 상황을 다루고 있기보다는 학생들의 사회 · 정서적 역량을 강화하여 학급과 학교문화를 개선함으로써 학교폭력을 예방하는 방향으로 진행되고 있다. 이는 간접적인 학교폭력예방을 위한 접근이고 시간이 많이 소요되는 접근방법이지만 학교의 긍정적인 학급문화를 조성함으로써 장기적으로는 유효성이 높을 것이라 기대할 수 있다.

지금까지의 국내외 학교폭력 프로그램의 개발 목적과 내용을 분석한 결과, 학교폭력예방의 역량을 향상시키기 위해서 학생의 정서적 역량, 사회적 역량, 학교폭력예방역량의 계발이 중요하다는 것이다. 예를 들면, 학생들의 공격성과 충동성을 조절하는 능력, 타인의 생각을 공감하는 능력, 적절히 의사소통을 하는 능력, 자신을 존중하고 이해하는 연습, 그리고 학교폭력의 심각성을 파악하고 적절히 대처하는 기술을 향상시키는 것이 공통적으로 중요한 학교폭력예방역량이다.

이러한 국내외 학교폭력 프로그램 개발의 이론적 근거를 분석한 내용을 바탕으로 어울림 학교폭력예방 프로그램 개발 방향을 다음의 다섯 가지로 도출하였다.

첫째, 학교폭력예방 프로그램은 학생들의 인지적 · 정의적 발달 특성을 고려하여 개발될 필요가 있다. 학생들은 초등학교 저학년, 초등학교 고학년, 중학교, 고등학교의 학교급에 따라 인지적 · 정의적 특성에서 차이를 나타내기 때문에 학생 발달에 대한 이해를 바탕으로 프로그램이 개발되어야 한다. 예를 들면, 학교급이 낮은 초등학교 저학년을 대상으로는 프로그램의 운영 시간이 길지 않도록 하고 학생의 흥미를 고려한 놀이와 프로그램 내용이 구성될 때 프로그램의 효과를 높일 수 있다. 이는 학교폭력예방 프로그램을 통해 이루고자 하는 프로그램의 목표가 학생들에게 효과적으로 전달될 수 있도록 하기 위한 절차이며, 학생들이 프로그램의 내용을 받아들이고 내면화시키기 위한 필수적인 과정이라 할 수 있다.

둘째, 학교폭력예방 프로그램을 구성하는 데 다양한 사례와 활동을 포함하는 것이 바람직하다. 학교폭력 상황은 복합적으로 발생하기 때문에 다양한 사례를 구성할 필요가 있으며 활동에서도 토론, 동영상, 역할극 등 단순한 활동으로 구현하기보다는 학생의 흥미를 끌 수 있는 다양한 활동을 포함하는 것이 바람직하다. 활동이 다양하고 주제가 다양하다면 학생들의 프로그램에 대한 흥미와 참여를 높여 프로그램의 효과를 높일 수 있을 것이기 때문이다.

셋째, 학교폭력예방 프로그램이 효과적으로 정착되기 위해서는 제도적인 지원책이 마련되어야 한다. 국외에서 개발된 프로그램들이 효과적으로 정착된 예를 분석해 보면 이를 위한 정책적 지원이 함께 이루어지고 있었다. 이는 학교폭력예 방 프로그램이 단발적인 실행보다는 지속적이고 연속적인 과정으로 진행될 때 그 효과를 극대화시킬 수 있기 때문이다. 따라서 정책적으로 학교폭력예방 프로그램의 운영을 의무화하고 이를 정규과목에 편성한다면 학생의 학교폭력에 대응하는 역량이 계발되고 효과가 지속적으로 유지될 수 있을 것이다.

넷째, 학교폭력예방 프로그램은 학생용과 더불어 학부모용과 교사용을 동시에 개발하는 것이 효과적이다. 학교폭력을 예방하는 것이 학교의 예방교육만으로는 한계가 있다고 밝혀졌기 때문에 학부모의 학교폭력에 대한 이해와 자녀의 학교폭 력예방을 위한 지원 활동이 동시에 이루어져야 할 필요가 있다. 더불어 교사는 학 교폭력예방을 위한 지원역량을 향상시켜 문제 발생 초기에 민감하게 인식하고, 사 건 발생 시 효과적인 개입전략을 사용할 필요가 있다. 이처럼 학부모와 교사가 학교 폭력 상황을 정확히 인식하여 자녀-학생의 문제에 적절히 개입할 수 있는 역량을 계발 할 때, 학교폭력 문제 발생 시 다차원적이고 협력적 지원체계가 이루어질 수 있을 것이다.

마지막으로, 학교폭력예방 프로그램이 학급 차원에서 활용되는 것은 긍정적인 학급문화를 형성하는 데 효과적이다. 국외의 많은 프로그램은 교사가 직접 프로그 램을 운영할 수 있도록 설계되었다. 이는 학교폭력이 단순히 단발성의 교육이나 일회성 프로그램의 운영으로 예방될 수 없는 심각한 사회문제라는 인식에 근거하 여 학교폭력의 문제를 학급 안에서부터 미시적으로 접근하여 근본적인 해결책을 마련하고자 하는 의지의 반영이라 볼 수 있다. 이는 교사와 학급 구성원들이 서로 를 이해하고 긍정적인 사회ㆍ정서적 역량을 성장시키며 다양한 상호작용 활동을 통해 긍정적인 학급문화를 형성할 때 학교폭력이 효과적으로 예방될 수 있기 때 문이다.

지금까지의 이론적ㆍ실제적 분석 결과를 반영하여 어울림 프로그램을 개발하 였다.

2) 어울림 프로그램의 내용 및 구성

　어울림 프로그램은 학생, 교사, 학부모 등 학교 구성원의 공감 및 소통 능력을 향상시키고 단위학교에 학교폭력예방문화를 조성하기 위한 학교기반 학교폭력예방 프로그램이며, 학교별 특성 및 여건에 따라 선택적으로 활용할 수 있도록 모듈형 프로그램으로 개발되었다.

　또한 학교폭력예방에 필요한 핵심 구성 요소 6개를 모듈로 구성하고 각 모듈별로 수준 및 학교급을 고려하여 2013년부터 2017년까지 순차적으로 개발하였다. 그리고 프로그램 개발에 앞서 어울림 프로그램의 내용체계 구성을 위해 핵심 구성 요소를 추출하여 모듈로 개발하였다. 어울림 프로그램이 달성하고자 하는 목표와 핵심 구성 요소 그리고 대상별 내용을 제시하면 〈표 4-1〉과 같다.

표 4-1 어울림 프로그램의 핵심 요소 및 대상별 내용

달성 목표	핵심 구성 요소 (모듈)	내용		
		학생	교사	학부모
사회성	공감	• 타인 이해 및 공감 • 타인 존중 및 수용 • 배려행동 증진	• 학생 이해 및 공감 • 학부모 이해 및 공감	• 자녀 이해 및 공감 • 감정 코칭
	의사소통	• 경청 및 자기주장 훈련 • 대화의 중요성 및 의사소통 기술 획득	• 학생과의 의사소통 • 학부모와의 의사소통	• 자녀와의 의사소통 • 교사와의 의사소통
	갈등해결	• 또래중재 기술과 행동요령 • 또래관계에서의 갈등상황 대처방법 • 또래관계 형성 및 유지 방법	• 학급 내 갈등해결 • 교사-학생 간 갈등해결	• 자녀의 또래갈등 이해 • 자녀의 또래갈등 개입 및 지도방안

정서	자기존중감	• 긍정적인 자기수용 및 미래상 형성 • 자기존중감 및 자기탄력성 형성	• 학생의 자기존중감 이해 및 중요성 인식 • 학생의 자기존중감 향상 방안	• 자녀의 자기존중감 이해 및 중요성 인식 • 자녀의 자기존중감 향상 방안
	감정조절	• 미해결된 부정적 감정 인식 및 표현 • 공격성, 충동성, 분노조절 • 우울, 불안감, 무력감 조절	• 학생의 정서 이해 • 학생의 감정조절 지도	• 자녀의 정서 이해 • 자녀의 감정조절 지도
학교폭력 예방역량	학교폭력 인식 및 대처	• 학교폭력 행동유형 및 학교폭력에 대한 심각성 인식 • 학교폭력 상황에서 가해자 · 피해자 · 방관자 입장에 따른 적절한 대처방법 탐색	• 학급 내 학교폭력 징후 파악 • 학교폭력 사례별 교사의 대처방안 • 학교폭력 대응 절차 이해	• 자녀의 학교폭력 징후 파악 • 학교폭력 사례별 학부모의 대처방안 • 학교폭력 대응 절차 이해

〈표 4-1〉과 같은 핵심 구성 요소에 따라 구성된 6개 모듈은 공감, 의사소통, 갈등해결, 자기존중감, 감정조절, 학교폭력 인식 및 대처이며, 학교급은 초등학교 저학년, 초등학교 고학년, 중학교, 고등학교의 4개로 구성된다. 수준별로는 일반 학생을 대상으로 기본적인 심리적 역량을 향상시키기 위한 기본 프로그램과 학교폭력 고위험군 학생은 물론 일반 학생들을 위한 보다 심층적인 수준의 내용으로 구성된 심화 프로그램으로 구분된다.

2013년에는 기본 수준의 어울림 프로그램 6개 모듈의 4개 학교급별 학생용 24종, 교사용 24종, 학부모용 24종을 개발하기 위해, 앞에서 제시한 바와 같이 학교폭력예방 프로그램 개발을 위한 이론적 기초 정립, 국내외 학교폭력예방 프로그램 분석을 통해 어울림 학교폭력예방 프로그램의 개발 방향을 수립하고 기본 어울림 학교폭력예방 프로그램을 개발하였다. 2014년 하반기부터는 심화 프로그램을 개발하기 시작하여 2016년 공감, 의사소통, 갈등해결, 자기존중감, 감정조절, 학교폭력 인식 및 대처의 6개 기본 프로그램 개발과 개정, 6개 모듈의 심화 프로그램의 개발 및 개정이 완료되었다.

3) 프로그램 내용 및 구성

(1) 프로그램 내용

어울림 학교폭력예방 프로그램은 6개의 핵심 구성 요소를 추출하여 공감, 의사소통, 갈등해결, 자기존중감, 감정조절, 학교폭력 인식 및 대처의 6개 모듈로 개발되었으며, 기본과 심화의 두 수준으로 구분된다.

(2) 프로그램 구성

어울림 학교폭력예방 프로그램의 경우 기본 프로그램은 6개 모듈별로 학생용, 교사용, 학부모용의 3종이 한 세트로 구성되며, 학교급에 따라 초등 저학년용, 초등 고학년용, 중학생용, 고등학생용으로 구성된다. 기본 프로그램은 일반 학생을 대상으로 학교폭력예방을 위해 필요한 핵심 역량을 키워주기 위한 기본적인 수준의 내용이다. 심화 프로그램은 학교폭력 유형별 프로그램 또는 일반 학생 및 학교폭력 가·피해 경험이 있는 학생을 대상으로 하는 심화된 수준의 내용이며 학생용만 개발되었다.

기본 프로그램의 경우 학생용 프로그램은 학교폭력 인식 및 대처 모듈의 경우 7차시, 5개 모듈은 모듈당 4차시로 구성되며, 교사용 및 학부모용 프로그램은 기본 프로그램 모듈당 2차시로 구성된다. 차시별 시간은 학교급별 1교시 수업 시간에 따라 초등학생용은 40분, 중학생은 45분, 고등학생은 50분을 1차시로, 교사용 및 학부모용은 60분을 1차시로 구성하였다. 학생용 심화 프로그램의 경우에는 학교폭력 인식 및 대처 모듈의 경우 7차시, 5개 모듈은 모듈당 6차시로 구성되며, 기본 프로그램과 같이 학교급별 1교시 수업 시간에 따라 초등학생용은 40분, 중학생은 45분, 고등학생은 50분을 1차시로 구성하였다.

전체 프로그램 구성은 〈표 4-2〉와 같다.

표 4-2 어울림 학교폭력예방 프로그램 전체 구성

수준	모듈	대상	학교급	합계	
기본	• 6개 모듈 - 공감, 의사소통, 갈등해결, 자기존중감, 감정조절, 학교폭력 인식 및 대처	학생	초등 저학년	24종	72종
			초등 고학년		
			중학교		
			고등학교		
		교사	초등 저학년	24종	
			초등 고학년		
			중학교		
			고등학교		
		학부모	초등 저학년	24종	
			초등 고학년		
			중학교		
			고등학교		
심화	• 6개 모듈 - 학교폭력 인식 및 대처(언어폭력, 집단 따돌림, 사이버폭력 등 7차시) - 공감, 의사소통, 갈등해결, 자기존중감, 감정조절 각 6차시	학생	초등 저학년	24종	24종
			초등 고학년		
			중학교		
			고등학교		

4) 프로그램 개발 방향 및 지침

어울림 학교폭력예방 프로그램은 학교별 특성 및 여건에 따라 선택적으로 활용할 수 있는 모듈별 프로그램으로 개발하였다. 기본 프로그램의 경우 각 모듈은 학생용, 교사용, 학부모용 프로그램을 하나의 세트로 구성하였다. 각 모듈의

2. 어울림 프로그램 개발 개요 및 내용

프로그램 내용은 구체적인 학교폭력 사례를 활용하고, 학교폭력의 경향성 및 원인 등을 반영하여 학교폭력예방을 위해 실질적으로 도움이 되는 프로그램으로 개발하였다.

각 모듈의 프로그램 구성을 보면, ① 학생용 프로그램의 경우 집단상담, 역할극 및 토론, 미술이나 음악 활동, 게임 등 체험활동 중심, 또래중재 및 자치법정 활동과 같은 다양한 방법 중 학교급별 특성 및 학생의 흥미와 동기를 고려하여 선택적으로 활용하여 개발하고, ② 교사용 및 학부모 프로그램의 경우 집단상담, 역할극 및 토론 등 체험활동 전문가 특강 등 다양한 방법을 활용하여 개발하였다. 또한 학생용 프로그램의 경우, 단위학교에서 교과시간, 창의적 체험활동시간 등에서 활용 가능한 형태로 개발되었다.

학생용 프로그램의 기본적인 개발전략은 다음과 같다.

첫째, 학교급별 학생의 심리적 특성 및 발달 특성, 학교폭력 경향성을 반영하여 프로그램 내용 및 방법을 구성한다.

둘째, 각 모듈의 핵심 구성 요소(공감, 의사소통, 학교폭력 인식 및 대처, 자기존중감, 감정조절, 갈등해결)가 잘 반영되도록 구성하되, 프로그램의 궁극적인 목적인 학교폭력예방을 위한 내용으로 구성한다.

셋째, 학교급에 따라 학생의 흥미와 동기를 고려하여 다양한 체험 및 활동 중심 방법으로 구성하며, 최근 학교폭력 사례 및 일화(사이버폭력, 언어폭력, 집단 따돌림 사례 등)를 활용하여 구성한다.

넷째, 단위학교에서 교과 시간 및 창의적 체험활동 시간 등에 활용할 수 있도록 프로그램 개요와 교사용 지도안을 체계적이고 상세하게 작성한다.

심화 프로그램은 기본 프로그램 개발 시의 전략 외에 추가적으로 적용 대상을 일반 학생은 물론 학교폭력 유경험자에게도 적용될 수 있다는 점을 고려하여 내용과 소재 면에서 더 풍부하고 심화된 내용을 다루어 기본 프로그램과 차별성을 두었다.

교사용 및 학부모용 프로그램의 기본적인 개발전략은 다음과 같다.

첫째, 학교급별 학생의 심리사회적 특성 및 학교폭력 경향성을 반영하여 교사와 학부모가 적절하게 개입하고 대처할 수 있는 내용으로 구성한다.

둘째, 실제 학교폭력 사례 및 징후를 중심으로 구성하며, 강의 및 토론, 역할극 등 체험중심 활동방법을 활용하여 구성한다.

5) 프로그램 개발 지침

6개 모듈별, 학교급별 학교폭력예방 프로그램을 개발하기 위해, 학생의 발달단계에 따른 심리적인 특성 및 학교폭력 경향성을 분석하고, 이에 근거해 각 프로그램의 목표 및 내용, 구성방법에 대한 지침을 마련하였다.

(1) 공감
공감은 인지적이며 정서적인 영역을 포함하는 개념으로 타인의 정서를 이해하고 추측하여 효과적으로 반응하는 능력 및 타인이 표현하는 정서에 적절히 반응하는 능력을 의미한다.

(2) 의사소통
의사소통은 모든 관계를 효율적으로 유지하도록 하는 수단으로서 타인과의 상호작용에서 집중하여 타인의 관점을 이해하고 요점을 파악하며, 관점의 차이를 알기 위해 질문하고 자신의 생각과 느낌을 효과적으로 전달하는 능력이다.

(3) 학교폭력 인식 및 대처
학교폭력 인식 및 대처는 학교폭력의 개념 및 유형, 학교폭력의 심각성에 대해 인식하고, 학교폭력 발생 상황에서 가해자, 피해자, 방관자의 행동 및 대처 방안에 대해 이해하는 역량이다.

(4) 자기존중감
자기존중감은 자기에 대한 가치와 긍정적인 인지평가를 포함하는 개념으로, 자신의 장점 및 단점을 정확하게 이해하는 능력, 타인으로부터의 긍정적인 평가 및 수용 경험을 통한 긍정적인 자기수용, 타인과의 긍정적인 교류를 통한 소속감 및 형성을 통해 향상된다.

(5) 감정조절

감정조절은 감정이 부정적인 방법을 통해 외적으로 표출되는 것을 효과적으로 조절하고, 부정적인 정서를 약화시키며, 부정적인 정서를 발생시키는 환경에 적절히 대처하는 능력이다. 따라서 감정조절은 자신이 경험하는 정서를 정확하게 인식하고 적절하게 표현하며 부정적인 정서를 일으키는 상황에 직면했을 때 기능적인 행동을 하고, 부정적인 정서를 약화시키는 조절 기술을 포함한다.

(6) 갈등해결

갈등해결이란 자신이 경험하는 심리 내·외적 갈등 상황을 인식하고 이를 해결하는 활동이다. 갈등해결은 갈등이나 문제 상황을 정확하게 인식하고, 이를 원만하게 해결할 수 있는 다양한 대안적인 해결방안을 도출하며, 각각의 해결방안에 따른 예상되는 결과를 추출하여 바람직한 해결방안을 선택적으로 활용할 수 있는 능력을 포함한다.

학생용 기본 프로그램 개발 지침 중 초저·초고·중·고등학교 프로그램 개발 지침의 예를 제시하면 〈표 4-3〉과 같다.

표 4-3 초등학교 저학년 공감 프로그램 개발 지침

발달 특성	학교폭력 유형 및 사례	목표 및 내용	구성방법
• 자기중심적 사고 • 타인의 감정에 초점을 맞추기보다는 자신의 불안이나 감정에 초점을 맞춤.	• 사소한 장난이 친구에게 어떻게 부정적으로 영향을 미치는지 인식하지 못해 벌어지는 학교폭력 비율이 높음.	〈자신 및 타인 이해〉 • 자신 및 타인의 언어적·비언어적 표현을 이해하고 반응하는 활동임.	• 미술활동이나 놀이활동을 통해 자신을 표현하고, 또래 친구들을 이해하도록 함. • 활동지를 통해 나와 다

발달 특성	학교폭력 유형 및 사례	목표 및 내용	구성방법
• 자신의 이익과 관련이 있을 때만 이타적으로 행동함. • 상호작용이 증가함과 동시에 공격성도 증가함(신체적 공격, 언어적 공격 등).	• 친구와의 사소한 별명 부르기, 놀림, 조롱과 같은 사소한 장난이 학교폭력으로 확대되는 경향을 보임. • 주로 비속어 사용 등 언어적 폭력이 자주 발생함.	• 친구의 정서를 이해하여 적절히 반응하고 격려할 수 있는 기술을 습득하여 성공적인 상호작용 방법을 습득함. • 자신보다 약하거나 자신과 다른 친구에 대해 이해하고 배려하는 능력을 향상함. • 자신이 사용하는 언어나 표현이 친구에게 상처를 줄 수 있음을 이해함.	른 타인(장애우, 다문화가정의 아이)에 대한 공감 및 배려 기술을 연습함.

표 4-4 초등 고학년 의사소통 프로그램 개발 지침

발달 특성	학교폭력 유형 및 사례	목표 및 내용	구성방법
• 또래관계의 친밀성 욕구가 증가함. • 사회적 민감성 및 사회적 적응이 향상됨. • 사회인지 능력의 발달로 모방 행동이 증가함. • 인지적 자기조절 능력이 증진됨.	• 초등학교 고학년은 학교폭력 가해 이유에 대해 상대방이 잘못해서라는 인식이 높은 편이며, 장난이나 오해와 갈등에서 비롯되었다는 인식도 높게 나타남. • 학교폭력 피해자들은 대부분 학교폭력에 대해 의사표현을 회피하는 경향을 나타내며, 소극적으로 대처하는 경향을 나타냄. 또한 사회적 기술이 부족하고 낮은 주장성을 나타냄.	〈타협 및 설득〉 • 타인과 다른 의견에 대한 타협 및 설득을 위한 기술을 함양함. • 자신의 생각과 느낌을 적절히 표현하고 이에 대한 긍정적인 반응을 경험함으로써 의사소통 기술의 자신감을 경험함. • 또래와의 관계에서 거절하고, 요청하고, 도움주고, 도움받기 등 의사소통에 필요한 의사소통 기술을 향상함. • 긍정적인 또래관계 형성을 위한 사회적 기술(들어주기, 반응하기, 칭찬하기)을 습득함.	• 주장하는 행동, 공격적 대화 기술, 소극적 대화 기술 등을 구별하여 올바른 의사소통 기술 인식 및 향상을 연습함. • 소그룹 활동을 통해 타협하고 설득하는 기술을 연습함. • 주장하는 행동, 공격적 대화 기술, 소극적 대화 기술 등을 구별하여 올바른 의사소통 기술 인식 및 향상을 연습함. • 소그룹 활동을 통해 타협하고 설득하는 기술을 연습함.

표 4-5 중학교 학교폭력 인식 및 대처 프로그램 개발 지침

발달 특성	학교폭력 유형 및 사례	목표 및 내용	구성방법
• 청소년들은 대부분의 시간을 학교에서 보냄. 따라서 불량친구의 유혹이나 학교 환경의 부정적 영향을 통해 반사회적 행동을 배우고, 모방하기도 함. • 폭력에 대한 인식이 부족함. • 또래집단을 형성하여 집단 내 소속감과 유대감 등의 정서적 충족을 이룸.	• 학교폭력에 대한 인식 부족으로 상대방이 수치심이나 괴로움, 모욕을 느끼는 경우에도 '장난 삼아' '재미로' 친구나 동료들을 꼬집거나 놀리고, 자신이 하기 곤란한 일을 친구에게 맡기며, 몸을 밀착하거나 함부로 만지는 등의 행위를 함. • 욕설 등 언어폭력으로 시작해 신체폭력으로 진행되는 사례가 많음. • 학교폭력을 목격한 후 모른 척하는 경우가 많음.	〈학교폭력예방문화 조성〉 • 학교폭력에 대한 명확한 인식의 교육이 필요함. - 학교폭력의 개념, 유형을 구체적으로 알려 주는 교육이 필요함. - 학교폭력이 단순히 '해서는 안 될 행위'라는 것을 인식시키는 데 그치지 않고, 괴롭힘이나 고통을 받지 않고, 존엄성을 보장받으며, 보호받아야 할 권리가 나뿐 아니라 내 친구·동료들 모두에게 있으며, 이러한 차원에서 학교폭력은 명백한 인권침해 행위임을 강조함. - 폭력에 대한 민감성 제고, 폭력에 대한 뚜렷한 의식과 태도 교육이 필요함. • 학교폭력 방지 인권 교육이 필요함. - 인간의 존엄과 가치, 평등, 자율과 자기결정을 강조하는 사회복지적 가치를 접목한 학교폭력 방지 인권 교육을 실시함. • 건전한 또래문화를 형성함.	• 실제 학교폭력 사례를 활용한 역할극을 수행함. • 역할극 수행 후 평가와 토론, 새로운 문제 해결방안에 대한 아이디어 탐색 등의 활동을 병행함. • 프로그램 구성 시 강제 심부름, 집단 따돌림 등의 사례를 활용하여 구성하고, 방관자의 역할에 대한 메시지를 전달하는 프로그램으로 구성됨. • 예방 캠페인송, 포스터, UCC 등 매체 제작 활동을 함.

⭐ 표 4-6 고등학교 갈등해결 프로그램 개발 지침

발달 특성	학교폭력 유형 및 사례	목표 및 내용	구성방법
• 사회적 기술과 정서적 통제 기술이 통합적으로 발달하는 중요한 시기임. • 입시와 관련하여 중요한 시기로 성적에 대한 걱정, 개인의 요구와 사회의 요구 사이에서 갈등을 경험함.	• 강제심부름이 다른 학교급에 비해서 높음. • 강제추행 및 성폭력, 금품갈취, 신체폭행의 비율이 다른 학교급에 비해 높아 고등학교의 학교폭력 성향은 좀 더 심각한 수준으로 보임. 〈2013 1차 학교폭력 실태조사 결과〉 • 강제심부름의 경우, 학년이 올라갈수록 비율이 높아지는 경향을 나타냄. • 전체적으로는 강제추행 및 성폭행, 강제심부름, 신체폭행의 비율이 다른 학교급에 비해 가장 높게 나타남. • 집단 따돌림 및 괴롭힘은 가장 낮게 나타남. • 성별로는 신체폭행, 금품갈취, 강제심부름, 강제추행 및 성폭행, 스토킹이 남학생에서 더 많이 일어남. • 언어폭력의 경우, 다른 학교급들이 비슷한 비율로 나타난 것에 비해 여학생이 남학생의 비율보다 높았음. • 집단 따돌림, 사이버 또는 휴대전화 괴롭힘의 경우 여학생의 비율이 남학생에 비해 높았음.	〈통합적 · 타협적 갈등해결 전략 획득〉 • 다양한 갈등 상황에 대해 논의하고 이에 대한 타협적 · 절충적 대처방안에 대해 논의하며 갈등해결 전략을 향상하여 학교장면 및 실생활에 적용함. • 다양한 갈등 상황을 제시하고 다양한 관점에서 문제를 분석해 보는 훈련을 함. • 다양한 관점을 통해 절충적인 문제해결을 모색하는 등의 활동을 통해 합리적 갈등해결 전략을 습득함. • 자신이 경험하고 있는 다양한 갈등의 문제를 인식하고, 해결을 위한 가설을 설정하며, 해결전략을 수립하고, 문제를 해결해 보는 활동으로 통합적이고 합리적인 갈등해결 방법을 함양함.	• 소그룹 토론; 학교폭력과 관련된 구체적인 갈등상황을 제시하여, 타협과 절충적 해결 방안을 모색해 보는 활동을 함. • 역할극; 갈등상황을 인식하고 적절히 대처하는 연습을 수행함.

3. 기본 프로그램의 구성

1) 학생용 프로그램

기본 프로그램 개발 방향 및 지침을 바탕으로 초저 · 초고 · 중 · 고등학교 학생용 기본 프로그램의 모듈별, 학교급별 세부 프로그램명과 목표, 세부 활동이 구성되었다.

4개 학교급 중 초등 저학년용 6개 프로그램의 구성내용을 제시하면 다음과 같다.

⭐ **표 4-7 초등 저학년용 공감 프로그램**

차시	프로그램명	목표	세부 활동(내용 및 방법)
1	어, 나도 그래	타인의 표정과 상황을 통해 감정을 이해하고 공감하는 힘 기르기	• 뽀로로 얼굴 알아맞히기 • 친구 얼굴 알아맞히기 • 〈집으로〉 영화 보며 이야기 나누기 　- 왜 그렇게 되었을까 생각해 보기 • 표정 읽어보기 　- 어떤 표정인지 알아맞히기 　- 어떨 때 저런 얼굴이 될까 경험 발표하기 • '어, 나도 그래' 카드놀이하기 　- 카드에 어울리는 감정표현 찾아 쓰기 　- 다 썼으면 돌아가며 카드를 내려놓고 감정표현하기 　- 같은 감정 용어가 있으면 "어, 나도 그래."하며 카드 내려놓기 • 남은 카드놀이 　- 공감받지 못한 카드를 가지고 전체 대상으로 놀이하기
2	나보다 어린 이 보살피기	약자에 대한 동정심을 가짐으로써 타인을 배려하는 공감능력을 기르기	• 학기 초에 '생물 키우기' 예고하기 • '손가락 펴보기' 게임하기 • 내가 키우는 생물에 대한 발표하기 • '모서리로 모여라' 활동하기 　- 같은 역할끼리 모여 이야기 나누기 　- 이야기 나누면서 공감하기 • 모서리에서 나누었던 이야기를 전체 앞에서 공유하기 • 각 모서리마다 한 명씩 나와서 발표하기

3	말랑말랑 마음 주무르기	이야기를 통한 공감 경험하기	• 감정 스피드 게임
			• 사례보기 〈민지의 일기〉
			  - 분노를 문제행동으로 표출하는 승민이 이야기
			• 마음 만들기
			  - 지점토로 승민이의 감정 표현하기
			• 응원 샤워하기
			  - 승민이의 뒷이야기 듣기
			  - 빈 의자 기법을 활용하여 모둠별 승민이 처지에 대한 이해 및 공감하기
			• 말랑말랑 마음 만들기
			  - 지점토로 승민이의 바뀐 감정 표현하기
			• '공감! 이래서 좋아!' 활동하기
			  - 공감 전후의 작품 비교하며 공감의 필요성 및 중요성 인식하기

4	포근포근 마음 나누기	실생활 속에서 공감하는 힘 기르기	• '당신은 친구에게 공감합니까?' 게임하기
			  - 워밍업 및 공감에 대한 인식하기
			• '민재 이야기' 듣고 활동하기
			  - 3개의 사례 중 교실 상황에 맞게 선택적 사용하기
			• '뾰족뾰족 가시나무' 활동하기
			  - "나는 이랬어요!"하며 화를 느꼈던 상황 가시모양 스티커에 적어서 나무에 붙이기
			  - 나의 경험과 감정, 반응 행동 나누기
			• 역할극 해 보기
			  - 각자의 입장에서 생각해 보기
			  - 감정의 효과적 해결방안으로 역할극 해 보기
			• '잎이 돋는 가시나무' 활동하기
			  - "나는 이럴 거예요!"하며 자신이 선택한 상황에 대한 새로운 반응 다짐하기
			  - 잎 모양 스티커에 자신의 반응과 다짐을 적어 가시나무 위에 붙이기

출처: 한국교육개발원(2013a).

⭐ 표 4-8 초등 저학년 의사소통 프로그램

차시	프로그램명	목표	세부 활동(내용 및 방법)
1	이런 말들이?	친구를 아프게 하는 말을 찾고 사용하지 않도록 약속하기	• 평화로운 반을 망가뜨리는 말 찾기(브레인스토밍) • 쓰레기통에 버리기(반 전체 약속하기)
2	말하기보다 귀한 것	듣기 위해 침묵해야 하는 필요성을 알고 친구의 이야기에 경청하기	• 인디언 토킹 스틱(말하는 지팡이)으로 침묵 연습하기 • 꾸아드네프 시간에 침묵으로 친구 이야기 경청하기
3	마음을 부드럽게	역할극을 통해 친구와 싸움이 일어날 수 있는 상황을 살펴보고 나의 마음을 부드럽게 표현하는 말 하기	• 나의 마음 표현하는 방법 알아보기 • 대표 역할극을 통해 내 마음을 표현하는 말하기로 상황 바꾸기 • 짝 역할극으로 내 마음 표현하는 연습 하기
4	같이 놀자	놀이를 하기 위해 지켜야 할 약속을 정하고 의사소통이 일어나는 놀이 문화 만들기	• 놀이의 종류 정하기 • 놀이 참여 인원 정하기(의사결정 토론) • 놀이 중간에 끼어들 때 말하기 규칙 연습하기(짝 역할극) • 놀이하기

출처: 한국교육개발원(2013b).

⭐ 표 4-9 학교폭력 인식 및 대처 초등 저학년 프로그램

차시	프로그램명	목표	세부 활동(내용 및 방법)
1	폭력 vs 평화	학교폭력이 무엇인지 이해하기	• 폭력과 평화 인식하기 　- 다양한 사례가 적혀 있는 카드를 분류하기 • '나도 가수다' 활동하기 　- 학교폭력 인식 및 예방에 대한 노래를 익히고 신체 표현해 보기 • 'Pass the ball' 게임하기 　- 폭력에 대해 정확하게 인식하고 있는지 게임으로 확인하기

2	이것도 폭력이구나!	따돌림이 무엇인지 생각해 보고 따돌림 당하는 친구의 처지를 이해하기	• 폭력상황 알아보기 – 『날아라 애벌레』 동화를 읽은 후 토의하고 활동지 작성하기 • '술래 피하기' 놀이하기 – 모둠별로 술래 피하기 놀이를 통해 집단 따돌림의 피해자를 경험하고 간접 가해자, 방관자로서의 행동 생각하기
3	내가 능력자	학교폭력의 상황에서 어떻게 대처해야 할지 알기	• '이럴 땐 어떻게?' 활동하기 – 학교폭력의 구체적인 상황을 역할극으로 꾸며 보고 토의하기 • 능력자 인증 목걸이 만들기 – 학교폭력의 피해자와 방관자일 때 해야 할 행동을 하나하나 종이로 엮어 목걸이 만들기
4	왕 따뜻한 우리 반	평화로운 반을 만들기 위해 내가 해야 할 행동을 다짐하고 실천하기	• '두리를 도와줘!' 활동하기 – 친구들을 놀리고 싶고 장난하고 싶은 만화 주인공의 고민을 상담해 주기 • '오늘은 Apple Day!' 활동하기 – 친구에게 미안한 행동을 사과모양 종이에 써서 사과하고 사과나무에 게시하여 용서와 화해를 경험하기 • 마법의 사탕 뽑기 – 마법의 주문(평화로운 반을 만드는 행동)이 달려 있는 준비된 사탕을 하나씩 뽑고 큰 소리로 읽은 후 다짐하기

출처: 한국교육개발원(2013f).

⭐ **표 4-10 초등 저학년 자기존중감 프로그램**

차시	프로그램명	목표	세부 활동(내용 및 방법)
1	자랑스러운 나	친구의 장점을 찾아 칭찬해 주는 활동을 통해 자신의 장점 또한 발견해 보고 자신에 대해 긍정적인 마음을 갖기	• 숨겨진 자신감 찾기 – 낙서를 깨끗이 닦아내어 숨겨진 '자신감' 글씨를 찾기 • 친구에게 칭찬샤워 하기 – 친구의 장점을 생각해 보고, 그 장점을 친구에게 칭찬하기 • '나의 장점을 찾아라' 활동하기

			– 게임활동을 통해 나의 장점, 친구 칭찬, 가족 자랑 등을 말해 보기 • '미션! 나 이런 사람이야!' 입체 다짐카드 만들기 　– 자신의 장점을 잘 키워 나갈 다짐카드 만들기 　– 자신의 책상에 붙이고 다짐하기
2	나와 어울리는 내 모습	평소 나의 표정이 어떠한지 관찰해 보고, 밝고 긍정적인 표정으로 자신감을 가지며, 내가 친구에게 즐거움과 행복을 줄 수 있는 사람임을 알기	• 다양한 표정 지어 보기 　– 사진을 보며 다양한 표정을 살펴보고, 그 표정들의 느낌을 이야기해 보기 　– 밝은 표정의 중요성 알기 • '밝은 마음 밝은 표정'(거울 보기) 활동하기 　– 거울 보기 활동을 통해 밝고 긍정적인 표정 지어 보기 　– 밝은 표정과 어두운 표정의 느낌 알아보기 　– 짝꿍을 즐겁게 하는 표정 연습하기 • '미션! 친구를 웃게 하라!'(스티커 게임) 활동하기 　– 노래에 맞추어 즐겁게 춤을 추다가 친구와 만나 서로 밝은 표정을 지어 보고 칭찬스티커 붙여 주기, 즉석사진기로 자신의 밝은 표정 찍기 • '우리 학급 스마일' 활동하기 　– 즉석 사진기로 스마일 학급 그림을 만들어 학급 게시판에 전시하기
3	사랑의 말로 치료해 주어요	다른 사람에게 자신감을 심어 주는 말과 행동을 알고 이를 실천하는 마음을 갖기	• 앵무새 대화법 배우기 　– 앵무새 모형 만들기 　– 앵무새 대화법으로 대화하기 • 친구사랑카드 분류하기 　– 자신감을 주는 말과 행동, 상처를 주는 말과 행동 알아보기 • '미션! 사랑의 말로 친구를 치료해 주어요' 활동하기 　– 풍선에 난 구멍에 하트 스티커를 붙여 주며 사랑과 격려의 말 건네기 • 용서의 시간 갖기 　– 나쁜 감정을 풍선에 담아 터뜨리기
4	나의 소중함에서 너의 소중함까지	친구와 내가 서로 다른 존재임을 알고 존중하는 마음 갖기	• '친구사랑카드' 게임하기 　– 카드분류 활동으로 뒤집어진 카드를 자신감을 주는 말과 행동, 상처를 주는 말과 행동으로 분류하기

| | | | • '나의 2가지 장점!' 활동하기
　- 자신이 앞으로 친구에게 자신감을 잘 드러낼 수
　 있는 자신만의 방법 발견하기
• '나의 마음속이 따뜻해졌어요!'(모자이크로 표현하
　기) 활동하기
　- 자신의 자신감이 변화된 모습을 생각하고 되돌
　 아보며 예전 모습과 비교하여 표현하기
• 자신의 변화된 모습 발표하기
　- 자신의 자신감이 무엇 때문에 많이 커질 수 있었
　 는지 생각하여 발표하기 |

출처: 한국교육개발원(2013e).

★ 표 4-11 초등 저학년 감정조절 프로그램

차시	프로그램명	목표	세부 활동(내용 및 방법)
1	감정은 내 친구	다양한 활동을 통해 감정을 인 식하고 이해의 폭을 넓히기	〈도입〉 • 마음의 문을 두드려 보아요 　- 동화책을 통하여 마음, 감정에 대한 동기 유발 　 하기 〈전개〉 • 감정단어 스무고개 　- 감정단어를 스무고개로 맞히는 모둠별 대항 게임 　 하기 • 내 마음의 파이 　- 상황에 따라 발생할 수 있는 다양한 감정들을 이 　 해하기 〈마무리〉 • 느낀 점 공유
2	이럴 때는 어떻게 할까요?	상황에 따른 자 신의 감정을 인 식하고 표현하 며 행동에 대한 평가를 통하여 적응적인 행동 을 연습하기	〈도입〉 • 이런 행동은 어떻게 느껴지나요? 　-〈거침없이 하이킥〉의 일부분을 보며 주인공의 행 　 동 평가하기 〈전개〉 • 상황 주사위 놀이 　- 주사위에 여러 가지 교실 상황을 붙이고 선택된

			상황을 모둠별로 어떻게 해결할 것인지 발표하기 • 보충활동(선택) 　– '내 마음은 이래요' 활동하기 　– 상황–감정–행동–결과에 대한 인식하기 〈마무리〉 • 느낀 점 공유
3	감정조절은 나에게 맡겨라	감정조절을 위한 나의 환경, 감정, 행동 자원을 탐색하고 행동적 감정조절 능력을 기르기	〈도입〉 • '욱이'에게 필요한 것은? 　– 그림상황카드를 보면서 '욱이'의 행동은 어떤 모습으로 보이는지 인식하고 '욱이'에게 필요한 것은 무엇인지 이야기해 보기 〈전개〉 • 나의 행복 나무 　– 풍성한 열매를 맺기 위하여 환경, 감정을 살펴보고 어떠한 행동전략을 사용해야 하는지 탐색하기 • 이럴 땐 이렇게 　– 화, 분노가 치밀어오를 때 사용하는 행동적 전략 연습하기 〈마무리〉 • 느낀 점 공유
4	상황에 따른 나의 대처법	다양한 상황들에 대한 세 가지 대처법을 비교하고 행복한 학교생활을 위한 적응적인 대처방법을 선택하여 익히기	〈도입〉 • 이런 내가 되고 싶어요 　– 클레이아트로 내가 늘 지니고 싶은 감정 마스코트를 다섯 가지 만들고 이름 지어 주기 〈전개〉 • 나의 바라는 바를 멋지게 표현하기! 　– 세 가지(소극적, 공격적, 주장적) 대처기술을 인형놀이를 통해 연습하기 • 심화활동(선택) 　– '화가 나거나 짜증이 날 때 어떻게 할까?' 활동하기 　– 여섯 가지 대처 기술 중 선택하여 연습하기 〈마무리〉 • 느낀 점 공유

출처: 한국교육개발원(2013d).

표 4-12 초등 저학년 갈등해결 프로그램

차시	프로그램명	목표	세부 활동(내용 및 방법)
1	갈등과 친구가 되어 보아요	갈등의 개념을 알고, 갈등의 긍정적인 측면 이해하기	• 헝겊 공 던지며 다른 사람과 다툰 이야기 나누기 • 갈등해결 나무 완성하기 - 모둠 대표 색을 정하며 갈등 경험 후 경험 나누기 • '갈등은 좋은 모습도 있어요.' 활동하기 • 갈등에 대하여 한 마디 정의하기
2	갈등! 이렇게 해 봐요	갈등해결 방법을 익혀 갈등 상황 속에서 바르게 대처하기	• '경민이의 필통' 이야기 듣기 - 그림을 보고 어떤 상황인지 서로 이야기 나누며 알아보기 • '갈등! 이렇게 해 봐요.' 활동하기 - 갈등해결 4단계 내용 알아보기 - '방을 찾아라' 게임하기 • '친구를 도와줘요.' 활동하기 - 갈등해결 4단계 방법으로 '경민이'의 갈등을 해결하고 역할놀이 하기 • 갈등해결 4단계 점검하기 - 갈등해결 'O, ×' 퀴즈로 내용 이해 점검하기
3	갈등! 이젠 문제없어요!	갈등 상황 속에서 문제 해결을 통해 긍정적인 또래 관계 형성하기	• '얼음 땡' 활동하기 - '내가 준오나 유나라면' 어떻게 할지 '얼음 땡' 놀이로 발표하기 • '도움이 되는 말, 걸림이 되는 말' 활동하기 - 갈등해결에 도움이 되는 말과 걸림이 되는 말 분류하기 - '준오와 유나'의 대화 고치기 • '의견모아 5단계' 활동하기 - '진수와 미나'의 갈등 알아보기 - 의견모아 5단계 익히기 - '진수와 미나'의 갈등 해결하기 • '갈등 상황 속에서 내 행동은?' 활동하기 - 갈등 상황에서 내 행동 점검하기

| 4 | 모두 다 행복한 선택 | 또래 관계에서의 갈등 상황에 대처하는 방법을 익혀 학교폭력예방하기 | • '아따닷다송' 부르기
  – '아따닷다송' 부르며 율동하기
• 갈등해결 방법 알기
  – 갈등해결 4단계, 의견모아 5단계
• '자리 바꾸기' 해 보기
  – '자리 바꾸기'의 갈등 알아보기
  – 역할과 갈등해결 방법을 정하기
  – '자리 바꾸기' 대화 고치기
  – 역할극 시연하기
• '행복한 선택' 보드게임하기
  – 갈등 상황에서 학교폭력으로 이어지지 않도록 행동 선택하기
• '모두 다 행복한 선택' 활동하기
  – 갈등에 대처하는 방법 발표하기
  – '갈등' 하면 떠오르는 색 발표하기 |

출처: 한국교육개발원(2013c).

4. 어울림 프로그램 운영 및 적용 효과[2]

어울림 학교폭력예방 프로그램은 학교폭력에 대한 인식 및 대처 모듈과 학생들의 사회적·정서적 역량을 길러 줌으로써 학교폭력에 적절히 대응할 수 있도록 하는 공감, 의사소통, 갈등해결, 자기존중감, 감정조절, 학교폭력 인식 및 대처의 6개 모듈로 구성되어 있으며, 기본 프로그램과 심화 프로그램의 2개 수준으로 구성되어 있다.

이처럼 개발된 어울림 기본 및 심화 프로그램은 어울림 프로그램 운영학교 교사들을 대상으로 프로그램 운영 연수, 현장 적용, 효과검증, 개정이라는 사이클을 통해 프로그램의 효과성 및 현장 적합성을 높여 왔다. 특히, 어울림 프로그램의 현장 적용 및 적용을 통한 효과 검증은 2013년부터 2016년 현재까지 지속적으로 이루어

---

2) 이 부분은 '박효정, 한미영(2016). 어울림 프로그램 적용효과분석 연구. 한국교육개발원 미간행 자료'의 내용 중 일부를 정리하여 활용함

지고 있다. 즉, 매년 어울림 프로그램의 운영 현황과 어울림 프로그램 운영 전·후 학생들의 사회심리적 역량 및 학교폭력예방 역량 변화를 분석함으로써 현장적합성을 높이고 있는 것이다. 이 절에서는 2016년 어울림 프로그램 운영 및 적용 효과를 제시하고자 한다.

1) 설문조사 개요

(1) 표집대상 및 조사대상자

어울림 프로그램 운영학교 1,011개교 중에서는 508개 학교를, 비운영학교(비교학교)에서는 어울림 운영학교의 학교정보를 바탕으로 최대한 학교규모 및 인구통계학적 특성들(예: 시도 및 지역규모, 행정구, 설립유형, 남녀공학 여부, 학급당 평균학생 수 등)이 유사한 학교 중 232개 학교를 대상으로 설문지를 수합하였다. 조사 대상자는 어울림 프로그램 운영학교의 경우 학교별 어울림 프로그램 적용학년 학생 3개 학급의 학생, 비교학교는 초등학교는 3, 5학년, 중·고등학교는 1학년 3개 학급의 학생을 대상으로 하였다. 분석에 최종적으로 포함된 조사대상자들의 인구통계학적 특성은 〈표 4-13〉과 같다.

표 4-13 표집 대상 및 조사 대상자의 인구통계학적 특성 (단위: 명, %)

변인	구분	학교유형		전체
		운영학교	비운영학교	
학교급	초등학교	31,157(65.2)	14,762(69.8)	45,919(66.6)
	중학교	11,773(24.6)	4,587(21.7)	16,360(23.7)
	고등학교	4,851(10.2)	1,793(8.5)	6,644(9.6)
지역규모별	특별시/광역시	22,471(47.0)	9,882(46.7)	32,353(46.9)
	중소도시	14,768(30.9)	8,230(38.9)	22,998(33.4)
	읍면지역	9,885(20.7)	2,775(13.1)	12,660(18.3)
	기타(도서벽지)	657(1.4)	255(1.2)	912(1.3)

설립유형	국·공립	44,487(93.1)	19,187(90.8)	63,674(92.4)
	사립	3,294(6.9)	1,955(9.2)	5,249(7.6)
학교유형	남학교	2,591(5.4)	1,145(5.4)	3,736(5.4)
	여학교	2,286(4.8)	665(3.1)	2,951(4.3)
	남녀공학	42,904(89.8)	19.332(91.4)	62,236(90.3)
어울림 프로그램 운영학교 유형	일반운영학교	45,097(94.4)	-	45,097(94.4)
	연구시범학교	2,684(5.6)	-	2,684(5.6)
성별	남자	24,606(51.5)	10,707(50.6)	35,313(51.2)
	여자	23,175(48.5)	10.435(49.4)	33,610(48.8)
전체		47,781(100.0)	21,142(100.0)	68,923(100.0)

(2) 조사방법 및 조사내용

먼저, 어울림 프로그램 운영학교의 어울림 프로그램 담당교사를 대상으로 학교의 어울림 프로그램 운영 현황(예: 운영 모듈, 운영 시기 및 방법 등)을 파악하기 위해 학교용 설문조사를 실시하였고 운영학교와 비운영학교의 학생들을 대상으로 사전-사후 설문조사를 실시하였다. 운영학교의 경우, 학교별로 어울림 프로그램을 적용하는 대상학년별 3개 학급의 학생을 대상으로 어울림 프로그램을 운영하기 전에 사전 설문조사를 실시하고, 프로그램 운영을 모두 마친 후 사전설문지를 작성했던 동일한 학급의 동일 학생을 대상으로 사후 설문조사를 실시하였다. 비운영학교의 경우에는 초등학교는 3학년과 5학년 각 3개 학급, 중학교와 고등학교는 1학년 각 3개 학급의 학생을 무작위로 선정하여, 사전 설문조사는 3월에, 사후 설문조사는 7월에 실시하였다. 설문조사에 포함된 주요 측정 변인 및 각 변인의 신뢰도 계수는 〈표 4-14〉와 같다.

표 4-14 주요 측정 변인 및 변인별 신뢰도 계수

영역		측정변인	문항 수	신뢰도 계수
어울림 프로그램 6개 모듈	심리사회적 역량	공감능력	7	.852 / .882
		의사소통능력	7	.803 / .841
		갈등해결능력	7	.903 / .920
		자기존중감	10	.931 / .943
		감정조절능력	7	.703 / .712
	학교폭력예방 역량	학교폭력 허용도(학교폭력에 대한 인식 및 태도)	8	.829 / .872
		(학교폭력에 대한) 적극적 대처 및 도움행동	6	.876 / .898
학교생활적응	학교적응	교우관계	4	.851 / .878
		교사관계	4	.870 / .896
		학교생활만족도	4	.894 / .909

* 신뢰도 계수 중 첫 번째 제시한 것은 사전검사의 신뢰도 계수이고, 두 번째 제시한 것은 사후검사의 신뢰도 계수임

2) 어울림 프로그램 운영 현황 분석

2016년 어울림 프로그램 운영 현황 분석 결과는 다음과 같다.

첫째, 어울림 프로그램 적용효과 분석을 위한 설문조사에 응답한 학교는 일반 운영학교 478개교(97.0%), 연구시범학교는 15개교(3.0%)다.

둘째, 조사 대상 어울림 프로그램 운영학교 중, 신규 운영학교는 363개교(74.1%), 계속 운영학교는 127개교(25.9%)였다.

셋째, 어울림 프로그램의 주된 운영방식을 알아본 결과, '집중운영'이 309개교(63.1%), '정기운영'이 159개교(32.4%)로, 집중운영한다는 학교가 더 많은 것으로 나타났다.

넷째, 어울림 프로그램 운영주체 및 방법에 대한 것으로, 어울림 프로그램을 운영하는 주체에 대해 분석한 결과, '교내교사 단독' 운영이 205개교(41.8%)로 가장 많았

고, 그다음으로 '교내교사+외부강사 팀티칭' 운영이 163개교(33.2%)로 나타났다. 이를 학교급별로 살펴보면, 초등학교에서는 '교내교사 단독' 운영이 51.2%로 가장 많았고, 중·고등학교에서는 '교내교사 팀티칭'과 '교내교사+외부강사 팀티칭' 운영학교가 많은 것으로 나타났다(〈표 4-15〉 참조).

⭐ 표 4-15 어울림 프로그램 운영주체 및 방법 　　　　　　　　　　　(단위: 학교, %)

운영주체 및 방법	학교급별			전체
	초	중	고	
교내교사 단독	164(51.2)	30(24.2)	11(23.4)	205(41.8)
교내교사 팀티칭	39(12.2)	46(37.1)	17(36.2)	102(20.8)
외부강사 단독	12(3.8)	5(4.0)	4(8.5)	21(4.3)
교내교사+외부강사 팀티칭	105(32.8)	43(34.7)	15(31.9)	163(33.2)
전 체	320(100.0)	124(100.0)	47(100.0)	491(100.0)

다섯째, 어울림 프로그램 적용학년별 운영 모듈명과 관련해서는 전체적으로 볼 때, '공감(기본)'과 '의사소통(기본)' 모듈을 가장 많이 운영하는 것으로 나타났다. 학교급별로 살펴보면, 초등학교의 경우에는 '공감(기본)' 모듈을 운영하고 있는 학교가 23.5%로 가장 많았고, 다음으로 '의사소통(기본)' '자기존중감(기본)' '감정조절(기본)' 순으로 높게 나타났다. 중학교의 경우는 '의사소통(기본)'과 '공감(기본)' 모듈 운영을, 고등학교는 '공감(기본)' '의사소통(기본)' '자기존중감(기본)' 모듈을 운영한다는 응답이 많았다.

적용학년별로 살펴보면, 초등학교는 '4학년을 대상으로 어울림 프로그램을 운영한다'는 응답이 가장 많았고, 다음으로 5학년·6학년을 대상으로 운영하는 경우가 많았다. 중·고등학교의 경우에는 1학년을 대상으로 어울림 프로그램을 운영하는 학교가 많았다.

여섯째, 어울림 프로그램 모듈 운영 개수를 살펴본 결과, 모듈 2개를 운영하는 학교가 초등학교는 125개교(39.8%), 중학교 57개교(45.2%), 고등학교는 16개교

(34.8%)로 학교급에 상관없이 모듈 2개를 운영하는 학교가 가장 많은 것으로 나타났다.

　일곱째, 모듈 운영시간에 대한 분석결과로, 주로 어느 시간을 활용하여 어울림 프로그램을 운영하는지를 알아본 결과, '교과수업+창의적 체험활동 시간'이 226개교(45.9%)로 가장 많았다. 학교급별로 살펴보면, 초등학교의 경우 '교과수업 + 창의적 체험활동 시간'이 58.9%로 가장 많았고, 중학교에서는 '교과수업 시간'이 31.7%, 고등학교에서는 '교과수업시간'과 '교과수업 + 창의적 체험활동 시간'이 각각 25.5%로 높게 나타났다.

3) 어울림 프로그램 효과 분석

(1) 어울림 프로그램 운영학교와 비운영학교 간의 평균 차이 분석

　어울림 프로그램 운영 여부에 따른 학생들의 심리사회적 역량, 학교폭력예방 역량 그리고 학교생활적응에 차이가 있는지를 살펴본 결과, 모든 변인에서 운영학교와 비운영학교 간의 평균 차이가 통계적으로 유의한 것으로 나타났다(〈표 4-16〉 참조).

★ **표 4-16 어울림 프로그램 운영학교와 비운영 학교 간 평균 차이 분석**

종속변인	학교유형	학생 수	사전 평균 (표준편차)	교정사후 평균 (표준오차)	F
심리사회적 역량					
공감능력	운영학교	24,121	3.92(.73)	4.04(.00)	46.82***
	비운영학교	21,141	3.99(.73)	4.00(.00)	
의사소통능력	운영학교	21,268	3.88(.69)	4.01(.00)	48.57***
	비운영학교	21,103	3.89(.70)	3.97(.00)	
갈등해결능력	운영학교	11,508	3.93(.78)	4.06(.00)	25.24***
	비운영학교	21,142	3.96(.79)	4.02(.00)	
자기존중감	운영학교	16,197	4.00(.83)	4.17(.00)	88.79***
	비운영학교	21,142	4.09(.80)	4.11(.00)	

감정조절능력	운영학교	14,128	3.47(.68)	3.57(.00)	50.02***
	비운영학교	21,138	3.52(.70)	3.53(.00)	
학교폭력예방 역량					
학교폭력 허용도	운영학교	16,937	1.92(.73)	1.89(.00)	45.10***
	비운영학교	21,142	1.81(.70)	1.84(.00)	
(학교폭력에 대한) 적극적 대처 및 도움행동	운영학교	16,937	4.11(.75)	4.22(.00)	19.89***
	비운영학교	21,142	4.23(.74)	4.19(.00)	
학교생활적응					
교우관계	운영학교	47,769	3.91(.82)	4.00(.00)	29.92***
	비운영학교	21,142	3.92(.83)	3.98(.00)	
교사관계	운영학교	47,768	3.94(.84)	4.04(.00)	25.61***
	비운영학교	21,140	4.00(.84)	4.01(.00)	
학교생활만족도	운영학교	47,758	4.13(.90)	4.19(.00)	19.33***
	비운영학교	21,140	4.26(.86)	4.16(.00)	

* '학교폭력 허용도'는 학교폭력에 대한 허용적 태도를 나타내는 것으로, 점수가 낮을수록 학교폭력에 대해 엄격한 태도를 가지고 있다는 것을 의미함.
**p<.001

　첫째, 심리사회적 역량을 측정하는 5개 모듈의 경우 다음의 그래프에서 볼 수 있듯이 모든 모듈에서 운영학교가 비운영학교에 비해 공감, 의사소통, 갈등해결, 자기존중감, 감정조절 능력이 향상되었다([그림 4-1] 참조).

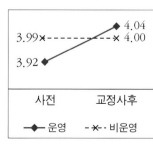

공감능력

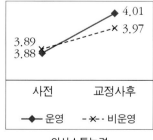

의사소통능력

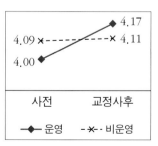

갈등해결능력

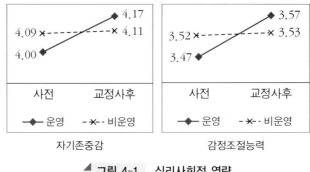

자기존중감   감정조절능력

▲ **그림 4-1**   심리사회적 역량

둘째, 학교폭력예방 역량은 학교폭력 허용도와 적극적 대처 및 도움행동의 두 측면에서 분석하였다. 먼저, 학교폭력 허용도의 경우 비운영학교(1.84점)가 운영학교(1.89점)보다 더 낮게 나타났다. 그러나 운영학교의 경우 어울림 프로그램 적용 후 학생들의 학교폭력 허용도 점수가 낮아진 반면, 비운영학교는 오히려 높아진 것으로 나타났다. 다음으로, 적극적 대처 및 도움행동에 있어서는 운영학교(4.22점)가 비운영학교(4.19점)보다 더 높게 나타났다([그림 4-2] 참조).

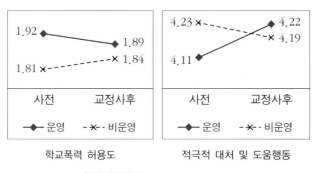

학교폭력 허용도   적극적 대처 및 도움행동

▲ **그림 4-2**   학교폭력예방 역량

셋째, 학교생활적응 역량은 교우 관계, 교사 관계 및 학교생활만족도 측면에서 분석하였다. 이는 교우관계[운영학교(4.00점),비운영학교(3.98점)]와 교사관계[운영학교(4.04점), 비운영학교(4.01점)], 학교생활만족도[운영학교(4.19점), 비운영학교(4.16점)] 모두에서 운영학교가 비운영학교보다 더 높게 나타났다([그림 4-3] 참조).

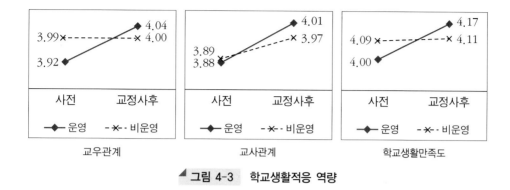

▲ 그림 4-3 학교생활적응 역량

(2) 어울림 프로그램 운영학교의 학교급별 사전–사후검사 평균 차이 분석

어울림 프로그램 운영학교만을 대상으로 프로그램 적용 전과 후의 변화를 학교급별로 살펴본 결과, '학교폭력 허용도'를 제외한 모든 변인에서 학교급에 상관없이 사전점수에 비해 사후점수가 통계적으로 유의하게 향상된 것으로 나타났다(〈표 4-17〉 참조).

★ 표 4-17 어울림 프로그램 운영학교의 학교급별 사전–사후검사 평균 차이 분석

종속변인	학교급	사전 평균 (표준편차)	사후 평균 (표준편차)	paired t
심리사회적 역량				
공감능력	초	3.97(.75)	4.06(.77)	-17.03***
	중	3.84(.70)	3.94(.73)	-12.87***
	고	3.83(.68)	3.97(.75)	-11.56***
의사소통능력	초	3.87(.71)	4.02(.73)	-25.34***
	중	3.91(.67)	4.00(.71)	-11.83***
	고	3.81(.65)	3.95(.71)	-10.59***
갈등해결능력	초	3.93(.79)	4.05(.79)	-14.97***
	중	3.98(.74)	4.08(.74)	-7.45***
	고	3.88(.71)	4.00(.74)	-6.30***
자기존중감	초	4.10(.80)	4.24(.80)	-21.36***
	중	3.90(.85)	4.00(.86)	-8.89***

	고	3.73(.84)	3.93(.85)	−12.98***
감정조절능력	초	3.52(.71)	3.60(.71)	−11.54***
	중	3.39(.60)	3.49(.64)	−8.29***
	고	3.28(.59)	3.39(.62)	−9.00***
학교폭력예방 역량				
학교폭력 허용도	초	1.79(.70)	1.79(.78)	−.49
	중	2.10(.71)	2.13(.86)	−2.23*
	고	2.25(.75)	2.22(.87)	1.15
적극적 대처 및 도움행동	초	4.24(.74)	4.29(.76)	−7.78***
	중	3.94(.72)	4.01(.76)	−6.16***
	고	3.77(.73)	3.92(.77)	−9.40***
학교생활적응				
교우관계	초	3.90(.84)	4.01(.85)	−26.71***
	중	3.96(.79)	4.02(.81)	−10.03***
	고	3.83(.80)	3.92(.82)	−9.46***
교사관계	초	4.01(.84)	4.10(.85)	−19.75***
	중	3.85(.82)	3.93(.85)	−12.86***
	고	3.70(.81)	3.81(.86)	−9.65***
학교생활만족도	초	4.27(.86)	4.29(.88)	−3.08**
	중	3.96(.88)	4.01(.89)	−6.23***
	고	3.65(.91)	3.74(.95)	−7.98***

***p<.001, **p<.01, *p<.05

첫째, 심리사회적 역량의 경우 초·중·고 모두 5개 모듈에서 프로그램 적용 전에 비해 적용 후에 공감, 의사소통, 갈등해결, 자기존중감, 감정조절 능력이 향상되었다.

둘째, 학교폭력예방 역량도 대체적으로 모든 학교급에서 학교폭력 허용도는 낮아지고 적극적 대처 및 도움행동은 증가하였다. 다만 중학교의 경우, 어울림 프로그램 적용 후 학교폭력 허용도 점수가 유의하게 높아진 것으로 나타났다.

셋째, 학교생활적응의 경우에는 모든 학교급에서 프로그램 적용 전에 비해 적용 후에 교우관계, 교사관계, 학교생활만족도가 향상되었다.

(3) 어울림 프로그램 운영 방법에 따른 적용효과 분석

어울림 프로그램 운영 방법에 따른 적용효과를 분석한 결과는 다음과 같다.

첫째, 어울림 프로그램 운영지속 여부에 따른 적용효과 분석 결과, 심리사회적 역량 및 학교폭력예방 역량에서 학교급과 어울림 프로그램 운영지속 여부 간의 상호작용효과 모두가 통계적으로 유의한 것으로 나타났다. 특히 중학교의 경우, 심리사회적 역량과 학교폭력예방 역량 관련 모든 변인에서 어울림 프로그램을 계속 운영한 학교가 2016년 처음 운영하는 신규학교보다 일관되게 프로그램 효과가 더 크게 나타났다 (〈표 4-18〉 참조).

⭐ **표 4-18 어울림 프로그램 운영지속 여부에 따른 적용효과 분석**

종속변인	학교급	운영지속 여부		학교급 (F)	운영지속 여부 (F)	학교급 × 운영지속 여부 (F)
		신규학교	계속학교			
심리사회적 역량						
공감능력	초	4.04(.00)	4.02(.01)	5.62**	6.20**	17.91***
	중	3.97(.00)	4.02(.01)			
	고	4.07(.01)	3.96(.01)			
의사소통능력	초	4.04(.00)	4.01(.01)	6.85***	47.29***	40.69***
	중	3.96(.00)	4.00(.01)			
	고	4.14(.02)	3.89(.01)			
갈등해결능력	초	4.05(.00)	4.07(.01)	.28	15.83***	17.80***
	중	4.05(.02)	4.07(.02)			
	고	4.16(.03)	3.92(.02)			
자기존중감	초	4.18(.00)	4.17(.01)	19.85***	1.15	3.46*
	중	4.06(.01)	4.12(.02)			

	고	4.12(.01)	4.12(.02)			
감정조절능력	초	3.57(.00)	3.58(.01)	7.53***	14.35***	5.89**
	중	3.49(.01)	3.60(.02)			
	고	3.49(.01)	3.54(.02)			
학교폭력예방 역량						
학교폭력 허용도	초	1.87(.00)	1.87(.01)	62.09***	.69	6.13**
	중	2.04(.01)	1.96(.01)			
	고	2.03(.02)	2.07(.02)			
적극적 대처 및 도움행동	초	4.21(.00)	4.20(.01)	34.00***	1.15	21.19***
	중	4.06(.01)	4.17(.01)			
	고	4.15(.01)	4.02(.02)			

***p<.001, **p<.01, *p<.05

심리사회적 역량의 경우 학교급별로 살펴보면, '갈등해결능력'을 제외한 변인에서 초등학교의 점수가 중·고등학교보다 대체로 높게 나타났다. 어울림 프로그램 운영지속 여부별로 살펴보면, '공감능력, 의사소통능력, 갈등해결능력'과 같이 사회성 함양을 목적으로 하는 변인에서는 신규학교가 계속 운영학교보다 점수가 높은 반면, '자기존중감, 감정조절능력'과 같이 개인의 정서 함양을 목적으로 하는 변인에서는 계속 운영학교의 점수가 더 높게 나타났다.

학교급과 어울림 프로그램 운영지속 여부 간의 상호작용효과의 경우, 초등학교에서는 신규 운영학교와 계속 운영학교 간의 심리사회적 역량 관련 변인에서의 점수 차이가 크지 않는 반면, 중·고등학교에서는 어느 정도 차이가 나타났다. 즉, 중학교의 경우 계속 운영학교의 점수가 신규 운영학교의 점수보다 일관되게 높고, 고등학교에서는 '감정조절능력'에서는 계속 운영학교의 점수가 더 높게 나타난 반면 '공감능력, 의사소통능력, 갈등해결능력'에서는 신규 운영학교의 점수가 더 높게 나타났다([그림 4-4] 참조).

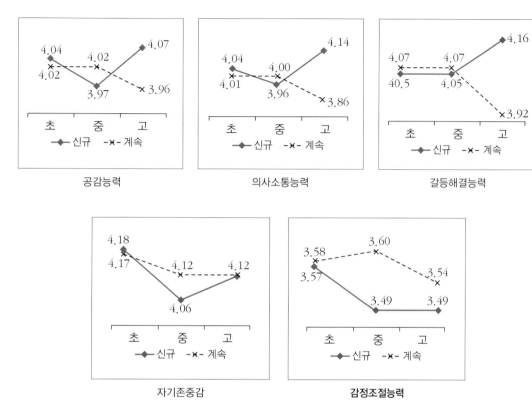

공감능력

의사소통능력

갈등해결능력

자기존중감

감정조절능력

▲ 그림 4-4 계속 운영학교와 신규 운영학교 간 심리사회적 역량 점수 차이 비교

학교폭력예방 역량의 경우 학교급별로 살펴보면, '학교폭력 허용도'에서는 초등
학교의 점수가 중·고등학교보다 대체로 낮고, '적극적 대처 및 도움행동'에서는
초등학교의 점수가 중·고등학교보다 높게 나타났다. 학교급과 운영지속 여부 간
의 상호작용효과의 경우, 초등학교에서는 신규 운영학교와 계속 운영학교 간의 학
교폭력예방 역량 관련 변인에서의 점수 차이가 크지 않는 반면, 중·고등학교에서
는 반대의 결과가 나타났다. 즉, 중학교에서는 계속 운영학교의 효과(학교폭력 허
용도는 낮고, 적극적 대처 및 도움행동은 높음)가 더 큰 반면, 고등학교에서는 신규 운
영학교의 효과가 더 크게 나타났음을 알 수 있다([그림 4-5] 참조).

학교생활적응에서의 차이에 있어서는 중학교에서 계속 운영학교가 신규학교보
다 '교우관계, 교사관계, 학교생활만족도'가 더 높게 나타났다(〈표 4-19〉 참조).

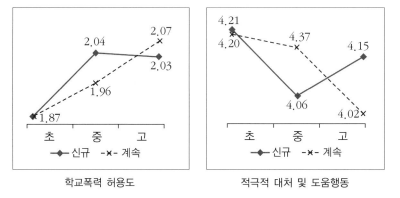

학교폭력 허용도   적극적 대처 및 도움행동

▲ 그림 4-5   계속 운영학교와 신규운영 학교 간 학교폭력예방 역량 점수 차이 비교

표 4-19 계속 운영학교와 신규운영 학교 간 학생활적응 점수 차이 비교

종속변인	학교급	운영지속 여부		학교급 (F)	운영지속 여부 (F)	학교급 × 운영지속 여부(F)
		신규학교	계속학교			
학교생활적응						
교우관계	초	4.02(.00)	4.00(.00)	7.65***	.07	14.38***
	중	3.96(.00)	4.03(.01)			
	고	3.99(.01)	3.95(.01)			
교사관계	초	4.06(.00)	4.05(.00)	49.33***	5.12*	18.40***
	중	3.96(.00)	4.05(.01)			
	고	3.96(.01)	3.94(.01)			
학교생활 만족도	초	4.20(.00)	4.20(.00)	102.26***	4.98*	11.35***
	중	4.09(.00)	4.17(.01)			
	고	4.05(.01)	4.04(.01)			

***p<.001, **p<.01, *p<.05

둘째, 어울림 프로그램 학교유형(연구시범학교/일반운영학교)에 따른 적용효과 분석 결과, 심리사회적 역량 변인에서는 '의사소통능력, 자기존중감, 감정조절능

력', 학교폭력예방 역량 변인에서는 '적극적 대처 및 도움행동'에서 학교급과 어울림 프로그램 학교유형 간의 상호작용효과가 통계적으로 유의한 것으로 나타났다. 즉, 초등학교에서는 '의사소통능력, 자기존중감, 감정조절능력' 변인에서 어울림 프로그램 연구시범학교가 일반운영학교보다 프로그램 효과가 더 크게 나타난 반면, 중·고등학교에서는 일반운영학교의 프로그램 효과가 더 크게 나타났다(〈표 4-20〉 참조).

표 4-20 어울림 프로그램 학교유형(연구시범학교/일반운영학교)에 따른 적용효과 분석

종속변인	학교급	학교유형		학교급 (F)	학교유형 (F)	학교급 × 학교유형 (F)
		연구시범학교	일반운영학교			
심리사회적 역량						
공감능력	초	4.01(.02)	4.04(.00)	6.27**	16.50***	2.15
	중	3.92(.02)	4.00(.00)			
	고	3.91(.04)	4.03(.01)			
의사소통능력	초	4.07(.02)	4.03(.00)	18.87***	2.37	15.08***
	중	3.89(.02)	3.99(.00)			
	고	−	3.99(.01)			
갈등해결능력	초	3.98(.03)	4.06(.00)	1.73	15.02***	1.26
	중	3.92(.04)	4.07(.01)			
	고	−	4.03(.02)			
자기존중감	초	4.27(.02)	4.17(.00)	55.23***	17.54***	28.43***
	중	3.90(.04)	4.09(.01)			
	고	3.98(.03)	4.14(.01)			
감정조절능력	초	3.65(.02)	3.57(.00)	23.93***	8.35**	18.77***
	중	3.36(.04)	3.56(.01)			
	고	3.38(.07)	3.51(.01)			

학교폭력예방 역량						
학교폭력 허용도	초	1.86(.02)	1.87(.00)	38.20***	4.04*	2.81
	중	2.13(.05)	2.01(.01)			
	고	2.08(.04)	2.04(.01)			
적극적 대처 및 도움행동	초	4.20(.02)	4.21(.00)	26.36***	14.70***	6.36**
	중	3.92(.04)	4.12(.01)			
	고	4.07(.03)	4.12(.01)			

***p<.001, **p<.01, *p<.05

학교생활적응 관련 변인에서의 차이 분석 결과에서는, 초등학교에서는 어울림 프로그램 연구시범학교가 일반운영학교보다 일관되게 '교우관계, 교사관계, 학교 생활만족도'가 더 높게 나타났다(〈표 4-21〉 참조).

표 4-21 어울림 프로그램 학교유형(연구시범학교/일반운영학교)에 따른 학교생활적응 차이

종속변인	학교급	학교유형		학교급 (F)	학교유형 (F)	학교급 × 학교유형 (F)
		연구시범학교	일반운영학교			
학교생활적응						
교우관계	초	4.04(.01)	4.01(.00)	37.93***	44.53***	25.83***
	중	3.83(.02)	4.00(.00)			
	고	3.84(.03)	3.98(.01)			
교사관계	초	4.12(.01)	4.05(.00)	68.95***	16.25***	23.98***
	중	3.87(.02)	4.00(.00)			
	고	3.85(.03)	3.96(.01)			
학교생활 만족도	초	4.24(.01)	4.20(.00)	124.11***	66.58***	39.39***
	중	3.96(.02)	4.13(.00)			
	고	3.82(.03)	4.07(.01)			

***p<.001, **p<.01, *p<.05

셋째, 프로그램 운영방식에 따른 적용효과 분석 결과, 심리사회적 역량 변인에서는 '공감능력'을 제외한 모든 변인에서, 학교폭력예방 역량 변인에서는 '학교폭력 허용도'에서 학교급과 어울림 프로그램 운영방식 간의 상호작용효과가 통계적으로 유의한 것으로 나타났다. 즉, 초등학교의 경우 운영방식에 따른 프로그램 효과가 크지 않는 반면, 중·고등학교의 경우에는 대체적으로 '정기운영' 방식이 '집중운영' 방식보다 프로그램 효과가 더 크게 나타났다(〈표 4-22〉 참조).

⭐ 표 4-22 프로그램 운영방식에 따른 적용효과

종속변인	학교급	운영방식		학교급 (F)	운영방식 (F)	학교급 × 운영방식 (F)
		집중운영	정기운영			
심리사회적 역량						
공감능력	초	4.04(.00)	4.04(.00)	7.10***	2.55	2.53
	중	3.98(.00)	4.03(.01)			
	고	4.04(.01)	4.05(.02)			
의사소통능력	초	4.04(.00)	4.02(.00)	13.32***	20.46***	16.88***
	중	3.97(.01)	3.99(.01)			
	고	3.96(.01)	4.11(.02)			
갈등해결능력	초	4.07(.01)	4.04(.01)	.85	6.63**	6.24**
	중	4.04(.01)	4.10(.02)			
	고	3.99(.02)	4.09(.03)			
자기존중감	초	4.18(.00)	4.19(.01)	32.38***	2.50	3.29*
	중	4.08(.01)	4.08(.01)			
	고	4.15(.02)	4.08(.01)			
감정조절능력	초	3.58(.00)	3.57(.01)	9.12***	1.44	6.12**
	중	3.51(.01)	3.61(.02)			
	고	3.52(.01)	3.49(.02)			

학교폭력예방 역량

학교폭력 허용도	초	1.88(.00)	1.86(.01)	68.59***	.42	3.01*
	중	2.04(.01)	1.98(.01)			
	고	2.01(.02)	2.06(.02)			
적극적 대처 및 도움행동	초	4.21(.00)	4.21(.01)	34.36***	5.89**	2.73
	중	4.09(.01)	4.15(.01)			
	고	4.10(.02)	4.12(.02)			

***p<.001, **p<.01, *p<.05

넷째, 프로그램 운영주체 및 방법에 따른 적용효과 분석 결과, 심리사회적 역량 및 학교폭력예방 역량 변인에서 학교급과 프로그램 운영주체 및 방법 간의 상호 작용효과가 모두 통계적으로 유의한 것으로 나타났다. 즉, 학교급별로 운영주체 및 방법에 따른 어울림 프로그램의 적용효과에 차이가 나타났는데, 대체적으로 '교사 단독' 운영일 때 프로그램 효과가 높게 나타나는 반면, '외부강사 단독' 운영일 때 프로그램 효과가 가장 낮게 나타났다(〈표 4-23〉 참조).

표 4-23 프로그램 운영주체 및 방법에 따른 적용효과

종속변인	학교급	운영주체				학교급 (F)	운영주체 (F)	학교급 × 운영주체 (F)
		교사 단독	교내교사 팀티칭	외부강사 단독	교내+외부 팀티칭			
심리사회적 역량								
공감능력	초	4.04(.00)	4.03(.01)	3.99(.02)	4.02(.00)	5.28**	8.24***	3.01**
	중	4.05(.01)	3.97(.01)	3.93(.05)	3.98(.01)			
	고	4.08(.02)	4.01(.02)	4.12(.05)	3.99(.01)			
의사소통능력	초	4.04(.00)	4.04(.02)	3.96(.02)	4.03(.01)	8.23***	6.30***	7.25***
	중	3.98(.01)	3.96(.01)	3.91(.03)	4.02(.01)			
	고	4.11(.02)	3.97(.01)	4.10(.05)	3.91(.02)			
갈등해결능력	초	4.05(.01)	4.00(.02)	3.96(.03)	4.10(.01)			

	중	4.00(.03)	4.05(.02)	–	4.10(.02)	4.04**	2.68*	7.47***
	고	3.76(.09)	4.06(.02)	4.12(.05)	3.89(.04)			
자기존중감	초	4.18(.00)	4.14(.01)	4.03(.03)	4.20(.01)	4.91**	2.47	6.12***
	중	4.10(.02)	4.09(.01)	4.02(.06)	4.05(.01)			
	고	4.13(.02)	4.08(.02)	4.24(.04)	4.04(.03)			
감정조절능력	초	3.59(.00)	3.53(.01)	3.52(.03)	3.56(.01)	5.31**	1.50	4.94***
	중	3.43(.03)	3.54(.02)	3.50(.06)	3.61(0.2)			
	고	3.54(.02)	3.48(.02)	3.45(.03)	3.48(.03)			
학교폭력예방 역량								
학교폭력 허용도	초	1.85(.00)	1.97(.02)	1.88(.03)	1.87(.01)	37.49***	6.07***	7.16***
	중	2.08(.02)	2.01(.01)	2.03(.05)	1.97(.02)			
	고	1.91(.03)	2.08(.02)	2.17(.06)	2.09(.04)			
적극적 대처 및 도움행동	초	4.22(.00)	4.17(.01)	4.20(.03)	4.20(.01)	32.11***	6.39***	5.44***
	중	4.06(.02)	4.11(.01)	3.94(.05)	4.09(.03)			
	고	4.15(.02)	4.12(.02)	3.94(.05)	4.09(.03)			

***$p < .001$, **$p < .01$, *$p < .05$

　다섯째, 프로그램 운영시간에 따른 적용효과 분석 결과, '감정조절능력'을 제외한 심리사회적 역량 및 학교폭력예방 역량 변인에서 학교급과 운영시간 간의 상호작용효과가 모두 통계적으로 유의한 것으로 나타났다. 즉, 학교급별로 어울림 프로그램 운영시간에 따른 어울림 프로그램의 적용효과에 차이가 발생하지만, 학교급별로 어떤 운영시간을 활용하는 것이 더 효과적이라는 일관적인 결과는 나타나지 않았다(〈표 4-24〉 참조).

⭐ 표 4-24 프로그램 운영시간에 따른 적용효과

종속변인	학교급	운영시간				학교급 (F)	운영시간 (F)	학교급 × 운영시간 (F)
		교과 수업	창체 시간	방과후 시간	교과수업 +창체			
심리사회적 역량								
공감능력	초	4.08(.01)	4.03(.01)	3.94(.08)	4.04(.00)	.84	3.69**	6.39***
	중	4.00(.01)	3.95(.02)	4.26(.03)	3.98(.01)			
	고	4.07(.02)	4.02(.03)	3.98(.04)	4.04(.02)			
의사소통능력	초	4.02(.01)	4.02(.01)	4.03(.09)	4.04(.00)	.73	3.09*	3.62***
	중	3.98(.01)	3.93(.02)	4.13(.03)	3.95(.01)			
	고	3.97(.02)	3.91(.07)	4.00(.03)	4.07(.02)			
갈등해결능력	초	4.07(.01)	4.05(.01)	4.28(.10)	4.05(.00)	3.38*	3.76**	5.69***
	중	4.07(.02)	3.95(.05)	4.05(.06)	4.05(.00)			
	고	4.02(.04)	4.05(.05)	3.87(.04)	4.18(.03)			
자기존중감	초	4.22(.01)	4.17(.01)	4.14(.09)	4.18(.00)	.74	10.33***	6.27***
	중	4.15(.02)	4.00(.02)	4.43(.05)	4.04(.02)			
	고	4.21(.02)	4.11(.03)	4.08(.06)	4.15(.02)			
감정조절능력	초	3.63(.01)	3.59(.01)	3.60(.09)	3.57(.00)	5.33**	7.15***	.69
	중	3.52(.02)	3.46(.03)	3.68(.17)	3.47(.02)			
	고	3.55(.02)	3.44(.03)	3.54(.05)	3.45(.02)			
학교폭력예방 역량								
학교폭력 허용도	초	1.89(.02)	1.84(.01)	1.49(.11)	1.86(.00)	43.80***	3.61**	10.50***
	중	2.00(.02)	2.11(.03)	3.11(.21)	2.00(.02)			
	고	2.04(.04)	1.89(.04)	2.00(.03)	2.10(.03)			
적극적 대처 및 도움 행동	초	4.25(.02)	4.23(.01)	4.48(.10)	4.22(.00)	17.72***	5.21***	5.36***
	중	4.11(.02)	4.04(.02)	4.40(.19)	4.22(.00)			
	고	4.08(.03)	4.07(.04)	4.06(.03)	4.21(.02)			

***p<.001, **p<.01, *p<.05

5. 결론

이상에서 제시한 어울림 프로그램 성과 분석 결과를 통해 알 수 있듯이 운영학교 사전·사후 검사 결과에서뿐 아니라 운영학교와 비운영학교의 사후검사 결과 비교를 통해서도 어울림 프로그램이 학생들의 공감 및 의사소통 능력 등 5개 모듈의 심리·사회적 역량뿐 아니라 학교폭력 인식 및 대처 능력을 향상시키고 학교생활 및 친구관계 만족도 등의 학교적응능력 향상에도 기여한 실증적인 증거들을 확인할 수 있었다. 전반적으로 어울림 프로그램이 학교폭력예방역량 향상에 긍정적인 효과가 있는 것으로 나타났으나, 학교 특성별, 학생 개인 특성별, 프로그램 운영방식별로 프로그램 효과는 다소 다르게 나타났다. 이와 같은 어울림 운영학교 성과 분석 결과에 기초하여 향후 어울림 프로그램이 현장에서 안정적으로 정착되고 내실화되기 위해 필요한 몇 가지 과제를 제시하면 다음과 같다.

첫째, 초등학교 중심으로 어울림 프로그램의 운영을 확대해 갈 필요가 있다. 어울림 프로그램은 모든 학교급에서 효과적이었지만, 중·고등학교보다 초등학교에서 보다 효과적인 것을 확인할 수 있었다. 학교생활을 시작하는 초등학교 단계에서부터 학교폭력예방교육을 통해 학교폭력에 적극적으로 대처하며 학교폭력 상황에서 조력자나 방관자가 아닌 적극적인 방어자로 성장할 수 있도록 체계적인 교육을 제공할 필요가 있다. 물론 어울림 프로그램 운영학교가 2013년 302개교에서 점점 확대되어 2017년에는 1,500개교로 확대 운영될 예정이다. 특히 초등학교 운영학교는 확대비율을 늘려 가고 있다. 그러나 향후에는 모든 초등학교에서 어울림 프로그램이 필수적으로 운영될 수 있도록 제도적 지원이 마련될 필요가 있다. 또한 중·고등학교에서도 어울림 프로그램이 효과적으로 운영될 수 있는 차별화된 전략이 마련될 필요가 있다. 인생의 질풍노도의 시기인 청소년기를 보내는 중·고등학교 학생들의 경우 학교폭력의 발생률은 줄어들지만 집단 따돌림과 같은 관계적 폭력이 심화될 뿐 아니라 신체적 폭력의 강도가 범죄 수준으로까지 이어질 수 있는 위험을 가지고 있다. 주지교과 학습 부담과 입시에 대한 압박감이 커지는 상황에서 현실적 한계를 가지고 있지만, 이 한계 속에서 효과적으로 프로그램을 운영할 수 있는 전략들을 모색하기 위한 지혜를 모을 필요가 있다.

둘째, 학교 교사 중심으로 운영의 축을 전환해야 한다. 어울림 프로그램은 어울림 카운슬러 등 외부 인사의 의존도가 높았던 것이 사실이다. 그러나 학교폭력예방 프로그램이 일반 학생을 대상으로 학교 교육과정에 자연스럽게 녹아들도록 하기 위해서는 어울림 프로그램 운영의 중심에 학교 교사가 있어야 한다. 어울림 프로그램의 내용은 교육과정과 연계하여 운영할 수 있도록 설계되어 있으며, 일부 포함되어 있는 상담 관련 내용은 일반 교사도 연수를 통해 충분히 습득하고 실행할 수 있다. 필요한 경우 일부 차시에 대해서는 교내외의 상담 전문가의 도움을 받을 수도 있다. 그러나 중요한 것은 어울림 프로그램의 계획과 실행의 중심에 교사가 있어야 한다는 것이다. 이를 위해 향후 일반 교원들의 학교폭력예방 소양을 높이고 어울림 프로그램 운영능력을 제고하기 위한 연수와 컨설팅 기회가 확대되어야 한다.

셋째, 어울림 프로그램의 체계적 · 지속적 운영을 위한 장기계획 수립이 필요하다. 2013년부터 매년 어울림 프로그램 운영학교 중 일부 학교는 시범학교 또는 모듈 운영학교로 지정되어 4년에 걸쳐 어울림 프로그램이 운영되어 왔다. 그러다보니 일부 학교의 경우 1년 정도 더 지속되지만, 대부분의 다른 학교는 그렇지 못한 실정이었다. 그러나 2016년부터 연구학교는 필수적으로 2년간 지정되고 일반운영학교도 2016년부터는 2015년 초 · 중 · 고 운영학교 중 반을 운영학교로 선정하여 지속적으로 운영할 수 있는 기반이 마련되었다. 따라서 일부학교의 경우에는 3년간 어울림 프로그램을 운영할 수 있게 되었다. 이처럼 학교폭력예방교육이 체계적으로 이루어지기 위해서는 이 프로그램을 최소한 3년 정도 운영할 수 있도록 지원 시스템을 구축할 뿐 아니라 지원 후에도 단위 학교가 자체적으로 운영할 수 있는 시스템을 구축하여 지속적으로 운영할 수 있는 기반을 제공해야 한다.

또한 학교폭력예방교육 이수와 관련한 법적 · 제도적 기반 마련도 필요하다. 핀란드의 경우, 학생들은 학교폭력예방 프로그램인 KiVa Koulu 프로그램에서 초등학교 1학년, 4학년, 중학교 1학년에서 각각 20시간 내외의 예방교육을 받도록 설계되어 있다. 우리나라의 경우도 학생들이 초·중·고등학교 재학기간 중 학년별로 학교폭력예방교육 이수 시간을 갖도록 정하고, 이를 법제화·정책화하여 체계적인 학교폭력예방교육이 이루어 질 수 있는 기반을 마련해야 한다.

넷째, 학교폭력의 새로운 경향을 담아낼 수 있는 지속적인 개정 작업이 이루어져야 한다. 어울림 프로그램은 2012년 이후 최근 3년간의 학교폭력 경향을 반영하여 개발된 것이다. 하지만 학교폭력의 양상은 사회의 변화, 아이들의 특성의 변화에 따라 계속해서 달라진다. 그러므로 사회 변화에 따른 학교폭력의 유형과 원인을 지속적으로 모니터하고, 이에 대처할 수 있는 내용으로 프로그램 내용들을 개정하여 변화하는 경향을 반영하도록 노력해야 할 것이다.

참고문헌

교육부(2012. 2). 학교폭력근절 종합대책. http://stopbullying.or.kr/index.php?mid=mest_data&page=8

교육부(2013. 7). 현장중심 학교폭력 대책: 학교폭력, 현장에서 해결한다. http://stopbullying.or.kr/index.php?mid=mest_data&page=8

교육부(2014. 3). 현장 중심 학교폭력 대책: 14년 추진계획. 서울: 교육부.

박효정, 이희현(2013). 학교폭력예방정책의 추진현황과 과제. 한국교육개발원

박효정, 이희현, 김현진(2014). 학교폭력예방 표준 프로그램 개발연구. 한국교육개발원 수탁 연구 CR 2014-29.

박효정, 이희현(2014). 어울림 학교폭력예방프로그램 적용효과 분석연구. 한국교육개발원 수탁 연구 CR 2014-30.

박효정, 김주아(2015). 어울림 학교폭력예방프로그램 적용효과 분석연구. 한국교육개발원 수탁 연구 CR 2015-30.

박효정, 한미영(2016). 어울림 학교폭력예방프로그램 적용효과 분석연구. 한국교육개발원 미간행 자료.

한국교육개발원(2013a). 어울림 학교폭력예방 프로그램: 공감: 초등학교 저학년 학생용.

한국교육개발원(2013b). 어울림 학교폭력예방 프로그램: 의사소통: 초등학교 저학년 학생용.

한국교육개발원(2013c). 어울림 학교폭력예방 프로그램: 갈등해결: 초등학교 저학년 학생용.

한국교육개발원(2013d). 어울림 학교폭력예방 프로그램: 감정조절: 초등학교 저학년 학생용.

한국교육개발원(2013e). 어울림 학교폭력예방 프로그램: 자기존중감: 초등학교 저학년 학생용.

한국교육개발원(2013f). 어울림 학교폭력예방 프로그램: 학교폭력 인식 및 대처: 초등학교 저학년 학생용.

Bauer, N. S., Lozano, P., & Rivara, F. P. (2007). The effectiveness of the Olweus bullying prevention program in public middle schools: A controlled trial. *Journal of Adolescent Health*, 40, 266-274.

Elliott, D. S., Olweus, D., Limber, S., & Mihalic, S. (1999). Blueprints for violence prevention: Bullying prevention program. Colorado, Denver: C&M Press.

PART **03**

학교폭력 대응전략

제5장 학교폭력 상담 개입 전략
제6장 학교폭력 가해학생에 대한 정신의학적 접근
제7장 사이버폭력의 구조와 실태
제8장 사이버폭력 가해자의 이해와 개입
제9장 학교폭력에 대한 법적 조치
제10장 학교폭력 유형별 판례분석
제11장 학교폭력 사례 유형 및 상담 개입

학교폭력 상담 개입 전략

1. Wee 프로젝트와 학교폭력

오늘날 많은 학생들은 빈곤, 학대, 가정의 파괴, 폭력 등의 위험에 노출되어 있다. 우리들은 이러한 위험을 삶의 '위기'라 한다. 이영선 등(2012)은 '위기'를 '위험한 고비나 시기'로 '반드시 극복해야하는 상황이나 사건'이라 정의하였다.

McWhirter 등은 '위기' 수준을 5단계로 분류하였는데(전경용, 배제현, 2011), 최저위기, 저위기, 고위기, 위기행동입문, 위기행동이다. 이를 설명하자면 첫째, 최저위기는 학생들이 가정, 학교, 사회 등의 환경에서 긍정적인 관계를 맺고 있으며, 심리적으로 스트레스를 거의 받지 않는 안정된 상태를 말한다. 둘째, 저위기는 학생들이 가정, 학교, 사회 등의 환경에서 상대적으로 부족한 관계를 맺고 있으며, 심리적으로 몇 가지 스트레스를 받고 있는 상태를 말한다. 셋째, 고위기는 학생들이 가정, 학교, 사회 등의 환경에서 부정적인 관계를 맺고 있으며, 심리적인 스트레스 요인이 많이 발생하여 적절하지 못한 태도나 감정을 갖는 단계다. 넷째, 위기

행동입문은 어느 하나의 문제 행동을 하는 단계다. 다섯째, 위기행동은 어느 한 범위의 문제 수준에서 다른 범위로의 문제 수준으로 발전되어 다양한 문제 행동이 드러나는 단계라고 할 수 있다.

이를 통해 생각해 보면, '위기학생'은 넓은 범위에서 '위험한 고비나 시기'를 경험하고 있으며, 심리적 스트레스 요인이 다양하게 발생하여 이를 행동으로 표현해 문제 상황을 만들어 내고 있는 학생이라고 할 수 있다. '위기학생'은 스스로 '위기 상황' 안에서 그것을 극복하고자 노력한다. 위기학생이 위기의 과정을 극복했다면, 개인적인 성장과 발전을 이루게 된다. 하지만 위기학생이 위기 상황에 지속적으로 노출되어 이를 극복하지 못한다면, 무기력해지고 개인적 삶에 대한 절망을 느끼게 되며 사회적으로도 긍정적으로 기여하지 못할 것 같은 사람으로 평가된다. 즉, 위기학생의 문제 해결에 있어 중요하게 고려해야 할 점은 학생 스스로 위기 상황을 해결하기 힘든 경우 이에 대한 개입을 어떻게 하느냐다. 위기학생에게 1차적으로 필요한 것은 이들의 상황을 정확히 이해하고, 가정, 학교, 사회 관계 속에서 받은 심리적 · 정서적인 스트레스 요인을 제거해 안정을 추구할 수 있도록 치유 방안을 찾는 것이다.

이를 위해 'Wee 프로젝트'가 시작되었다. Wee 프로젝트는 학교뿐만 아니라 교육청, 지역사회의 협력을 통해 위기학생이 진단-상담-치유될 수 있는 다중 안전망 사업이다(최상근 외, 2011). Wee 프로젝트 사업은 위기학생의 심리적 · 정서적인 고통에 대해 진단을 내리고, 이에 대한 개인적 · 집단적 상담 과정의 서비스를 지원을 한다. 현재의 Wee 프로젝트 사업은 학교 단위의 Wee 클래스, 교육지원청 단위의 Wee 센터, 교육청 단위의 Wee 스쿨에 이어 가정 내의 문제로 인해 어려움을 겪고 있는 학생을 돌보는 가정형 Wee센터를 추가함으로써 위기학생을 위한 제도적 기반을 확립하였다. 이와 같이 Wee 프로젝트는 위기학생을 위한 종합적인 안전망을 구축에 노력을 기하고 있다.

위기학생의 치유를 위한 Wee 프로젝트 사업의 관심사 중 하나는 학교폭력이라 할 수 있다. 「학교폭력예방 및 대책에 관한 법」에 의하면, 학교폭력이란 "학교 내외에서 학생을 대상으로 발생한 상해, 폭력, 감금, 협박, 약취 · 유인, 명예훼손 · 모욕,

공갈, 강요·강제적 심부름 및 성폭력, 따돌림, 사이버 따돌림, 정보통신망을 이용한 음란·폭력 정보 등에 의하여 신체·정신 또는 재산상의 피해를 주는 행동"으로 정의된다. 학교폭력의 정의와 같이 학교폭력은 학생들이 폭력에 의해 신체·정신적인 고통을 경험하는 사건이며, 학교 내외에서의 복합적인 스트레스 요인으로부터 오는 심리적인 고통이 행동으로 표면화되는 심각한 문제 상황이기 때문이다.

예컨대, 가해학생들의 경우, 가정, 학교, 사회와의 부정적인 관계를 통해 정서적인 불안, 공격성과 같은 심리적인 문제를 가지고 있다. 이러한 심리적 스트레스 요인들은 타인에 대한 위험 행동으로 표면화되고, 이 행동을 토대로 다른 범주의 위험 행동으로까지 발전되어가는 양상을 보인다. 또한 피해학생의 경우도 가정, 학교, 사회와의 다소 불안정한 관계를 맺고 있으며, 소심함, 자존감 부족 등의 심리적인 문제를 가지고 있다. 이는 피해학생의 심리적·사회적 요인으로부터 발생하기도 하지만 가해학생의 폭력적인 행동으로부터 영향 받았기 때문인데, 이와 같은 심리·정서적인 문제에 의해 피해학생 개인의 삶이 파괴될 수 있다. 또한 이러한 경험이 지속되면, 피해학생도 부정적인 행동으로 타인이나 사회에 피해를 줄 수 있는 잠재성을 갖게 될 수 있다. 이처럼 학교폭력의 가·피해학생은 복잡하고 부정적인 사회적인 관계들 속에서 발생하는 스트레스 요인의 영향을 받아 부적절한 행동을 하게 될 수 있다. 이를 올바르게 극복하지 못한다면, 학교폭력 가·피해학생들은 미래에도 위기학생으로 분류될 가능성이 높다. 그러므로 우리는 학교폭력 학생에 대해 충분한 관심을 가지고 그들이 정상적인 발달을 이룰 수 있도록 다양한 차원에서의 적절한 개입을 해야만 한다.

이와 같이, '위기'에 놓인 학교폭력 가·피해학생의 치유를 위해 Wee 프로젝트는 학교폭력 상담 개입을 하고 있다. Wee 프로젝트에서 진행하는 학교폭력 상담은 학생들의 건강한 성장과 발달, 삶의 질 향상을 위해 매우 중요하다. Wee 프로젝트에서 학교폭력을 어떻게 대응하고 있는지를 안다면, 앞으로의 학교폭력예방이나 치유의 방향성을 예측할 수 있을 것이다. 구체적으로 Wee 프로젝트에서 실행하고 있는 Wee 프로젝트에 대한 이해, 학교폭력 상담에 대한 전반적인 이해, 학교폭력 상담 개입, 학교폭력 상담 개입에서의 연계 과정에 대해서 살펴보도록 하겠다.

2. 학교폭력 상담 개입 전략에 대한 이해

1) 학교상담의 학교안전통합시스템: Wee 프로젝트

(1) Wee 프로젝트 구축 배경과 목적

위기학생에 대한 사회적 관심이 증대됨에 따라 학교상담의 일환으로 범정부차원의 안전한 교육환경 조성방안의 필요성이 제기되었다. 이러한 사회적 요구에 따라 위기학생 지원 핵심 정책으로 '학교안전통합시스템(이하 Wee 프로젝트)'이 등장하였다. Wee 프로젝트는 2008년 12월 17일 교육부에서 발표한 정부 교육복지 대책의 추진 과제 중 하나로, 위기학생들의 학교 부적응 해소 및 학업중단 방지를 목적으로 두고 구축·운영되는 정책이다.

2017년 현재 9년차에 접어든 Wee 프로젝트는 종합적이고 체계적인 학교상담을 구축하는데 큰 기여를 하고 있다. 구체적으로 살펴보면, 학교상담의 중장기적 발전방안의 틀을 제시하고, 학교상담 정책의 비전·전략·목표·중점과제 등을 종합적으로 관철한다.

Wee 프로젝트의 'Wee'는 'Wee+education' 'We+emotion'의 이니셜 약자다. 'Wee'의 내포된 의미 역시 가정적·개인적 위기 상황에 있는 학생을 조기에 발견함과 동시에 범죄, 학교폭력, 학업중단, 학교 부적응 등과 같은 문제를 해결하고자 하는 것이다. Wee 프로젝트는 'One-Stop Service(진단-상담-치유)'를 위기 수준에 따라 'Wee 클래스-Wee 센터-Wee 스쿨' 단계별로 제공하고 있으므로 양질의 상담·교육 시스템이라고 할 수 있다.

(2) Wee 프로젝트 추진 체계 및 기능

Wee 프로젝트는 학교 단위의 Wee 클래스, 교육지원청 단위의 Wee 센터, 교육청 단위의 Wee 스쿨에 이어 가정 내의 문제로 인해 어려움을 겪고 있는 학생을 돌보는 가정형 Wee센터를 추가함으로써 위기학생을 위한 제도적 기반을 확립하였다. Wee 프로젝트 추진 체계를 구체적으로 살펴보면 [그림 5-1]과 같다.

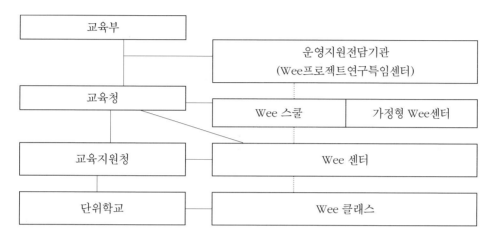

▲ **그림 5-1** Wee 프로젝트 추진 체계

출처: 한국교육개발원(2016a). Wee 프로젝트 매뉴얼 1 Wee 클래스 운영.

Wee 프로젝트 안전망 단위별 역할을 살펴보면 다음과 같다.

첫째, Wee 클래스는 단위학교에 상담실을 설치하여 상담 및 교육 프로그램을 운영하는 1차 안전망(Safe-Net)이다. 전문 인력은 전문상담교사 혹은 전문상담사가 배치되어 있고 해당 학교의 장이 Wee 클래스의 장이 된다. Wee 클래스는 주로 학교폭력 및 성폭력, 정서불안, 학업중단 위기, 학습부진, 따돌림, 대인관계 미숙, 미디어 중독, 비행 등 학교 및 학습활동에 어려움을 겪고 있는 학생이나 징계 대상자, 일반 학생 등을 대상으로 한다. 이러한 학생들의 학교부적응 문제발생에 대한 가능성을 초기에 진단하여 대응하고, 잠재적 위기학생에 대한 학교생활 적응력 회복을 조력한다. 또한 학교폭력 및 학업중단 예방을 위한 상담 및 교육 프로그램을 운영하며, 지역 내 Wee 센터 혹은 지역사회 유관기관과의 연계를 통하여 해당 학생을 관리 및 지원한다.

둘째, Wee 센터는 교육지원청 단위에 설치되고 지역 내 인적 · 물적 인프라를 활용하여 '진단-상담-치유' 서비스를 지원하는 2차 안전망이다. Wee 센터에는 전문상담교사, 전문상담사, 임상심리사, 사회복지사 등 각 분야의 전문 인력이 상시 배치되어 있으며, 교육지원청의 장 또는 수탁기관의 장이 Wee 센터의 장이 된다. Wee 센터는 단위학교에서 의뢰한 위기학생 및 상담 희망 학생 등 전문가의 지속적인 관리 및 지원이 필요한 학생을 대상으로 하며, 이들을 위해 교육청 차원에서 지원 시스템을 구축하여 각 분야의 전문가들이 상담, 복지, 자원 연계, 심층적인 심리검사 및 평가, 특별교육 프로그램, 정서행동특성검사, 학업중단숙려제 등의 다양한 지원 서비스를 One-Stop으로 해결한다.

셋째, Wee 스쿨은 학생에게 심성교육, 직업교육, 사회적응력 프로그램 등을 제공하기 위해 시·도교육청 단위에 설치하여 운영하는 장기위탁교육기관으로 3차 안전망이다. Wee 스쿨에는 일반교사, 전문상담교사, 전문상담사, 임상심리사, 사회복지사, 치료사 등 전문가팀이 구성되어 있으며, 교육감이 지정하는 소속 기관의 장 또는 수탁기관의 장이 Wee 스쿨의 장이 된다. 주로 장기적으로 치유가 필요한 고위기군 학생을 대상으로 교육, 치유, 적응을 도와주는 장기위탁교육을 실시하며, 교과활동, 직업진로교육, 방과 후 활동, 상담활동 등 프로그램을 제공한다.

넷째, 가정형 Wee센터는 보호, 상담, 교육이 제공되는 소규모 교육생활공동체를 구성하여 위기학생의 건강하고 안정적인 심리적·신체적 성장을 도모하여 궁극적으로 위기학생의 적응 환경을 개선하고 삶에 대한 적응력을 높여 원활한 가정 및 학교복귀를 지원하는 기타 안전망이다. 지원 대상은 학교적 위기(학교 부적응, 학습 부진, 학교폭력 등), 개인적 위기(정서행동문제, 범죄, 가출 등), 가정적 위기(학대, 방임, 빈곤, 가정해체 등)를 경험하고 있는 청소년이며, 위탁 절차를 통해 입소하게 된다.

Wee 프로젝트 안전망 단위별 주요 기능을 살펴보면 〈표 5-1〉과 같다.

⭐ 표 5-1 Wee 프로젝트 안전망 단위별 주요 기능

단위	주요 기능
Wee 클래스	• 잠재적 위기학생에 대한 학교생활 적응 조력 • 위기발생에 대한 초기 진단 및 대처 방안을 제공 • 학교폭력 및 학업중단 예방을 위한 업무를 수행 • 개인상담, 집단상담, 심리검사, 자문 등 상담활동 • 정서행동문제 관련 교육 및 연수
Wee 센터	• 전문적인 'One-Stop Service(진단-상담-치유)'를 지원 • 심층적인 심리검사 및 평가 서비스 제공 • 학교폭력 특별교육 프로그램 운영 • 정서행동특성검사 심층평가 • 학업중단숙려제 지원 • 지역사회 내 유관기관과의 연계 • 교사 · 학부모를 대상으로 하는 교육 및 자문 서비스
Wee 스쿨	• 장 · 단기 위탁교육 • 고위기학생의 장기간 치료 및 교육을 수행 • 대안활동 • 교과활동 • 직업 · 진로 교육 • 방과 후 활동 • 상담활동: 개인상담, 중단기 상담, 진로상담 등
가정형 Wee센터	• 입교 절차 안내(통학형, 기숙형) • 보호 · 안정을 위한 생활지도, 관찰일지, 통원치료 • 상담활동: 심리평가, 개인 · 연고자상담, 교육상담 • 교육: 기초학습 지도, 대안교육, 치유 교과, 창의인성 • 체험활동: 진로탐색, 자치회의, 동아리활동, 봉사활동 • 가족지원: 부모교육, 가족강화캠프, 가족기능강화프로그램 • 학교복귀: 학교적응상담, 학교참여교육, 원적교복귀연습 • 사후관리: 사후상담, 모니터링

출처: 한국교육개발원(2016b). Wee 프로젝트 매뉴얼 3 상담 지원 업무.

(3) Wee 프로젝트 구축 현황

Wee 프로젝트 단위별 구축 현황은 〈표 5-2〉와 같다.

⭐ 표 5-2 Wee 프로젝트 구축 현황   (단위: 개교)

구분	연도	2008	2009	2010	2011	2012	2013	2014	2015	2016
구축현황	Wee 클래스	530	1,530	2,530	3,170	4,658	5,439	6,056	6,092	6,243
	Wee 센터	31	80	110	126	140	175	188	196	195
	Wee 스쿨	–	–	3	3	4	7	9	9	9
	가정형 Wee센터	–	–	1	2	4	4	4	8	12

(누적치, 2016. 12. 기준)

2) 학교폭력 상담의 개요

(1) 학교폭력 상담의 목적

학교폭력 상담의 목적은 학교폭력이 발생했을 때, 이에 대한 전문적ㆍ체계적 위기 개입을 실시함에 따라 학교폭력 참여자(가해학생, 피해학생, 주변학생)들이 위기 상황을 원만하게 극복할 수 있도록 돕는 데 목적이 있다. 학교폭력 참여자별 구분으로 주요 목적을 살펴보면 다음과 같다. 첫째, 가해학생에게는 가해 촉발요인에 대한 상담과 적절한 조치로서 선도 및 심리치료를 제공하여 재발을 방지한다(한국교육개발원, 2016a). 둘째, 피해학생에게는 보호와 치유를 통해 심리적 안정과 학교 적응력을 향상시킨다. 셋째, 주변학생(bystander)에게는 학교폭력을 목격하고도 방관한 것 역시 또 다른 학교폭력 행위라는 점을 인식시키고, 학교폭력을 목격한 상황에서 효과적으로 대처할 수 있도록 함으로써 방관자에서 벗어나 또래 중재자(또는 방어자)로서의 역할을 수행할 수 있도록 돕는 것이다(Oh & Hazler, 2009).

(2) 학교폭력 상담의 개념

학교폭력 상담은 학교 안팎에서 학생 간에 발생한 다양한 유형의 위기 상황에 대해 전문적 교육을 받은 상담자가 학교폭력 참여자들 모두가 안정되고 정상적인 일상생활 및 학교생활을 영위할 수 있도록 돕는 총체적인 위기 상담이다(문용린, 2006). 다시 말해서, 학교폭력 피해학생의 보호와 치유를 돕고, 가해학생의 선도 및 재발 방지를 촉진하여 궁극적으로 심리적ㆍ정서적 충격과 고통을 완화할 수 있도록 체계적ㆍ전문적 위기개입 서비스를 실시하는 것이다. 더불어 또 다른 학교폭력 참여자인 주변학생(또는 주변인)의 경우 가해학생의 폭력 행위는 제지하되 피해학생이 위기 상황에서 벗어날 수 있도록 조력하는 방어자 역할을 수행하고, 스스로 잠재적 가ㆍ피해자가 될 위험요인을 해소할 수 있도록 예방 교육활동을 실시해야 한다.

(3) 학교폭력 상담의 특징

학교폭력 상담은 학교, 사회단체, 정부기관, 상담전문기관 등 다양한 장면에서 이루어지며 개입시기에 따라 학교폭력 위기 상황 발생 전 예방상담, 발생 후 위기 상담, 사후관리 및 평가를 위한 추수상담으로 구분할 수 있다(김진한, 박선환, 박숙희, 우지향, 2015). 각 개입 과정(절차)별 상담 목표를 위해 개인상담 및 집단상담, 학부모 상담, 의료 지원, 안전 보호, 합의도출, 법률 자문, 교육, 자문과 중재 등 다양한 형태로 이루어진다. 따라서 각 개입시기, 개입 과정별 목적, 형태에 따라 상담활동의 실제 모습은 다소 차이를 나타낸다. 이에 따라 학교폭력 상담의 특징도 다양하게 나타날 수 있으나, 몇 가지 일반적인 특징을 정리하면 다음과 같다.

첫째, 학교폭력 상담의 대상자는 학교폭력 위기 상황에 따라 다수의 참여자로 구성된다. 학교폭력 참여자는 보편적으로 가해학생, 피해학생, 주변학생(주변인)으로 구성되며(오인수, 2010), 이외에도 각 개입 과정에서 유기적으로 참여하는 교사와 부모(또는 보호자) 그리고 지역사회와 관련하여 청소년 유관기관 전문가, 의료전문가, 법률전문가 등이 개입된다(한국교육개발원, 2016b).

둘째, 학교폭력 상담에서 위기 개입을 위한 기본 원칙으로 일곱 가지를 제시하면 다음과 같다. 신속성, 개별화, 구체화, 적극성, 중립성, 자료화, 연계성의 일곱 가지 기본원칙을 세부적으로 살펴보면 〈표 5-3〉과 같다.

셋째, 학교폭력 가해학생을 위한 상담 장면에서 요구되는 공통된 특성을 살펴보면 다음과 같다. 가해학생이 가해 행위를 선택하게 된 심리 내 · 외적 요인을 면밀히 탐색한다. 이 과정에서 내담자에 대한 이해와 공감이 필요하며, 섣부른 상담자의 훈계나 폭력 행위에 대한 평가는 가해학생에게 오히려 역효과를 줄 수 있다. 그러므로 비난이나 심문조의 의사소통기술은 자제해야 한다. 상담 과정에서 다루게 되는 주요 상담 목표는 가해학생의 심리 · 정서적 안정화, 폭력 증상 완화, 장기간 지속된 공격성 및 폭력성 패턴의 감소, 폭력행동의 강화나 재발 방지, 자기탐색 및 진로 개발, 대인관계기술 학습 등이 있다.

넷째, 학교폭력 피해학생을 위한 상담 장면에서 요구되는 공통된 특성을 살펴보면 다음과 같다. 피해학생이 겪는 정서행동문제(두려움과 불안, 우울, 분노, 수치심, 절망감, 사회적 위축 등)를 피해학생 스스로 극복할 수 있도록 능동적인 참여를 독려하는 것이 중요하다. 이를 위해 상담자는 피해학생의 신체적 · 정신적 피해

★ 표 5-3 학교폭력 상담에서 위기 개입을 위한 기본 원칙 일곱 가지

기본 원칙	내용
신속성	즉각적인 개입을 통해 서비스를 신속하게 제공
개별화	내담자 각각 개별 상담
구체화	학교폭력 사건 정보를 수집 내담자의 욕구를 탐색 상담 목표를 합의 · 수정
적극성	내담자 욕구에 맞는 서비스 제공
중립성	내담자의 감정을 지지 공감을 통해 중립적 입장을 유지
자료화	학교폭력 상담 내용을 자세하게 기록하여 자료로 남김
연계성	상담 외 전문 기관의 서비스를 상호보완적으로 연계

출처: 한국교육개발원(2016b). Wee 프로젝트 매뉴얼 3 상담 지원 업무.

정도를 정확하게 파악하고, 심리적인 어려움을 극복하기 위한 전문적인 상담 개입을 제공해야 한다. 또한 피해 상황을 정확하게 파악할 뿐만 아니라 피해의 원인을 탐색하는 것도 중요하다. 피해학생의 회복을 돕는 위기 상담 프로그램은 사회기술·자존감·분노조절 훈련 프로그램 등을 고려해 볼 수 있다. 필요에 따라서는 유관기관을 통해 보호 조치 및 안전 경호와 같은 신변보호를 요청해야 한다.

다섯째, 학부모(보호자) 상담을 통해 부모-자녀 간 소통의 기회를 마련해야 한다. 학부모 상담에서는 먼저 부모가 자녀의 기본적인 심리 상태와 위기 정도를 탐색할 수 있도록 도와야 한다. 또한 학교폭력 가·피해학생의 부모가 느끼는 심적 고통과 어려움에 대해 심리적인 공감과 지지를 함으로써 정서적으로 안정되도록 조력해야 한다. 자녀 문제의 책임을 부모에게 묻고 비난하기보다 부모의 불만사항을 공감해 주고, 부모로서의 역량에 대해 자신감을 회복하도록 해야 한다(한국교육개발원, 2016b).

여섯째, 학교폭력 상담은 초기 상담이나 문제사건 해결도 중요하지만 상담 종결 이후의 사후조치도 매우 중요하다(신승균, 2014). 예를 들면, 추수상담 및 치료, 학교폭력 관련 예방교육, 폭력 행위 재발 방지를 위한 선도 프로그램, 가정 차원의 복지지원, 의료지원, 법률지원, 지역사회 차원의 연계 조치 등이 있다.

3) Wee 프로젝트에서의 학교폭력 상담 개입

상담을 시작하기 전에 학생에게 신뢰감과 안정감을 줄 수 있도록 가·피해학생의 안전(신체적 외상 및 정신적 충격 등에 대한 안정조치)을 확인해야 한다. 상담을 시작하는 단계에서는 가·피해학생이 상담받을 준비가 되어 있는지를 먼저 확인해야 하며, 가·피해학생을 분리하여 개인상담을 준비한다. 상담자는 상담의 효과를 높이기 위해서 상담을 구조화하고 목표를 설정하여 가·피해학생의 욕구를 파악해야 한다. 피해학생들의 학교적응을 돕는 것을 목적으로 상담을 진행하며, 가해학생을 대상으로 분노 감정조절 훈련 및 폭력행사 시 발생하는 문제들에 대해 조언한다. 가·피해학생의 학교에서의 학교폭력 대처방법 등을 조언해야 한다.

또한 가·피해학생의 학부모 상담을 통해 학생이 가진 자원을 조사하고 상담자가 도움받을 수 있는 방법을 탐색해야 한다.

(1) 학교폭력 가·피해학생의 징후

학교폭력 위기 상황을 조기 발견하고 가·피해학생을 신속하게 발굴하기 위해 징후를 파악하고 개입 시기의 적절성을 판단하는 것은 매우 중요하다. 학교폭력의 원인과 학교폭력에 영향을 미치는 위험·보호요인은 사례에 따라 다르기 때문에, 학교폭력의 발생 징후를 규정하여 말하는 것은 어렵다. 그렇지만 지금까지의 연구와 임상적 경험을 바탕으로 그들의 공통적 경향과 특성을 반영한 여러 징후 체크리스트를 살펴보면 다음과 같다.

① 학교폭력 가해학생의 징후

학교폭력 가해학생의 경우 분노조절의 어려움, 타인에 대한 존중감 결여, 자기중심적 성향, 감정처리에 따르는 의사소통 기술 부족, 충동성과 공격성이 높은 등 정서문제가 두드러진다(오인수, 이승연, 이주연, 2013; 이미영, 장은진, 2015; 정향기, 최태진, 2013; 허승희, 최태진, 2008; Olweus, 1993; Sullivan, Helms, Kliewer, & Goodman, 2010; 오인수, 이승연, 이미진, 2016 재인용). 또한 심리 내·외적으로는 자기통제력이 낮고 분노감이 높으며 과시적 욕구가 크다보니, 또래관계에서 힘과 협박을 통해 자신의 욕구를 만족시키려는 경향이 나타난다(George & Howard, 1994; Unnever, 2005). 가해학생의 징후는 생활 전반에 걸쳐 나타날 수 있으나, 〈표 5-4〉를 통해 가정과 학교에서 부모와 교사가 예측해 볼 수 있다.

⭐ 표 5-4 학교폭력 가해학생 조기 징후 체크리스트(교사·학부모용)

	항목	O	X
학교	반에서 특정한 아이들과만 어울린다. (예: 일진회, 폭력서클 가입 등)		
	음주나 흡연하고, 노래방, 게임방 출입이 잦다.		
	밤늦게까지 친구들과 어울려 귀가 시간이 늦고 불규칙하다.		

		O	X
친구	친구들이 자신에 대해 말하는 걸 두려워한다.		
	비행(금품갈취, 절도, 집단폭력, 약물복용 등) 전력이 있다.		
가정	사주지 않은 고가의 물건을 가지고 다니며, 빌려준 것이라고 한다.		
	부모와 대화가 적고, 반항하거나 화를 잘 낸다.		
	집에서 받는 용돈보다 지출이 많고, 부모에게 비밀(감추는 것)이 많아졌다.		
총계			

해석 방법
• 내용: 학교폭력 가해를 조기에 발견할 수 있는 체크리스트 • 실시 방법: 교사 혹은 부모 자기보고식 • 채점 방법: 표시된 O, X 항목의 개수 합계 기록 • 해석 지침: O의 개수의 합이 높을수록 학교폭력 가해노출 위험 가능성이 높음

출처: 한국교육개발원(2016b). Wee 프로젝트 매뉴얼 3 상담 지원 업무.

② 학교폭력 피해학생의 징후

학교폭력 피해경험의 경우 높은 수준의 불안이나 우울, 낮은 자존감, 부정적 자기 인식과 같은 심리적 부적응을 나타내는 것으로 보고된다(Craig, 1998; Olweus, 1995). 이와 같은 심리적 부적응은 무기력감, 수동적·복종적 태도로 외현화됨에 따라 강한 아이들의 공격 표적이 되고, 지속적인 괴롭힘으로부터 벗어나지 못하는 경향이 있다(Boulton & Smith, 1994). 부모나 형제, 친구, 교사 등은 피해 사실을 암시하는 말과 행동을 통해 피해학생의 징후를 알 수 있다. 〈표 5-5〉, 〈표 5-6〉을 통해 학교와 가정에서 발견할 수 있는 징후를 각각 예측해 볼 수 있다.

⭐ 표 5-5 학교폭력 피해학생 조기 징후 체크리스트(교사용)

	항목	O	X
수업 시간	교복이 젖어 있거나 찢겨 있고, 물어보면 '별일 아니다'라고 대답한다.		
	낙서나 욕설, 비방이 담긴 쪽지가 주변에 있다.		
	교과서와 필기도구가 없거나 교과서와 노트, 가방에 낙서가 많다.		
	준비물을 자주 챙겨오지 않는다.		
	코피가 나거나 얼굴에 상처 등이 자주 나 있다.		

		O	X
점심 및 쉬는 시간	종종 무슨 생각에 골몰해 있는지 정신이 팔려 있어 보인다.		
	자주 점심을 먹지 않거나, 혼자 먹을 때가 많고 빨리 먹는다.		
	친구들과 잘 어울리지 못한다.		
	같이 어울리는 친구가 거의 없거나 소수의 학생과 어울린다.		
	교실 안보다 교실 밖에서 시간을 보내려 한다.		
등·하교 시간 및 기타 상황	지각을 자주 한다.		
	무단결석을 자주 한다.		
	다른 학생보다 빨리 혹은 아주 늦게 학교에서 나간다.		
	최근 수업에 흥미가 없어하고, 학교 성적이 급격히 떨어진다.		
	학교행사에 참여하지 않고, 작은 일에도 예민하고 신경질적으로 반응한다.		
총계			

해석 방법

• 내용: 학교폭력 피해를 조기에 발견할 수 있는 체크리스트
• 실시 방법: 교사 혹은 부모 자기보고식
• 채점 방법: 표시된 O, X 항목의 개수 합계 기록
• 해석 지침: O의 개수의 합이 높을수록 학교폭력 피해노출 위험 가능성이 높음

출처: 한국교육개발원(2016b). Wee 프로젝트 매뉴얼 3 상담 지원 업무.

표 5-6 학교폭력 피해학생 조기 징후 체크리스트(학부모용)

항목		O	X
학교 영역	학교성적이 갑자기 급격히 떨어진다.		
	학원이나 학교에 무단결석을 자주하거나 학교가기를 싫어하고, 그만 두거나 전학을 가고 싶어 한다.		
	학용품이나 교과서가 자주 없어지거나 망가져 있다.		
	노트나 가방, 책 등에 낙서가 많이 있다.		
	학교가거나 집에 올 때 많은 소요시간이 걸린다.		
친구 관계 영역	괴롭힘 때문에 입은 피해에 대해 자주 말을 한다.		
	문자나 메신저를 할 친구가 거의 없다.		
	친구의 전화를 받고 불안해 하거나, 전화를 받고 갑자기 외출하는 경우가		

	잦다.		
	자신이 아끼는 물건을 자주 친구에게 빌려 주었다고 한다.		
신체적 영역	몸에 상처나 멍 자국이 있다.		
	머리나 배 등이 자주 아프다고 호소한다.		
	밤에 잠을 제대로 자지 못하며, 잠꼬대 앓는 소리를 잘 낸다.		
	집에 돌아오면 매우 피곤함을 호소한다.		
	작은 일에도 깜짝 놀라고, 신경질적으로 반응한다.		
	학교에서 돌아와 배고프다며 폭식을 잘한다.		
정서 · 행동 영역	내성적이고 소심하며 초조한 기색을 자주 보인다.		
	부모와 눈을 잘 마주치지 않고 피한다.		
	이전보다 자주 용돈을 달라고 하며, 때로는 훔친다.		
	최근 화를 자주 내고, 눈물을 자주 보인다.		
	컴퓨터 게임에 몰두하거나 게임을 과도하게 한다.		
총계			

해석 방법

- 내용: 학교폭력 피해를 조기에 발견할 수 있는 체크리스트
- 실시 방법: 교사 혹은 부모 자기보고식
- 채점 방법: 표시된 O, X 항목의 개수 합계 기록
- 해석 지침: O의 개수의 합이 높을수록 학교폭력 피해노출 위험 가능성이 높음

출처: 한국교육개발원(2016b). Wee 프로젝트 매뉴얼 3 상담 지원 업무.

(2) 학교폭력 상담 개입 방법

① 개인상담

학교폭력 가·피해학생을 대상으로 하는 개인상담은 면담·훈계의 형식으로 변질될 경우, 학생에 대한 사실 확인이나 탐색 등의 수단으로 전락될 위험성을 갖고 있다. 이를 유념하여 상담자는 학생-상담자의 상호 신뢰적인 분위기를 조성하는 것을 먼저 고려해야 한다. 이와 같은 건강한 라포 형성은 자기개방에 대한 폐쇄적 태도를 줄임으로써 학생 자신의 내면세계를 이해하도록 돕고, 상담과정에서 위

험요인과 보호요인을 탐색하는데 큰 조력을 한다. 이를 통해 상담자는 가·피해 학생 간의 관계 회복, 심리적 부적응 완화, 학교생활 재적응, 일상생활 복귀 등의 상담 목표를 세울 수 있다.

더불어 상담자는 가·피해학생의 자원을 탐색하여 주변인물과 협력해야하며, 가·피해학생의 욕구분석을 통해 상담을 구조화해야 한다. 또한 가·피해학생의 사안을 명확하게 진단함으로써 보호자에게 설명하며, 학교폭력대책위원회의 결과에 따라 학생의 상담방향을 구조화한다. 학교폭력 가해학생에게는 특별교육 후

상담 시작 단계	• 신뢰감과 안정감을 통한 라포 형성 및 희망적인 상담 설정 • 위기상황에 있는 학생의 경우, 최우선적으로 안전 확인 　(※신체적 외상 및 정신적 충격에 대한 안정조치 여부를 확인함)
가·피해학생의 욕구 파악 단계	• 가·피해학생의 상담 및 해결에 대한 욕구 파악 • 상담(치료)사는 내담자 해결방법에 대한 합리성 및 욕구에 대한 　현실성 평가 • 가·피해학생의 상담 및 해결에 대한 욕구 파악 • 상담(치료)사는 내담자 해결방법에 대한 합리성 및 욕구에 대한 　현실성 평가
문제 해결 방안 탐색 단계	• 내담자에 맞는 적절한 해결 방안 함께 모색 • 가해학생의 대처 태도 및 요령 조언 • 피해학생의 위기 대처 방법 및 요령 조언 • 가·피해학생 측과 학교 등 대처방법 조언
가·피해학생 심리치료 단계	• 가·피해학생에 대한 심리치료 개입 목표를 설정 • 심리치료 목표 설정 시 변수 파악 • 가·피해학생에게 적합한 프로그램 진행
상담 종결 및 연계 단계	• 상담내용 요약 및 정리 • 연속상담 여부 및 추가 정보를 제공(예: 전문기관 및 프로그램 　연계 등)

◀ 그림 5-2 학교폭력 가·피해학생 개인상담 절차

출처: 한국교육개발원(2016b). Wee 프로젝트 매뉴얼 3 상담 지원 업무.

속 상담 및 분노조절훈련을, 피해학생에게는 필요시 병원진료 및 외부 전문기관에 연계가 가능함을 설명해야 한다. 학교폭력 가·피해학생을 대상으로 한 개인상담 절차를 살펴보면 [그림 5-2]와 같다.

② 집단상담

학교폭력 가·피해학생을 대상으로 하는 집단상담을 실시하는 이유는 가·피해학생의 역동성을 진단하여 다시는 사건이 발생하지 않도록 예방하기 위함이다. 또한 집단상담을 통해 학교폭력 가·피해가 누구에게나 발생 가능한 일임을 인식함으로써, 새로운 사회적 적응력을 연습하는 계기로도 활용될 수 있다.

집단상담은 학교폭력 가·피해학생들이 문제가 해결된 이후에 본인들이 원하는 경우에만 실시가능하며, 특히 피해학생을 정서적으로 지지할 수 있는 방법을 고려하여 실시해야 한다. 피해학생이 원하지 않을 경우 집단상담은 할 수 없다. 가해학생이 자신의 잘못을 시인하고 뉘우친 상태이며, 피해학생에게 화해를 청하는 상담을 요청했을 경우에 상담자는 갈등해결을 위한 방법으로 집단상담을 선택할 수 있지만, 집단상담이 반드시 필요하다고 판단되는 경우에만 실시하여야 한다.

집단상담의 주제 및 목표에 맞는 적합한 집단원을 선별하여 6~8명으로 구성한다. 이후 집단상담의 구조(목표, 규칙 등)에 대해 집단상담 구성원에게 공지한다. 집단구성원이 학교폭력 가·피해학생일 경우 피해학생은 피해학생끼리, 가해학생은 가해학생끼리 집단을 구성하는 방법도 있으며, 개인상담을 끝낸 가·피해학생을 섞어서 구성할 수도 있다. 여기서는 학생들이 가진 자기중심적 사고를 직면함으로써 스스로를 성찰할 수 있는 기회가 제공될 수 있다. 그러나 집단상담은 비밀보장이 어려우며, 개개인에게 돌아가는 관심이 적을 수밖에 없으며, 집단압력의 가능성이 커질 수 있는 단점이 있으므로, 집단상담 수행 시 상담자의 판단이 매우 중요하다.

③ 학부모 상담

학부모 상담은 가·피해학생의 부모가 느끼는 심적 고통과 어려움에 대해 정서

⭐ 표 5-7 가·피해학생의 학부모 상담 시 주의사항

가해학생 학부모 상담 시 주의사항
• 가·피해 사실을 객관적으로 확인할 수 있도록 도와 줄 것
• 가해학생의 행위에 대해 인정하지 않는 경우는 부드럽게 말하되, 단호하고 직접적으로 가해학생의 행동과 그 결과에 대해 알려줄 것
• 가해학생의 문제행동이 가족체계 문제로 파악될 시 가족치료적 개입과 접근을 통해 행동원인을 근본적으로 치료하도록 할 것

피해학생 학부모 상담 시 주의사항
• 피해학생 학부모의 기본적인 심리적 상태를 먼저 이해할 것(예: 놀람, 분노, 원망, 자녀에 대한 미안함, 죄책감, 억울함, 복수심 등)
• 피해의 재발을 예방할 수 있는 근본적인 해결책(부모의 양육태도 및 가정환경 개선 등)을 부모와 함께 모색할 것을 인식하도록 할 것
• 심리·정서적 안정을 위한 상담 치료와 전문기관을 연계할 것
• 사건처리에 대한 현실적 한계를 명시하여 지나친 가해학생 처벌이나 합의금 부분을 조절할 수 있도록 할 것

출처: 한국교육개발원(2016b). Wee 프로젝트 매뉴얼 3 상담 지원 업무.

적인 공감과 지지를 함으로써 심리적으로 안정되도록 도와야 한다. 자녀문제의 책임을 부모에게 묻고 비난하는 식의 태도보다 자신도 그럴 수밖에 없었음을 이해해 줌으로써, 상담자는 부모의 불만사항을 공감해 주고 부모로서의 역량에 대해 자신감을 회복할 수 있게 도와주도록 한다. 가·피해학생의 학부모 상담 시 주의해야 할 사항은 〈표 5-7〉과 같다.

(3) 학교폭력 가해학생 단계별 치료 전략
학교폭력 가해학생의 치료 전략은 초기, 중기, 종결 단계로 나눈다.

① 초기단계
초기단계에서 면접을 통해 가해학생의 심리진단 및 평가를 할 수 있다. 폭력 및 공격성을 평가하는 척도를 활용하여 가해학생의 폭력 및 공격경향성을 추정해 볼 수 있다. 이러한 진단을 통해 가해학생의 폭력 정도를 확인하는데 참고하여 상담을 진행해야 한다. 척도는 폭력 가능성이 높은 학생을 단순히 색출하거나 통제하기 위한 수단으로 사용되지 않아야 한다.

② 중기단계

중기단계에서는 가해학생의 심리치료를 중요하게 해 나가야 한다. 가해학생이 왜 폭력을 가했는지 등 심리적인 요인을 구체적으로 탐색하며 들어야 한다. 단순히 피해학생의 말만 듣고 가해학생이라고 단정 지어서는 안 된다. 또한 폭력이라는 방법을 선택하게 된 심리 내·외적 요인들을 면밀히 탐색하고, 가해학생이 생각하고 있는 부분에 대해 우선 이해해 주는 공감도 필요하다. 지나친 비난이나 훈계는 역효과를 줄 수 있으므로 유의해야 하며, 가해학생에게 맞는 적절한 해결 방안을 함께 모색하여 문제를 해결해 나갈 수 있도록 해야 한다. 가해학생의 폭력증상 완화와 장기간 지속된 공격성 및 폭력성의 패턴 변화 등에 대해 면밀히 파악하도록 한다.

③ 종결단계

상담을 종결하며 필요한 경우 가해학생에 대한 특별교육을 학교 또는 외부 전문기관에 연계하여 진행할 수 있도록 한다. 이후 가해학생이 다시 학교생활을 해 나갈 때 학급과 학교 차원에서 가해학생에 대한 추수관리가 필요하다.

④ 가해학생 상담 시 유의사항

우선, 상담을 통해 가·피해 사실을 객관적으로 확인하는 절차가 필요하다. 가해학생이 자신의 행위에 대해 인정하지 않는 경우에는 지지적으로 부드럽게 말하되, 단호하고 직접적으로 가해학생의 행동과 그 결과에 대해 알려주어야 한다. 또한 가해학생의 폭력 사용에 대한 심리 내·외적인 요인을 면밀히 탐색하여 가해학생에 적절한 상담 개입을 진행해야 한다.

⭐ 표 5-8 학교폭력 가해학생 단계별 치료 전략

단계	전략		세부 전략
초기 단계	학생부 개입	사건의 정황 파악	• 가해학생 인적사항 파악 • 사건의 객관적인 정보 수집
		사안 처리	• 학교폭력 처리 절차에 따른 진행 • 학교폭력 가해학생 조치 • 자치위원회 및 전문기관 연계를 통한 사안처리
	초기면접		• 심리 진단 및 평가: 폭력 및 공격경향성 평가척도 종류 활용
중기 단계	상담실 개입	개인상담	• 가해학생에 대한 심리치료 • 개인상담 프로그램
		학부모 상담	• 가 · 피해사실 객관적 확인 돕기, 감정 이해
	관련 전문기관 연계		• 특별이수교육 및 예방교육 • 의료적 서비스 지원 및 연계 치료 • 중재전문기관 연계 • 형사 및 민사소송과 관련한 자문기관 연계
종결단계	다면적 통합지원		• 학교차원, 가정차원, 지역사회 차원의 지원

출처: 한국교육개발원(2016b). Wee 프로젝트 매뉴얼 3 상담 지원 업무.

(4) 학교폭력 피해학생 단계별 치료 전략

학교폭력 피해학생의 치료 전략은 가해학생의 치료 전략과 동일하게 초기, 중기, 종결 단계로 나눌 수 있다.

① 초기단계

피해학생과 초기단계 면접을 통해 피해학생의 인지, 정서 및 행동증상을 포함하는 심리적 문제의 유무를 추정할 수 있다. 이러한 심리적 문제를 파악하기 위해 평가척도지를 활용할 수 있으며, 도출된 결과는 피해학생을 이해하는 보조 자료로 활용할 수 있다.

② 중기단계

학교폭력 피해학생에게 나타나는 특징을 고려하여 개인상담을 진행해야 한다. 즉, 개인상담을 진행하기 위해서는 피해학생의 신체적·정신적 피해 정도를 정확하게 평가해야 한다. 학교폭력이라는 문제해결도 중요하지만, 문제로 인한 심리적인 어려움을 해결하기 위한 전문적인 상담 개입이 필요하다. 피해학생에게 맞는 적절한 해결 방안을 함께 모색하여 다양한 프로그램(예: 자존감 증진 프로그램 등)에 연계할 수도 있다. 뿐만 아니라 가해학생으로부터의 보호 조치가 병행되어야 하며 피해학생 신변보호를 위한 지원 서비스도 염두에 두고 상담에 임해야 한다.

⭐ 표 5-9 학교폭력 피해학생 단계별 치료 전략

단계	전략		세부 전략
초기 단계	학생부 개입	사건의 정황 파악	• 피해학생 인적사항 파악 • 사건의 객관적인 정보 수집
		사안 처리	• 학교폭력 처리 절차에 따른 진행 • 학교폭력 피해학생 조치 • 자치위원회 및 전문기관 연계를 통한 사안처리
	초기면접		• 심리 진단 및 평가: 교우 관계 및 학교 따돌림 척도 종류 활용
중기 단계	상담실 개입	개인상담	• 피해학생에 대한 심리치료, 피해학생의 신변보호 • 피해학생 상담 및 프로그램 진행
		학부모 상담	• 심리적 상태 이해, 해결책 모색
	관련 전문기관 연계		• 의료적 서비스 지원 및 연계 치료 • 중재전문기관 연계 • 형사 및 민사소송과 관련한 자문기관 연계
종결 단계	사후관리		• 사후관리 프로그램 연계 • 학교폭력 위기개입의 평가
	다면적 통합지원		• 학교차원, 가정차원, 지역사회 차원의 지원

출처: 한국교육개발원(2016b). Wee 프로젝트 매뉴얼 3 상담 지원 업무.

③ 종결단계

상담을 종결하며 필요한 경우 학교 담당 교사와 학부모와 함께 추가적으로 지속적인 사후관리 및 지원 서비스를 제공할 수 있도록 돕는다. 이를 통해 피해학생의 학교 적응과 일상생활의 복귀를 돕고 올바르게 성장할 수 있도록 한다.

④ 피해학생 상담 시 유의사항

피해학생의 불안한 마음을 안정시키고 신체적·정신적 상태를 점검해야 한다. 학교폭력 사건 발생 직후 상담에 개입하게 될 경우에는 증거자료를 확보할 수 있도록 안내해야 하며, 피해신고는 정당한 권리를 찾는 것임을 인식시킨다. 또한 피해학생의 신변 안전을 보호하고 비밀을 보장해야 한다. 피해학생 입장에서 공감하고 수용해 주어야 하며, 피해학생의 특성에 따라 주변에 도움을 요청할 수 있는 다양한 기관 및 정보 등을 알려 주어야 한다.

4) 학교폭력 상담 개입의 연계

학교폭력 가·피해학생에게 보다 질 높은 프로그램을 제공하기 위해서는 상호 관련된 기관들의 정보 교환 및 연계가 원활하게 이루어져야 한다. 지역사회의 전문적인 서비스 연계를 통해 한정적인 자원으로 인한 한계성을 보안할 수 있으며, 질 높은 서비스를 가·피해학생에게 제공할 수 있다.

(1) Wee 프로젝트 연계 절차 및 방법

① Wee 센터 연계 절차 및 방법

Wee 센터의 사회복지사가 학생 상담 후 연계서비스를 담당하고 있다. 사회복지사는 학교에서 의뢰되어 오는 학생 또는 Wee 센터에서 외부 연계기관으로 의뢰해야하는 학생들을 Wee 센터 실장인 전문상담교사와 협의를 통해 외부기관에 연계한다. 학생이 Wee 센터로 연계되면, 접수면접을 통해 학생의 자원을 점검한 후

절차	방법
도움 요청	학생의 자발적 또는 보호자, 교사의 의뢰에 의한 비자발적 상담
접수 면접	사례 문제 파악, 상담 전략 수립을 위한 접수 상담
심리검사 수행	SCT, 우울 검사, 불안 검사, MMPI 등
사례회의	의뢰서 작성하여 의뢰(학생이 Wee 클래스 상담이 어려울 경우 또는 약물치료가 필요하다고 판단되는 경우)
	의뢰서 작성하여 의뢰
연계	상담 진행 과정 모니터링
	상담 결과 보고서 요청
종결 및 사후평가	종결 보고서 작성
추수관리	담임, 교과 교사의 협조를 구해서 계속적 지도

그림 5-3 Wee 센터 연계 절차 및 방법

심리검사를 실시한다. Wee 클래스에서 상담이 어려운 학생은 학생의 요구·필요에 따라 Wee 센터나 병원 등으로 연계하게 된다. Wee 센터 사회복지사는 연계한 기관으로부터 상담 결과 보고서를 요청해서 상담 진행 과정을 모니터링 해야 하며, 상담을 종결한 이후에도 지속적인 지도를 하게 된다. Wee 센터 연계 절차 및 방법을 살펴보면 [그림 5-3]과 같다.

② Wee 스쿨 연계 절차 및 방법

학교에서 학교폭력자치위원회 등을 거쳐 학생을 Wee 클래스로 의뢰했지만 학생이 가정의 지원을 받을 수 없거나, 학생의 문제가 가정에서 보다 심각해질 수 있

절차	방법
도움 요청	학생의 자발적 또는 보호자, 교사의 의뢰에 의한 비자발적 상담
접수 면접	사례 문제 파악, 상담 전략 수립을 위한 접수상담
심리검사 수행	SCT, 우울 검사, 불안 검사, MMPI 등
사례회의	의뢰서 작성하여 의뢰 (학생이 가정의 지원을 받을 수 없다고 판단되는 경우)
	긴급을 요하는 경우 사례회의를 통해 Wee 스쿨로 바로 의뢰
Wee 센터	Wee 센터는 학생의 소속학교 및 보호자와 협의하여 Wee 스쿨로 연계
Wee 스쿨	Wee 클래스 상담업무담당자는 Wee 스쿨과 연계하여 학생을 모니터링
종결 및 사후평가	종결 보고서 작성 관리
추수관리	담임, 교과 교사의 협조를 구해서 계속적 지도

▲ 그림 5-4   Wee 스쿨 연계 절차 및 방법

다고 판단되면 학교는 학생의 보호자와 협의를 통해 Wee 스쿨로 연계하게 된다. 학생을 연계한 Wee 클래스 또는 학교는 Wee 스쿨과 연계하여 학생의 Wee 스쿨 입소 전후의 상태를 모니터링한다. Wee 스쿨 상담업무담당자는 학생 및 보호자를 상담하고, 학생의 원적교 담임교사와 상담하여 지도방법을 모색한다. Wee 스쿨 연계 절차 및 방법을 살펴보면 [그림 5-4]와 같다.

③ 가정형 Wee센터 학생 위탁과정

가정형 Wee센터는 위기 청소년을 대상으로 돌봄(주거), 교육, 상담치료를 병행할 수 있는 중·장기 Wee 센터에 대한 필요성이 제고가 되어 설립되었다. 가정형 Wee센터는 생활공동체로서 15명 내외의 위기 청소년을 대상으로 가정적 어려움과 학교 부적응, 사회적 비행에 노출될 가능성 예방, 그리고 신체적인 건강함과 자존감 회복, 건강한 대인관계능력 향상 도모 등에 목적이 있다. 학생이 학교폭력가·피해로 인한 등교 거부 등 중도 탈락 위기에 처해있는 경우 위탁할 수 있다. 가정형 Wee센터 학생 위탁과정을 살펴보면 [그림 5-5]와 같다.

과정	핵심 내용
모집(입소 문의)	학생의 자발적 또는 보호자, 교사의 의뢰에 의한 비자발적 상담
⇩	
면접	사례 문제 파악, 상담전략 수립을 위한 접수상담
⇩	
판정	SCT, 우울 검사, 불안 검사, MMPI 등
⇩	
확정	의뢰서 작성하여 의뢰된 후, 위탁 여부 확정 통보 (학생이 중·장기 위탁이 필요하다고 판단되는 경우)
⇩	
지원	Wee 센터는 학생의 소속 학교 및 보호자와 협의하여 Wee 스쿨로 연계
⇩	
종료	Wee 클래스 상담업무담당자는 Wee 스쿨과 연계하여 학생을 모니터링

◀ 그림 5-5 가정형 Wee센터 학생 위탁과정

④ Wee 프로젝트 다중 연계망 네트워크

학생의 다양한 욕구를 반영한 효율적 상담 개입을 위해, 지역사회 자원을 적극 활용해야 한다. 지역사회 기관과의 유기적인 연계망을 구축하고, 협조·협약 관계를 추진하여 학교 및 학생의 요구를 충족시킬 수 있다. 또한 상담자는 지역사회와의 긴밀한 연계망 네트워크를 활용하여 학생을 중심으로 학부모, 담임교사, 상담자 그리고 지역사회가 서로 유기적·포괄적·종합적 서비스를 제공할 수 있다.

각 단위학교 Wee 클래스 상담업무담당자가 적극 활용할 수 있는 기관으로는 관할 구역 Wee 센터를 포함하여 Wee 스쿨, 가정형 Wee센터, 청소년상담복지센터, 아동보호전문기관, 보건의료기관, 문화기관, 복지기관 등이 있다. 이 외에도 인근 지역의 사설 상담기관, 청소년 광장, 청소년 수련관, 직업교육 시설, 자립자활기관, 자원봉사기관 등을 구체적으로 파악하여 필요 시 활용하는 것이 도움 된다. 단위학교를 중심으로 한 다중 연계망 네트워크를 그림으로 제시하면 [그림 5-6]과 같다.

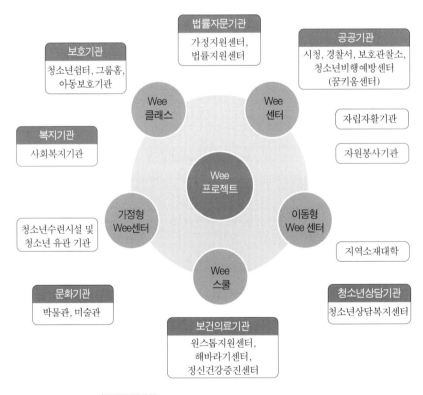

◢ 그림 5-6　Wee 프로젝트 다중 연계망 네트워크

출처: 한국교육개발원(2016a). Wee 프로젝트 매뉴얼 1 Wee 클래스 운영.

(2) 지역사회 기관 연계 및 기타 서비스 지원

학교폭력과 관련하여 지역사회 기관 연계가 필요할 시, 〈표 5-10〉을 참고하여 국가 또는 지역사회 차원의 기관들을 활용할 수 있다. 〈표 5-10〉의 구분은 학교폭력 사안 관련하여 전문 상담, 특별 교육, 예방 및 사후 지원서비스가 가능한 기관 중 비영리적 목적으로 운영되는 기관들을 중심으로 도표화하였다. 세부 목록을 살펴보면 다음과 같다. 먼저 지역사회 기관으로는 학교폭력 피해학생 전담지원기관, CYS-Net, 학교폭력 SOS 지원단, 117 학교폭력 신고센터를 포함하였고, 기타 서비스 지원으로는 의료적·법률적 서비스 지원, 특별교육 이수 및 예방교육을 포함하였다. 상담자는 각 기관별 간략한 서비스 내용과 문의처를 참고하여 효율적인 상담 개입을 도모할 수 있다.

표 5-10 지역사회 자원 연계 기관별 서비스 내용 및 문의처

기관		서비스 내용 및 문의처
지역사회 기관	학교폭력 피해학생 전담지원기관	• 서비스 내용 　– 학교폭력 피해학생 전문 상담·심리치료 　– 학교폭력 피해학생 전문 치유 프로그램 운영 　– 정기적인 사후 모니터링 　– 등교가 어려운 피해학생을 위한 일시적인 쉼터 기능을 제공 • 문의처: Wee 센터, 해당 지역 교육청 및 교육지원청
	지역사회청소년 통합지원체계(CYS-Net)	• 서비스 내용 　– 경찰청, 교육청, 학교, 쉼터 및 복지시설 등과 연계 　– 위기상담·일반상담·보호·자립 맞춤형 서비스 　– 청소년 문제 진단·평가 　– 프로그램 개발 및 보급 • 문의처: 청소년상담복지센터(국번없이 1388)
	중재전문기관: 학교폭력 SOS 지원단	• 서비스 내용 　– 현장 중심의 분쟁조정 활동으로 문제해결 　– 위기상황 시 긴급 출동 　– 학교폭력예방 및 사후 관리 지원 • 문의처: 푸른나무 청예단(1588-9128, www.jikim.net)

	117 학교폭력 신고센터	• 서비스 내용 　- 긴급구조 　- 수사 지시 및 법률 상담 　- 연계: One-Stop 서비스 또는 NGO 단체 • 문의처: 안전Dream(국번없이 117, www.safe182.go.kr)
기타 서비스 지원	의료적 서비스 지원	• 서비스 내용: 후유증과 정신적 피해에 따른 정신건강의학과적 치료(정신병리 진료 및 약물치료 등) • 문의처: 국립의료원, 지역보건소, Wee 프로젝트 연계 병원, 지역보건소 등
	법률적 서비스 지원	• 서비스 내용: 법적 절차에 대한 정보 제공 • 문의처: 대한법률구조공단(국번없이 132, www.klac.or.kr), 지역변호사 등
	특별교육 이수 및 예방교육	• 서비스 내용: 학교폭력 가해학생에 대한 특별교육 • 문의처: Wee 프로젝트 연계 기관, 특별교육 지정 Wee 센터, 특별교육 지정 청소년상담복지센터, 특별교육 지정 대안교육위탁교육기관 등

3. 요약 및 결론

　이 장에서는 Wee 프로젝트의 중심이 되는 위기학생, 즉 학교폭력 가ㆍ피해학생을 위한 효율적인 상담개입 전략을 설명하였다. 이에 Wee 프로젝트에 대한 이해, 학교폭력 상담의 전반적인 개요, 학교폭력 상담의 치료 개입 전략, 학교폭력 상담 개입의 연계 절차 및 서비스 지원을 살펴보았다. 이 결과를 요약하면 다음과 같다.

　첫째, 위기학생은 위험한 고비나 시기에 있는 학생으로 학교폭력 가ㆍ피해학생을 포함한다. 학교폭력 가ㆍ피해학생들은 개인적ㆍ사회적인 부정적 환경에 의해 스트레스를 경험하게 되고, 이에 심리적ㆍ정서적 표현이 표면화되어 문제 행동이 발생된다. 이러한 문제 행동은 학생들의 삶을 부정적으로 변화시킬 수 있기 때문에 이들을 도와줄 수 있는 적절한 상담 개입이 필요하다.

둘째, 학교폭력 상담은 학생들이 안정적인 생활을 영위할 수 있도록 하는 것이다. 그렇기에 학교폭력 상담은 학생들이 위기 상황을 원만하게 극복하는 데 그 목적을 갖는다. 학교폭력 상담의 특징은 다양한데, 간략히 살펴보면 다음과 같다. 먼저, 학교폭력 상담의 대상자는 가·피해학생, 주변인 이외에 교사와 부모, 지역사회의 여러 전문가 등이 개입된다. 다음으로, 학교폭력 상담은 신속성, 개별화, 구체화, 적극성, 중립성, 자료화, 연계성의 원칙을 갖는다. 또한, 가·피해학생을 위한 상담 장면에서는 이들의 정서·행동 문제에 관심을 가지고, 이들을 위한 적절한 프로그램을 이용해야만 한다. 그다음으로, 학부모 상담에서는 부모가 자녀의 위기 상황을 이해하고 공감할 수 있도록 도와주어야 한다. 이를 통해 학생들이 심리·정서적으로 안정될 수 있도록 한다. 마지막으로, 학교폭력 상담은 종결 이후에도 추수상담이나 연계 차원의 사후 조치를 할 수 있다.

셋째, 학교폭력 가·피해학생을 위해 Wee 프로젝트 기관인 Wee 클래스, Wee 센터, Wee 스쿨, 가정형 Wee센터는 다양한 상담서비스를 제공하고 있다. 특히, 학교폭력 상담은 학교폭력 가·피해학생의 다양하고 복잡한 징후에 따라 정확한 진단을 내리고, 그들에게 필요한 개인상담이나 집단상담, 학부모 상담을 진행한다. 먼저, 개인상담은 무엇보다 학생들의 건강과 안전을 최우선으로 생각해야만 한다. 그리고 상담자는 그들이 문제 해결에 대해 어떠한 욕구를 가지고 있는지를 파악하고, 적절한 해결 방법을 함께 탐색하여 상담과정을 구조화해 나간다. 이후 상담자는 본격적인 상담치료를 하게 되는데, 적합한 목표를 설정하고 프로그램을 진행하며 치료가 원만히 진행될 수 있도록 해야 한다. 다음으로, 집단상담은 학생들의 정신적 역동성을 진단하여 학교폭력이 다시 발생하지 않도록 예방하는 것을 목적으로 한다. 하지만 집단상담은 비밀을 보장하기 어렵고, 개개인들에 대한 관심이 적은 문제점이 있기 때문에 반드시 필요한 경우에만 실시해야만 한다. 마지막으로, 학부모 상담은 학부모가 자녀들의 문제에 대해 객관적으로 판단하고, 그들의 역량에 대해 자신감을 회복할 수 있도록 도와주어야 한다.

넷째, 학교폭력 상담 개입에서는 서비스 연계를 잘 활용해야 한다. 학교나 Wee 클래스에서 학교폭력 가·피해학생의 문제 해결에 대한 도움이 필요하다고 판단하였을 경우에는 Wee 센터, Wee 스쿨, 가정형 Wee센터, 지역 사회 등으로 연계할 수 있다. Wee 센터, Wee 스쿨, 가정형 Wee센터에서는 먼저 학생들의 사례 문제를 파악하고, 상담 전략을 수립한다. 학생들에 대해 심리검사를 수행하고, 상담을 진행하여 다른 기관과 연계가 필요할 경우에는 다른 기관과의 연계를 진행한다. 지역 사회와의 연계는 학교폭력 피해학생 전담지원기관, 의료적 · 법률적 서비스, 특별교육이수 및 예방교육, 117 학교폭력 신고센터 등과 할 수 있다. 이들 기관이 가진 각각의 특징에 맞게 학생들에게 도움이 될 수 있도록 적절히 선택해서 이용해야 할 것이다.

지금까지 Wee 프로젝트에서 시행하고 있는 학교폭력 상담에 대해 살펴보았다. Wee 프로젝트의 학교폭력 상담은 학생들의 고통을 치유함으로써 안전하고 건강한 삶을 살아갈 수 있도록 해 주기에 반드시 필요하다. 따라서 학교폭력 상담이 학생들에게 보다 질 높은 서비스를 제공할 수 있도록 이에 대한 지원이 앞으로도 더욱 이루어져야 할 것이다.

🗂 참고문헌

김진한, 박선환, 박숙희, 우지향(2015). 학교폭력의 예방 및 대책. 경기: 공동체.

문용린(2006). 학교폭력예방과 상담. 서울: 학지사.

신승균(2014). 학교폭력 재발방지를 위한 선도프로그램에 대한 연구: 경남 양산경찰서 사례를 중심으로. 한국치안행정논집, 11(1), 45-66.

오인수(2010). 괴롭힘을 목격한 주변인의 행동에 영향을 미치는 심리적 요인: 공감과 공격성을 중심으로. 초등교육연구, 23(1), 45-63.

오인수, 이승연, 이주연(2013). 학교폭력 가해·피해학생을 위한 교육적 개입에 관한 연구. 이화여자대학교 학교폭력예방연구소.

오인수, 이승연, 이미진(2016). 학교폭력의 맥락적 이해에 기초한 효과적인 상담전략. 상담학연구, 17(2), 257-279.

이미영, 장은진(2015). 학교폭력 가해자가 경험한 학교폭력 맥락에 관한 질적 연구. 한국심리학회지: 발달, 28(3), 115-140.

이영선, 김경민, 김래선, 박양민, 서선아, 유춘자, 이현숙, 전소연, 조은희, 차진영(2012). 학교폭력 및 청소년상담 위기개입 매뉴얼. 서울: 한국청소년상담복지개발원.

전경용, 배제현(2011). 초·중·고 위기학생 실태 및 지원방안 연구. 아동교육, 20(1), 231-249.

정향기, 최태진(2013). 중학생의 학교폭력 경험 유형에 따른 의사소통 특성. 상담학연구, 14(1), 573-591.

최상근, 김동민, 오인수, 신을진, 김인규, 이일화, 이석영, 최모미(2011). Wee 프로젝트 운영 성과분석 및 발전계획 수립 연구. 서울: 한국교육개발원.

한국교육개발원(2016a). Wee 프로젝트 매뉴얼 1 Wee 클래스 운영.

한국교육개발원(2016b). Wee 프로젝트 매뉴얼 3 상담 지원 업무.

허승희, 최태진(2008). 초등학교 폭력예방을 위한 집단상담 프로그램의 적용과 그 효과: 가해 성향 아동을 대상으로. 초등교육연구, 21(3), 175-197.

Boulton, M. J., & Smith, P. K. (1994). Bully/victim problems in middle school children: Stability, self-perceived competence, peer acceptance. *British Journal of Developmental Psychology, 12*(3), 315-329.

Craig, W. M. (1998). The relationship among bullying, victimization, depression, anxiety, and aggression in elementary school children. *Personality and Individual*

Differences, 24(1), 123-130.

George, M. B., & Howard, M. K. (1994). Bullies and their victims: Understanding a pervasive problem in the schools. *School Psychology Review, 23*(2), 165-174.

Oh, I., & Hazler, R. J. (2009). Contributions of personal and situational factors to bystanders' reactions to school bullying. *International School Psychology, 30*(3), 291-310.

Olweus, D. (1993). Bullying at school: *What we know and what we can do.* Oxford: Blackwell.

Olweus, D. (1995). Bullying or peer abuse at school: Facts and intervention. *Current Directions in Psychological Science, 4*(6), 196-200.

Sullivan, T., Helms, S. W., Kliewer, W., & Goodman, K. L. (2010). Associations between sadness and anger regulation coping, emotional expression, and physical and relational aggression among urban adolescents. *Social Development, 19*, 30-51.

Unnever, J. D. (2005). Bullies, aggressive victims, and victims: Are they distinct *groups. Aggressive Behavior, 31*(2), 153-171.

|제6장|
학교폭력 가해학생에 대한 정신의학적 개입

1. 학교폭력 프로그램 개발의 필요성

학교폭력이 사회적 이슈로 주목받기 시작한 1990년대 이래로 20여 년이 지났지만, 이는 집단화, 조직화, 저연령화되는 양상으로 발전하며 그 심각성이 더 커지고 있다. 이 장에서는 이러한 학교폭력에 대처하기 위한 방안 중 가해학생 중심의 학교폭력 개입 프로그램에 관해 알아보고자 한다.

피해학생의 심리적 특성이 학교폭력의 결과로 나타나는 것과는 달리 가해학생의 심리적 특성은 학교폭력이 일어나게 되는 원인으로 작용한다. 가해학생의 특징적인 심리적 특성으로는 공격성, 우울 및 불안, 충동성, 낮은 공감능력, 높은 폭력 허용도, 비합리적 신념 등이 있다. 이러한 특성을 기반으로 하여 가해학생 개입 프로그램을 구성한다면 학교폭력의 근본적 원인에 대한 해결이 가능할 수 있다. 그렇기에 이 장에서는 최근 10년간 개발된 국내·외의 학교폭력 가해학생 개입 프로그램들에 관해 알아보고 가해학생의 심리적 특성을 기반으로 하여 프로그램별로 어떤 특징이 있는지 비교해 보겠다.

현재까지 개발된 대부분의 프로그램은 가해학생의 심리적 특성 변화와 함께 가해행동을 감소시키는 긍정적인 결과를 이끌어 냈다. 국외 프로그램은 공감능력 향상에 관한 프로그램이, 우리나라 프로그램은 충동성과 공격성 개선을 위한 프로그램이 다수를 이루었다. 그러나 우울 및 불안의 경우, 이를 다루는 프로그램의 수도 적었으며 그에 대한 연구가 이루어졌더라도 효과가 미미하였다. 구성내용 면에서는 집단상담, 토론, 역할극이 대부분이었으나 문학이나 음악 등을 접목하거나 원 프로그램을 수정·보완하는 등의 시도도 있었다. 많은 프로그램에서 후속 연구의 부족, 객관적 실험설계의 부족, 소규모 참여인원 등의 한계점이 있었다. 앞으로 이러한 부분을 보완해서 가해학생 개입 프로그램을 개발해 나간다면 좋은 결과를 얻을 수 있을 것으로 기대된다.

2. 학교폭력 문제의 대두

우리나라에서 학교폭력이 사회적 문제로 떠오르기 시작한 때는 1990년대 초부터였으나, 학교폭력을 근본적으로 해결하려는 움직임은 미미하였다. 이후 1995년, 학교폭력으로 괴로워하던 한 학생이 자살한 사건을 계기로 학교폭력의 심각성이 본격적으로 이슈화 및 공론화되기 시작하였다(한국교육개발원, 2006). 그 후 다양한 프로그램과 정책이 도입되었지만, 학교폭력은 여전히 해결되지 않는 골칫거리다. 우리나라뿐 아니라 다른 나라에서도 학교폭력은 좀처럼 해결되지 않는 문제다. 2009년 OECD 가입 24개국의 학생들을 대상으로 한 조사에서 각 나라의 5~25%에 해당하는 학생들이 학교폭력을 겪고 있다고 답하기도 하였다. 이처럼 학교폭력은 비단 우리나라만의 문제가 아니며 전 세계적으로 함께 연구하고 해결해야 하는 주제다(OECD Social Indicator, 2009; Carney & Merrell, 2001).

학교폭력 대처방안으로 사회 전반적 문화 개선, 학교 전체 학생이 참가하는 프로그램을 통한 인식 개선, 학교폭력 당사자인 가·피해학생 및 방관자 교육, 학교

교사 및 부모의 태도 개선 등의 다양한 방법을 생각해 볼 수 있다. 그중 학교폭력 가·피해학생의 사후관리에 관해 조금 더 논의해 보겠다.

피해학생의 경우 학교폭력으로 인해 불안, 수치심, 분노 등의 감정을 겪게 되고, 이는 학교 결석이나 가출, 다양한 유형의 정신장애, 심지어는 자살이라는 극단적 형태로 표현된다. 이렇듯 학교폭력의 후유증이 상당하기 때문에 대부분의 학교 폭력 치료 프로그램은 학교폭력의 희생자인 피해학생의 치료 및 구제에 집중되는 경우가 많았다. 그러나 이는 학교폭력의 원인에 대한 고려 없이 학교폭력이 이미 일어난 다음 결과의 부분적 개선에만 집중하는 것으로, 근본적인 학교폭력의 근절 및 차후 일어날 폭력의 예방을 위해서는 원인이 되는 가해문제에 대한 집중적인 조치가 필요하다.

이 지점에서 바로 가해학생이 '왜' 학교폭력을 행했을까 하는 의문을 가져 볼 수 있다. 실제로 많은 연구에서 가해학생들은 일반 학생들에 비해 조절되지 않는 공격성, 낮은 자존감, 높은 폭력 허용도, 좌절, 불안을 가지고 있는 경우가 많았다. 이러한 특성들은 그들로 하여금 폭력행동을 더 쉽게 허용하게 하여 학교폭력의 가해학생이 되게 하고, 또 이를 넘어 다른 비행활동까지도 빠지게 만든다(Olweus, 1994). 어쩌면 학교폭력의 근본적 원인은 가해학생들의 정서적 문제에 있지 않을까? 가해학생들도 자신의 내면적인 문제를 어떻게 해결할지 몰라서 학교폭력이라는 폭력적인 형태로 문제를 표출하는 것일 수 있다. 이러한 관점에서 볼 때, 가해학생 역시 교육적·치료적 도움이 절실한 청소년일 뿐이다. 그러나 이들에게는 처벌과 질타가 가해지기 쉽고 그들을 위한 가해학생 중심의 치료 프로그램 및 연구는 많이 부족한 것이 현실이다. 학교폭력 개입 프로그램 연구에서 가해학생들은 피해학생들에 비해서 소외받고 있는지도 모른다.

이에 이 장에서는 학교폭력과 가해학생의 심리적 특성에 대한 이해 및 현재까지 이루어진 가해학생 개입 프로그램에 관한 연구의 결과들을 정리해 보겠다.

3. 학교폭력의 정의

학교폭력(bullying)은 힘이 강한 사람 또는 집단이 특정 학생에게 심리적 또는 신체적인 부정적 행동(negative action)을 지속적으로 행하는 것으로 정의할 수 있다. 여기서 부정적인 행동이란 신체적 폭력, 언어폭력뿐 아니라 제스처와 같은 비언어적 행동이나 고의적으로 피해학생을 집단에서 배제하는 따돌림 등의 폭넓은 범위를 모두 포함한다. 그리하여 학교폭력은 신체적 폭력, 사회적 배제(소위 따돌림) 또는 명예훼손/모욕과 같은 관계적 폭력(relational aggression), 언어적 폭력, 사이버폭력 등의 다양한 형태로 이루어진다(Olweus, 1994).

학교폭력은 다음과 같은 세 가지 핵심적인 특징을 가진다.

첫째, 고의성(intentionality)은 의도적으로 다른 사람에게 해를 가하려고 하는 욕망이다. 가해학생은 피해학생에게 신체적 혹은 정신적 손상을 입히겠다는 '목적'을 가지고 다양한 형태의 폭력을 구사하게 된다.

둘째, 반복성(repetitiveness)은 앞서 언급한 부정적 행동이 한 번에 그치지 않고 지속적으로 반복되어 행해짐을 뜻한다. 이러한 반복성 때문에 대부분의 학교폭력은 한 차례만 일어나지 않고 여러 차례 계속해서 일어난다. 부정적 행동, 즉 폭력적 행동의 반복은 첫 번째 특징인 고의성을 더 뚜렷하게 드러내는 단적인 예라고 볼 수 있다.

셋째, 힘의 불균형(imbalance of power)은 말 그대로 가해학생(bully)과 피해학생(victim) 사이에서 신체적으로 혹은 심리적으로 인식되는 불균등한 힘의 분배를 뜻한다. 자신이 피해학생보다 더 강자의 위치에 있다고 믿음으로써, 가해학생은 자신의 폭력행위에 정당성을 부여한다(Olweus, 2013).

결론적으로, 가해학생은 자신이 가진 힘의 불균형을 악용하여 피해학생을 고의적이고 반복적으로 괴롭히게 되며, 이는 곧 학교폭력이 된다.

4. 학교폭력의 현황

2009년 OECD 가입 24개국 대상 조사에서 학교폭력 피해율은 평균적으로 약 10% 정도였다. 국가별로 살펴보면 터키나 그리스의 괴롭힘 사례가 20%가 넘는 높은 비율을 기록하였고, 스웨덴과 스페인은 5% 미만으로 적었다(OECD Social Indicator, 2009). 우리나라는 이 조사에 포함되지 않았다.

우리나라의 학교폭력 현황을 파악하기 위해 초등학교 4학년부터 고등학교 2학년 학생 6,153명을 대상으로 실시한 2013년 전국 학교폭력 실태조사 결과는 다음과 같다. 발표에 따르면 최근 1년간 학교폭력 피해율은 6.1%로 2011년 18.3%, 2012년 12%에 비해 큰 폭으로 감소하였다([그림 6-1] 참조).

매년 학교폭력 발생 건수는 적어지고 있으나, 학교폭력 피해 후 고통 정도는 2012년 49.3%에 비해 56.1%로 높아져 학교폭력으로 인한 피해청소년들의 심리적 고통은 과거에 비해 더욱 심해졌다([그림 6-2] 참조). 학교폭력이 양적으로는 다소 감소하였으나, 질적으로 체감하는 학교폭력은 심각해졌음을 알 수 있다.

또한 학교폭력이 시작되는 시기는 점점 앞당겨지고 있었는데, 조사 결과에서 처음 폭력을 당한 시기는 초등학교 6학년이 16.5%로 가장 높게 나타났다. 초등학교 시기 동안 피해를 입은 경우는 전체의 75.1%로, 2012년의 78.3%에 이어 여전히 높은 비율을 기록하였다. 이처럼 어린 나이에 학교폭력을 경험하게 될수록 심리적 후유증이 장기화될 우려가 있어 더 큰 심각성을 가진다.

더불어 집단 따돌림을 당했다고 응답한 비율도 14.5%에서 18.7%로 증가하였다. 가해학생들의 설문에서도 집단(가해학생 2인 이상)으로 가해를 했다고 응답한 비율이 2011년 67.9%에서 2013년 64.6%로 소폭 감소하였으나 여전히 높은 수치를 기록하였다. 이렇게 한 명이 아닌 여러 명의 가해학생이 참여하는 집단 따돌림의 경우 폭력행동에 대한 죄책감이 상대적으로 반감될 수 있어 치료 프로그램 등을 통한 개입이 어려워질 수 있다.

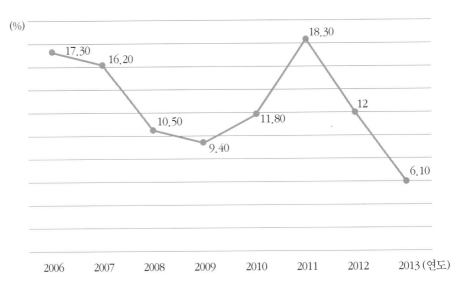

◢ **그림 6-1** 2006~2013년 학교폭력 피해율

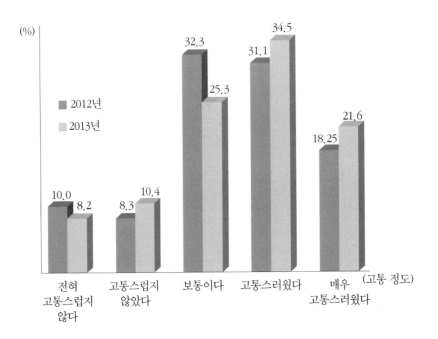

◢ **그림 6-2** 2012, 2013년 학교폭력으로 인한 고통 정도

학교폭력 실태조사에서의 결과들은 학교폭력이 점점 더 저연령화, 집단화, 조직화되는 양상을 나타내고 있다는 것을 보여 준다(박효정, 이희연, 2013).

외국에서는 일찍이 학교폭력의 심각성을 깨닫고 국가적으로 대응하기 위한 방안을 마련하였다. 그중 몇 가지만 소개하자면 다음과 같다. 먼저, 스웨덴의 경우 1993년부터 학교폭력은 모두 의무적으로 학교 내부적으로 처리하지 않고 경찰에 신고하도록 제도를 만들었고, 이후 학교폭력의 신고 건수가 300% 증가하는 결과를 낳았다. 이러한 노력이 2009년 OECD 조사에서 가장 낮은 학교폭력 피해율을 만드는 데 기여했을 것으로 생각된다. 또한 덴마크에서는 대부분의 지역에 학교, 경찰, 사회복지사로 구성된 범죄예방위원회를 구성한 바 있으며, 영국에서는 1998년 중학교 범죄 줄이기 프로젝트에 1,200만 파운드를 투자하기도 하였다(OECD Social Indicator, 2009).

이러한 해외 사례와 달리, 우리나라의 경우 2004년이 넘어서야 정부 차원의 법률 및 제도적 기초가 마련되었다. 정부는 2004년 「학교폭력예방 및 대책에 관한 법률」과 시행령을 제정하는 등 국가적 차원에서 학교폭력예방 및 근절을 위한 정책을 수립하였다. 2005년부터는 5년마다 관계부처가 연계하여 학교폭력예방 및 대책 5개년 기본계획을 수립하였다. 또한 학교폭력의 실태와 현황을 정확하게 파악하기 위해 2012년부터 연 2회 국가 수준의 학교폭력 실태조사를 시행하고 있다(박효정, 이희연, 2013).

5. 학교폭력 연관 요인

학교폭력의 근본적 원인이 무엇인지 고찰해 보기 위해, 먼저 청소년들이 경험하게 되는 환경적 요인과 개개인이 겪게 되는 개인적 요인에 초점을 맞추어 논의를 진행해 보겠다.

1) 환경적 요인

학교폭력을 둘러싼 환경적 요인은 가정환경, 학교환경, 사회문화적 환경의 세 가지로 나누어 볼 수 있다.

첫째, 가정환경은 아동이 태어나서 처음으로 인간관계를 형성하게 되고 처음 접하게 되는 환경이다. 그렇기 때문에 가정환경은 아동이 성장하면서 정서적으로 가장 많은 영향을 받게 되는 요인이다. 부모의 불량한 양육 태도, 부모 사이의 불화, 가정폭력 등으로 가족의 기능이 잘 수행되지 않는 경우 청소년의 심리 상태가 불안정해질 수 있다. 특히 인간은 관찰이나 모방을 통해 학습하는 특징을 가지고 있기 때문에, 가장 많은 시간을 함께 보내는 부모의 영향은 절대적이다(Sourander et al., 2007).

가해학생의 부모에게서 체벌 등의 물리적·폭력적 교육방식을 선호하는 권위주의적 양육 태도나 자녀의 공격적 행동을 묵인하고 허용하는 양육 태도가 많이 나타나는 것도 가정환경의 중요성을 방증해 준다. 아이들은 부모가 자신들에게 행했던 폭력이라는 문제해결 방식을 따라서 익히게 되고, 그리하여 폭력에 대한 통제능력이 낮아져 공격적인 행동양식을 더 쉽게 따르게 된다(Olweus, 1994).

이 외에도 이혼, 부모의 별거 등 가족의 해체에 따른 실제 가정의 붕괴로 인해 청소년의 공격적이고 충동적인 성향이 증가한다는 보고도 있으나, 이는 직접적인 영향보다는 간접적인 영향을 미친다고 알려져 있다(Wells & Rankin, 1995).

둘째, 가정을 떠나 처음으로 아동과 청소년이 마주하게 되는 환경인 학교환경 역시 심리적 발달에 중요한 영향을 끼친다. 청소년기는 자신의 정체성에 대한 고민과 가치관이 형성되기 시작하는 불완전한 시기이기 때문에, 이때 가장 많은 시간을 보내는 학교라는 환경은 향후 청소년의 삶에 아주 중요한 역할을 한다. 실제로 학교에서의 부적응이 학교폭력과 깊은 연관성을 가지고 있다는 보고가 있다(김혜진, 2002).

특히 우리나라가 가진 입시 위주의 교육환경에서는 학업 성적이 인생의 모든 것을 결정한다는 분위기가 팽배한데, 이로 인해 낮은 학업성취도의 학생들은 입시경쟁에서 소외되었다는 열등감에 빠지게 된다. 이러한 열등감이 좌절감, 공격성의 증가로 이어져 문제 상황이 생겼을 때 해결방법으로 폭력적 행동을 선택하여 학교폭력을 야기할 수 있다. 여러 연구에서 학업 성적은 청소년들 사이에 긴장을 유발하는 중요 원인이라고 알려져 있고, 학업성취도가 낮은 학생일수록 학교생활에 대한 적응도가 떨어져 비행행동을 하거나 학교폭력을 행사할 가능성이 높아진다고 보고한다(김준호 외, 2003; 이동원, 1997). 이처럼 낮은 성적은 학교폭력을 더 쉽게 유발할 수 있는 원인으로 작용할 수 있지만, 학교폭력에 가담하는 학생들이 반드시 학업성취도가 낮은 것은 아니다. 폭력은 성적에 상관없이 나타날 수 있는 현상이기 때문이다(송정아, 김영희, 2001). 학교폭력은 한 가지 이유만으로는 해결되지 않는 점이 많기 때문에 다각적인 접근이 중요하다.

성적보다 더 직접적인 연관성을 보이는 요인은 바로 친구관계다. 이는 갈수록 집단화, 조직화되고 있는 학교폭력의 실태와도 무관하지 않다. 청소년기에 아이들은 친구를 가족보다 중요한 대상으로 인식하여 한번 친밀한 관계가 형성되면 높은 집단적 정체성을 가지게 된다(김혜진, 2002). 이때 집단의 가치규범이 잘 형성되어 있지 않은 경우, 잘못된 규범을 지키기 위해 폭력과 같은 비행을 저지를 수 있다. 가해학생들이 폭력 경험이 없는 학생보다도 친구와의 애착도가 높았다는 연구 결과는 학교폭력에서 학생이 형성하고 있는 또래집단의 중요성을 다시 한번 상기시킨다(신혜섭, 2005).

셋째, 사회문화적 환경 역시 학교폭력을 일으키는 원인이 될 수 있다. 스마트폰의 보급과 인터넷의 발달로 인해 과거보다 쉽고 다양하게 대중매체를 접하게 되면서 그 영향도 더 커졌다. 대중문화에 대한 접근성이 커지면서 유해한 내용들을 걸러 내기는 더 어려워졌다. 이러한 환경에서 청소년들은 폭력적인 프로그램이나 폭력을 미화 혹은 영웅시하는 프로그램을 쉽게 접할 수 있게 되었다. 폭력을 미화하는 매체에 자주 노출될수록 폭력에 대해 무뎌지고 폭력을 동경하는 가치관을 발달시킬 위험이 있다(김지영, 2011). 그 외에도 물질만능주의적이고 개인주의적이며 청소년 폭력에 무관심한 사회적 환경이 청소년의 학교폭력을 허용하는 요인으로 작용할 수 있겠다(최희영, 2011).

또한 인터넷의 발달은 타인을 직접 대면하지 않고 익명성 뒤에 숨어서 악의적인 글이나 영상을 통한 무차별적 공격을 가능하게 하였다. 학교폭력에서도 그 영향을 확인할 수 있는데, 2013년 학교폭력 실태조사에서 사이버폭력을 당했다고 답한 비율은 14.2%로 2012년의 4.5%에 비해 세 배 이상 증가하였다(박효정, 이희연, 2013). 그러나 심각성에 대한 인식 비율은 6.1%에 그쳐, 가상공간에서 일어나는 폭력의 양은 증가하였음에도 가해행위에 대한 폐해와 심각성은 제대로 인지되지 않는 것으로 나타났다.

2) 개인적 요인

학교폭력에 관계되는 개인적 특성을 고려할 때 먼저 청소년기라는 특수성을 떠올릴 수 있다. 자아 의식이 확실히 성립되어 있지 않은 청소년기에는 작은 자극에 의해서도 감정의 변화가 크게 나타날 수 있고, 스트레스 조절이 서투르기 때문에 그것을 폭력이라는 과격한 형태로 드러내기도 한다(홍승혜, 1999). 또한 청소년기의 역할갈등이나 정체성의 위기로 인해 나타나는 정서 불안과 방황과 같은 것들이 학교폭력을 일으키는 요인으로 작용할 수 있다.

더불어 청소년은 자기존중감이 낮고 폭력 허용도가 높을수록 학교폭력에 가담할 확률이 높다(Carney & Merrell, 2001). 특히 학업에 관한 자아개념이 낮을수록, 또래관계의 자아개념이 높을수록 비행에 가담할 확률이 높다(김하연 외, 1991). 이는 앞서 학교환경에서 언급했듯 낮은 학업성취도 그리고 또래와의 깊은 애착관계를 형성할수록 학교폭력에 가담할 가능성이 높다는 결과와도 일치하는 부분이다.

또한 공격성, 충동성, 좌절감과 같은 내적 요인도 문제행동을 일으키는 원인으로 작용한다(최희영, 2011). 공격성이나 불안 요인이 높을수록 폭력에는 둔감한 경우가 많다. 이로 인해 폭력을 제어하는 능력인 자기통제력이 낮고 충동적이어서 학교폭력을 행사하는 경우가 많아진다는 것이다(박상근, 2013). 이에 관해서는 다음 절에서 좀 더 자세히 다루겠다.

6. 가해학생 그룹의 심리적 특성

앞서 제시한 학교폭력의 개인적 요인에서도 볼 수 있듯이, 학교폭력 가해학생
은 심리적으로 불안정한 경우가 많다. 특히 피해학생의 경우에는 심리적 특성이
학교폭력의 원인보다는 '결과'로 나타나게 되는 데 반해, 가해학생의 심리적 특성
은 학교폭력을 일으키는 '원인'으로 작용하는 경우가 많다. 그렇기 때문에 가해학
생의 특성을 연구하고 그에 특화된 프로그램을 개발한다면 학교폭력의 근본적 원
인을 해결하는 데 기여할 수 있을 것이다.

아첸바크와 에델브록(Achenbach & Edelbrock, 1981)은 청소년기에 나타나는
문제행동들을 외현화 문제(externalizing problems)와 내재화 문제(internalizing
problems)로 나누었다. 외현화 문제행동은 감정이나 행동이 적절하게 억제되지
못하고 표출되는 것을 의미하며, 청소년기 비행이나 공격성 등이 포함된다. 이에
반해 내재화 문제행동은 소극적이고 사회적으로 내재화되어 과잉 통제되는 행동
을 뜻하며, 우울, 불안 등이 해당된다. 청소년기에 나타나는 문제행동들은 정확
히 외현화 및 내재화 문제로 구분되기보다는 둘이 공존하는 형태를 취하고 있다
(Capaldi, 1992). 가해학생이 또래 학생에 대해 적대적이고 공격적인 경우가 많고,
반사회적이고 우울과 불안에 관한 문제를 동시에 가지고 있다는 점에서도 이러한
공존을 확인할 수 있다(Kaltiala-Heino et al., 1999).

이 절에서는 먼저 외현화/내재화 문제행동의 대표적 현상인 공격성, 우울 및 불
안과 더불어 그 후 다른 선행 연구들을 통해 중요성이 알려진 충동성, 공감능력 부
족, 폭력 허용적 태도, 비합리적 신념의 여섯 가지 특성에 관해 구체적으로 알아보
겠다.

1) 공격성

공격성은 다른 사람에게 의도적으로 신체적·정신적 상처를 내어 상해를 입히

는 행동이다(Bandura, 1973). 앞서 말한 학교폭력의 세 가지 특성 중 고의성과 일맥상통하는 부분으로, 이미 학교폭력의 정의에 공격성이 일부 반영되어 있다고도 볼 수 있겠다.

그래서인지 학교폭력 가해학생에게 가장 대표적으로 드러나는 심리적 특성이 바로 공격성이다(김준호 외, 2003; 송정아, 김영희, 2001). 가해학생은 괴롭힘, 폭력, 금품갈취 등 학교폭력과 관련된 공격적 행동문제를 많이 일으키기 때문에, 공격성이 학교폭력의 중요한 예측변인이 된다(강진령, 유형근, 2000; 박지도 외, 2001). 공격성과 가해행동의 유의미한 정적 상관관계는 어쩌면 당연해 보인다(Ireland & Archer, 2004).

가해학생의 누적된 공격성은 학교폭력이라는 문제행동을 통하여 드러나게 된다. 공격성이 학교폭력으로 이어지는 과정은 다음과 같다. 공격적인 집단일수록 갈등 상황이 발생했을 때 상대방의 의도를 적대적으로 왜곡해서 해석하는 경향이 있어 상황을 제대로 인지하고 처리하지 못하는 인지적 오류에 빠지게 된다. 그리하여 자신의 공격성을 정당화하여 갈등 상황을 해결하기 위한 방법으로 폭력행동을 선호하게 된다(Guerra & Slaby, 1990).

학교폭력의 경우 학교라는 환경에서 학생이 다른 학생에게 공격성을 드러내는 것이라고 볼 수 있다. 가해학생들에게서 학교폭력을 통해 가장 쉽게, 많이 드러나는 부분이 공격성이다. 그렇기 때문에 많은 치료 프로그램이 가해학생의 유의미한 공격성 감소를 프로그램의 목표로 내세우고 있다. 공격성을 일으키는 원인 중 하나가 바로 잘못된 상황 인식과 인지과정의 오류이므로(염영미, 2012), 올바른 인지과정을 습득하기 위한 훈련과 교육이 공격성을 개선할 수 있다.

2) 우울 및 불안

학교폭력으로 표출되는 공격성의 기저에는 주된 정서로 우울이 내재되어 있다(곽금주, 문은영, 1995). 청소년기에 나타나는 우울은 성인에게서 나타나는 우울과는 다른 양상을 가진다. 일반적으로 성인의 경우 흥미나 즐거움의 저하, 피로나 활력의 상실, 불면과 수면과다로 나타나는 것과 달리, 아동·청소년의 경우 우울한 기분이 반드시 드러나지는 않는다(DSM-IV, 1993). 대신 불안, 행동장애 등으로 나타나게 되며 우울의 정도가 경미하더라도 가출이나 약물남용과 같은 외현적 증상을 보일 수 있다.

행동화 모델의 관점에서 봤을 때, 내재화 문제행동인 우울한 기분 등으로 인해 외현화 문제행동이 드러나게 될 수 있다. 즉, 공격적 행위나 반항, 비행과 같은 외현화 문제행동으로 표현되면서 청소년기의 우울이 가려지게 되는데, 이를 가면성 우울(masked depression)이라고 한다(Chiles, Miller, &Cox, 1980).

공격성과 우울, 불안은 각각 외현화 및 내재화 문제행동으로 얼핏 보면 서로 반대적 성향을 가지는 상극의 성질처럼 보이지만 실제로는 높은 공존율을 가진다(Capaldi, 1992). 청소년기의 행동장애와 우울증의 정서적 문제 간 관련성은 이미 여러 연구에서 보고된 바 있다(박은민, 2010; Biederman et al., 1996).

청소년기에는 자신의 우울을 잘 지각하지 못하고, 마음속의 긴장과 갈등을 회피하거나 해소하기 위한 방어기제로 비행을 하는 형태로 가면성 우울이 나타난다. 그렇기에 청소년기에 우울과 비행이 동시에 나타나는 경우 각각의 문제만을 가졌을 때에 비해 더 위험할 수 있다(Nottelmann & Jensen, 1995).

우울과 더불어, 가해학생들은 일반 학생에 비해 높은 불안을 나타낸다. 우울과 불안은 높은 공존율을 가지는 것으로 알려져 있다(Brady & Kendall, 1992). 사람은 불안을 느낄 때 본능적으로 회피적이거나 공격적인 자세를 취하는데, 이때에 나타나는 공격적인 자세의 한 예로 학교폭력을 들 수 있다(박상근, 2013). 불안이 높을수록 가해행동 역시 증가한다.

우울과 불안은 정서조절 능력과 밀접한 관련이 있다. 자신의 정서가 어떠한지를 인식하고 이를 조절할 수 있는 능력은 자신의 감정을 자신이 충분히 조절 가능하다는 믿음, 즉 자기효능감(self-efficacy)을 높여 주는 중요 요인이다. 정서조절 능력이 높을수록 같은 정도의 불안에 직면하더라도 불안을 낮게 지각하고 현명하게 대처할 수 있다. 가해학생의 경우 정서조절 능력이 결여되어 있어 우울이나 불안과 같은 부분에 더 취약하다(홍승혜, 1999). 이때 정서조절 능력을 높이는 훈련을 하면 학교폭력과 같은 문제행동의 발생감소에 기여할 수 있다(염영미, 2012).

3) 충동성

충동적인, 즉 자기통제력이 부족한 사람은 자신의 행동에 따른 장기적 결과 혹은 손해를 무시하고 지금 이 순간의 쾌락과 만족을 취하려는 경향을 보인다. 그러나 준비가 잘 되어 있지 않고 무작정 충동적으로 문제해결에 뛰어든다면 욕구를 충족하고 목적을 달성할 가능성은 낮아진다. 결국 목적한 바를 이루지 못하고 좌절을 보다 자주 경험하게 되면서, 그로 인한 공격적인 행동의 빈도가 증가하게 된다(황진아, 2010).

또한 자기통제력의 부족은 정서조절 능력의 부족으로 이어져 자신의 감정, 특히 분노와 공격성을 조절하지 못하고 때와 장소에 맞지 않는 부적절한 반응을 보임으로써 대인관계를 악화시키게 된다(박상근, 2013). 낮은 자기통제력을 가진 사람일수록 범죄나 비행에 빠지게 될 확률이 높고, 폭력, 충동조절장애, 자기중심적이고 공격적인 대인관계를 보이게 된다(민수홍, 1998; Schreck, 1999).

학교폭력 가해학생의 경우 일반 청소년에 비해 **충동성**이 더 높게 측정된다. 역으로 높은 충동성을 가진 학생은 가해행동을 더 많이 행하는 경향이 있다(Olweus, 1994).

앞서 여러 번 언급했듯 충동성은 낮은 자기통제력과 밀접한 연관이 있기 때문에, 다양한 자기통제 훈련을 통해 학생이 새로운 문제해결 기술을 습득함으로써 갈등 상황에서 보다 바람직한 해결방법을 택하고, 그리하여 자기통제력을 향상시키는 전략이 사용된다(이경님, 1996).

4) 공감능력

2013년 학교폭력 실태조사에서 가해학생들이 학교폭력 피해를 준 이유를 살펴보면 '장난'과 '이유 없다'가 37%로 많은 부분을 차지하고 있다(박효정, 이희연,

2013). 자신의 가해행동이 피해학생에게 어떤 영향을 줄 것인지에 대한 고려나 특별한 이유가 '없이' 학교폭력을 행했다는 것은 이들 학생의 공감능력의 부재를 단적으로 볼 수 있는 예다.

가해학생을 대상으로 한 연구들에서도 그들이 다른 이의 감정이나 고통에 대해 무감각하고, 그들의 행위로 인해 피해학생이 겪게 될 감정의 변화를 이해하지 못한다고 보고하고 있다(Arsenio & Lemerise, 2001; Olweus, 1994). 공감능력이 낮은 가해학생일수록 피해학생에게 폭력의 책임을 떠넘기고 자신의 행위에 정당성을 부여하려는 경향을 보였다(Olweus, 1997). 피해학생의 감정을 묵살하고 피해학생을 향한 지배 욕구를 학교폭력의 형태로 드러내는 경우도 있었다(Hoover, Oliver, & Hazler, 1992). 학교폭력과 공감능력이 부적 상관관계를 보이는 것은 어찌 보면 당연한 것일지도 모르겠다.

이러한 현상은 피해학생의 입장과 감정을 잘 이해하고 공감할 수 없었기 때문에 보다 쉽게 학교폭력이 행해진 것으로 이해할 수도 있다. 그렇다면 피해학생의 관점에서 상황을 재해석해 보고, 그 상황에서 피해학생의 감정과 마음에 관해 생각해 보는 훈련을 통해 긍정적인 효과를 얻을 수 있을 것이다.

5) 폭력 허용적 태도

폭력 허용적 태도는 폭력의 필요성을 인정하고 자신의 행위를 정당화하는 태도로 폭력 가해행동과도 관련이 많다(신수진, 2002). 이러한 태도는 폭력의 문제점을 인정하지 않고 폭력에 대한 반성 대신 오히려 상대방의 잘못에 초점을 맞춘다. 폭력이 일어난 상황이 피해학생으로 인해 발생하였으며, 자신은 피해학생 때문에 폭력을 휘두를 수밖에 없었다는 식으로 폭력을 정당화하게 된다.

학교폭력의 관점에서 보았을 때, 폭력 허용적 태도가 있는 학생들이 그렇지 않은 학생들에 비해 학교폭력 가해행위에 가담할 확률이 높았다(최희영, 2011). 실제로 학교폭력 가해학생들은 폭력에 대한 자신의 책임은 회피하면서도 폭력에 대해서는 긍정적인 태도를 보이기도 하였다(Olweus, 1994). 한 연구에서는 가해학생은

'따돌림 행위를 해도 무방하다는 신념', 바꿔 말하면 폭력 허용적 태도에 해당되는 신념이 다른 학생에 비해 높다는 결과를 보고하기도 하였다(최옥임, 2001). 이러한 폭력에 대한 긍정적 태도는 학교폭력 가해 경험이 많을수록 점점 높아졌는데(신수진, 2002), 이를 통해 자신의 반복되는 학교폭력 행위를 정당화하면서 다시 더 많은 학교폭력을 행하는 악순환이 반복된다.

6) 비합리적 신념

가해학생의 공격적 행동에는 폭력에 대한 허용적 태도와 더불어 타인에 대한 인정 욕구, 높은 자기기대, 좌절 반응, 과잉 불안, 의존성 등의 비합리적 신념이 영향을 미친다(염영미, 2012). 비합리적 신념은 자기파괴적 행동과 정서의 원인이 되는 사고방식이다. 비합리적 신념은 적대적 귀인과 같은 인지적 오류를 일으켜 폭력으로 이어지게 한다.

가해학생의 규범적 신념에 관한 연구에서 가해집단은 '따돌림 행위는 자존감을 높여 준다'와 같은 비합리적 신념을 더 많이 가지고 있었다. 한 예로, 자기존중감이 낮은 학생의 경우 다른 학생들이 자신을 이상하게 생각한다고 믿는 비합리적 신념을 가지기 쉽다(박상근, 2013). 이런 경우, 친밀감의 표현으로 별명을 부르는 행동을 자신을 놀리는 행동으로 해석하면서 자신이 열등한 존재가 아님을 증명하기 위해 공격적인 행동을 나타낼 수 있다.

비합리적 신념과 폭력에 대한 허용적 태도는 폭력행위를 정당화하는 수단으로 사용되어 반복적이고 지속적인 공격성을 이끌게 된다(박남이, 2013). 가해학생들의 잘못된 신념과 폭력에 대한 태도가 그들의 공격성, 우울, 불안이나 충동성을 촉발시키는 원인으로 작용할 수 있다. 그들이 올바르고 건강한 신념을 가지도록 도와주는 것이 학교폭력을 감소시키고 가해학생들의 앞으로의 인생을 올바르게 인도해 주는 진정한 방법일 것이다. 자신에 대해 돌아보고 폭력에 관한 올바른 판단을 할 수 있게 도와주는 치료 프로그램을 통해 이러한 신념과 폭력에 대한 허용적 태도를 교정할 수 있겠다.

7) 정신병리적 관점

학교폭력 가해학생이 정신과 질환을 진단받는 경우는 흔하다. 아무래도 앞서 언급한 심리적 특성들 역시 정신병리의 일부이기 때문에, 그와 관련된 정신질환들이 많이 발견되었다.

학교폭력 가해학생의 대표적인 특성인 공격성과 충동성에 의해 많은 가해학생이 공격적 행동이나 비행, 약물남용 등의 문제를 일으킨다. 이런 것들을 정신과적 입장에서 진단 내려 보면 품행장애, 경계선 성격장애, 적대적 반항장애 등이라 진단할 수 있겠다.

이 외에 학교폭력의 가해학생과 관련된 정신병리 중 높은 관련성이 있다고 알려져 있는 특성으로 우울과 불안이 있다. 청소년기라는 특성상 이러한 부분이 내재화되어있고 학교폭력이라는 외적인 형태에 가려진 가면성 우울인 경우가 많아 잘 드러나지 않는 경우가 많다. 그러나 실제로 정신과적 분석을 해 보면 가해학생에게서 우울과 불안 증세가 나타나는 경향이 높다는 보고가 있다(이재광, 진태원, 조주연, 1998).

이러한 정신과적 진단은 국내 학생들뿐 아니라 국외 학생들에게서도 유사하게 나타난다. 특히 주로 나타나는 정신과적 질환으로 적대적 반항장애, 우울증, 주의력결핍장애 등이 있다(Kumpulainen, Rasanen, & Puura, 2001).

7. 가해학생 대상 프로그램

1) 가해학생 대상 개입 프로그램의 필요성

학교폭력 가해학생의 경우 앞에서 살펴본 문제적 특성을 가지고 있는 경우가 많다. 근본적인 원인이 해결되지 않으면 폭력행동은 근절하기 힘들다. 가해학생의 경우 어린 시절부터 폭력적 성향을 보이는 경우가 많다. 16세에 학교폭력에 가담한 학생들의 절반이 이미 8세부터 학교폭력을 했다는 보고도 있다(Olweus, 1994). 조기 개입을 통한 근본적 문제 치료의 필요성이 절실히 느껴지는 대목이다.

또한 가해학생에 대한 개입이 제때 이루어지지 않은 경우 성인이 되어서도 범죄, 가정폭력 등 반사회적 행동을 할 위험이 다른 학생들에 비해 더 높다(Bender & Losel, 2011; Sourander et al., 2007). 실제로 외국의 6~9학년 학생들을 대상으로 한 추적검사에서 가해학생의 60%가 24세 전에 유죄를 선고받은 경험이 있었고, 다른 학생들에 비해 범죄율도 3배가량 높게 나타났다. 이처럼 향후 범죄율 증가를 예방하기 위해서라도 가해학생을 위한 조기 개입 프로그램이 필요하다.

또한 앞에서 살펴본 가해학생의 심리적 특성에서도 알 수 있듯이, 가해학생은 행동장애나 외현화 문제행동을 일으킬 수 있다. 보통 이러한 정신병리적 관점의 경우 주로 피해학생을 대상으로 한 연구가 많지만, 가해학생은 이미 인지·정서적 측면의 문제를 가지고 있는 경우가 많아서 정신질환을 동반할 가능성도 높기 때문에 이에 대한 평가와 정신치료가 중요하다.

학교폭력 개입 프로그램은 크게 학교, 교실 그리고 학생 수준의 세 가지로 나뉜다(Olweus, 1997). 이 중에서도 학생 수준에서는 전체 학생을 대상으로 하는 보편적 접근법과 특정 학생을 대상으로 하는 선별적 방식이 있다. 현재 많이 시행되고 있는 프로그램들로는 학교폭력예방을 위해 전체 학생을 대상으로 하거나 학교폭력 피해학생을 대상으로 한 프로그램 혹은 가해학생/피해학생 구분을 하지 않고 학교폭력에 관련된 학생들을 대상으로 한 프로그램이 있다. 그런데 이들 프로그램만으로는 앞에서 살펴본 가해학생의 심리적 특성인 공격성, 우울/불안, 충동성, 낮은 공감능력, 폭력 허용적 태도, 비합리적 신념에서 효과적인 변화를 가져오기 쉽지 않기 때문에, 가해학생만을 대상으로 하는 프로그램이 특별히 따로 개발되어야 할 필요가 있다.

이러한 가해학생 맞춤 프로그램은 학교폭력예방에 그치지 않고 이들 청소년이 성인이 되었을 때 일으킬 수 있는 사회적 문제들까지 예방할 수 있다는 점에서 사회적 비용을 크게 줄여 주는 긍정적 효과가 상당하리라 예상된다.

2) 국내외 개입 프로그램의 비교

학교폭력의 배경과 가해학생의 특성을 기반으로 하여 최근 10년간 개발된 국내외의 가해학생 대상 개입 프로그램에 관해 소개해 보고자 한다.

이 장에서 소개할 프로그램들은 Pubmed, 학술연구 정보 서비스(RISS)에서 학교폭력, 가해학생, 가해, 치료, 개입 프로그램 등의 키워드로 2005년 이후에 출간된 논문을 검색하여 얻은 결과들이다. 이 논문 중 프로그램을 시행하면서 가해행동의 사전-사후검사를 실시하고, 독립변인이 심리적 특성 변화에 직접적으로 개입하거나 심리치료 프로그램인 경우만으로 총 13개 논문(국외 6개, 국내 7개)을 간추려 보았다. 본래는 연구의 의도대로 가해학생만을 대상으로 한 프로그램만을 포함하려 하였으나 그런 프로그램이 많지 않아 가해학생과 피해학생, 전반적 학생을 대상으로 하되 가해행동이나 심리적 특성의 변화를 연구한 프로그램도 일부 포함하였다.

(1) 국외 가해학생 대상 개입 프로그램

국외의 프로그램들은 프로그램 시행 후 전반적으로 학교폭력이 얼마나 줄었는지에 초점을 맞추어 진행한 경우가 많았다. 〈표 6-1〉에 전체적인 프로그램의 내용 및 효과를 요약하였다.

먼저, 영국의 놀러와 프레드릭슨(Knowler & Frederickson, 2013)의 정서 문해력(Emotional Literacy: EL) 개입 프로그램은 가해학생들이 자신의 감정을 인식하고 이해하여 적절하게 표현할 수 있도록 개발된 프로그램으로 정서지능(Emotional Intelligence: EI) 향상을 위해 개발된 것이다.

놀러와 프레드릭슨은 가해학생을 5~6명으로 이루어진 여러 개의 소그룹으로 나누어 프로그램에 참여하게 하였다. 프로그램은 ① 자기인식 발달, ② 자기조절 능력 학습, ③ 공감능력 개선, ④ 사회기술 향상의 네 가지 주제를 바탕으로, 각 주제별 3회기씩 총 12회기로 이루어져 있다. 저자는 포펠(Faupel, 2003)의 정서이해평가 및 개입(Emotional Literacy Assessment and Intervention Ages 7-11 Pack)에서 좀 더

표 6-1 국외 개입 프로그램

연도	연구자	나라	N	참가자 연령	개입 대상	가해학생 선별방법	개입 프로그램	주	향상능력	결과 요약
2013	Knowler & Frederick son	영국	45	8~9세	가해학생	또래 지명 (Guess Who)	정신 문해력 개입 프로그램	12	감정조절 능력	정서 문해력이 낮을수록 가해행동 유의한 감소
2012	Kõiv	에스토 니아	52	10 ~18세	전체 학생	또래 지명 (Guess Who)	사회적 기술 훈련 프로그램	5	사회적 기술	참가 가해학생의 학교폭력 문제행동 빈도 유의한 감소
2012	Van Batavia	미국	57	10세	전체 학생	자기보고*	독서 치료	8	공감능력	학교폭력 가담 유의한 감소
2012	Moody	미국	223	–	가해학생, 피해학생	자기보고*	전통 무술		자기조절 능력	학교폭력 가해/피해 유의한 감소
2009	Stanbury et al.	미국	172	13 ~14세	전체 학생	자기보고 (Are you a Bully?)	공감 형성 프로그램	7	공감능력	가해행동 유의한 감소
2008	Dellasega	미국	42	평균 13.2세	전체 학생	자기보고**	Club Ophelia	12	관계형성 능력	관계형성 향상, 학교폭력 목격 시 신고 의지 향상

*Revised Olweus Bully/Victim Questionnaire
**The Girl Relationship Scale

인지행동적 요소에 초점을 맞추어 보완·발전시킨 프로그램을 사용하였다.

연구 결과, 가해학생들의 가해행동이 프로그램 교육 후 전체적으로 감소하였으나, 정서 문해력 점수가 평균보다 낮았던 학생들에 대해서만 유의한 결과가 나타났다. 프로그램에 참가한 학생들의 학교에서는 전체 학생을 대상으로 교육부에서 시행하는 사회성 및 정서능력 학습 프로그램(Social and Emotional Aspects of Learning Programme: SEAL)을 시행하고 있었기 때문에, 저자는 가해학생을 대상으로 하는 정서 문해력 프로그램이 SEAL과 같은 프로그램과 함께 시행될 때 가해학생들에게 추가적인 효과를 나타낼 수 있는 보완책이 될 것으로 기대하고 있다.

프로그램 자체는 공감능력, 감정조절 등 심리적 특성에 맞추어 구성되어 있었지만 그 특성을 개별적으로 조사하지 않고 '가해행동' 여부에만 초점이 맞추어져 연구가 진행되었다. 각 심리적 특성을 구별해서 분석해 보았다면 보다 유의미한 결과들이 도출되었을 수도 있겠다.

다음으로, 키브(Kõiv, 2012)는 에스토니아에서 사회적 기술훈련 프로그램(Social Skills Training Programme: SST)을 시행한 연구의 결과를 발표하였다(Kõiv, 2012). 이 프로그램은 아이들이 사회에 적용 가능한 인지행동 기술을 학습하여 사회적 기술을 형성하고 또래 아이들과 긍정적 관계를 맺을 수 있도록 돕는 역할을 한다. 이러한 인지행동 기술은 공격성이나 충동성을 낮추는 데에도 도움이 될 뿐 아니라 낮은 공감능력, 비합리적 신념을 바꿔 주는 데도 영향을 미칠 수 있다.

프로그램은 매주 1회씩 총 5주간 시행되었다. 프로그램 구성내용으로는 폭력이 아닌 다른 대처방안과 문제해결 방법, 분노 인식 및 조절, 대화하기, 좌절과 스트레스 대처 등이 포함되었다. 학생들의 참여도를 높이기 위해 각 회기별로 지도자가 그 전주에 학생들이 목표가 되는 사회적 기술을 얼마나 사용했는지 점검해 보고 새로운 기술을 알려 준 후 학생들이 역할극 등을 통해 연습해 보는 형태로 프로그램이 진행되었다.

이 연구에서 프로그램에 참여한 가해학생의 학교폭력 문제행동의 빈도는 50%가 넘게 감소하였다. 그러나 프로그램이 시행된 후 학교 전체의 학교폭력 비율은 유리하게 감소하지 않았다. 아마도 사회적 기술훈련 내용이 학교폭력 개입 프로그램에 필요하기는 하나 그것만으로는 충분하지 않았기 때문으로 분석된다. 장기적이고 지속적인 효과를 이끌어 내기 위해 전체 학교, 학급 차원의 프로그램이 함께 제공되어야 할 필요가 있다. 10회기가 넘는 다른 연구들에 비해 5회기라는 비교적 짧은 시간의 프로그램 구성도 영향을 미쳤을 수 있겠다. SST 프로그램을 통해 학교폭력에 대한 이해 및 긍정적인 효과를 줄 수 있는 가능성이 보였다는 점에서 이 연구의 의미를 찾을 수 있겠다.

다음에서 소개할 프로그램들은 모두 미국에서 개발·시행된 프로그램들이다.

반 바타비아(Van Batavia, 2012)는 학교폭력 개입 프로그램의 일환으로 독서활동을 적용하였다. 이 방법은 원래 강박증과 같은 정신질환을 치료하는 데 사용되는 것으로, 특히 공감능력의 개선에 효과가 있다고 알려져 있다. 반 바타비아는 독서를 활용하여 공감능력을 개선하는 것이 학교폭력 감소에도 영향을 줄 수 있을 것이라 생각하고 연구를 시작하였다.

학생들은 8주간 매주 30분씩 문학작품을 읽고 작품에 나오는 상황과 관련해서 자신들이라면 어떻게 대처할지 생각해 보고 토론하는 시간을 갖는다. 프로그램은 여러 작품 중에서 학교폭력의 부정적 영향과 공감의 기능에 집중한 작품을 선별하여 작품 속 캐릭터의 신체적·정서적 상태를 느끼고 이해해 볼 수 있도록 구성되었다. 대조군 학생들은 학교폭력에 관한 주제가 아닌 역사 분야의 책을 읽게 하였다. 이 연구에서도 학생들의 심리적 요인보다는 학교폭력 가해행동 변화 여부에 집중하여 연구를 진행하였다. 프로그램 참여 후 학생들의 가해행동 가담 횟수가 감소하였고, 학교폭력을 목격하였을 경우 보다 적극적으로 대처하는 경우가 늘었다.

독서와 같이 학생들이 쉽게 접할 수 있는 매체를 활용하여 프로그램을 구성하는 것은 추가적으로 큰 비용을 들이지 않고도 많은 학교에 적용할 수 있기 때문에 실행 가능성이 매우 높아 보인다. 학교폭력과 관련된 적절한 책을 선정하고, 학생들이 학교폭력에 관해 생각해 보는 시간을 가질 수 있도록 유도하는 노력이 병행된다면 그 효과가 극대화될 수 있을 것이다.

무디(Moody, 2012)는 특이하게도 아이들을 위한 전통무술 프로그램이 학교폭력을 줄이는 데 미치는 영향에 관한 연구를 수행하였다. 이 프로그램을 통해 아이들은 목표를 정하고 매진하며, 자기조절 능력, 용기, 우정, 자신감, 자존감, 존중, 헌신 등을 배울 수 있다. 전통무술과 학교폭력이라는 관점에서 진행된 연구는 드물었기 때문에 새로운 시도라고 볼 수 있다.

전통무술 중에서도 무디 팀의 연구는 태권도 프로그램인 Karate for Kids에 참여하고 있는 아이들을 대상으로 시행되었다. 연구는 학생을 먼저 선정한 후 프로그램에 참여시킨 것이 아니라, 미국 22개 주에 있는 미국 태권도 연합(U. S. Martial Art Association) 산하 전통 무술 학교에 다니고 있는 학생들 중에서 200명가량을 선정하여 학생과 학부모에게 설문조사를 하는 형식으로 진행되었다.

초심자보다는 더 오랜 기간 태권도를 배웠던 아이들이 학교폭력의 피해학생이되는 경우가 유의미하게 적었고, 학교폭력을 당하는 것에 있어서도 두려움이 적고 다른 아이가 학교폭력을 당하고 있을 경우 도와주겠다고 답했다. 그러나 태권도를 배우는 것과 학교폭력 가담 간 관계는 유의하지 않았다. 태권도와 가해행동의 약한 상관성은 가해학생들이 태권도를 배우는 비율이 더 낮기 때문이라고 해석할 수도 있다. 학부모 설문조사에서 태권도를 배운 자녀들이 배우지 않은 자녀들보다 학교폭력에 가담하지 않는 능력이 향상되었다고 보고한 것은 이러한 추측을 뒷받침해 준다.

이상의 내용에서 태권도가 학교폭력에 대한 아이들의 태도에 긍정적인 영향을 준다는 것은 분명해 보인다. 다만, 태권도를 배우고 있는 아이들만을 대상으로 조사가 이루어졌기 때문에, 같은 기간에 태권도를 배우지 않았던 아이들과의 정확한 비교가 어려운 것이 이 연구의 한계점이다.

다음으로, 스탠버리, 브루스, 제인과 스텔런(Stanbury, Bruce, Jain, & Stellen, 2009)의 연구에서는 학교폭력이 일어나는 요인 중에서 특히 공감능력 부족에 중점을 두고 프로그램을 개발하였다. 저자 또한 앞서 공감능력 개발이 학교폭력에 관한 학생들의 인식과 태도에 변화를 줄 수 있다고 보았다.

프로그램은 7주간 매주 1회기씩 시행되었다. 프로그램은 학생들이 먼저 학교폭력에 대해 어떻게 생각하는지 토론해 본 다음, 학교폭력에 관한 가상 이야기를 듣고 그에 대한 적절한 반응을 알아 가 보는 형식으로 진행되었다. 프로그램을 통해 학교폭력 행동으로 어떠한 것이 있는지 인식하고 가상 이야기 속 인물들의 감정을 이해해 보는 훈련을 함으로써 참여 학생들의 긍정적인 태도 변화를 이끌 수 있게 한 것이다.

프로그램에 참여한 학생들은 프로그램에 참여하지 않은 학생들보다 가해행동이 의미 있게 감소하였다. 특히 여학생에게서 남학생보다 유의한 효과를 나타내었다. 이 결과에 대해 저자는 여학생들의 경우 관계의 변화에 대해 좀 더 열려 있고 감정에 민감하기 때문이라고 설명하고 있다. 그러나 연구에 참여한 남학생들의 수(56명)에 비해 여학생들의 수(116명)가 2배 정도 많았다는 것을 감안하면 남학생들 역시 그 수가 많아지면 효과가 달라졌을 가능성도 배제할 수 없을 것이다. 또한 공감능력 측정을 통해 공감형성 프로그램이 공감능력의 향상에 실제로 어떠한 영향을 주는지도 함께 연구되었다면 학교폭력과 공감능력 간의 직접적인 관련성을 연구하는 데 좀 더 도움이 되었으리라 생각된다.

델라세가(Dellasega, 2008)는 여학생들 사이의 관계적 폭력 개선에 주안점을 둔 프로그램을 개발하였다. 학교폭력에서 남학생들은 신체적 폭력이 주로 나타나는 반면, 여학생들은 가십이나 질투 등 관계를 이용하여 다른 이에게 상처를 입히는 관계적 폭력(Relational Aggression: RA)이 더 많이 나타난다는 점에 주목한 것이다.

Club Ophelia가 그 결과물로, 중학교 여학생들을 대상으로 긍정적인 관계형성 기술을 익히게 하는 내용들로 구성되어 있다. 프로그램에 참여하면서 학생들은 관계적 폭력의 정의와 관계적 폭력에 어떻게 대처할 수 있는지에 대해 알아보고, 건강한 관계를 형성하기 위한 목적은 무엇인지 생각해 보는 시간을 가지게 된다. 이 프로그램은 가해학생, 피해학생, 방관자를 포함한 전체 학생을 대상으로 시행되었다. 프로그램은 12주간 시행되었다고 하나 구체적인 시간과 회기는 명시되지 않았다.

프로그램을 시행한 결과, 관계형성 능력은 전체적으로 증가하였으나 유의한 결과는 나타나지 않았다. 이에 대해 저자는 프로그램에 참여한 학생의 수가 적었기 때문이라고 분석하고 있다. 보통 학교폭력 연구에서 많이 쓰이는 올베우스(Olweus) 척도 대신 자체적으로 개발한 여학생 관계 척도를 사용하였고, 학교폭력에 가담한 학생들만이 아닌 전체 학생을 대상으로 한 점 역시 그런 결과를 가져온 원인으로 꼽을 수 있겠다. 대부분의 학교폭력 프로그램이 신체적 폭력과 같은 남학생 위주의 학교폭력에 집중하고 있는 것과 다르게, 비록 유의성은 부족했지만 증가하고 있는 여학생의 학교폭력에 집중하여 관계적 폭력 개선을 위한 프로그램 개발을 시도했다는 점은 긍정적으로 평가할 수 있겠다.

(2) 국내 가해학생 대상 개입 프로그램

국내 진행 프로그램들은 가해학생만을 대상으로 한 프로그램의 수가 더 많아서였는지는 모르겠지만, 보다 가해학생의 특성 변화에 초점을 맞춘 연구들이 많았다.

표 6-2 국내 개입 프로그램

연도	연구자	N	참가자 연령	개입 대상	가해학생 선별방법	개입 프로그램	회기	향상능력	결과 요약
2015	김붕년 등	77	14.3	가해 학생	가해로 인한 처분을 받은 학생	학교폭력 치유 프로그램	8	공격성, 충동성, 공감능력, 비합리적 신념	공격성, 불안, 충동성, 분노감 유의한 감소
2013	박남이	18	평균 12.5	가해 학생	자기보고*	그림책 활용 문학치료 프로그램	12	공격성	공격성 유의한 감소
2012	염영미	35	15~ 16세	가해 학생	가해로 인한 징계처분을 받은 학생	명상활용 프로그램	10	자기통제능력, 폭력 허용도, 우울/불안, 공격성	공격성, 폭력허용도 유의한 감소, 자기통제 유의한 증가
2012	권선애, 안석	24	–	가해/ 피해 학생	–	음악치료 프로그램	20	공격성	공격성, 분노표현 유의한 감소
2011	최희영	32	평균 15.4세	가해 학생	가해행동 후 소년법 보호처분 제2호를 받은 대상자	신문활용교육 (NIE) 프로그램	10	공격성, 열등감, 폭력허용도	공격성, 열등감 및 폭력허용도 유의한 감소
2011	김지영, 정정숙	16	16세	가해 학생	가해로 인한 징계처분을 받은 경험이 있는 학생	집단상담 프로그램	12	가해행동, 공격성, 충동성	가해행동, 공격성, 충동성 유의한 감소, 긍정적 행동변화

| 2010 | 도기봉,
오주 | 20 | 18세 | 가해-
피해
중복
경험자 | 자기보고
(학교폭력 질문)
(도기봉, 2007) | 현실요법
진단 프로그램 | 8 | 자아존중감 | 자아존중감
유의한 향상,
가해행동
유의한 감소 |

*Revised Olweus Bully/Victim Questionnaire

먼저, 김붕년의 연구는 경찰청과 대한신경정신의학회 간의 협조로 시행한 경찰청 표준선도 프로그램의 하나로 학교폭력전담경찰제도의 내실화를 위한 시범 연구로 이루어졌다(김붕년, 권국주 2015). 정신과 전문의를 포함하여 경찰관, 정신보건 임상심리사, 정신보건 간호사 및 사회복지사, 청소년상담사, 전문상담교사, 가족치료사 등의 전문가들이 프로그램 개발 및 시행, 효과성 검증에 참여하였다.

프로그램은 총 8회기, 16시간으로 이루어져 있으며 77명의 학교폭력 가해학생을 대상으로 총 17개 병·의원에서 시행되었다. 학생들이 프로그램을 통해 폭력에 대한 올바른 이해, 그리고 타인의 감정과 상황을 이해하는 조망 수용/전환 훈련, 분노조절, 자기통제 및 갈등해결, 의사소통 훈련 등을 경험할 수 있도록 구성되었다. 각 회기별로 간단한 게임, 역할극, 토론 등 다양한 활동을 통해 그 회기의 목표를 달성할 수 있게 하였다. 총 8회기 중 2회기를 분노조절에 할당하였는데, 이를 통해 자신의 분노 패턴이 어떠하고 그 이면의 욕구는 무엇인지, 분노에 어떻게 지혜롭게 대처할지에 관해 깊이 있게 생각하고 학생들이 자신을 돌아볼 수 있게 한 점이 인상적이다.

프로그램 시행 후 참가 학생들에게 공격성, 충동성, 분노감 등 다양한 측면의 긍정적 변화가 일어났다. 그중 공격성의 경우 타인의 공격행동에 대한 반응으로 이루어지는 반응적 공격성에서 유의한 저하를 보였으며, 그 외에도 분노통제, 무계획적 충동성 등에서 특히 유의한 호전이 있었다. 그러나 주도적 공격성, 관계적 공격성 및 상태분노, 특성분노, 분노표출 등 다른 하위 영역에서는 큰 변화가 없어서 그것의 향상을 위한 맞춤 프로그램 제작의 필요성 역시 드러났다. 공감능력의 경우 유의한 효과는 나타나지 않았다.

8회기라는 상대적으로 짧은 시간에도 긍정적인 변화가 있었던 것은 고무적이다. 특히 프로그램 효과분석에서 각 항목을 하위 항목별로 세분해서 분석을 시도하여 좀 더 구체적으로 프로그램이 어떤 부분에 영향을 미치는지 파악할 수 있었다. 아마도 연구에 많은 인원이 참가해서 그런지 프로그램의 효과성 검증 역시 다양한 측면에서 폭넓게 이루어질 수 있었던 것으로 보인다. 그러나 향후 장기적 효과를 알기 위해서는 프로그램 참가 학생을 대상으로 추가적인 연구가 필요하다.

다음으로, 박남이(2013)는 그림책을 활용한 문학치료를 통해 가해아동의 공격성에 어떠한 영향을 미칠 수 있는지 연구하였다. 앞서 소개한 국외 독서치료 프로그램에 대한 연구와 달리, 여기에서는 그림책을 활용하였다. 그림책은 글뿐 아니라 그림을 함께 접함으로써 책을 통한 간접적 경험과 자신의 직접적 경험을 같이 떠올리게 해 주는 효과적 수단이 된다.

프로그램은 매 회기 60분씩, 4단계의 총 12회기로 구성되었다. 첫째, 관계형성단계에서는 문학치료 집단 프로그램에 대해 안내하고 프로그램 참여자들 사이에 친밀감을 형성한다. 둘째, 탐색단계에서는 그림책의 한 장면을 읽고 자신의 행동을 객관적으로 바라보는 시간을 가진다. 셋째, 통찰단계에서는 올바른 관계 형성 및 욕구를 긍정적으로 표현하는 방법 등에 대해 배워 본다. 마지막으로, 재정립 단계에서는 그림책 속 이야기를 통해 부정적 감정을 긍정적으로 변화시키고, 자신의 분노나 화를 다룰 수 있는 방법을 배우면서 서로 지지하는 시간을 가진다. 전체 회기마다 한 가지 그림책을 선정하여 들려주고 그에 관해 이야기를 나누는 식으로 프로그램이 진행되었다.

그 후 프로그램 사전/사후 공격성을 측정한 결과 유의한 감소가 있었다. 또한 공격성의 하위 영역 중 분노감 영역에서 뚜렷한 감소가 나타났지만 행동적 공격성, 적대감 영역에서는 통계적으로 유의하지 않았다. 유아들 대상의 치료적 매체로 사용하던 그림책을 초등학생 대상의 치료적 매체로 확대한 것에 의의가 있다. 프로그램의 구성에는 감정조절 능력 습득, 피해학생에 대한 공감능력 향상 등의 영역이 포함되어 있었으나 공격성에 대한 결과만 본 것은 아쉽다.

또한 염영미(2012)는 기존 인지행동치료와 미술기법에 명상을 접목하여 상담 프로그램을 개발하였다. 현실적이고 유연한 인지과정을 습득하고 마음챙김 명상을 통해 왜곡된 인지양식을 변화시키고 공격성 조절 및 자기통제 능력을 기를 수 있다. 논문에서는 학교폭력의 정확한 이해와 피해학생 공감을 통한 폭력 태도의 교정, 학교폭력 가해학생들의 공격적 행동에 내재하는 우울/불안, 분노의 감정의 이해와 표출, 현실적이고 적응적인 인지과정의 습득, 문제해결 훈련을 통한 자기 통제 능력의 증진을 프로그램의 목표로 삼고 있다.

개발된 프로그램은 총 10회기, 45분으로 구성되었다. 각 회기별로 명상훈련 및 해당 회기의 주제 영역에 맞는 시청각자료를 포함한 다양한 매체를 통해 활동을 하게 된다. 프로그램은 총 4단계의 구조로 설계되어 있다. 폭력에 대한 정보 제공 및 폭력의 정당성에 대한 문제 제기를 통해 피해학생의 감정을 이해해 보는 1단계 에서 시작해서, 미술 표현을 활용해 감정을 확인 및 수용하는 이해단계로 나아간 다. 이어지는 실행단계에서는 인지적 수정, 문제해결 방법 및 실습을 통한 실제적 기법을 학습하고, 마지막 정리단계에서는 자신의 장단점을 수용하고 미래 설계를 해 보면서 변화의 동기를 높이게 된다.

프로그램 시행 후 가해학생의 특성 중 공격성, 자기통제 능력, 폭력 허용도에서 만 유의한 효과가 나타났다. 청소년기 우울과 불안에서는 유의한 변화가 없었는 데, 이는 겉으로 표출되지 않고 잠재된 문제이기 때문에 보다 장기적인 접근이 필 요할 것으로 보인다.

권선애와 안석(2012)의 음악치료 프로그램은 가해학생의 특성 중에서도 공격성 과 그 하위 개념인 분노의 표현에서의 변화를 위한 프로그램이다. 음악적–정서적 발달은 서로 연관되어 있어서, 음악적 경험은 학생에게 긍정적 변화를 가져오는 비언어적 중재 수단이면서 안전한 방법으로 자신을 표현하는 데 도움을 준다.

프로그램의 구성은 다음과 같다. 먼저 대화단계에서 음악 감상 및 즉흥연주를 하며 음악치료 활동이 감정의 정화에 도움을 줄 수 있다는 인식을 가지게 한다. 그 다음 발견단계에서는 자신을 개방하고 학생들 내면의 공격적 욕구를 감소시키고, 자신을 소중히 여길 줄 아는 훈련 시간을 갖는다. 끝으로, 문제해결 단계인 발전 단계에서는 음악적 대화로 자신감 및 자기통제력을 향상시킬 수 있게 한다. 최종 적으로 학생들은 음악치료를 통해 분노와 적대감 같은 내면의 감정을 긍정적으로 해소하는 기회를 가지게 된다.

음악치료 프로그램은 초등학생과 고등학생 그룹으로 나누어 주 2회, 회기당 50분, 총 20회로 진행되었다. 프로그램 시행 후 초등학생 그룹은 고등학생 그룹보다 분노표현도, 공격성의 두 가지 척도에서 모두 더 큰 효과를 보였다. 또한 전체 참여 학생에서 음악치료를 통해 의도했던 대로 분노표현도와 공격성이 유의하게 감소하였다.

이러한 결과는 노래 부르기, 즉흥연주, 악기연주, 음악 게임, 음악감상 등 다양한 음악치료 활동의 긍정적 효과를 증명해 준다. 또한 나이가 어릴수록 그 효과성도 커지기 때문에 학교폭력 조기개입 프로그램의 필요성을 말해 준다고 할 수 있겠다. 그러나 보다 효과적인 음악치료를 위해 외부 프로그램 진행자 및 행정적 지원이 필요하다는 점을 제한점으로 들 수 있다.

최희영(2011)은 신문을 활용한 교육을 통해 공격성, 열등감, 폭력 허용도가 얼마나 감소하게 되는지 알아보았다. 신문활용교육(Newspaper In Education: NIE)은 신문을 통해 사고의 폭과 지식의 깊이를 키워 주는 통합적 교육 프로그램으로서 인성교육 및 창의력 신장, 사고력 발달의 효과가 있다. 이 프로그램에서는 그중에서도 타인에 대한 이해 및 배려, 즉 공감능력을 길러 주는 것에 초점을 맞추었다.

저자는 청소년폭력예방재단의 학교폭력 피해ㆍ가해학생을 위한 집단상담 프로그램 매뉴얼(2009), 위풍당당무지개 학교폭력 가해학생 선도프로그램 개발(2008) 등을 참고로 수정 및 재구성하여 주 2회, 총 10회기에 걸쳐 프로그램을 실시하였다. 학교폭력 가해학생의 공격성, 열등감, 폭력 허용도 감소 및 인식 변화에 적합하다고 생각되는 자료들을 활용하여 문제 상황 및 원인 탐색, 사건의 문제점 탐색, 문제의 해결방안 탐색, 미래 설계가 순차적으로 이루어질 수 있게 하였다. 활동은 관련 기사 읽기, 자신이 주인공인 신문기사 및 공익광고 제작, 만평 그리기 등으로 구성되었다.

저자는 이례적으로 사전-사후검사에 이어 프로그램 시행 한 달 후 추후검사까지 진행하였는데, 이때 공격성 및 폭력 허용도는 지속적으로 감소하였으나 열등감은 교육 직후에는 감소하고 다시 소폭 상승하는 경향을 보였다.

프로그램에 참여한 학생들은 참여 초반 신문이라는 도구가 지루할 것이라는 편견을 가지고 거부감을 나타내는 경우가 많았다. 이를 해결하기 위해 각 참여자의 관심 영역을 먼저 파악한 후 흥미에 맞는 프로그램을 제공한다면 보다 효과를 극대화할 수 있을 것이다.

또한 김지영과 정정숙(2011)은 학교폭력예방재단에서 2009년 개발한 학교폭력예방 프로그램을 가해학생의 심리적 특성에 맞게 수정 및 보완한 가해행동 재발방지를 위한 집단상담 프로그램을 개발하였다. 이 프로그램은 특히 공격성, 충동성, 적개심, 분노, 낮은 공감능력, 지배 욕구 등의 특성을 긍정적으로 변화시킬 수있도록 구성되었다. 수정/보완 내용으로는 가해학생의 공격성과 충동성을 낮추기위한 자기/타인에 대한 이해 및 공감하기, 분노 조절하기, 사회적 기술 습득하기, 자기통제 능력 기르기, 문제해결 능력 기르기 등의 활동이 있다. 프로그램은 90분씩 총 12회기로 시행되었다.

가해학생을 대상으로 이 프로그램을 시행한 후 가해행동을 하는 횟수가 현저하게 줄어 가해행동이 거의 사라졌다. 또한 공격성, 충동성이 감소하고 친구관계에서도 긍정적인 변화가 나타났다. 프로그램 종결 후 참가자들의 자가진술 및 교사가 지각한 내용을 토대로 살펴보았을 때 이들 역시 가해학생의 가해행동, 공격성, 충동성 및 분노가 감소하였고, 학교 적응 및 친구관계의 긍정적인 변화가 있었다고 보고하였다.

이 연구는 심리적 관점에 맞추어 설계한 프로그램의 효과성이 높다는 것을 보여 준다는 데 의의가 있다. 그러나 연구에 참여한 사람이 총 16명으로 그 수가 적어 연구 결과를 일반화하기에는 무리가 있다. 또한 대조군에게는 그림 그리기, 책읽기, 게임 등이 시행되었는데 심리적 관점에 맞추어 설계한 프로그램이 이전 프로그램의 효과성보다 높다는 것을 증명하려면 원 프로그램을 시행한 집단과의 비교가 필요하다.

도기봉과 오주(2010)는 집단상담 프로그램을 통해 학교폭력 가해-피해 중복 경험자를 대상으로 자아존중감과 문제 대처행동을 향상시키는 데 집중하였다. 청소년기에 현실요법 집단상담 프로그램을 실시할 경우 성인기에 비해 그 효과가 더 크다고 알려져 있다.

연구는 주 1회 90분씩, 총 8주 동안 시행하였다. 프로그램에서는 자신에 대한 긍정적 이해를 돕고 자기만족을 위해 선택한 행동에 대한 책임감을 기르며, 원하는 것을 성취하도록 격려하는 것과 같은 내용을 포함하고 있다. 그 결과, 실험집단에서 자아존중감의 유의한 향상과 함께 문제 대처능력 역시 유의하게 향상되는 결과를 얻을 수 있었다. 더불어 프로그램 종결 시 작성한 소감문에서 학생들은 자신에 대한 소중함과 폭력행동에 대한 책임에 대해 더 신중해졌다는 반응을 보였다. 그리고 프로그램 참여 후 느낀점에 대한 자기기입식 평가를 통해 신체적 폭력행동, 괴롭힘, 금품갈취 등의 학교폭력 가해행동이 감소했다고 보고하였다.

이 연구는 학교폭력 가해-피해 경험이 있는 중복 경험자를 대상으로 현실요법 집단 프로그램의 효과성을 확인한 첫 연구다. 추후 연구에서는 학교폭력 가해학생 및 피해학생 집단을 대상으로 연구를 시행하고 그 효과성을 비교하여 비교적 연구가 많지 않은 중복 경험자 대상 프로그램의 효과성에 대해 알아볼 필요가 있다.

8. 학교폭력 프로그램 고찰

지금까지 소개한 프로그램을 몇 가지 요소로 나누어 정리해 보면 다음과 같다. 먼저, 프로그램 참가자 수는 50명 미만인 경우가 전체 13개 프로그램 중 8개로 가장 많았는데, 특히 국내 연구에서 김붕년 등(2015)의 연구를 제외하고 모든 국내 프로그램이 해당되었다. 이는 국내 논문의 대다수가 석사 논문이었고 학교단위로 대규모로 시행된 것이 아니라 간단한 프로그램 시행 정도에 그쳤기 때문으로 생각된다. 국외의 연구 중 100명 이상을 대상으로 평가가 이루어진 것도 3개 있었는데, 이 중 무디(2012)의 연구는 프로그램을 시행한 것이 아니라 설문조사만 한 것이기 때문에 보다 많은 학생 수(223명)를 확보할 수 있었던 것으로 생각된다.

다음으로, 참가자의 연령에 따라 보았을 때 고등학생에 해당하는 16~18세 학생들을 대상으로 프로그램을 시행한 경우는 국내 논문 4개였다. 국외에서는 초·중등학생을 대상으로 연구가 이루어진 논문이 많았고(4개), 키브(Kõiv, 2012)에서는 10~18세로 범위를 넓게 잡고 프로그램을 실시하였다. 국내에서는 중학생 시기인 13~15세에 이루어진 연구가 2개 있었다. 참가 학생의 평균 나이를 표시하지 않은 권선애와 안석(2012)의 연구는 초등학생과 고등학생 모두를 대상으로 이루어졌는데, 여기서 초등학생이 고등학생보다 프로그램 시행 효과가 더 높았다는 결과를 내놓은 바 있다. 이에 비추어 볼 때, 앞으로 초등학교 연령대의 학생들을 대상으로 한 조기개입 프로그램의 효과성 검증을 위한 연구를 시행할 필요가 있을 것으로 생각된다.

프로그램의 개입 대상에 따라 보았을 때 가해학생만을 대상으로 한 프로그램은 총 13개 프로그램 중 6개(국외 1개, 국내 5개)였다. 가해학생만을 대상으로 한 연구가 많지 않고, 참가자 수가 적은 국내 연구가 더 많다는 것은 추가적 연구가 필요함을 시사한다고 볼 수 있겠다. 그 외에 가해학생 및 피해학생 모두를 대상으로 프로그램을 시행하여 학교폭력이 줄어드는 것을 살펴본 논문이 6개였는데, 그중 5개가 국외 논문이었다. 우리나라에서 국외에 비해 가해학생 중심 프로그램이 좀 더 중점적으로 연구되고 있다고 보인다. 이 외에 도기봉과 오주(2010)는 가해-피해 중복 경험자를 대상으로 한 현실요법 집단 프로그램을 실시하기도 하였다.

프로그램 구성 면에서 13개 프로그램은 평균적으로 10.3회기로 구성되었다. 10회기 이상 프로그램에 대한 연구는 7개로 10회기 미만 프로그램에 대한 연구 5개보다 더 많았다. 국외 프로그램이 평균 5.5회기로 국내 프로그램(11.4회기)보다는 절반 정도 적은 회기 수로 구성되는 경향을 보였다.

지금까지 알아본 연구에서 주력한 심리적 특성의 경향을 요약해 보면 〈표 6-3〉과 같다.

⭐ 표 6-3 프로그램별 심리적 특성 요약

연도	연구자	공격성	우울 및 불안	충동성	공감능력	폭력 허용도	비합리적 신념
2013	Knowler & Frederickson	✓		✓	✓		
2012	Kõiv	✓		✓			
2012	Van Batavia				✓	✓	
2012	Moody						✓
2009	Stanbury				✓		
2008	Dellasega				✓		
2015	김붕년	✓	✓	✓	✓		✓
2013	박남이	✓		✓			
2012	염영미	✓	✓	✓		✓	
2012	권선애, 안석	✓		✓			✓
2011	최회영	✓				✓	✓
2011	김지영, 정정숙	✓		✓	✓		
2010	도기봉, 오주					✓	✓
계		8	2	8	6	4	5

모든 연구에서 프로그램이 하나 이상의 심리적 특성에 어떠한 영향을 주는지 보고하였다. 가장 많은 프로그램에서 관심을 가진 심리적 특성은 충동성과 공격성으로, 12개의 프로그램 중 8개에서 이 두 특성의 변화에 초점을 두었다. 아무래도 공격성과 충동성은 학교폭력을 생각했을 때 가해학생의 특성 중 가장 쉽게 연상되는 특성이기도 하고, 그 연관성이 많이 알려져 있는 특성이어서 연구도 많이 진행된 것으로 보인다.

그 외에 다른 특성들도 많은 프로그램에서 함께 다루어졌다. 먼저 공감능력은 6개 프로그램에서 다루었다. 폭력 허용도, 비합리적 신념의 개선에 관한 내용 역시 4개의 프로그램에서 각각 포함시켜 가해학생들의 인식 개선을 위한 노력이 있었다.

그러나 국내외를 막론하고 제시된 프로그램 연구들 중 가해학생의 내면적 심리 특성으로 알려진 우울과 불안에 미치는 영향을 연구한 것은 2개에 불과하였다. 그나마도 우울과 불안을 함께 다룬 것은 김붕년(2015)의 연구와 염영미(2012)의 연구뿐이었다. 염영미 연구에서는 가해학생의 심리에 내재된 우울과 불안의 긍정적 변화에 큰 효과가 없었다. 우울과 불안은 공격성이나 낮은 자기통제 능력처럼 바로 나타나기보다는 잠재되어 있어서 직접 측정하기 어려울뿐더러 이러한 단기간 프로그램에서는 반응이 빠르게 나타나지 않아서 프로그램을 통한 치료에 어려움이 있는 것으로 생각된다. 김붕년(2015)의 연구에서는 시행된 프로그램의 경우 불안 수준의 유의한 저하가 있었으나, 우울에 대해서는 유의한 변화가 발견되지 않았다.

프로그램별로 다룬 심리적 특성에 관해 살펴보면 총 여섯 가지의 특성 중 두 가지의 특성에 주력한 프로그램이 6개로 가장 많았다.

가장 많은 특성의 변화에 초점을 둔 프로그램은 김붕년(2015)의 표준선도 프로그램으로 공격성, 우울 및 불안, 충동성, 공감능력, 비합리적 신념의 다섯 가지 특성에 관한 내용이 프로그램에 포함되어 있고 그 변화를 측정한 바 있다. 반면, 스탠버리 등(2009)의 공감형성 프로그램, 델라세가(2008)의 Club Ophelia는 공감능력 한 가지만을 다루고 있다.

[그림 6-3]과 [그림 6-4]는 국내, 국외 프로그램에서 어떤 심리적 특성에 관여했는지 비교해 본 다이어그램이다. 국외의 가해학생 대상 개입 프로그램들은 주로 관계 형성이나 자기조절, 공감능력의 향상에 관심을 두고 가해학생들의 사회적 기술 발달에 집중하는 경향을 가졌다. 이에 비해 국내 프로그램들은 공격성이나 자기통제력 조절 등 사회적 관계 개선보다는 학생 개개인의 의식 개선에 초점을 두었다. 또한 폭력 허용도나 비합리적 신념 역시 함께 관심을 두고 여러 특성을 동시에 변화시키려는 노력을 보였다. 타인과의 관계와 정서적 발달을 중요시하는 외국의 문화와 개인주의적이고 사회 전반적 인식 개선보다는 개인의 변화에 초점을

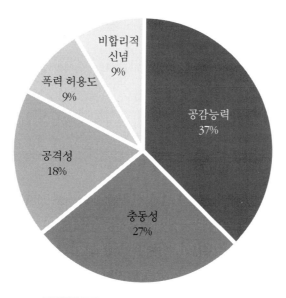

▲ **그림 6-3** 국외 치료 프로그램 개입 영역

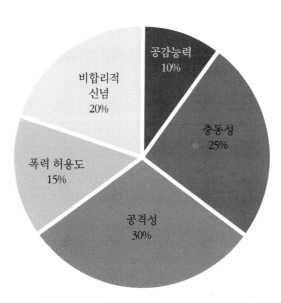

▲ **그림 6-4** 국내 치료 프로그램 개입 영역

맞추는 우리 문화의 차이가 각 프로그램에서 다루는 심리적 특성에서 나타난 것이 아닐지 추측해 본다.

국내외 프로그램 모두에서 문학이나 음악 등 다양한 방법을 접목시켜 긍정적인 영향을 이끌어 내려는 다양한 시도를 하였다. 이론적인 수업만 하기보다는 많은 학생이 보다 흥미를 가지고 참여하여 긍정적 변화를 일으키는 방법을 찾기 위함이다. 그리고 이러한 프로그램들의 경우 진행 후 피드백에서 실제로 좋은 평가를 받았다.

그러나 김지영과 정정숙(2011)의 집단상담 프로그램과 같이 가해학생의 심리적 특성에 맞추어 원 프로그램을 수정·보완해서 개발한 프로그램 역시 좋은 효과를 보였다. 새로운 프로그램을 끊임없이 개발하는 것도 좋지만, 지금까지 개발된 프로그램을 효과적으로 활용하여 개발하는 것 역시 비용과 시간을 절약하는 효율적인 프로그램 개발방안으로 고려해 볼 수 있다.

지금까지 소개한 연구들의 한계점과 앞으로 이루어질 연구에서 수정·보완해야 할 점에 대해 추가로 논의해 본다면 다음과 같다.

먼저, 거의 모든 연구에서 사전-사후검사만을 시행하고 추후검사를 시행하지 않아 프로그램이 지속적인 효과가 있는지에 대한 검증이 제대로 이루어지지 않았다. 소개한 모든 연구에서는 각 프로그램이 가해학생의 심리적 특성에 긍정적인 영향을 주고 학교폭력 감소에 기여했다고 보고하고 있으나, 이는 일시적인 효과일 수 있다. 프로그램이 참여한 가해학생에게 지속적으로 긍정적 영향을 끼쳐 향후 학교폭력예방 및 근절에 효과가 있는지는 추가적으로 검토할 필요가 있다.

다음으로, 정량적인 값을 얻을 수 없는 연구의 특성상 많은 연구가 자기보고나 관찰과 같은 방법으로 그 효과를 비교하고 있는데, 이 경우 응답자의 주관적 개입이 반영될 수 있어 객관적이고 공정한 결과를 얻었다고 보기 힘들다. 그러나 정량적인 값을 산출할 수 없는 연구 주제의 특성상 보다 객관적인 척도 개발 등이 필요하리라 생각된다.

마지막으로, 학교폭력 가해학생에 한해서 진행되는 많은 연구가 시간적·재정적 문제로 인해 현실적으로 참여 학생 수를 충분히 확보하기 어렵다는 문제가 있었다. 이 때문에 성별이나 나이, 참가 학교 등에서 제한이 있는 경우가 대다수였다. 참여 인원도 소규모일 수밖에 없었는데, 이러한 경우 프로그램의 효과를 섣불리 일반화할 수 없다는 문제점이 있다. 그리고 실제로 거의 모든 연구에서 이러한 한계를 인정하고 있다. 추후 연구에서는 소규모 참여 인원의 한계를 뛰어넘기 위한 방안을 강구할 필요가 있다.

이러한 한계점에도 불구하고, 학교폭력 가해학생을 대상으로 한 많은 개입 프로그램을 통해 심리적 특성이 향상되어 학교폭력이 감소하였다는 일관성 있는 연구 결과들이 나오고 있다. 이러한 결과들은 가해학생 대상 프로그램의 효과가 분명히 있다는 것을 알려 준다고 볼 수 있다. 앞서 언급한 한계점을 극복하고 보다 객관적이고 지속적인 효과를 얻는 데 초점을 맞추어 가해학생 대상 프로그램을 개발해 나가야 할 것이다.

또한 많은 연구에서 개인적 특성에 초점을 맞춘 개입 프로그램과 더불어 학교, 사회 전체에서 실시 가능한 프로그램을 도입하여 환경적 요인의 변화를 꾀하는 것도 필요하다고 보고하고 있다. 가해학생 대상 프로그램도 중요하지만 개개인이 바뀌어도 사회적 인식이 바뀌지 않는다면 그 효과는 미미할 수밖에 없다. 학교폭력 제도 및 정책과 다양한 수준의 개입 프로그램을 통해 교사, 부모를 비롯하여 사회문화 전반적인 변화가 일어난다면 가해학생 대상 프로그램을 진행했을 때보다 큰 시너지 효과를 얻을 수 있을 것으로 기대된다.

9. 학교폭력 프로그램의 대안

학교폭력은 국내외를 막론하고 전 세계적으로 일어나고 있는 현상으로, 하나 또는 여러 학생이 의도적으로 다른 학생을 지속적으로 괴롭히는 것을 말한다. 괴롭힘은 신체적·언어적·관계적 폭력 등 다양한 형태로 나타날 수 있다.

학교폭력에 어떻게 관여하느냐에 따라 학생들을 학교폭력을 가하는 가해학생 집단, 학교폭력을 당하는 피해학생집단 그리고 학교폭력에 직접적으로 관여하지 않는 방관자집단의 세 집단으로 나눌 수 있다.

이 중에서도 가해학생은 자신의 또래집단에 대해 폭력적이고 적대적인 성향을 가지고 있다. 이러한 성향은 행동문제, 반사회적 성격, 물질남용, 우울 등의 문제로 이어질 수 있으며, 보통 또래집단의 학생들에 비해 자살생각이나 우울증, 학교와 가정 간 갈등에 대한 불행감이 높았다. 이 외에 가해학생들의 특징적인 심리적 특성으로 충동성이나 폭력에 대한 허용적 태도, 비합리적 신념, 공감능력 등이 있다. 이들은 각각 독립적으로 존재하기보다는 상호 영향을 미치면서 공존하는 경우가 많다.

이러한 가해학생 특유의 특성 때문에 기존에 개발된 학교폭력 개입 프로그램 외에 가해학생만을 위한 프로그램 개발의 필요성이 대두되고 있다. 이 장에서는 최근 10년 내 개발된 국내외 프로그램 중 일부를 소개해 보고 프로그램들의 의의와 한계에 대해 알아보았다.

국내외 프로그램 모두 공통적으로 자기조절 능력으로 대표되는 충동성 조절 내용이 담긴 프로그램이 많았다. 하지만 그 밖의 심리적 특성의 경우 국외 프로그램은 공감능력, 국내 프로그램은 공격성을 주로 다루어, 국내외에서 관심을 가지는 가해학생의 심리적 특성이 서로 달랐다.

또한 제시된 프로그램들은 모두 가해학생의 특성, 특히 심리적 특성에 근거해서 개발되어 공격성이나 공감능력 등에서 유의한 효과가 나타나는 것으로 보고되었다. 이러한 프로그램들의 효과야말로 가해학생을 위한 프로그램 개발의 필요성을 여실히 드러내 준다.

반면, 좋은 프로그램을 개발하기 위해서 앞으로 해결해야 할 한계점들은 다음과 같다. 첫째, 같은 프로그램에 관해 추가적으로 후속 연구가 이루어져야 한다. 아직 어린 청소년들을 대상으로 한 개입 프로그램인 만큼 프로그램 후에 장기적으로 효과가 지속되는지 등을 알아보기 위해 지속적인 연구가 필요하지만 실제로 이루어지지 않고 있는 경우가 대부분이었다.

둘째, 실험설계 및 표준화의 어려움으로 연구에 참여하는 인원이 적고 연구 결과 역시 자기보고나 관찰을 통해 얻는 경우가 많아 객관적인 결과 해석이 쉽지 않다.

셋째, 효과가 있기는 하나 그 정도가 크지 않은 연구가 많았는데, 이는 실험 대상을 자기보고나 또래지명 등의 방식으로 얻는 경우가 많아서 비교적 가벼운 군을 대상으로 했기 때문일 수 있고, 또 실험에 참여한 인원이 적어서일 수도 있겠다.

학교폭력은 그 개념 자체가 1980년대에 비로소 처음 생긴 비교적 최근 이슈여서, 아직까지는 관련 연구가 그리 많지 않은 실정이다. 게다가 가해학생을 대상으로 한 프로그램은 더더욱 찾아보기 힘들다. 앞으로 이러한 한계점들을 잘 극복하여 더 많은 연구가 이루어져야 한다.

또한 학교폭력은 개인적 특성에 의해서만 나타나는 것이 아니라 환경적 요인에도 영향을 받는 만큼, 학교폭력근절을 위한 사회문화적 분위기와 함께 가정, 학교가 같이 협력하여 이를 해결하고자 하는 포괄적인 접근이 필요하다.

🗂 참고문헌

강진령, 유형근(2000). 집단 괴롭힘. 서울: 학지사.

곽금주, 문은영(1995). 심리적 특징 및 우울과 비행간의 관계(2). 한국심리학회지 발달, 8(1), 1-11.

권선애(2012). 학교폭력 가해 및 피해학생을 위한 음악치료 프로그램 연구: 정신역동적 관점을 중심으로. 한국기독교상담학회지, 23(3), 9-57.

김봉년, 권국주(2015). 공격적 청소년을 위한 학교폭력 치유 및 예방 프로그램, 서울: 시그마프레스.

김준호(2003). 청소년비행론. 서울: 청목출판사.

김지영(2011). 중학생들의 학교폭력 가해행동 재발방지를 위한 집단상담 프로그램의 효과. 청소년학연구, 18(8), 141-59.

김하연, 오경자, 윤진(1991). 청소년의 자아 개념 또래집단에 대한 동조 및 비행간의 상호관계. 한국심리학회지: 발달, 4(1), 199-212.

김혜진(2002). 학교폭력예방 프로그램의 개발과 그 효과. 광주: 전남대학교 대학원.

도기봉(2010). 학교폭력 중복경험자의 자아존중감과 문제대처행동향상을 위한 현실요법 집단 프로그램의 효과. 한국심리학회지, 7(1), 37-53.

민수홍(1998). 초등학교 학생의 자기통제력과 비행. 한국청소년연구, 27, 91-124.

박남이(2013). 그림책을 활용한 문학치료 프로그램이 학교폭력 가해경험아동의 공격성에 미치는 효과. 어린이문학교육연구, 14(4), 165-184.

박상근(2013). 학교폭력 가해자 대상 상담 및 심리치료 프로그램과 학교폭력예방 프로그램의 효과에 대한 메타분석. 서울: 동국대학교.

박은민(2010). 청소년의 교사애착, 또래애착, 모애착과 자존감 및 우울감이 학교생활적응에 미치는 영향. 한국놀이치료학회지, 13(3), 75-88.

박지도(2001). 불량행위 청소년을 중심으로 한 학교폭력 가해자의 사회인구학적 특성 및 정신병리(V). 神經精神醫學, 40(4), 640-655.

박효정, 이희연(2013). 학교폭력 실태조사 현황 및 개선방안: 조사 참여율 제고 및 결과 활용 방안을 중심으로, 한국교육개발원 연구보고서. 한국교육개발원 이슈페이퍼 CP. 02-3.

송정아, 김영희(2001). 학교폭력에 대한 청소년들의 심리적·행동적 학교 적응강화 프로그램 개발을 위한 기초연구(I). 한국가정관리학회지, 19(6), 35-50.

신수진(2002). 초등학생이 지각하는 교사 및 또래 행동특성과 또래폭력에 대한 경험과 태도.

서울: 숙명여자대학교 대학원.

신혜섭(2005). 중학생의 학교폭력 유형에 영향을 미치는 변인. 청소년학연구, 12(4), 123-49.

염영미(2012). 학교폭력 가해학생을 위한 명상활용 집단상담프로그램 개발. 숙명여자대학교 대학원 박사학위논문.

이경님(1996). 아동의 자기통제훈련이 자기통제 능력에 미치는 효과분석. 동아교육논총, 22(-), 121-147.

이동원(1997). 청소년 비행에 있어서 허쉬의 사회통제이론의 확장. 한국청소년연구(26).

이재광, 진태원, 조주연(1998). 비행청소년의 불안, 우울, 억압, 대처방식에 관한 연구. 신경정신의학, 37, 493-498.

최옥임(2001). 또래 따돌림에서 가해학생의 인지적 특성에 관한 연구: 사회정보처리 모델을중심으로. 고려대학교 대학원 석사학위논문.

최희영(2011). 신문활용교육 프로그램이 학교폭력 가해학생의 공격성과 폭력허용도에 미치는 효과. 충남대학교 대학원 석사학위논문.

한국교육개발원(2006). 학교폭력 실태조사.

홍승혜(1999). 학교폭력 가해학생의 불안에 관한 연구. 경기: 가톨릭대학교 사회복지대학원.

황진아(2010). 학교폭력에 영향을 미치는 요인에 관한 연구. 서울: 동국대학교 대학원.

Achenbach, T. M., & Edelbrock, C. S. (1981). Behavioral problems and competencies reported by parents of normal and disturbed children aged four through sixteen. *Monographs of the society for research in child development*, 1-82.

Arsenio, W. F., & Lemerise, E. A. (2001). Varieties of childhood bullying: Values, emotion processes, and social competence. *Social Development, 10*(1), 59-73.

Bandura, A. (1973). *Aggression: A social learning analysis*. Prentice-Hall.

Biederman, J. et al. (1996). Child Behavior Checklist findings further support comorbidity between ADHD and major depression in a referred sample. *Journal of the American Academy of Child & Adolescent Psychiatry, 35*(6), 734-742.

Brady, E. U., & Kendall, P. C. (1992). Comorbidity of anxiety and depression in children and adolescents. *Psychological Bulletin, 111*(2), 244.

Bender, D., & Losel, F. (2011). Bullying at school as a predictor of delinquency, violence and other anti-social behaviour in adulthood. *Criminal behaviour and mental health: CBMH, 21*(2), 99-106. doi: 10.1002/cbm.799.

Capaldi, D. M. (1992). Co-occurrence of conduct problems and depressive symptoms in early adolescent boys: II. A 2-year follow-up at Grade 8. *Development and*

Psychopathology, 4(01), 125-44.

Carney, A. G., & Merrell, K. W. (2001). Bullying in schools Perspectives on understanding and preventing an international problem. *School Psychology International, 22*(3), 364-382.

Chiles, J. A., Miller, M. L., & Cox, G. B. (1980). Depression in an adolescent delinquent population. *Archives of General Psychiatry, 37*(10), 1179-1184.

Dellasega, C., & Adamshick, P. (2005). Evaluation of a Program Designed to Reduce Relational Aggression in Middle School Girls. *Journal of School Violence, 4*(3), 63-76. doi: 10.1300/J202v04n03_06.

Faupel, A. (2003). Emotional Literacy: Assessment and Intervention: Ages 7 to 11: User's Guide: NferNelson.

DSM-IV. APATFo (1993). DSM-IV draft criteria: Amer Psychiatric Pub Inc.

Guerra, N. G., & Slaby, R. G. (1990). Cognitive mediators of aggression in adolescent offenders: II. Intervention. *Developmental Psychology, 26*(2), 269.

Hoover, J. H., Oliver, R., & Hazler, R. J. (1992). Bullying: Perceptions of adolescent victims in the Midwestern USA. *School Psychology International, 13*(1), 5-16.

Ireland, J. L., & Archer, J. (2004). Association between measures of aggression and bullying among juvenile and young offenders. *Aggressive Behavior, 30*(1), 29-42.

Kaltiala-Heino, R. et al. (1999). Bullying, depression, and suicidal ideation in Finnish adolescents: school survey. *Bmj, 319*(7206), 348-351.

Knowler, C., & Frederickson, N. (2013). Effects of an emotional literacy intervention for students identified with bullying behaviour. *Educational Psychology, 33*(7), 862-883. doi: 10.1080/01443410.2013.785052.

Kõiv, K. (2012). Social Skills Training as a Mean of Improving Intervention for Bullies and Victims. *Procedia-Social and Behavioral Sciences, 45*, 239-246. doi: 10.1016/j.sbspro.2012.06.560.

Kumpulainen, K., Rasanen, E., & Puura, K. (2001). Psychiatric disorders and the use of mental health services among children involved in bullying. *Aggressive behavior, 27*, 102-110.

Nottelmann, E. D., & Jensen, P. S. (1995). Comorbidity of disorders in children and adolescents. *Advances in clinical child psychology*, 109-155.

Moody, G. (2012). *The Effects of Martial Arts on Bullying in Children*. Arizona State University.

OECD Social Indicators (2009). OECD. Bullying. Paris: OECD Publishing.

Olweus, D. (1994). Bullying at school: basic facts and effects of a school based intervention program. *Journal of child psychology and psychiatry, 35*(7), 1171–1190.

Olweus, D. (1997). Bully/victim problems in school: Facts and intervention. *European Journal of Psychology of Education, 12*(4), 495–510.

Olweus, D. (2013). School bullying: development and some important challenges. *Annual review of clinical psychology, 9*, 751–780. doi: 10.1146/annurev-clinpsy-050212-185516.

Schreck, C. J. (1999). Criminal victimization and low self-control: An extension and test of a general theory of crime. *Justice Quarterly, 16*(3), 633–654.

Sourander, A. et al. (2007). What is the early adulthood outcome of boys who bully or are bullied in childhood? The Finnish "From a Boy to a Man" study. *Pediatrics, 120*(2), 397–404.

Stanbury, S., Bruce, M. A., Jain, S., & Stellern, J. (2009). The Effects of an Empathy Building Program on Bullying Behavior. *Journal of School Counseling, 7*(2), 1–27.

Van Batavia, A. (2012). *The effects of bibliotherapy on the bullying behaviors of adolescents.* University of Central Missouri.

Wells, L. E., & Rankin, J. H. (1995). Juvenile victimization: Convergent validation of alternative measurements. *Journal of Research in Crime and Delinquency, 32*(3), 287–307.

|제7장|
사이버폭력의 구조와 실태

1. 서론

　인류학자인 레이먼드 다트(Raymond Dart)는 공격성은 인간이 지니고 있는 본능적인 속성이며 인간은 공격성을 극대화하기 위해 무기를 사용한다고 주장하였다. 인류를 진화시킨 것은 바로 이러한 공격성과 무기 때문이라고도 하였다. 수렵을 통한 육식으로의 이행과 무기를 이용한 피투성이 싸움의 역사가 인류를 만들었다는 것이다(야마기와 주이치, 2014).

　하지만 사회가 문명화될수록 무분별한 폭력은 항상 비난과 처벌의 대상이며 반드시 통제되어야만 하는 악으로 규정되어 왔다. 사회가 문명화되어 가는 추세와 더불어 폭력에 대한 민감성 또한 높아진다고 볼 수 있다. 과거에는 큰 문제라고 느끼지 못했던 작고 사소한 폭력에 대해서도 그것이 잘못된 것이며 근절하고 예방해야 할 문제라고 인식하는 사람들이 많아진 것이다(김봉섭, 임상수, 이원상, 2013). 최근 들어 청소년들 사이에 문제가 되고 있는 사이버폭력에 대한 사회적 관심과 우려가 높아지고 있는 것도 이 때문이다.

사이버폭력은 지난 10여 년 동안 온라인 커뮤니케이션 상황에서 나타난 새로운 형태의 반사회적 행동의 하나로 인식되고 있다(Sticca, Ruggieri, Alsaker, & Perren, 2013). 특히 정보통신 기술의 확산과 대중화가 사이버폭력의 발생에 큰 역할을 하였다고 볼 수 있다. 청소년들 사이에 인터넷과 스마트폰 이용이 확산되면서 자신의 폭력성을 발현하는 수단으로 정보통신 기술이 악용되고 있는 것이다.

사이버폭력은 전통적인 폭력과 관련해서 장소적 의미와 함께 도구적 의미가 부가된 새로운 형태의 폭력 유형이라 할 수 있다(김봉섭, 2015). 전통적인 폭력이 사이버 공간에서 변형되어 새롭게 발생한다는 의미와 함께 '사이버'에 내포된 정보통신 기술을 폭력의 수단으로 사용한다는 의미에서 사이버폭력인 것이다. 따라서 사이버폭력은 사이버 공간이라는 장소적 의미와 정보통신 기술을 매개로 이루어진다는 도구적 의미를 모두 포함하고 있다고 할 수 있다. 이를 두고 베런과 리(Beran & Li, 2007)는 "폭력이 디지털로 가버렸다(Bullying has gone digital)."라고까지 하였다.

하지만 사이버폭력은 단순히 공간의 이전(移轉), 도구의 진화(進化)에 그치지 않는다. 이미 사이버폭력은 디지털 시대에 우리 청소년들이 직면한 가장 심각한 문제 중의 하나가 되었다. 청소년들은 사이버폭력으로 인해 학습장애뿐만 아니라 우울감, 불안, 스트레스, 자존감 저하 등의 부정적인 정서를 경험하는 것으로 나타났다. 실제로 힌두자와 팻친(Hinduja & Patchin, 2009)의 연구에 따르면 사이버폭력의 피해자가 복수응답으로 보고한 피해 양상은 '자신에 대한 좌절감(43%), 분노를 느낌(40%), 학업부진(32%), 슬픔(27%), 별다른 심리적 문제를 못 느낌(22%)' 순으로 나타났다. 특히 사이버폭력 피해와 관련하여 가장 충격적인 결과는 사이버폭력 경험과 연관된 자살 충동 및 자살이 증가하고 있다는 점이다.[1] 사이버폭력을 경험한 중학생이 경험하지 않은 중학생보다 자살사고가 더 많은 것으로 나타났기

---

1) 코월스키, 림버와 어게이트슨(Kowalski, Limber, & Agatson, 2008)은 사이버폭력 때문에 감소 추세였던 청소년 자살률이 다시 증가하게 되었다고 주장한다.

때문이다. 우리나라에서는 2011년 대구에서 휴대전화를 통한 집단적인 괴롭힘 때문에 중학생이 자살한 사건이 있었으며, 2012년에도 스마트폰 기반의 단체 대화방에서 친구들로부터 욕설과 폭언을 당한 여고생이 투신 자살하는 사건이 발생하여 사람들을 놀라게 했던 일이 있었다.

이러한 사이버폭력으로 인한 폐해에도 불구하고 사회적으로는 아직까지도 이 사안의 심각성을 인지하지 못하고 있다. 사이버폭력을 단순히 청소년기에 겪는 성장통이며 성장하는 데 피할 수 없고 교훈적인 측면이 있는 요소라고 생각하는 성인들이 많다(Hinduja & Patchin, 2009). 사이버폭력을 우리 학교가 아닌 다른 학교의 문제로 치부하거나, 소수의 청소년에게만 국한된 문제이며, 청소년들의 문제는 부모가 책임져야 할 가정의 문제라고 인식하는 경향도 팽배하다. 청소년들 간의 갈등은 통과의례이며 문자 등을 통한 괴롭힘은 사소한 문제라고 생각하는 경우도 많다. 이러한 인식은 효과적이고 체계적인 사이버폭력 예방을 위한 대책을 마련하는 데 장애 요인으로 작용한다.

이에 따라 청소년들 사이에 사회적 죽음(social death)을 일으키는 요인으로 인식되고 있는 사이버폭력 현상에 대한 정확한 실태와 문제점들을 파악하기 위한 노력이 필요하다. 사이버폭력에 대한 정확한 진단과 현황을 확인하기 위해 사이버폭력을 일으키는 특성 및 구조와 함께 청소년들이 얼마나 사이버폭력을 행하고 있고 피해를 경험하고 있는지를 알아야 올바른 대처방법과 예방법 등을 도출할 수 있기 때문이다.

2. 사이버폭력의 구조

1) 사이버폭력의 특성

인터넷이나 스마트폰 이용의 대중화와 함께 등장하여 청소년들에게 심각한 위해 요소로 작용하고 있는 사이버폭력은 기본적으로 온라인상에서 다른 사람에게 가하는 위협적이고 공격적인 행위를 의미한다. 따라서 사이버폭력은 행위의 폭력성에 대해서는 공통적이나, 수단으로서 정보통신 기기가 강조되는 점이 전통적인 학교폭력과 구분되는 특성이라 할 수 있다.

사이버폭력을 바라보는 시각은 크게 두 가지로 구분된다(김봉섭, 박종선, 감동은, 진상기, 2013). 첫 번째는 사이버 공간에서의 폭력을 현실에서 이해하려는 시각이다. 이는 공격성이나 폭력은 인간의 본능적인 속성으로 사이버폭력은 인간의 공격적이고 폭력적인 성향이 사이버 공간에서 표출되는 현상이라고 보는 것이다. 즉, 사이버폭력은 사이버 공간에 대한 의존도가 높아지면서 나타나는 자연스러운 인간 본성의 발현 현상이라 한다. 이와 관련하여 청소년들 사이에서 일어나는 학교폭력의 행위들, 예를 들어 놀림, 욕설, 비방 등은 표현의 형식만 다를 뿐 사이버 공간에서도 동일하게 재현되는 현상에서 근거를 찾을 수 있다. 전통적인 학교폭력이든 사이버폭력이든 모두 의도적이고 지속적이며 힘의 불균형에 의해 공격성이나 폭력성이 나타나는 공통점도 지니고 있다(Hinduja & Patchin, 2009).

두 번째는 사이버폭력은 사이버 공간이라는 특수한 성격과 특성에 의해 현실에서의 폭력과 전혀 다른 특징과 양상을 보인다는 시각이다. 사이버폭력과 관련해서 가장 많이 언급되는 사이버 공간의 특성은 익명성이다. 익명성은 현실에서의 편견과 선입견이 작용하지 않도록 하여 누구나 기회의 평등과 표현의 자유를 담보해 주는 중요한 장치인 동시에 우리를 사회, 양심, 도덕성 및 윤리의 압박으로부터 자유롭게 함으로써 사이버폭력을 일으키는 힘을 제공해 주기도 한다(Hinduja & Patchin, 2009). 사이버 공간의 익명적 상황은 실재감이 부족하여 청소년들로 하여금 일탈행동을 초래할 개연성을 주기 때문에, 익명의 상황에서는 보다 공격적이 되면서 자기조절이 약화되어 사이버폭력의 가능성이 높아진다고 보고되고 있다(이성식, 2005; Postmes & Spears, 1998). 즉, 익명적인 특성으로 인해 사이버 공간에서 행위자들은 발각될 위험 없이 익명의 상황에서 주위 모르게 타인을 괴롭히는 데 참여할 수 있을 뿐만 아니라(Joinson, 2003), 가해자의 정보나 정확한 가해행위의 시초를 파악하기 어려워 가해자로 하여금 쉽게 폭력에 가담하거나 죄책감을 느끼지 않게 할 수 있는 특성을 지니고 있다는 것이다.

또한 비대면적인 사이버 공간의 특성으로 인해 상대방의 피해를 덜 인지하게 되고, 가해자는 자신의 행동에 그다지 죄책감을 느끼지 않게 되는 점도 사이버폭력만이 지닌 특징이라 할 수 있다(Patchin & Hinduja, 2006). 즉, 가해자가 피해자의 고통이나 피해 정도를 덜 인식하게 되어 가해자의 괴롭힘이나 따돌림 행동이 증가하고 강화될 수 있다는 것이다(Hinduja & Patchin, 2009). 이는 사이버폭력의 감정적인 거리와 관련이 있는 것으로 가해자들은 피해자가 느끼는 고통을 직접적으로 볼 수 없고 그러다 보니 피해자에 대한 연민이나 미안함을 덜 느끼게 되는 것이다.

다음으로, 무경계적인 특성과 전파성 등도 전통적인 폭력과는 다른 사이버폭력의 특징이라 할 수 있다. 먼저, 사이버 공간의 무경계적인 특성으로 인해 사이버폭력은 학교와 가정이라는 경계의 구분 없이 발생할 수 있게 되었다. 전통적인 학교폭력의 경우에는 피해자가 가해자들의 세력 범위를 벗어나서 집으로 가거나 이사를 가면 더 이상 일어날 수 없지만, 사이버폭력은 집으로 돌아가거나 이사를 간 이후에도 이메일, 휴대전화 등을 통해 24시간 괴롭힐 수 있다. 이와 함께 사이버상에서 폭력의 행동 범위는 현실과 다르게 학교 범위 밖에서 일어난다는 점에서 전통적인 학교폭력과 차이가 있다. 즉, 학급 내 폭력보다는 그 경계와 범위가 매우 확대되는 특징이 있으며(Kowalski et al., 2008), 현실의 경우와 달리 가해자와 피해자의 관계는 학급 구성원이 아닌 서로 모르는 사이인 경우가 있다는 점에서 전통적인 학교폭력과 사이버폭력 사이의 큰 차이가 있다.

또한 사이버 공간의 전파성은 사이버 공간에 올려진 글이 순식간에 퍼져 나갈 수 있음을 의미한다. 예를 들어, 사이버폭력의 가해자가 피해자의 비밀스러운 사실을 폭로하거나 피해자를 경멸하는 내용을 올리게 되면, 인터넷이나 메신저, 휴대전화를 통해 수많은 사람이 동시에 보고 퍼 나를 수 있기 때문에 광범위하게 확산된다. 무엇보다도 사이버 공간에 한 번 올려진 글이나 사진, 동영상 등은 완벽하게 지워지기가 힘들기 때문에 피해자가 받는 고통도 그만큼 지속되고 심해질 수 있다.

이와 같이 사이버 공간에서의 매개적 의사소통 행위가 갖는 익명성과 비대면성의 특징은 사이버폭력을 더욱 심각한 행위로 만들기 쉽고, 무경계성과 신속한 전파성의 특징은 사이버폭력을 비도덕적 행위를 넘어선 '범죄'로 바꾸어 놓기 싶다. 더욱이 사이버폭력의 피해는 일단 발생하고 나면 어떠한 방법으로도 되돌릴 수 없다는 특징을 갖고 있다는 점에서 더욱 주의해야만 한다. 이러한 특징들로 인해 사이버폭력은 주로 관계적이고 언어적인 폭력임에도 불구하고 정신적·심리적으로 청소년들에게 더욱더 심각한 부작용을 초래한다고 할 수 있다.

2) 사이버폭력과 전통적 폭력의 차이

(1) 집단성

사이버 공간에서는 사람들이 쉽게 선동되어 특정한 목표 대상을 공격하는 경우가 자주 일어나게 된다. 현실 공간에서 집단이 무언가를 하려면 정해진 시간에 정해진 공간에 다수가 모여서 그 대상에 대해 행동을 해야 하기 때문에 다양한 장애가 발생할 수 있다. 하지만 사이버 공간에서는 수많은 사람이 정해진 대상의 홈페이지, 카페, 블로그, SNS 등에 들어가 집단적으로 사이버폭력을 행사할 수 있다. 또한 집단의 수도 현실 공간에서는 상상할 수 없을 정도로 많을 수 있다. 그러므로 사이버폭력의 피해자는 현실에서보다도 심각한 피해를 입을 수 있다. 특히 청소년들의 경우 시기의 성격상 집단적으로 무엇인가를 하는 것에 매우 익숙할 뿐만 아니라 이성보다는 감성에 의지하여 집단이 하는 행위에 쉽게 휩쓸리기도 한다. 따라서 어떤 계층보다도 청소년의 경우 사이버폭력과 같은 집단행동에 쉽게 빠져들 수 있다(한국정보화진흥원, 2012).

실제로, 한국인터넷진흥원(2014b)이 학교급별 사이버폭력 실태를 조사한 결과에 따르면 초등학생의 경우 가해 경험 비율이 16.3%였으나 피해 경험 비율은 8.1%에 불과했다. 또한 중학생의 경우 가해 경험과 피해 경험 비율은 각각 20%와 16.9%, 고등학생의 경우 20.7%와 17.1%로 나타나 사이버폭력 가해의 집단성을 보여 주었다. 즉, 사이버폭력의 경우 가해집단이 특정 개인에 대해 집단적으로 행하고 있음을 알 수 있다. 이에 반해 2014년 발표한 학교급별 학생 1,000명당 학교폭력 현황을 보면 가·피해 경험 비율이 각각 1.04%와 1%(초등학생), 3.8%와 3.2%(중학생),

11.08%와 10.08%(고등학생)로 나타나 학교폭력에서는 가·피해 경험 비율이 거의 차이가 없었다. 이러한 결과를 통해 사이버폭력은 가해와 피해의 불균형이 있다는 것에서 학교폭력과는 다른 집단적 특성을 보여 줌을 알 수 있다.

(2) 기술 지배성

사이버 공간은 인간의 기술에 의해 창조된 공간으로 기술의 지배를 강하게 받는다. 사이버폭력에 있어서도 이러한 기술 지배성이 나타난다. 동영상이나 사진을 합성하여 상대방을 비방하거나 괴롭히는 데 사용하거나, 해킹 기술을 통해 상대방의 개인정보를 알아내어 사이버 스토킹이나 사이버 따돌림을 행할 수 있다.

기술이 뛰어난 개인은 기술 지배성으로 인해 사이버 공간에서 국가보다도 우월한 위치에 있을 수 있다. 따라서 국가가 아무리 사이버폭력에 대한 법률을 만들고 기술적인 대응책을 마련하더라도 기술이 뛰어난 개인이 이를 극복하여 피해자를 집요하게 괴롭힐 수 있다. 특히 청소년들은 새로운 기술의 습득이 매우 빠르고, 그 기술을 이용하여 손쉽게 사이버폭력을 저지르기도 한다(한국정보화진흥원, 2012).

기술 지배성을 보여 주는 대표적인 사이버폭력의 사례로 사이버 감옥, 일명 '카따' 또는 '떼카'라고 불리는 현상이 있다. 이는 모바일을 통해 채팅, 멀티미디어(동영상, 사진 등) 전송, 선물 보내기 등이 가능한 카카오톡 서비스를 통해 집단적인 괴롭힘을 행하는 것을 의미하는 것으로, 해외에서는 잘 나타나지 않는 사이버폭력의 유형이다. 국내에서는 청소년들이 무료 서비스라는 장점으로 인해 많이 이용하는 서비스이기 때문에 나타나는 현상이라고 할 수 있다. 하지만 이러한 떼카도 새로운 서비스의 등장으로 줄어들 전망이다. 지난 2015년 카카오톡 서비스에 대화방 초대 시 거부할 수 있는 기능이 새롭게 부가되면서 반복하여 대화방에 초대하고 집단적으로 괴롭히는 행동이 불가능하게 되었기 때문이다. 이처럼 특정한 정보통신 기술이나 서비스로 인해 독특한 형태의 사이버폭력이 발생할 수 있으며, 이러한 현상을 차단할 수 있는 새로운 기술이나 서비스가 도입되면 원천적으로 불가능하게 되는 기술 종속적인 특성을 보이는 것이 사이버폭력이라 할 수 있다.

(3) 기회의 용이성

인터넷이나 스마트폰 보급이 대중화되면서 누구나 쉽고 편리하게 인터넷과 스마트폰을 이용하게 되었다. 특히 청소년의 경우 대부분이 인터넷을 이용하고 있으며, 76.9%의 청소년이 스마트폰을 이용하게 되면서 사이버폭력의 발생 가능성도 매우 높아졌다. 이는 직접 말로 하는 것보다는 키보드나 키패드를 사용하여 상처 주는 말을 하는 것이 에너지와 용기를 덜 필요로 하기 때문이다(Hinduja & Patchin, 2009). 실제로 면대면 상황에서는 하기 어려운 말이라도 사이버 공간에서는 쉽게 표현할 수 있으며, 언제 어디서나 인터넷이나 스마트폰을 이용할 수 있는 환경에서는 사이버폭력이 더욱 용이하게 이루어질 수 있다.

사이버폭력 행위와 사이버상 일상행위의 경계가 불명확한 것도 사이버폭력이 지닌 특징이라 할 수 있다. 즉, 사이버 공간에서는 마치 말하듯이 자신의 감정이나 생각을 표현할 수 있어 머릿속에 떠오르는 생각을 즉각적으로 글로 표현할 수 있다. 특히 인스턴트 메신저나 SNS의 경우에는 마치 말을 글로 표현하는 듯하여, 과다한 에너지 소비 없이 쉽고 편리하게 의사소통할 수 있다.

문제는 쉽게 자신의 감정이나 생각을 표출할 수 있는 사이버 공간의 의사소통 방식이 전혀 다른 결과나 파장을 몰고 올 수 있다는 점이다. 말은 발설하는 순간 공중으로 사라지지만, 사이버 공간의 의사소통은 항상 행위의 증거가 남을 뿐만 아니라, 감정이 정화되지 않은 글이 맥락이 빠진 상태에서 전달되어 오해를 일으킬 수 있으며, 갈등으로 비화되는 상황을 만들기가 매우 용이하다. 심지어 적대적인 의견을 표현하기 위한 수단으로 온라인을 사용할 때 폭력, 즉 괴롭힘은 더욱더 대담해진다. 이처럼 쉽고 편리하게 이용할 수 있는 정보통신 기술이나 서비스가 오히려 사이버폭력을 더 쉽게 일어나게 하는 계기를 마련하기도 한다.

(4) 유희성

청소년들에게 인터넷은 마치 놀이터와 같은 기능을 한다. 청소년들은 사이버 공간에서 학습활동만 하는 것이 아니라 게임이나 음악감상, 친구 교류 등 다양한 형태의 놀이를 하고 있기 때문이다. 그리고 사이버 공간이라는 놀이터에서 가장 중요한 가치를 부여받는 것은 즐거움이다. 사이버 공간은 즐거움을 추구하는 공간이라고 해도 과언이 아니다.

이러한 인식하에 청소년들은 사이버 공간에서 타인을 괴롭히는 행동 또한 즐거움으로 인식하는 경향이 있다. 실제로 셔리프(Sheriff, 2015)가 캐나다와 북미의 초·중·고등학생 1,088명을 대상으로 사이버폭력의 원인을 조사한 결과에서도 청소년들이 사이버 공간에서의 즐거움을 추구하는 경향을 확인할 수 있다. 조사 결과에 따르면 13~18세 중·고등학생들의 사이버폭력 동기로 '즐거움'이 가장 많은 응답(60%)을 획득하였기 때문이다. 8~12세의 초등학생의 경우에는 경쟁(41%) 다음으로 즐거움(26%)이 사이버폭력의 동기로 확인되었다.

이와 같이 청소년들에게 사이버폭력은 마치 하나의 놀이처럼 인식되는 경향이 있다. 심지어 사이버폭력을 일종의 사회적 처단으로 인식하는 경우도 있다. 사이버 공간에서의 타인에 대한 비방이나 욕설 등이 사회적 처단이나 사회 정의의 실현이라는 인식하에 이루어진다는 것이다. 예를 들어, 일명 '일베'의 종북몰이가 애국심으로 포장되어 인식되거나 연예인의 일탈행동에 악플이 달리는 경우가 대표적이라 할 수 있다.

이는 사이버폭력 가해자에 대한 무관용적 처벌이 실효성을 거두기 어렵게 만드는 결과를 초래한다. 즉, 범의(犯意, mens rea)가 존재하지 않은 상태에서 가해자에 대한 처벌은 오히려 반발심을 일으킬 우려가 있기 때문이다. 사이버폭력에 대한 대응과 전통적인 학교폭력 대응이 차별화되어야 하는 이유가 이러한 사이버폭력의 유희적 특성에서 기인한다고 할 수 있다.

(5) 가·피해 관계 역전

헤이와 에반스(Hay & Evans, 2006)의 연구에 따르면 사이버폭력 가해자와 피해자의 경계는 쉽게 무너질 수 있다. 사이버폭력의 피해자가 가해자에 대한 보복이나 또 다른 피해자를 만들어 내어 고통을 주는 경우가 있으며, 이로 인해 가해와 피해가 서로 맞물려 악순환으로 이어지면서 다른 경우에 비해 우울감과 불안감이 더욱 심각할 수 있다는 것이다. 이는 기존의 학교폭력과 다르게 사이버폭력의 피해자에게서 나타나는 독특한 정서적 반응에서 그 원인을 찾을 수 있다.

힌두자와 팻친(Hinduja & Patchin, 2009)에 따르면 사이버폭력 피해자가 보이는 대표적인 정서적 반응은 자신에 대한 좌절감(43%), 분노(40%), 학업부진(32%), 슬픔(27%) 등의 순이다. 우리나라에서도 사이버폭력 가해 동기로 재미(21.6%), 싫음(13.6%) 등과 함께 복수(8.3%) 감정이 나타나고 있다(한국정보화진흥원, 2013). 여기서 기존의 학교폭력에서는 나타나지 않는 정서적 반응이 분노 감정이다.

분노 감정이 문제가 되는 것은 사이버폭력의 피해자가 타인의 폭력으로 인해 분노 감정이 발생하면 가해자에 대한 보복이나 또 다른 피해자를 만들 수 있는 개연성이 매우 높아지기 때문이다. 즉, 욕망의 배출구 역할을 하는 사이버 공간을 통해 자신의 분노 감정을 표출한다면, 사이버폭력의 피해자가 가해자로 둔갑하게 되어 가해자가 피해자로 또는 피해자가 새로운 가해자로 관계의 변화가 가능하다. 특히 사회의 시선이나 규범 또는 제재로부터 자유로울 뿐만 아니라, 자신의 신분을 속일 수 있는 사이버 공간의 특성 때문에 쉽게 보복이나 새로운 폭력을 일으킬 수 있는 가능성이 높아진다. 또한 힘의 불균형이 외형적으로 드러나지 않기 때문에 두려움 없이 즉각적인 감정의 표출을 통해 보복이나 새로운 폭력이 쉽게 발생할 수 있다. 그 결과로 가해자와 피해자가 서로 뒤바뀌거나 새로운 피해자가 발생하는 구조를 갖고 있는 것이 사이버폭력이 갖고 있는 독특한 특성이라 할 수 있다.

3) 사이버폭력의 도구

총이나 칼과 같이, 기술은 폭력을 더욱 용이하게 한다. 전쟁 상황에서 기술이 얼마나 인간의 폭력을 극대화하는가를 생각하면 모든 의미에서 기술은 폭력을 더욱 쉽게 만든다는 것을 이해할 수 있다. 정보통신 기술에 의해 창조된 사이버 공간에서 발생하는 사이버폭력 또한 이러한 기술적 속성에서 크게 벗어나지 않는다. 인터넷과 휴대전화와 같은 정보통신 기술은 사이버폭력을 용이하게 하는 주요한 기술적 도구라 할 수 있다(김봉섭, 2015).

먼저, 인터넷은 사이버폭력에 가장 많이 사용되는 도구다. 가해자들은 네트워크를 통해 실시간으로 타인을 비방하거나 욕하는 이메일 혹은 문자를 보낼 수 있고, 음란하고 모욕적인 메시지를 온라인 게시판 또는 소셜 네트워크 사이트에 게시할 수 있다. 또한 상대방을 비방하거나 모욕적인 콘텐츠를 선전/유포하기 위해 웹사이트를 개설할 수도 있다. 최근에는 SNS와 같이 실시간 소통이 가능한 서비스를 통해 타인을 집단적으로 비방하거나 괴롭히는 행동들이 나타나고 있을 뿐만 아니라, 대화에 끼워 주지 않는 사이버 따돌림 등이 발생하고 있다.

인터넷이 사이버폭력에 사용되는 주요한 이유는 현실세계의 실명 대신 ID를 비롯한 대화명, 필명 등을 사용하는 익명적인 공간이라는 특성 때문이다. 이러한 익명적인 공간은 개인이 현실세계의 자신의 모습과는 다르게 일탈적인 행위를 하도록 유도할 수 있다. 탈억제의 기제로 익명성이 작용한다고 할 수 있다. 또한 인터넷에서는 비대면적 커뮤니케이션이 주를 이루기 때문에 비언어적 행동이나 상대방에 대한 사회적 지위 등의 사회적 맥락 단서가 적을 수 있다(성동규, 김소희, 이원석, 임성원, 2006). 이 때문에 상대의 감정을 이해하거나 상대방을 배려하는 행동 등이 이루어지기 어려워 사이버폭력이 일어날 수 있다. 특히 청소년들의 삶에서 인터넷의 중요성을 감안한다면, 다른 연령에 비해 사이버폭력의 폐해가 청소년들에게 훨씬 더 큰 영향을 미칠 수 있다고 할 수 있다(이재준, 2011).

또한, 청소년들 사이에 휴대전화 이용이 보편화되면서 휴대전화가 사이버폭력에 자주 이용되고 있다. 휴대전화의 특성상 이동성으로 인해 사적으로 은밀하게 사용할 수 있다는 점에서 주위의 통제로부터 자유로우며, 시간과 장소에 구애받지 않는 등 사이버폭력의 기회가 높다고 볼 수 있다(이성식, 김현준, 2009). 대표적인 예가 휴대전화를 이용하여 악의적인 문자를 보내거나, 휴대전화의 카메라 기능이나 비디오 녹화기능 등을 이용하여 타인의 원치 않는 행동들을 찍어 놀림의 수단으로 활용하는 경우다. 최근 들어서는 그룹 채팅, SNS, 게임 등과 같은 인터넷 기능들이 스마트폰을 통해서도 가능하게 되어 휴대전화를 통한 사이버폭력은 더욱더 증가할 수 있을 것이다.

마지막으로, 휴대용 게임기나 태블릿 PC 등 디지털 기기를 사용한 사이버폭력을 들 수 있다. 많은 스마트 기기가 시장에 나타나고 있고 성인과 청소년들 모두에게 매우 인기가 있다. 특히 태블릿 PC 등의 스마트 기기는 사용자가 캡처, 저장 그리고 배포를 할 수 있게 하는데, 이는 다른 이들에게 해를 끼치는 수단이 될 수 있다. 최근에는 네트워크 기능과 카메라 기능 등을 갖춘 태블릿 PC가 등장하였고 이 기기 또한 사이버폭력에 이용될 수 있는 가능성도 예상된다. 이러한 기기들은 2G 휴대전화를 대체하고 있고 정보를 저장하거나 유통하는 비용을 감소시킨다. 개인들이 이러한 다양한 기능을 가진 전자기기를 활용함으로써 여러 유형의 부정적인 결과물을 만들어 낼 수 있다.

4) 사이버폭력 발생 유형

사이버폭력은 정보통신 기술을 이용한 수단으로서의 의미와 함께 사이버 공간이라는 공간적 의미를 동시에 내포하고 있다. 공간적 의미와 관련하여 사이버폭력은 크게 세 가지 유형이 존재한다. 첫 번째는 현실 공간(Reality)에서의 학교폭력이 사이버 공간(Cyber)에서의 사이버폭력으로 전이되는 RC 모델의 유형이다. 즉, 현실에서의 학교폭력이 사이버폭력으로 진행되는 경우로 거의 대부분의 사이버폭력이 이 유형에 해당한다. 사이버 공간의 익명적인 특성으로 인해 학교폭력의 보복 수단으로 사이버폭력을 행한다고 인식될 수 있지만, 실제로는 학교폭력의 가해자가 사이버폭력의 가해자인 경우가 대부분이다.

두 번째는 사이버 공간(Cyber)에서의 폭력이 현실(Reality) 공간에서의 폭력으로 전이되는 CR 모델의 유형이다. 대표적인 유형이 '현피(player kill)'로 사이버 공간에서 발생한 갈등을 현실에서 해소하는 행위를 의미한다. 온라인을 통한 가상적인 관계가 특정한 사건으로 인해 갈등이 지속되고 결국에는 현실 공간에서 만나 폭력을 행사하는 경우다. 이는 사이버폭력에서는 극히 드문 경우라 할 수 있다.

세 번째는 사이버 공간(Cyber)에서 사이버 공간(Cyber)으로 사이버폭력이 옮겨가는 CC 모델의 유형이다. 이는 인터넷이나 스마트폰 등 정보통신 기기를 바꾸어가며 지속적으로 타인에게 사이버폭력을 행하는 경우다. 스마트폰을 통해 이미지 폭력을 하고, 이를 인터넷을 통해 피해자를 제외한 타인들에게 공개하는 경우가 그 예라 할 수 있다. 이처럼 사이버폭력의 경우는 기존의 학교폭력과 달리 다양한 양상으로 변화·발전하고 있으며, 또한 새로운 정보통신 서비스의 등장으로 전혀 생각지 못한 방식으로 변화할 수 있어 그 양상을 추적하기가 상당히 어렵다.

이와 함께 사이버 공간은 다양한 서비스 형태가 존재하고 있어 사이버폭력이 발생하는 서비스 유형도 매우 다양하다. 청소년폭력예방재단이 조사한 사이버폭력 피해 공간과 관련해서는 의사소통 메신저가 41.6%(N=47)로 가장 높게 나타났으며, 다음으로 SNS(34.5%, N=39), 게임 홈페이지(10.6%, N=12) 등의 순으로 나타났다. 의사소통 메신저의 경우 대부분 휴대전화나 스마트폰 같은 이동형 통신매체에서 제공되는 서비스임을 감안하면, 사이버폭력의 피해는 주로 컴퓨터나 인터넷보다는 휴대전화나 스마트폰을 통해 경험하고 있음을 추론할 수 있다.

표 7-1 사이버폭력 피해 공간   (단위: 명, %)

항목	빈도	비율
의사소통 메신저(카카오톡, 문자 등)	47	41.6
SNS(페이스북, 트위터, 카카오스토리, 밴드 등)	39	34.5
게임 홈페이지	12	10.6
미니홈피	6	5.4
기타	5	4.4
인터넷 카페 및 블로그	4	3.5
합계	113	100

출처: 푸른나무 청예단(2014).

3. 사이버폭력 실태와 전망

1) 사이버폭력 실태

(1) 사이버폭력 가·피해 경험 실태

사이버폭력이 청소년들 사이에서 어느 정도 일어나고 있는지를 살펴보면 조사 시점이나 조사자에 따라 상이한 결과가 나타나고 있다. 베린과 리(2005)는 조사 대상의 2/3 학생이 사이버폭력을 들어보았고, 1/4은 사이버폭력을 당한 적이 있다고 하였다. 또한 리(Li, 2007)는 117명의 캐나다 청소년을 대상으로 한 연구에서 학생 중 15%는 다른 학생들을 사이버상에서 왕따시켜 보았다고 보고하였다. 이배레와 미첼(Ybarra & Mitchell, 2007)의 연구에서는 조사 대상인 9~17세의 9%가 사이버폭력 피해를 경험한 것으로 보고한 반면, 렌허트(Lenhart, 2007)의 연구에서는 12~17세의 32%가 피해를 경험한 것으로 보고하였다. 이와 함께 힌두자와 팻친(2009)이 11~18세 청소년 4,400명을 대상으로 한 조사에서는 조사 대상자의 약 20%가 사이버폭력 피해자라고 생각하는 것으로 나타났다. 또한 약 20% 정도의 청소년이 타인에게 사이버폭력 행위를 한 적이 있으며 10%가 사이버폭력에 대한 가해와 피해를 동시에 경험한 것으로 조사되었다.

우리나라에서도 한국정보화진흥원(2016)이 초·중·고등학생을 대상으로 한 조사에서 사이버폭력 가해 경험이 17.5%, 피해 경험이 17.2%로 나타났다. 이는 2014년 대비 사이버폭력 가해 경험은 3.5%p 증가하고 피해 경험은 1.8%p 감소한 것이다. 또한 청소년폭력예방재단이 2014년에 발표한 자료에서는 우리나라 청소년의 14.2%가 최근 1년간 사이버폭력의 피해를 경험한 것으로 나타났다. 이는 2009년의 2.2%에 비해 거의 7배나 높아진 수치인데, 이 기간에 청소년의 인터넷 이용뿐만 아니라 휴대전화 및 스마트폰 이용이 급속하게 증가하면서 사이버폭력에 노출될 위험이 더 높아졌기 때문이라 할 수 있다.

이와 함께 사이버폭력 가해 유형과 관련하여 한국정보화진흥원(2016)이 조사한 결과에 따르면 사이버 언어폭력이 가장 높은 15.8%였으며, 사이버 따돌림 2.4%, 사이버 명예훼손 2.3%, 신상정보 유출 2.0% 등의 순이었다. 사이버폭력 피해 경험과 관련해서는 사이버 언어폭력이 가장 높은 14.8%였으며, 사이버 명예훼손 4.1%, 사이버 스토킹 2.3%, 사이버 따돌림 2.0% 등의 순으로 나타났다. 또한 청소년폭력예방재단이 2014년에 발표한 자료에 따르면, 사이버폭력 피해 유형과 관련해서는 '욕설이나 모욕적인 말을 들었다'는 응답이 43.7%(N=66)로 가장 높게 나타났으며, 다음으로 '악성댓글 또는 비슷한 피해를 당했다'는 응답이 18.6%(N=28)를 차지하였다.

⭐ 표 7-2 사이버폭력 유형별 가·피해 경험 현황　　　　　　　　　　(단위: 비율, %)

구분	사이버 언어폭력	사이버 따돌림	사이버 명예훼손	신상정보 유출	사이버 스토킹	사이버 성폭력
가해 경험	15.8	2.4	2.3	2.0	2.2	1.0
피해 경험	14.8	2.0	4.1	1.5	2.3	1.1

출처: 한국정보화진흥원(2016).

⭐ 표 7-3 사이버폭력 피해 유형　　　　　　　　　　　　　　　　　　(단위: 명, %)

항목	빈도	비율
욕설이나 모욕적인 말을 들었다	66	43.7
악성 댓글 또는 비슷한 피해를 당했다	28	18.6
위협이나 협박을 당했다	24	15.9
단체 채팅방을 통한 피해를 당했다	24	15.9
나의 신상정보가 유포되었다	7	4.6
성적 메시지나 사진(동영상, 음향 등) 등을 받았다	2	1.3
합계	151	100

출처: 푸른나무 청예단(2014).

이렇게 매번 조사마다 사이버폭력 실태가 차이 나는 것은 크게 두 가지 이유에서다. 첫 번째는 사이버폭력의 정의 또는 범위의 문제다. 우선, 각 조사마다 응답자들에게 사이버폭력을 어떻게 질문하는가에 따라 그 결과가 상이하다. 한국정보화진흥원의 조사에서는 사이버폭력의 하위 유형(사이버 언어폭력, 사이버 따돌림, 사이버 명예훼손, 신상정보 유출, 사이버 스토킹, 사이버 성폭력)별로 사이버폭력의 가·피해 경험 유무를 질문하였다. 청소년폭력예방재단의 경우에는 여러 가지 학교폭력 유형과 함께 사이버폭력(인터넷, 휴대전화, SNS 등에서 욕설, 강제 동영상 촬영 등)을 제시하고 가해 경험이 있는 응답자들이 답하도록 하여 조사하였다. 반면, 교육부의 경우에는 학교폭력과 관련한 여러 문항 중 '컴퓨터, 휴대전화(스마트폰)를 이용해 다른 학생을 계속 괴롭혔다(괴롭힘을 당했다)'라는 단일 문항으로 사이버폭력 실태를 파악하고 있다. 이처럼 조사기관마다 사이버폭력을 어떻게 규정하고 어디까지 사이버폭력으로 보는지에 대한 통일성이 없어 조사 결과가 상이하게 나타나고 있는 것이다. 이와 관련하여 밴디보쉬와 반 클림펏(Vandebosch & Van Cleemput, 2008), 토쿠나가(Tokunaga, 2010) 등은 사이버폭력에 대한 개념적 명확성이 떨어져 보편적인 사이버폭력의 정의가 내려지지 않고 있다고 주장한다. 또한 사이버폭력과 관련된 용어도 e-mail lynchings, cyber harassment, internet harassment, electronic bullying 등 다양하다. 우리나라의 경우에도 사이버폭력은 사이버폭력뿐만 아니라, 사이버 괴롭힘, 사이버 왕따 등 다양하게 불리고 있다. 이러한 개념적 혼돈과 범위의 혼란은 사이버폭력을 조사할 때마다 조사 대상을 누구로 하였는가, 어떤 지역의 청소년들이 주로 응답하였는가, 사이버폭력을 어떻게 정의하였는가, 사이버폭력과 관련된 이들의 범주(가해자, 피해자, 방관자 등을 나누는 조사 도구의 범주) 등과 중첩되면서 조사 때마다 서로 다른 차이를 보이는 것이다.

사이버폭력 실태조사마다 그 결과에서 차이가 나는 두 번째 이유는 응답자의 사이버폭력 가·피해기간에 대한 차이 때문이다. 먼저, 한국정보화진흥원과 청소년폭력예방재단의 경우는 지난 1년 동안의 사이버폭력 가·피해 경험 유무를 조사하였고, 교육부는 최근 6개월 동안의 사이버폭력 가·피해 경험 여부를 조사하였다. 이 밖에도 스마트폰에서의 사이버폭력 실태를 조사한 이창호(2013)의 경우에는 최근 3개월간의 경험 유무를 조사하는 등 매 조사에서 서로 상이한 기간을 적용하고 있다. 해외의 경우는 최근 1개월(Hinduja & Patchin, 2009), 3개월(Mishna, Khoung-Kassabri, Gadalla, & Daciuk, 2012), 4개월(Kris, Jasmaine, Joel, Leandra, & Hayley, 2010) 등 가·피해 기간이 다양하다. 그리하여 미국의 경우에도 사이버폭력의 피해 경험은 응답자의 9%에서부터 72%에 이르기까지 폭넓게 나타나고 있다(Ybara, Boyol, Korchmaros, & Oppenheim, 2012). 이에 따라 존 후버(John Hoover)는 표본 추출과 응답의 신뢰성을 고려해 볼 때 전체적으로 미국의 경우 2008년 기준 13% 내외의 빈도로 사이버폭력을 경험하고 있는 것으로 보는 것이 타당하다는 의견을 제시하였고, 이것이 널리 받아들여지고 있다(임상수, 2011). 하지만 대부분의 청소년이 사이버폭력으로 인한 피해 사실을 주변에 알리지 않는 속성이 있음을 감안한다면, 상당수의 청소년이 사이버폭력의 피해를 받은 것으로 짐작할 수 있어 보다 정확하게 청소년의 사이버폭력 가·피해 상황을 살펴보려는 노력이 필요하다.

(2) 성별에 따른 사이버폭력 차이

기존의 학교폭력 상황에서는 남성이 여성보다 더 높은 학교폭력 가·피해 경험을 가지고 있는 것으로 나타났다(Boulton, Lloyd, Down, & Marx, 2012). 이는 남성이 여성보다 더 폭력적인 성향을 갖고 있기 때문이다. 하지만 사이버폭력의 경우에는 여학생이 주로 피해를 입는 것으로 나타났다. 가령, 애덤스(Adams, 2010)의 연구에 따르면 미국에 거주하는 여학생은 남학생보다 사이버폭력을 더 많이 경험하는 것으로 나타나(여자 25.8% vs. 남자 16%), 주로 여학생이 사이버폭력에 취약한 것으로 확인되었다. 토쿠나가(Tokunaga, 2010)의 연구에서도 여학생이 상대적으로 사이버폭력에 의해 더 많은 피해를 입는 것으로 나타났다. 이러한 원인으로 외국의 연구진은 물리적 힘이 필요치 않은 사이버 공간에서는 여학생도 쉽게 사이버폭력을 행할 수 있기 때문이라고 주장하고 있다.

반면, 우리나라의 경우 거의 모든 조사에서 남성이 여성에 비해 더 많은 사이버폭력 가·피해를 경험하는 것으로 나타났다. 한국정보화진흥원(2016)에서 조사한 결과에 따르면 사이버폭력 가해 경험은 6:4 정도의 비율로 남학생(24.3%)이 여학생

(11.0%)에 비해 많은 것으로 나타났다. 이것은 사이버 공간에서도 남자들의 폭력성이 발현되고 있음을 보여 주는 것이다. 하지만 한국정보화진흥원이 2013년에 조사한 자료에 따르면 여학생도 사이버 배제(여학생 61%, 남학생 39%)와 같은 소극적 형태의 사이버폭력에서는 남학생에 비해 가해 경험 정도가 높은 것으로 조사되었다.

그 원인으로는 과도한 시간 동안 인터넷을 이용하는 인터넷 중독과 같은 문제적 인터넷 이용(problematic internet use)이 지목된다. 실제로 제주대학교 정용은 교수팀 (2014)의 조사에서 남학생(14.2%, N=330)이 여학생(5.1%, N=113)보다 사이버폭력을 더 많이 경험하며, 문제적 인터넷 이용도 남학생(16.1%)이 여학생(8.1%)보다 높게 나타났다. 이처럼 과다하게 인터넷을 이용하는 인터넷 중독과 같이 인터넷 이용 시간이 사이버폭력과 상당한 관련이 있다는 결과(Hinduja & Patchin, 2009)에 따라, 우리나라의 경우 남학생이 여학생보다 더 많은 시간을 인터넷 이용에 소비하고 있어 남학생이 사이버폭력에 더 많은 가해나 피해를 경험할 개연성이 충분하기 때문으로 풀이된다.

또한 사이버폭력 피해 경험은 남학생이 19.6%, 여학생이 15%로 남학생이 다소 높은 것으로 나타났다(한국정보화진흥원, 2016). 하지만 한국정보화진흥원이 2013년에 조사한 자료에 따르면 사이버 성폭력(여 55.2%, 남 44.8%), 사이버 배제(여 60.8%, 남 39.2%) 등에서는 오히려 여학생의 피해 경험 비율이 높았다. 이는 현실 공간에서 남학생이 여학생을 괴롭히는 것이 사회적으로는 용인되지 않지만 사이버 공간에서는 이러한 사회적 시선이 부재하여 여학생에 대한 사이버폭력이 증가하기 때문인 것으로 추론할 수 있다.

예외적으로 강북아이윌센터(2014)에서 서울시 초·중·고등학교 재학생을 대상으로 설문조사를 한 결과에 따르면, 사이버폭력 가해 경험이 있는 청소년은 남학생이 2.4%, 여학생이 4.8%로 여학생이 2배 이상 높았으며, 사이버폭력 피해 경험 비율은 남학생이 3.3%, 여학생이 4.8%로 나타나 여학생이 사이버폭력 가·피해를 더 많이 경험하는 것으로 나타났다. 반면, 이성대, 황순금, 염동문(2013)은 사이버폭력 가·피해자의 성별 차이가 없는 것으로 보고했다.

(3) 연령에 따른 사이버폭력 차이

지금까지 확인한 사이버폭력 관련 연구를 보면 연령에 따른 사이버폭력 가·피해 경험은 초등학교에서 시작하여 중학교 때 가장 높은 비율을 보이고 다시 고등학교로 올라갈수록 줄어드는 종형(curveliner)의 형태를 띠고 있다. 윌리엄스와 구에라(Williams & Guerra, 2007)가 미국의 5학년, 8학년, 11학년 학생을 대상으로 조사한 결과에 따르면, 사이버폭력 피해를 경험한 비율이 5학년 때 가장 낮고(4.5%), 8학년에서 가장 높으며(12.9%), 11학년에서는 다시 떨어지는(9.9%) 패턴을 보였다. 특히 사이버폭력 피해가 가장 많은 학년은 7학년(중학교 1학년)과 8학년(중학교 2학년)인 것으로 나타났다.

한편, 2010년 10월 미국의 유명 대학교 신입생이었던 테일러 클레먼티(Tylor Clementi)가 스스로 목숨을 끊은 사건은 사이버폭력이 결코 청소년만의 문제가 아니며 성인으로 인식되는 대학생들에게도 심각한 위해를 줄 수 있는 사안임을 알려 주었다. 사이버폭력은 고등학교를 졸업하고 대학에 진학하면서 점차 감소한다고 알려졌지만, 최근 자료에 의하면 대학생들에게서 사이버폭력과 관련한 경험이 10~35%에 걸쳐 퍼져 있는 것으로 나타났다. 어떤 경우에는 오히려 청소년들보다 더 높은 경험 비율을 보이는 경우도 있는 것으로 밝혀졌다(Lawler & Molluzzo, 2011). 심지어 크래프트와 왕(Kraft & Wang, 2010)은 고등학교에서의 사이버폭력 피해가 대학에서의 사이버폭력으로 이어지는 위험 요인임을 밝혔다.

우리나라의 경우는 주로 10대 청소년의 사이버폭력 현상에 많은 관심이 집중되어 있다. 이는 우리나라의 「학교폭력예방 및 대책에 관한 법률」에서 사이버폭력을 학교문제 또는 청소년문제로 한정하고 있기 때문이라고 생각된다.

이에 따라 우리나라의 연령별 사이버폭력 실태를 보면, 지난 2016년 한국정보화진흥원에서 조사한 결과에서 사이버폭력 가해 경험은 고등학생 > 중학생 > 초등학생 순으로 나타났다. 사이버폭력 피해 경험은 가해 경험과 동일하게 고등학생 > 중학생 > 초등학생 순이었으나, 고등학생과 중학생 사이의 피해 경험 정도는 가해 경험 정도에 비해 격차가 상당히 줄어든 것으로 조사되었다. 또한 초등학생의 경우 가해 경험에 비해 피해 경험이 높은 것으로 나타나 사이버폭력 가해의 집단성을 보

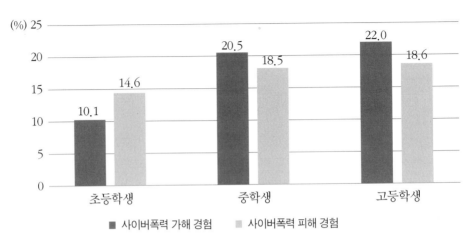

(%) 25

◀ 그림 7-1 학교급별 사이버폭력 가·피해 경험 현황

출처: 한국정보화진흥원(2016).

여 주고 있다.

또한 강북아이윌센터(2014)의 설문조사에서는 사이버폭력 피해 경험이 중학생 (4.4%), 초등학생(3.2%), 고등학생(2.4%) 순으로 나타났으며, 사이버폭력 가해 경험은 중학생(5.4%), 초등학생(2.8%), 고등학생(2.1%) 순으로 나타났다. 이러한 결과에 따르면 사이버폭력에 있어서는 중학생이 가·피해 경험이 많은 집단임을 알 수 있다.

2) 사이버폭력 전망

(1) 정보통신 기술에 대한 의존 심화

한국인터넷진흥원(2014a)이 발표한 자료에 따르면 우리나라 10대 청소년의 인터넷 이용률은 99.9%다. 하루에 1회 이상 인터넷을 이용하는 비율도 95.2%에 달한다. 주당 평균이용시간은 14.4시간으로 학교수업을 제외하면 여가 시간의 대부분을 인터넷을 하면서 보내고 있다고 봐도 무방하다. 최근에는 스마트폰이 보급되어 청소년들의 정보통신 기기 이용 양상도 점점 더 다양해지고 있다. 또한 인터넷은 청소년들에게 놀이문화 공간, 스트레스 해소의 장, 정보와 지식을 취득하는 영역,

새로운 방식의 인간관계를 추구하는 의사소통 수단이다.

　반면, 청소년의 과도한 정보통신 기술에 대한 의존은 인터넷 중독, 스마트폰 중독과 같은 문제적 인터넷 이용을 야기한다. 특히 과도한 정보통신 기술에 대한 의존은 사이버폭력과도 상당한 관련이 있는 것으로 확인되었다. 실제로 강북아이윌센터(2014)의 설문조사 결과에 따르면, 사이버폭력 피해 경험이 있는 경우 스마트폰 고위험 사용자군(9.1%), 잠재적 위험 사용자군(5.0%), 일반 사용자군(3.0%) 순으로 나타났으며, 사이버폭력 가해 경험은 고위험 사용자군(14.7%)이 잠재적 위험 사용자군(7.6%), 일반 사용자군(2.5%)보다 높게 나타났다. 이처럼 청소년들의 정보통신 기술에 대한 의존도가 심화될수록 사이버폭력 가·피해 경험은 증가하고 있다. 일상생활에서 정보통신 기술이 차지하는 비중이 점점 더 높아지는 양상을 볼 때 사이버폭력의 발생도 점차 늘어날 것으로 전망된다.

(2) 놀이 공동체 붕괴

　인간은 사회적 동물이라고 한다. 이는 인간은 끊임없는 타인과의 관계 속에서 존재하기 때문에 나온 말이다. 이 사람들과의 관계에서 가장 중요한 생존기술은 바로 갈등관리 기술이다. 관계 속에서 갈등이 해소되지 못하고 지속된다면 사람들의 관계는 단절되고 와해될 뿐만 아니라 심지어 심각한 폭력으로 이어지기도 한다.

　문제는 요즘의 청소년들에게 갈등관리 기술을 가르칠 수 있는 시스템이 완전히 붕괴되었다는 것이다. 청소년들 사이에서 놀이 공동체가 붕괴되면서 갈등관리 기술을 배울 수 있는 기회가 사라지게 된 것이다. 청소년들 사이에서 놀이 공동체의 붕괴는 놀이에 대한 부정적인 시각 때문이다. 즉, 노는 것은 비생산적이고 시간 낭비라는 것이다. 심지어는 잘못이라는 생각까지 하게 되어 놀이하는 것에 대해 죄책감을 느끼기도 한다. 하지만 놀이를 하는 것은 미래에 필요한 연습을 하는 것이다. 예를 들어, 동물이 하는 싸움놀이는 나중에 실제로 싸움을 하거나 사냥할 때를 대비한 연습이다. 동물은 놀이를 통해 주변 환경과 친구 및 적과의 관계에 대한 규칙을 배운다. 그리고 아이들은 놀이를 통해 친근한 놀림과 비열과 모욕의 경계를 오가면서 이러한 것들의 차이를 배우고 경계가 겹칠 때는 자연스럽게 수습하는 법을 배운다. 놀이에서 배우는 상호작용은 사회적 집단에 필수적인 '주고받기'를 연습하는 리허설이라고 할 수 있다. 특히 아이들에게 또래와의 사회적 상호작용은 학습과 지속적인 관계 형성을 위해 필요한 사회정서적 기술을 개발하기 위한 장을 제공한다. 또래와의 상호작용을 통해 아이들은 협력, 다른 시각의 보유, 우정을 위한 점진적 욕구의 만족 등의 방법을 배운다. 실제로 청소년들은 가까운 친구가 있음으로 해서 자신감이 높아지고, 더 이타적이며 덜 공격적이 되는 것으로 밝혀졌다. 또한 그들은 학교와 관련된 증가된 학습 정향을 보여 주는 것으로 나타났다(Merch, 2009). 하지만 요즘의 우리 청소년들은 놀이를 통해 배울 수 있는 다양한 경험을 원천적으로 차단당하고 있다. 성공으로 가는 데 놀이는 걸림돌이 된다는 생각이 팽배한 것이 우리의 현실이다. 청소년들에게는 놀이기술보다 공부기술이 더 중요하게 인식되고 있기 때문이다.

요즘 학교에서 갈등이나 폭력이 더 심해지고 확산되는 이유도 바로 갈등관리 기술이 부족하기 때문이다. 예전 청소년들처럼 서로 화해하고 관계를 개선하려는 기술이 부족하여 친구들과의 사이에서 갈등이 생기면 즉각적인 폭력으로 해결하려한다는 것이다. 우리 청소년들이 특히 물리적인 힘에 의존하지 않고 쉽고 편리하게 갈등을 표출할 수 있는 사이버폭력에 더 많이 의존하게 되는 것은 어쩌면 당연한 현상이라 할 수 있을 것이다.

(3) 정서 맥락 단서의 독해력 부족

요즘의 청소년들은 어린 시절부터 커뮤니케이션 기술을 면대면으로 배우기보다 스크린과 같은 매개체를 통해 배워 왔다. 그 결과, 아이들은 스크린을 통해 표현되는 과장된 표정이나 몸짓에만 익숙해지고 면대면 상황에서 나타나는 미묘한 얼굴 표정이나 시선들을 읽을 수 있는 기회가 줄어들게 된다. 그래서 미국 소아과의사협회(American Academy of Pediatrics: AAP)에서는 부모들에게 18개월 이전까지는 아이들이 스크린 매체를 접하지 못하게 할 것을 권고하고 있다.

이처럼 타인의 감정이나 기분이 외부로 표현되는 정서 맥락 단서를 읽지 못하는 아이들의 경우 사회적으로 여러 가지 문제를 일으킬 수 있다. 가장 흔하게는 분위기나 상황을 이해하지 못하는 눈치 없는 아이들이 되어 버린다. 폭력 상황과 관련해서는 폭력의 피해에 따른 타인의 고통이나 아픔을 이해하지 못하게 될 수 있다. 또한 상대방의 기분이나 감정을 이해하지 못해 폭력을 일으킬 수도 있다. 특히 타인이 눈앞에 실재하지 않는 사이버 공간의 상황에서는 타인의 감정이나 기분을 이해하는 공감능력이 매우 중요한데, 이러한 능력이 부족함으로써 사이버폭력의 상황을 더욱 심각한 지경으로 몰고 갈 수 있다.

(4) 성공 스트레스

미국 에모리 대학교 영문학 교수인 마크 바우얼라인(Mark Bauerlein, 2008)은 미국 청소년을 상징하는 두 가지 키워드를 제시했다. 하나는 성공(success)이고 다른 하나는 불안(anxiety)이다. 미국 청소년들은 명문 대학에 진학하기 위한 스펙 쌓기에 내몰리고 있으며, 이는 성공에 대한 욕망 때문이라는 것이다. 이 와중에 행여 다른 이들에게 뒤처질까 봐 항상 노심초사하는 불안감에 쌓여 있다고 그는 말한다.

미국보다 교육열은 높지만 교육환경이 열악한 우리 청소년들은 미국 청소년들에 비해 '성공'과 '불안'이 더욱 심할 것이다. 초등학교 치맛바람은 이미 옛말이 된 지 오래다. 한창 엄마 품에서 어리광을 부릴 유아 때부터 학원으로 내몰리고 있는 실정이다. 다들 '일등이 되어야 한다'는 사고방식에 물들어 있다고 해도 과언이 아니다. 삶의 유일한 목표가 일등이 되는 것이며 일등이 되어야 돈을 더 많이 벌 수 있다는 사고방식이 극에 달했다.

그러는 사이 청소년들의 가슴속에는 조금씩 불안감이 쌓여 간다. 행여 생명을 건 레이스에서 뒤처지면 어쩌나 하는 불안감 말이다. 학년이 올라갈수록 불안감은 더욱 커져 간다. 일등이 될 수 있는 확률이 더욱 떨어지기 때문이다. 지금 일등이라고 불안감이 없어지지는 않을 것이다. 자기 자리를 호시탐탐 노리는 친구들 때문에 자리를 지키는 데서의 불안감 또한 적지 않다.

이처럼 우리 청소년들은 가슴속에 언제 터질지 모르는 불안의 시한폭탄을 하나씩 짊어지고 있다고 해도 과언이 아니다. 청소년기에 갈등이 점점 더 심화되고 또 폭발적이 되는 것은 성공에 대한 욕망과 이에 따른 불안이 내재해 있기 때문이다.

특히 한국정보화진흥원(2013)이 조사한 바에 따르면 대도시 학생들이 중소도시나 읍면 지역 학생들에 비해 심각한 유형의 사이버폭력을 더 많이 경험하는 것으로 나타났다. 이는 대도시 학생들이 성공을 위한 레이스에 더 많이 시달리고 그만큼 불안감이 높아 흉폭해지기 때문이라고 보인다. 게다가 사이버 공간은 익명적인 공간으로 자신의 스트레스를 사회적 시선이나 규범에 상관없이 표출할 수 있는 곳이다. 즉, 익명의 가면을 쓰고 타인을 괴롭히기에 적절한 공간인 것이다.

4. 결론

사이버폭력의 위험성은 실제적인 폭력의 결과보다 오히려 잠재적 폭력 피해에 대한 두려움에 있다. 언제, 어디서, 누군가에 의해 사이버폭력을 당할 수 있다는 두려움이 청소년들에게는 심각한 정신적·심리적 피해를 일으킬 수 있다는 것이다. 이러한 두려움은 청소년들이 학습에 전념하는 것을 방해함으로써 학습권을 침해하고 안전한 학교환경을 조성하는 데 걸림돌로 작용한다. 또한 또래관계를 중요시하는 청소년기에 관계적 고립은 죽음과 같은 상태라고 청소년들은 생각하고 있다. 또래관계에서 배제되었다는 느낌은 좌절과 불안 그리고 자존감 상실을 가져온다. 가해자를 특정하기 어려운 사이버폭력의 특성상 상대를 신뢰하지 못하는 불신감 또한 청소년기에는 공포로 다가온다. 이처럼 사이버폭력은 물리적 폭력보다 더 심한 관계적 폭력으로 정서적·심리적 상해로 작용한다. 이것이 우리가 사이버폭력을 결코 사소하게 인식하지 말아야 하는 이유다.

하지만 사이버폭력의 폐해나 심각성에 대해서 여러 사례를 통해 많은 사람이 알고 있지만, '사이버폭력이 무엇인지?' '왜 문제인지?' '어떻게 그것에 대처해야 하는지?' 등에 대해서는 정확히 알고 있지 못하다. 우리 사회는 온라인에서의 청소년문화와 성인문화가 서로 단절되어 있어 사이버폭력 현상을 제대로 파악하기가 매우 어렵기 때문이다. 급격한 정보통신 기술 변화에 따른 청소년들의 사이버폭력 경향을 정확히 파악하는 데도 어려움이 있다. 또한 사이버폭력은 직접적인 신체적 피해도 없고, 청소년기에 있을 법한 일로 하나의 통과의례처럼 생각하여 깊이 고민하지 않기 때문이기도 하다.

　이러한 시기에 우리에게 필요한 것은 정보통신 기기 이용에 대한 올바른 가치와 규범을 확립하는 일이라 할 수 있다. 이용자 스스로 자기통제 능력을 함양하고 정보윤리의식을 제고하기 위한 노력을 게을리하지 말아야 한다. 이와 함께 정부를 포함한 청소년 이해관계자들은 사이버폭력의 심각성을 인지하고 청소년들이 건강하게 사회인으로 성장할 수 있도록 적극적인 관심과 지원을 아끼지 말아야 하겠다.

참고문헌

강북아이윌센터(2014). 2014년 서울시 청소년 사이버폭력, 스마트폰 중독 조사 연구.

김봉섭(2015). 우리나라의 사이버폭력 실태. 사이버폭력의 이해와 실태. 이창호 외. 경기: 교육과
　　학사.

김봉섭, 이원상, 임상수(2013). 사이버 불링에 대한 이해와 대응 방안. 한국정보화진흥원.

김봉섭, 박종선, 감동은, 진상기(2013). 사이버폭력 발생과 정보매체활용간의 상관분석: 인터
　　넷과 휴대전화 사용을 중심으로. 컴퓨터교육학회논문지, 16(5), 17-29.

성동규, 김도희, 이윤석, 임성원(2006). 청소년의 사이버폭력 유발요인에 관한 연구: 개인성·
　　사이버폭력 피해경험·윤리의식을 중심으로. 사이버커뮤니케이션학보, 19, 79-129.

야미기와 주이치(2014). 폭력은 어디서 왔나: 인간성의 기원을 탐구하다(한승동 역). 경기: 곰출판.

이성대, 황순금, 염동문(2013). 사이버폭력의 인식 및 실태에 관한 탐색적 연구: 의령군 중학생
　　을 중심으로. 청소년문화포럼, 33, 120-143.

이성식(2005). 청소년 사이버성폭력 설명요인에 관한 연구. 형사정책, 17(1), 125-144.

이성식, 김현준(2009). 휴대전화 모바일 비행의 원인으로서 비행자 특성과 비행기회, 그리고
　　통합적 설명. 형사정책, 21(1), 241-262.

이재준(2011). 미국내 인터넷 윤리 관련 논쟁. DMT. 미디어미래연구소.

이창호(2013). 스마트폰 확산에 따른 청소년보호방안 연구. 한국청소년정책연구원.

임상수(2011). 사이버폭력에 대한 윤리교육의 대응. 윤리연구, 81, 291-316.

푸른나무 청예단(2014). 전국 학교폭력 실태조사연구.

한국정보화진흥원(2012). 선생님을 위한 청소년 사이버폭력 이해와 대처요령.

한국정보화진흥원(2013). 정보문화 3.0 시대의 이슈와 제언.

한국정보화진흥원(2016). 2015년 사이버폭력 실태조사 결과보고서

한국인터넷진흥원(2011). 2011년 인터넷윤리문화 실태조사.

한국인터넷진흥원(2014a). 2014년 인터넷이용실태조사.

한국인터넷진흥원(2014b). 2014년 사이버폭력 실태조사.

Adams, C. (2010). Cyberbullying: How to make it stop. *Instructor, 120*(2), 44-49.

Bauerlein, M. (2008). *The dumbest generation: How the digital age stupefies young
　　americans and jeopardizes our future*. London: Jeremy P. Tarcher.

Beran, T., & Li, Q. (2005). Cyber-harassment: A study of new method for an old behavior.

Journal of Educational Computing Research, 32, 265-277.

Beran T., & Li, Q. (2007). The relationship between Cyberbullying and school bullying. *Journal of Student Wellbeing, 1*(2), 15-33.

Boulton, M., Lloyd, J., Down, J., & Marx, H. (2012). Predicting Undergraduates' Self-Reported Engagement in Traditional and Cyberbullying from Attitudes. Cyberpsychology, *Behavior, and Social Networking, 15*(3), 141-147.

Hay, C., & Evans, M. M. (2006). Violent victimization and involvement in delinquency: Examining predictions from general strain theory. *Journal of Criminal Justice, 34*, 261-274

Hinduja S., & Patchin, J. (2009). *Bullying beyond the schoolyard*. 조아미, 박선영, 한영희, 이진숙, 김범구, 전영선, 이정민, 이원희 공역(2012). 사이버폭력. 서울: 정민사.

Joinson, A. N. (2003). *Understanding the psychology of internet behavior: Virtual worlds, real lives*. Bassingstoke and New York: Palgrave Macmillan.

Kowalski, R. M., Limber, S. P., & Agatson, P. W. (2008). *Cyberbullying: Bullying in the digital age*. MA: Wiley-Blackwell.

Kraft, E. M., & Wang, J. (2010). An exploratory study of the cyberbullying and cyberstalking experiences and factors related to victimization of students at a public liberal arts college. *International Journal of Technoethics, 1*, 74-91.

Kris, V., Jasmaine, T., Joel, M., Leandra, P., & Hayley, C. (2010). High School Students' Perceptions of Motivations for Cyberbullying: An Exploratory Study. *West J Emerg Med, 11*(3), 269-273.

Lawler, J. P., & Molluzzo, J. C. (2011). A Survey of First-Year College Student Perceptions of Privacy in Social Networking. *Journal of Computing Sciences in Colleges, 26*(3), 36-41.

Lenhart, J. (2007). Cyberbullying and online teens. http://www.cbc.ca/news/background/bullying/cyber_bullying.html.

Li, Q. (2007). Bullying in the new playground: Research into cyberbullying and cyber victimization. *Australasion Journal of Educational Techonology, 23*(4), 435-454.

Mesch, G. (2009). Parental Mediation, Online Activities and Cyberbullying. *Cyberpsychology and Behavior, 12*(4), 387-393.

Mishna, F., Khoury-Kassabri, M., Gadalla T., & Daciuk, J. (2012). Risk factors for involvement in cyber bullying: Victims, bullies and bully-victims. *Children and Youth Services Review, 34*, 63-70.

Notar, C., Padgett, S., & Roden, J. (2013). Cyberbullying: A Review of the Literature. *Universal Journal of Educational Research, 1*(1), 1-9.

Patchin, J. W., & Hinduja, S. (2006). Bullies move beyond the schoolyard: A preliminary look at cyber bullying. *Youth Violence and Juvenile Justice, 4*, 148-169.

Postmes, T., & Spears, R. (1998). Deindividuation and anti-normative behavior: A meta-analysis. *Psychological Bulletin, 123*, 238-259.

Sheriff, S. (2015). *Sexting and Cyberbullying: Defining the line for digitally empowered kids*. NY: Cambridge University Press.

Sticca, F., Ruggieri, S., Alsaker, F., & Perren, S. (2013). Longitudinal Risk Factors for Cyberbullying in Adolescence. *Journal of Community & Applied Social Psychology, 23*(1), 52-67.

Tokunaga, R. (2010). Following you home from school: A critical review and synthesis of research on cyberbullying victimization. *Computer in Human Behavior, 26*, 277-287.

Vandebosch, H., & Van Cleemput, K. (2008). Defining cyberbullying: A qualitative research into the perceptions of youngsters. *Cyber Psychology & Behavior, 11*(4), 499-503.

Williams, K. R., & Guerra, N. G. (2007). Prevalence and predictors of internet bullying. *Journal of Adolescent Health, 41*, 14-21.

Ybrra, M. L., & Mitchel, K. J. (2007). Prevalence and frequency of Internet harassment instigation: Implications for adolescent health. *Journal of Adolescent Health, 41*, 189-195.

Ybara, M. L., Boyd, D., Korchmaros, J. D., & Oppenheim, J. (2012). Defining and Measuring Cyberbullying Within the Larger Context of Bullying Victimization. *Journal of Adolescent Health, 51*(1), 53-58.

Jung, Y-E., Leventhal, B., Kim, Y-S., Park, T-W., Lee, S-H., Lee, M-M., Park, S-H., Yang, J-C., Chung, Y-C., Chung, S-K., & Park, J-I. (2014). Cyberbullying, Problematic Internet Use, and Psychopathologic Symptoms among Korean Youth. *Younsei Med J, 55*(3), 826-830.

| 제8장 |

사이버폭력 가해자의 이해와 개입

이 장에서는 사이버폭력 가해자의 개념에 대한 내용과 가해 경험에 영향을 주는 다양한 수준의 요인들―개인·심리적 요인, 가정환경적 요인, 사회환경적 요인―에 대하여 살펴보고자 한다. 이를 통해 사이버폭력 가해자에 대한 이해의 수준을 넓히고, 사이버폭력 가해자와 관련된 문제의 해결을 위한 구체적인 전략을 구축하고 방향을 제시하고자 한다.

1. 사이버폭력 가해자의 개념

사이버폭력의 개념적 정의에 따라 사이버폭력의 가해자는 다른 사람을 가해하려는 의도를 가지고 있는 개인이나 집단으로 정보통신 기기를 사용하여 사이버 공간 속에서 고의적이고 반복적으로 사이버폭력을 시도하는 이들로 볼 수 있다.

이러한 사이버폭력 가해자의 특징은 일반적으로 학교폭력 가해자의 특징과 유사하다. 학교폭력 가해자들의 경우 개인·심리적인 요인과 가정 및 사회 환경적인 요인이 그들의 폭력적인 행위에 영향을 주며, 성별 및 다양한 요인들에 따라 표출되는 특징과 경향성이 조금씩 차이가 있음이 보고되고 있다(Seals & Young, 2003; Simmons, 2003). 사이버폭력도 개인·심리적인 요인과 가정 및 사회 환경적인 요인들의 영향을 받고 있음을 확인할 수 있다.

대표적인 공통적 요인으로 자기통제력과 공격성의 경우 학교폭력 가해자들과 사이버폭력 가해자들 간에 나타나는 유사한 특징적 측면으로 볼 수 있으며, 이 외에도 우울, 외로움, 불안 등의 요인들도 일맥상통하는 요인들로 확인된다.

실제로 코웰스키와 림버(Kowalski & Limber, 2006)는 사회적 불안을 경험하는 사람들과 사이버폭력 경험의 관계에 대하여 조사하였는데, 사이버폭력의 가해자들의 경우 사회적인 불안의 인식 수준이 높게 나타나고 있음을 제시하여 사이버 공간에서의 역기능적인 요인들이 오프라인에서 논의되어 오는 측면들과 유사한 모습들이 있음을 지지해 주고 있다. 이 외에도 사이버폭력 가해에 영향을 주는 요인들에 대해서는 구체적으로 다음 절에서 다루겠다.

한편, 사이버폭력 가해자들의 유형을 살펴보면 에이프랩(Afrab, 2006)은 다음과 같은 네 가지로 정리하여 소개하고 있다(김은경, 2012 재인용).

첫째, '복수심에 사로잡힌 천사(vengeful angel)' 유형이다. 이들은 학교에서 폭력피해를 당해 온 청소년들로서 자신에게 신체적인 공격을 해 온 학생들에게 복수를 시도하는 차원에서 사이버폭력을 활용하는 것이다. 이는 사이버 공간이 가지고 있는 익명성에 근거하고 있다(김은경, 2012 재인용).

둘째, '나쁜 소녀(mean girl)' 유형이다. 이들은 자신의 재미를 위해 사이버폭력을 시도하는 유형으로서 다른 이들을 공격하고 학대함으로써 즐거움을 추구한다. 이들은 자신의 행위가 상대방에게 괴로움을 유발한다는 것을 인지하고 있으나 자신들의 재미를 위해 사이버폭력을 시도한다.

셋째, '힘을 갈망하는(the power hungry)' 유형이다. 이들은 상대방을 위협하거나 굴욕을 주는 글을 인터넷에 게시함으로써 권력을 얻고자 하는 유형이다. 이들의 경우 직접적인 상대방의 반응보다는 이러한 상황을 지켜보는 제3자들의 반응으로 더욱 동기부여가 되고 활기를 얻는 특징을 보인다.

넷째, '우연한 사이버폭력 가해자(the inadvertent cyber bully)' 유형이다. 이들은 자신이 사이버폭력을 범했음을 인식하지 못하거나, 상대방을 괴롭히고자 하는 의도 없이 부주의한 상황 속에서 우연히 사이버폭력은 하게 된 유형을 말한다.

또한 사이버폭력 가해자의 유형에 이어 사이버폭력 가해행위의 유형을 살펴보면 상대방에게 직접적으로 메시지를 보내는 행위, 캠페인과 같은 맥락 속에서 상대방에게 간접적으로 사이버폭력을 시도하는 행위, 다른 동료들 혹은 대리인을 통하여 사이버폭력을 시도하는 행위, 개인적인 사생활을 침해하는 행위로 정리할 수 있다(Afrab, 2006). 이러한 측면들은 사이버폭력 가해자에 대한 전반적인 이미지와 맥락을 이해하는 기본적인 내용으로 볼 수 있다.

2. 사이버폭력 가해 경험에 영향을 주는 요인

1) 개인적 요인

(1) 성별 및 연령

전통적으로 성별에 따른 행동 특성 및 양식에 대한 논의는 청소년을 대상으로 한 다양한 수준의 연구들에서 주요하게 이루어지고 있다. 특히 청소년들의 비행과 역기능적인 행동에서의 성별에 따른 차이는 개인적 수준에서 살펴보아야 할 주요한 요인이다. 일반적으로 청소년 비행과 관련하여 남학생이 여학생보다 폭력적인 상황에 쉽게 노출되어 있으며(Seals & Young, 2003), 여학생은 남학생보다 좀 더 심리적이고 정서적인 형태의 폭력들이 나타나고 있음이 보고되고 있다(Simmons, 2003).

흥미로운 것은 이러한 성별의 영향력이 사이버폭력이라는 독특한 맥락 속에서도 작용하고 있다는 것이다. 이는 사이버폭력이 심리·정서적인 형태의 폭력으로서 현실세계와는 달리 그것이 발생하는 독특한 공간적 의미를 고려할 때 여학생들에게 있어 더욱 강도 높게 나타날 것임을 시사하는 것이다. 이는 여학생들이 사회적인 고립이나 소문 퍼트리기와 같은 관계적이며 언어적인 괴롭힘을 선호하는 것 같은 측면과도 상관이 있는 것으로 파악된다(김혜원, 2011).

하지만 최근 박옥식(2015)은 남자 청소년이 여자 청소년보다 사이버폭력 가해 빈도가 더 높다는 결과를 제시하여 단순히 성별에 따른 특성만으로 이 이슈를 설명하기 쉽지 않음을 제시하였다. 구체적으로 2012년 「학교폭력예방 및 대책에 관한 법」개정은 학교폭력 가해자에 대한 처벌이 강화되고 표면적으로 수행되었던 남학생들의 폭력적인 상황이 명확하게 파악하기 어려운 사이버폭력의 영역으로 변모해 나가는 것을 나타낸다. 이러한 해석은 학교 현장과 관련된 맥락적인 차원에서 매우 설득적인 것으로 판단된다.

한편, 학년과 연령에 따른 사이버폭력의 맥락도 확인할 수 있는데 대표적인 것이 한국정보화진흥원(2006)의 연구다. 한국정보화진흥원(2006)은 중·고등학생의 인터넷 과다 사용과 사이버 비행의 관계를 분석하였는데, 연구 결과에서 중학생, 실업계 및 공업계 고등학생, 인문계 고등학생의 순으로 인터넷 과다 사용과 사이버 비행에 노출되는 것으로 나타났다.

(2) 심리적 요인

청소년의 비행에 영향을 주는 개인적 요인 중 심리적 요인은 전통적으로 다루어져 왔던 성별의 논의사항보다 좀 더 다양한 해석적 틀과 설득적인 측면을 제시해 주어 교육학과 심리학을 포함하는 다양한 학문 분야에서 폭넓게 적용되어 왔다.

김경식과 이현철(2007)은 청소년 비행의 영향 요인을 종합적으로 분석하면서 청소년 비행의 내재적 원인으로 우울성, 공격성과 충동성, 자기통제력, 자아개념, 자기존중감, 신체상 등의 요인들이 개인 수준에서 비행과 깊은 관계가 있음을 정리하였다. 이러한 심리적인 요인에 있어 주목할 만한 요인이 청소년들의 공격성이다. 특히 사이버폭력과 관련하여 개인의 공격성은 사이버 공간의 익명성과 비대면적인 상황 속에서 더욱 쉽게 표출될 수 있으며, 실제로 사이버폭력 가해 경험과 유의미한 인과관계를 가지고 있음이 보고(성동규, 김도희, 이윤석, 임성원, 2006)

되었기에 더욱 그러하다.

공격성과 더불어 사이버폭력 가해행동과 관련하여 주요하게 다루어지고 있는 심리적인 요인은 자기통제력이다. 사이버 공간에서 다른 이들에 대한 가해 기회와 욕구가 일어날 때 충동적이고 낮은 자기통제력을 가진 이들은 역기능적인 행동을 함에 있어 절제하지 못하며, 즉각적으로 자신의 감정과 생각을 구체적인 행동으로 옮기게 된다. 이와 관련하여 국내의 다양한 연구와 보고에서는 자기통제력을 사이버 공간에서의 폭력행동에 직접적인 영향을 미치는 요인으로 제시하고 있다. 구체적으로 자기통제력이 낮은 청소년이 '자신의 폭력행동으로 쾌락을 얻을 것'이라고 생각할 때 사이버 공간에서 폭력행동을 나타낼 가능성이 높다고 보고하고 있다. 이는 자기통제력이 폭력행동과 유의미한 관계가 있음을 밝혀 주는 것으로 볼 수 있다(김경호, 차은진, 2012; 김은경, 2012; 이성식, 2005a). 이 외에도 이배라와 미첼(Ybarra & Mitchell, 2004)의 연구에서는 사이버폭력 가해자들과 비가해학생들을 비교하여 가해학생들이 역기능적인 행동을 보일 가능성이 높음을 제시하여 이러한 맥락을 더욱 지지해 준다.

이러한 구체적인 심리적 요인 이외에도 단순히 개인적인 재미, 흥미, 스트레스 해소를 위해서 사이버폭력을 직간접적으로 시도하는 측면들(조아라, 2010)과 폭력을 용인하는 태도 등도 보고되고 있어 사이버폭력 가해의 영향 요인에 대한 개인적 수준의 영역이 매우 포괄적임을 확인할 수 있다. 이는 사이버폭력 가해행동 경감 및 개입을 위한 전략 그리고 방향성 구축에서도 폭넓게 다루어 주어야 함을 시사하는 것이다.

2) 가정환경적 요인

(1) 부모관계 요인
가족관계는 청소년의 비행을 결정하는 주요한 요인이 되고 있으며, 특히 부모와의 기능적인 관계는 청소년들의 삶의 질에 핵심적인 영향을 미치고 있다. 이는 자연스럽게 사이버 공간에서도 적용될 수 있다. 즉, 부모와의 대화 및 심리적 지원 등 부모와의 관계는 현실에서와 마찬가지로 사이버상에서도 의미 있게 영향을 주고 있다.

이와 관련하여 최근 성윤숙(2012)은 가정환경이 청소년들의 인터넷 댓글 이용형태에 유의미하게 영향을 미침을 보고하였으며, 김지혜(2009)는 부모와 자유롭게 대화를 하지 못하거나 부적절한 관계에 처해 있는 청소년들이 현실 공간에서의 일탈행동과 함께 사이버 공간에서도 일탈행위를 할 경향이 높음을 제시하였다.

(2) 부모 감독 요인

부모와의 관계적인 측면을 좀 더 확장하여 부모의 감독 및 양육 태도에 따른 스트레스 역시 사이버 일탈에 영향을 미치고 있음을 볼 수 있다. 특히 부모의 감독이 높을수록 사이버 일탈을 적게 하며(장신영, 2011), 부모의 감독 소홀이 사이버 일탈과 깊은 관련성이 있다(이상식, 2004)는 연구 결과가 보고되었다.

이와 관련하여 흥미로운 점은 남자 청소년들의 경우 부모 감독에 따른 그들의 긴장과 스트레스 등의 부정적인 감정을 사이버 일탈을 통해서 직접적으로 해소하는 경향이 있다는 것이다(홍영수, 김동기, 2011). 따라서 부모 감독에 따른 스트레스의 대응에 대한 심층적인 연구와 접근이 더욱 요구된다고 할 수 있다.

3) 사회환경적 요인

(1) 교우관계 및 또래집단 요인

청소년들의 사회적 관계의 주요한 축은 교우관계를 통해 구성되고, 청소년들은 또래집단 문화 속에서 상호작용하며 사회 및 학교 생활을 영위해 나간다. 전통적으로 비행하위문화이론이나 문화전달이론 등에서 청소년이 비행 친구로부터 비행적인 가치나 태도를 얻게 된다고 보고해 오고 있는데(김경식, 이현철, 2007), 이러한 관점에서 또래집단의 영향력은 매우 크다고 볼 수 있다. 구체적으로 가정의 애정적 유대와 훈육기능이 약화되고, 학교가 관습적 가치를 적절하게 내면화시켜 주지 못하는 시점에서 학생들의 학교에서의 실패는 학생들로 하여금 또래에게서 정서적 동일시를 추구하게 하고, 비행 친구와의 접촉 가능성을 증가시켜 비행적인 가치의 학습을 통해 비행을 낳게 한다는 것이다(김경식, 이현철, 2007). 이러한 맥락에서 사이버폭력과 교우관계 및 또래집단 간의 설명력도 높아질 수 있음을 예상할 수 있다. 청소년의 사이버 비행과 관련 변인 간의 경로에 대한 연구 결과에 의하면 친구의 지지가 긍정적이고 기능적인 청소년들은 사이버 비행이 낮았는데(이경님, 하연미, 2004), 이는 앞의 견해를 지지해 준다고 볼 수 있다. 그리고 이를 통해 청소년 집단 특유의 동조행동과 또래집단의 압력을 고려할 때 사이버폭력과 관련된 교우 및 또래 집단의 영향력이 존재하고 있음을 예상할 수 있다.

(2) 학교 요인

사이버폭력과 관련된 학교 요인의 경우, 학생들의 일반적인 학교생활 및 폭력 경험에서부터 학업적 스트레스에 이르기까지 다양한 영역을 고려해 볼 수 있다. 우선, 학교생활 가운데 학교폭력의 피해 경험 및 가해 경험으로 인해 사이버폭력을 시도할 수 있음이 관련 선행연구에서 도출되었다. 예를 들어, 학교폭력 피해학생이 가해학생에게 복수를 하기 위하여 사이버 공간에서 가해학생을 대상으로 사이버폭력을 시도한 경우가 있는데, 이는 현실 공간에서 자신을 가해한 학생을 구체적으로 공격하기가 어렵기 때문에 나타나는 양상이다. 이는 현실 공간에서의 피해 경험이 사이버 공간에서의 가해행위로 이어진다(Kowalski, Limber, & Agatston, 2008; Hinduja & Patchin, 2007)는 메커니즘을 설명하는 주요한 단초가 될 수 있다.

또한 현실 공간에서의 가해 경험이 사이버 공간에서의 폭력적 행위로 이어지는 경우가 보고되고 있다. 힌두자와 팻친(Hinduja & Patchin, 2009)의 보고에서는 가해 경험을 가지고 있는 청소년이 사이버 공간에서 다른 청소년을 가해할 가능성이 2.5배나 높다고 제시하여 충격을 준다. 즉, 학교폭력의 가해자가 사이버 공간에서도 동일하게 폭력의 가해자가 되고 있으며, 반대 입장에 있는 청소년들은 현실 공간과 사이버 공간 모두에서 폭력의 피해자가 될 가능성이 높은 것이다. 이러한 측면은 현실 공간과 사이버 공간 속에서 폭력 가해자와 피해자 사이에 분명한 상호 관련성이 있음을 강력하게 시사한다고 볼 수 있다.

그 밖의 학교 요인인 교사와의 관계, 학업적인 스트레스 등도 청소년들의 사이버 비행에 영향을 줄 수 있음이 보고된다. 교사와의 기능적인 관계는 학생들의 학교생활에 정적인 영향을 줄 수 있으며, 학생들이 경험하고 있는 학업 스트레스를 어떻게 해소하는가에 따라 학교에서의 만족도와 질이 결정될 수 있다. 실제로 청소년들은 자신들의 학업 스트레스를 해소하기 위하여 사이버 공간에 몰입하거나 중독적인 과정을 통해 사이버 일탈과 범죄로 이어질 수 있다(김성천, 2002). 이 영역과 관련해서는 앞으로 지속적으로 연구가 이루어질 필요가 있으며, 학교 현장의 다양한 연구 주제들과 연계하여 살펴볼 필요가 있다.

(3) 사이버 공간의 익명성

사이버 공간은 현실 공간과 달리 익명성이 보장되는 특수한 환경이다. 사이버 공간에서는 익명성을 전제로 자신의 존재를 노출시키지 않으면서 일탈행동을 쉽게 저지를 수 있다. 이러한 사이버 공간의 익명성은 사이버폭력을 설명하는 주요한 요인이 될 수 있다(이성식, 2005b; Williams & Guerra, 2007). 즉, 익명의 공간 속에서 다른 이들의 판단과 시선에 크게 영향을 받지 않고, 자신의 평소 행동 및 태도와는 다르게 통제력이 약화된 무절제한 맥락 속에서 사이버폭력이 이루어진다는 것이다.

4) 사이버폭력 가해 경험에 영향을 주는 요인 간의 관계

사이버폭력 가해 경험에 영향을 주는 다양한 수준의 요인들로 개인 · 심리적 요인, 가정환경적 요인, 사회환경적 요인을 살펴보았다. 이러한 요인들에 대한 논의에서 청소년들의 사이버폭력 가해 경험과 행위가 특정한 요인에 의해서만 결정되고 영향을 받는 것이 아니라 청소년들을 둘러싸고 있는 다양한 수준의 요인들에 의해 이루어짐을 알 수 있었다. 이는 자연스럽게 사이버폭력 가해 경험 청소년들의 개선방안 개입전략 구축을 위한 시사점을 준다고 판단되는데, 사이버폭력 가해 경험 청소년들을 위한 문제해결의 방향이 단선적이거나 특정한 측면만이 강조되어서는 안 된다는 것이다. 다음 절에서는 이러한 사이버폭력 가해 경험에 영향을 주는 요인들을 바탕으로 사이버폭력 가해 경험 및 행동 감소를 위한 개입과 실천적인 전략에 대해서 살펴보겠다.

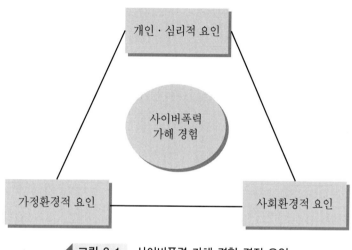

개인·심리적 요인

사이버폭력
가해 경험

가정환경적 요인   사회환경적 요인

▲ 그림 8-1   사이버폭력 가해 경험 결정 요인

3. 사이버폭력 가해행동 감소를 위한 개입과 전략

1) 개입의 방향성: 거시적인 측면과 미시적인 측면

사이버폭력 가해행동 감소를 위한 개입의 방향성은 거시적인 측면과 미시적인 측면으로 구분할 수 있다. 거시적인 측면에서는 사법정책과 교육 및 행정 정책적인 접근을, 미시적인 측면에서는 가해학생들을 위한 심리·정서적인 상담 및 프로그램을 통한 접근을 들 수 있다.

우선, 거시적인 측면에서는 사법정책과 교육 및 행정 정책적인 접근을 주요하게 다룰 수 있다. 사법정책적인 측면은 「형법」 규정과 「정보통신망법」 관련 규정의 적용을 통해서 이루어질 수 있다. 「형법」 규정의 적용은 사이버폭력 자체를 개인 및 국가의 법익 침해의 형태로 규정하여 사회질서, 공공의 신용, 도덕적 질서, 자유, 생명과 신체, 사생활의 평온, 명예와 신용 등에 광범위한 법익 침해를 가져오는 것으로 이해할 수 있다(오승희, 2014). 또한 「정보통신망법」 관련 규정의 적용은 「정보통신망 이용촉진 및 정보보호 등에 관한 법률」에 '사이버 명예훼손죄' '사이버 비밀침해죄' '사이버 스토킹' '정보통신 서비스 제공자의 의무규정' 등이 있어 사이버상의 가해행위가 지니고 있는 특성에 따라 처벌의 방식과 내용이 달라지도록 한 것이다(오승희, 2014).

교육 및 행정 정책적인 측면에서는 정보윤리 교육정책과 학교폭력 대응정책의 요소로 확인할 수 있다. 정보윤리 교육정책을 통한 접근은 타인의 권리 침해 등으로부터 국민을 보호하고자 하는 것이 핵심 목적이며 이에 대한 교육을 실시해 나가는 것이다. 이와 관련하여 한국정보화진흥원에서는 다양한 정보윤리 교육을 시도하고 있으며, 사례를 통한 윤리의식 고취와 관련 특강 등을 제공하고 있다. 그외에 단위학교 수준에서 진행되는 윤리교육과 예방교육도 이에 해당한다고 할 수 있다. 또한 학교폭력 대응정책적 접근으로는 에듀넷 내 도란도란(http://www.dorandoran.go.kr/) 사이트를 통하여 학교폭력과 관련된 기초자료와 예방 및 대처

▲ 그림 8-2 에듀넷 내 '도란도란(http://www.dorandoran.go.kr/) 사이트'

를 위한 전략들을 소개하고 있다. 특히 상담실 세션을 통하여 학교폭력과 관련된 적극적인 신고와 학교폭력관련 상담사항도 수행할 수 있도록 하고 있다.

또한 거시적인 측면에서 추가적으로 다룰 수 있는 것이 바로 자율규제 기구의 활동과 역할이다. 앞서 언급한 공적인 체제에서의 적용과 활용은 그 규제에 있어 한계가 있을 수밖에 없다. 따라서 이러한 한계를 극복하기 위한 방법으로 인터넷 사업자 스스로의 자율적 규제를 시도하는 움직임이 이루어지고 있으며 실효적인 접근으로 인식되고 있다(손민지, 2013).

⭐ 표 8-1 사이버폭력 가해행동 감소를 위한 개입의 방향성

구분	내용
거시적인 측면	• 「형법」 규정의 적용 • 「정보통신망법」 관련 규정의 적용 • 정보윤리 교육정책의 적용 • 학교폭력 대응정책의 적용
미시적인 측면	• 심리 · 정서적인 상담의 적용 • 심리 · 정서적인 프로그램의 개발과 적용

다음으로, 미시적인 측면에서는 가해학생을 위한 심리 · 정서적인 상담 및 프로그램을 통한 접근이 주요하게 다루어질 수 있다. 현실 공간과 사이버 공간에서 폭력 가해자와 피해자 사이에 독특한 상호관련성을 고려할 때 폭력 피해 경험이 있는 가해학생에 대해서는 공감과 지지를 통해 가해행동을 감소시키는 전략들이 요구된다(이효정, 2015). 또한 공격성이 높은 청소년들이 사이버 공간에서도 역기능적인 문제행동을 일으킬 가능성이 높기에 청소년들의 공격성을 낮출 수 있는 개입 프로그램을 개발하는 것이 요청된다. 이와 관련하여 분노조절 프로그램은 가해학생들을 위한 효과적인 심리 · 정서적 개선방법이 될 수 있는데, 김관우(2011)는 분노조절 프로그램의 공격성 감소에 대한 논의를 통해 그 효과성을 확인한 바 있다.

더불어 사이버폭력 가해 행동과 경험에 영향을 주는 다양한 요인을 앞에서 확

인하였는데, 개인·심리적 요인, 가정환경적 요인, 사회환경적 요인에 대한 균형 잡힌 이해와 문제해결을 위한 효과적인 심리·정서적 상담 및 프로그램을 통해 사이버폭력 가해자들의 문제행동을 감소시켜 나갈 필요가 있다. 이와 함께 가정과 연계된 심리·정서적 상담 및 프로그램을 계발하여 부모의 참여를 바탕으로 한 가정에서 근본적인 환경적 변화와 관계 개선을 위한 전략들도 이루어져야 할 것이다.

2) 초기 대응을 위한 실천적 전략 제시

사이버폭력에 대한 생활지도 및 대응 방법으로서 가해학생에 대한 일반적인 조치는 교사가 증거를 철저하게 확보한 후 사이버폭력을 지속하지 않도록 지도하는 것과 피해학생에게 사이버상에서 공개 사과할 수 있도록 지도하는 것이다. 좀 더 구체적으로 학교 내 사이버폭력 관련 문제를 해결하기 위한 실천적인 초기 대응전략에 대해 교육부와 한국교육학술정보원(2015)이 제안한 것을 살펴보면 [그림 8-3]과 같다.

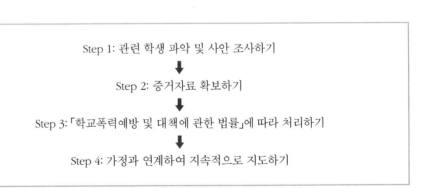

▲ 그림 8-3 학교 내 사이버폭력 초기 대응 전략

(1) Step 1: 관련 학생 파악 및 사안 조사하기

사이버폭력 및 관련 문제를 해결하기 위해서는 우선적으로 사이버폭력 관련 학생을 파악하고 사실관계를 확인하는 것이 중요하다. 사이버폭력 피해학생에게서 발생한 사건의 구체적인 정보를 확인하여 언제, 어디서, 누가 등의 구체적인 사항을 정리할 필요가 있으며, 피해학생의 안전과 비밀유지, 피해학생이 갖게 될 보복에 대한 두려움에 대해 신경을 써야 한다. 더불어 그 과정에서 여러 교직원이 협력하여 가해학생 및 방관학생을 대상으로도 사안을 파악할 필요가 있다.

(2) Step 2: 증거자료 확보하기

Step 2에서는 피해학생과 가해학생의 SNS 및 채팅방 등의 대화내용을 저장하거나 촬영하여 증거자료를 확보하며, 해당 자료들이 삭제되었을 경우 관련 회사에 의뢰하여 그것을 확보하는 데 최선의 노력을 기울여야 한다. 필요에 따라 피해학생의 낙서장, 일기장, 유서 등과 같은 추가 자료를 확보하고 학교폭력전담기구 및 학부모에게 사이버폭력 사안을 공식적으로 통보한다.

(3) Step 3: 「학교폭력예방 및 대책에 관한 법률」에 따라 처리하기

Step 3에서는 학교폭력전담기구 및 학교폭력대책자치위원회에서 제시하고 있는 규정대로 사안을 처리하게 하며, 피해학생 및 가해학생에 대한 적절한 프로그램을 소개하고 참여하게 한다. 〈표 8-2〉에는 학교폭력전담기구의 역할과 내용에 대한 사항이 제시되어 있다.

표 8-2 학교폭력전담기구의 역할과 내용

구분	내용
학교폭력 신고 접수 및 관련 학생 보호자에게 통보	• 전담기구는 학교폭력신고 접수대장을 비치하고 117신고센터, 학교장, 교사, 학생, 보호자 등 학교폭력 현장을 보거나 그 사실을 알게 된 자 및 기관으로부터 신고받은 사안에 대해 기록·관리한다. • 학교폭력신고 접수대장은 학교장, 교원의 학교폭력 은폐 여부를 판단하는 중요한 기초자료로 활용되므로, 사소한 폭력이라도 신고한 것은 접수하여야 한다.

	• 접수한 사안에 대해서는 즉시 관련 학생의 보호자에게 통보하고, 통보일자, 통보방법 등 통보 사실 등을 기록한다.
학교폭력 사안조사	• 학교폭력을 인지한 경우 가해 및 피해 사실 여부에 대해 조사하여야 한다. 이 경우, 담임교사의 협조를 구할 수 있다. • 학교폭력 사태를 인지한 경우, 학교의 장은 지체 없이 전담기구 또는 소속 교원으로 하여금 가해 및 피해 사실 여부를 확인하도록 해야 한다.
학교폭력대책자치위원회 개최 전 사전심의	• 신고된 학교폭력사안에 대해 사전심의를 실시하고 심의내용을 상황보고서로 작성하여 학교장 및 자치위원장에게 보고한다.
집중보호 또는 관찰대상 학생에 대한 생활지도	• 해당 학생 담임교사와 함께 지속적인 상담 및 기록을 진행한다.

출처: 교육부, 한국교육학술정보원(2015).

(4) Step 4: 가정과 연계하여 지속적으로 지도하기

마지막으로, Step 4는 가정과 연계하여 지속적으로 지도하는 것이다. 피해학생 및 가해학생의 학부모에게 가해 및 피해 사실을 설명하고 구체적인 추후 진행 상황을 설명하고, 함께 협력하여 학생을 지도한다. 학부모가 요청할 경우 전문상담교사 혹은 전문기관을 연계하여 자녀의 지도방안에 대하여 안내한다. 또한 피해학생의 심리적 상태 등을 확인하여 적절한 대처방안을 안내하고, 피해학생에게 사이버폭력에 대처하는 방법을 교육한다.

📂 참고문헌

교육부, 한국교육학술정보원(2015). 사이버폭력·문제행동 예방 및 대응 위한 생활지도 가이드북: 사례로 살펴보는 교사용 실천 가이드북.

권재환(2005). 심리적·환경적 변인과 인터넷 게임중독간 관계: 대인관계기술의 매개효과 검증. 전남대학교 대학원 박사학위논문.

김경식, 이현철(2007). 청소년 비행의 영향 요인. 교육사회학연구, 17(2).

김경호, 차은진(2012). 중학생의 사이버 비행의 영향요인 탐구 및 인과관계 분석. 한국자치행정학보, 26(3).

김관우(2011). 공격성 감소를 위한 집단상담의 효과에 관한 메타분석. 광주교육대학교 대학원 석사학위논문.

김성천(2002). 청소년의 인터넷 중독 증후군에 관한 연구. 성균관대학교 대학원 석사학위논문.

김은경(2012). 청소년의 사이버폭력에 영향을 미치는 관련 변인 연구. 명지대학교 대학원 박사학위논문.

김지혜(2009). 청소년의 대인커뮤니케이션 특징이 사이버일탈행위에 미치는 영향. 서울여자대학교 대학원 석사학위논문.

김혜원(2011). 집단 따돌림과 집단 괴롭힘에 따른 남녀 청소년들의 심리적 건강, 학교인식 및 학교적응에 대한 구조분석. 청소년복지연구, 13(2).

박옥식(2015). 스마트폰을 이용한 청소년 사이버폭력 가해경험에 관한 연구. 중앙대학교 대학원 박사학위논문.

성동규, 김도희, 이윤석, 임성원(2006). 청소년의 사이버폭력 유발요인에 관한 연구: 개인성향·사이버폭력 피해경험·윤리의식을 중심으로. 사이버커뮤니케이션학보, 19.

성윤숙(2012). SNS를 중심으로 한 사이버 따돌림 대응방안. 청소년과 SNS 소통. 한국청소년정책연구원 세미나 자료집.

손민지(2013). 국내 사이버폭력 현황 및 대응방안 연구. Internet & Security Focus, 3.

오승희(2014). 사이버폭력(Cyber Bullying)에 대한 정책적 대응: 미국과 한국의 사례 및 정책 비교 분석. 한양대학교 대학원 석사학위논문.

이경님, 하연미(2004). 청소년의 인터넷 관련 비행과 관련 변인간의 경로 분석 모델. 대한가정학회, 42(5).

이성식(2004). 청소년 사이버일탈의 설명요인에 관한 일 연구: 기존 현실일탈에서의 주요 요인의 적용을 중심으로. 형사정책연구, 15(1).

이성식(2005a). 사이버 공간에서의 청소년비행의 원인에 대한 경험연구. 형사정책연구, 16(3).

이성식(2005b). 사이버 공간의 익명성이 청소년언어폭력에 미치는 영향: 기존요인들과비교. 한국청소년연구, 16(1), 77-108.

이효정(2015). 중학생의 사이버폭력 가해행동 감소를 위한 집단상담 프로그램 개발. 한국교원대학교 대학원 석사학위논문.

장신영(2011). 청소년 사이버일탈에 관한 연구: 통제이론을 중심으로. 고려대학교 대학원 석사학위논문.

조아라(2010). 사이버 공간에서의 악성댓글에 영향을 미치는 심리사회적 특성. 성신여자대학교 대학원 석사학위논문.

홍영수, 김동기(2011). 청소년의 스트레스, 자아존중감 및 자기통제감과 사이버비행의 구조적 관계: 남녀 차이를 중심으로. 청소년학연구, 18(1).

한국정보화진흥원(2006). 2005 인터넷중독실태조사. 서울: 한국정보화진흥원.

Afrab, P. (2006). *A parent's guide to cyberbullying.* https://www.wiredsafety.org/toolkitmedia/files/file/Parent_s_Articles/A_Parent_s_Guide_to_Cyberbullying_-_Extended.pdf

Hinduja, S., & Patchin, J. W. (2007). Offine Consequences of Online Victimization: School Violence Delinquency. *Journal of School Violence 6*(3), 89-112.

Hinduja, S., & Patchin, J. W. (2009). Beyond the schoolyard: Preventing and responding to cyberbullying. 사이버폭력. 조아미, 박선영, 한영희 공역(2012). 서울: 정민사.

Kowalski, R. M., & Limber, S. P. (2006). *Cyberbullying among middle school children.* Manuscript under review.

Kowalski, R. M., Limber, S. P., & Agatston, P. W. (2008). *Cyberbullying.* MA: Black well.

Olweus, D. (1994). Bullying at school: Basic facts and effects of a school based intervention program. *Journal of Child Psychology and Psychiatry, 35*, 1171-1190.

Seals, D., & Young, J. (2003). Bullying and victimization: Prevalence and relationship to gender, grade level, ethnicity, self-esteem and depression. *Adolescence, 38*, 735-747.

Simmons, R. (2003). *Odd girl out.* NY: Harcour.

Williams, K. R., & Guerra, N. G. (2007). Prevalence and predictors of internet bullying. *Journal of Adolescent Health, 41*, 14-21.

Ybarra, M. L., & Mitchell, K. J. (2004). Online aggressor/targets, aggressors, and targets: A comparison of associated youth characteristics. *Journal of Child Psychology and Psychiatry*, 45, 1308-131.

제9장

학교폭력에 대한 법적 조치

1. 학교폭력 문제의 실태

최근 학교폭력을 둘러싼 학부모 간, 학부모와 학교 간의 분쟁 및 민원이 증가하고 있다. 이러한 현상은 첫째, 학교폭력 영역의 모호성에서 비롯된다. 즉, 어디서부터 학교폭력인지에 대하여 교사, 학생, 부모, 일반 국민은 아직도 명확히 규정하지 못하고 있다. 그저 각자의 경험과 가치관에 비추어 사안을 재단할 따름이다. 특히 일선학교에서는 학교폭력의 법적 범위를 자의적으로 축소하여 해석하는 경우가 많다. 둘째, 징계에 대한 명확한 기준이 설정되어 있지 않다.[1] 솜방망이 또는 과도한 징계가 일관성 없이 부과되어 학교 및 학교폭력대책자치위원회에 대한 신뢰가 하락하고, 결국 학생을 볼모로 하는 기나긴 불복절차 및 일반 소송절차가 계

---

[1] 2016. 9. 1. 「학교폭력 가해학생 조치별 적용 세부기준 고시」(교육부 고시 제2016-99호)가 시행되었으나, 세부적 평가기준은 여전히 모호하다.

속되고 있다. 셋째, 사회의 요구에도 불구하고 여전히 학교 차원에서의 사안처리 절차는 주먹구구식으로 이루어지는 경우가 많다. 이러한 사안처리는 가 · 피해학생에게 사건처리가 편파적이라는 인상을 심어 줄 수 있으며, 무엇보다도 후속 폭력사안에 대하여 법적 · 도의적 책임을 면할 수 없게 된다.

이 문제의 해결은 결국 학교폭력업무 담당자에게 달렸다고 해도 과언이 아니다. 학교폭력의 개념을 명확히 하여 이를 학생들에게 지속적으로 교육하고, 학교폭력 사안이 발생할 경우 중립적이고 체계적인 처리과정을 거쳐 가 · 피해학생 모두 수긍할 수 있도록 하여야 한다. 이러한 처리과정을 통해 도출된 징계조치만이 교육적 가치가 있으며 분쟁의 근본적 해결에 기여할 수 있을 것이다.

2. 학교폭력의 법적 개념

1) 정의

현행 「학교폭력예방 및 대책에 관한 법률」(이하 「학교폭력예방법」)에서는 학교폭력을 다음과 같이 정의하고 있다.

- 「학교폭력예방법」 제2조(정의) 이 법에서 사용하는 용어의 정의는 다음 각 호와 같다.

  1. "학교폭력"이란 학교 내외에서 학생을 대상으로 발생한 상해, 폭행, 감금, 협박, 약취 · 유인, 명예훼손 · 모욕, 공갈, 강요 · 강제적인 심부름 및 성폭력, 따돌림, 사이버 따돌림, 정보통신망을 이용한 음란 · 폭력 정보 등에 의하여 신체 · 정신 또는 재산상의 피해를 수반하는 행위를 말한다.

  1의2. "따돌림"이란 학교 내외에서 2명 이상의 학생들이 특정인이나 특정집단의 학생들을 대상으로 지속적이거나 반복적으로 신체적 또는 심리적 공격을 가하여 상대방이 고통을 느끼도록 하는 일체의 행위를 말한다.

　　1의3. "사이버 따돌림"이란 인터넷, 휴대전화 등 정보통신기기를 이용하여 학생
들이 특정 학생들을 대상으로 지속적·반복적으로 심리적 공격을 가하거나, 특정
학생과 관련된 개인정보 또는 허위사실을 유포하여 상대방이 고통을 느끼도록 하
는 일체의 행위를 말한다.

2) 판례

(1)「학교폭력예방법」상 학교폭력의 개념이 「형법」상 개념에 국한되지 않는다는 판례

① 사안의 개요

　중학교 1학년 학생인 A는 1학기 말부터 동급생인 B, C와 지속적인 마찰이 있던
중 B가 자신의 시험 성적을 보았다는 이유로 B 및 B와 친하게 지내던 C를 따돌렸
다. 이후 B와 C에게 '찐따' 등 욕설을 담은 문자메시지를 보냈다. 이로 인해 학교
폭력 사안이 발생하였고 학교폭력대책자치위원회가 열렸다. A에 대한 조치로 「학
교폭력예방법」 제17조 제1항 제4호에서 정한 '학교 내 봉사' 및 상담치료를 결정하
였다. 이에 대하여 A는 자신이 문자메시지로 욕설 등을 전송하였다고 하더라고 공
연성이 없어 「학교폭력예방법」에서 규정하는 명예훼손 내지 모욕에 해당하지 않
는다고 주장하였다.

② 법원의 판단

　「학교폭력예방법」의 목적 및 정의규정의 문언을 살펴볼 때, 학교폭력은 법에서
나열한 폭행, 명예훼손·모욕, 따돌림 등에 한정되지 아니하고 이와 유사한 동질
의 행위로서 학생의 신체·정신 또는 재산상 피해를 수반하는 모든 행위를 포함
한다고 할 것이고, 앞에서 말하는 명예훼손·모욕 역시 형법상 명예훼손죄, 모욕
죄와 동일하게 보아 그 성립요건 구비 여부에 따라 판단할 것이 아니라 학생의 보
호 및 교육 측면에서 달리 해석할 필요가 있다. 이러한 면을 고려하여 A의 행위를

학교폭력으로 판단하였다(서울지방법원 2014. 6. 20. 선고 2014구합250 판결).

(2) 동성 친구들 간의 장난과 학교폭력(성폭력)의 구별에 관한 판례

① 사안의 개요

A는 초등학교 5학년에 재학 중인 남학생이다. A와 같은 초등학교 5학년 남학생인 B는 담임교사에게 A가 자신들의 성기와 엉덩이를 만졌다는 사실을 알렸고, 이후 학교 측이 학생들을 대상으로 설문조사를 한 결과 A와 같은 학년의 남학생들인 B를 포함한 5명이 A가 자신들의 성기와 엉덩이를 만졌다고 답하였다. 이로 인해 초등학교 학교폭력대책자치위원회가 열렸고, A에 대한 조치로「학교폭력예방법」제17조 제1항 제8호에서 정한 '전학'을 결정하였으며, 전학처분에 따른 병과조치로 법 제17조 제3항에 따라 5시간 이상의 특별교육 또는 심리치료를 이수할 것을 결정하였다.

이에 대하여 A는 친하게 지내던 동성 친구들에게 '하기스게임'이라는 장난을 치는 과정에서 피해학생들의 성기와 엉덩이를 쳤을 뿐이고, 성추행의 의도나 피해학생들을 괴롭힐 의도가 없었으며, 피해학생들 또한 A의 행위로 인하여 정신적·신체적으로 피해를 입지 않았으므로 A의 행위는 학교폭력이라고 할 수 없다고 주장하였다.

② 법원의 판단[2]

이 사건의 징계처분 이후 피해학생 중 일부가 성기와 엉덩이를 치는 하기스게임을 한 적이 있다는 취지의 사실확인서를 작성하고 A의 질문에 대하여 비슷한 취지의 대답을 한 것은 사실이다. 그러나 피해학생들은 모두 이 사건 징계처분이 있기 전 설문조사 과정에서는 'A가 피해학생들이 하지 말라고 하는데도 피해학생들

---

2) 다만, 법원은 이 사건에서 전학조치는 그 정도가 과중하여 재량권의 범위를 일탈하거나 남용한 것으로 판단하여 이 사건의 전학조치를 취소하였다.

의 성기나 엉덩이를 쳤고, A가 엉덩이나 성기를 쳤을 때 몹시 불쾌하거나 기분이
나빴다'고 답하였다. 자치위원회에 참석한 피해학생들의 보호자나 학부모위원 중
누구도 자녀들로부터 그와 같은 게임에 관하여는 들어본 적이 없다고 진술한 점
등에 비추어 보면, 이와 배치되는 위 사실확인서의 기재나 통화내용은 선뜻 받아
들이기 어렵고, 학생들이 이 사건이 있기 전부터 원고가 주장하는 것과 같이 '하기
스게임'이라는 명목하에 서로의 성기나 엉덩이를 치는 방식의 장난을 해 왔던 것
으로는 보이지 않는다.

또한 A가 초등학생이라고 하더라도 자신의 행위가 피해학생에게 성적인 수치

담당기관	처리방안	처리내용	세부 처리절차
학교	1. 학교폭력대책자치위원회 심의	피해학생 보호 및 가해학 생 선도조치	사안조사 → 소집 → 심 의 → 조치결정
	2. 학교폭력대책자치위원회 분쟁조정	손해배상 및 그 밖의 사 항에 관한 합의조정	신청 → 분쟁조정 개시 → 사안조사 → 분쟁조정
법원	3. 형사책임	가해학생에 대한 처벌 또 는 보호처분	가해학생 고소 → 경찰의 수사 → 검사의 기소 → 법원의 판결(보호처분의 경우 송치 또는 통고 후 법원의 판결)
	4. 민사책임	가해학생에 대한 손해배 상 청구	소제기 → (조정) → 재 판 → 법원의 판결

그림 9-1 학교폭력 사안처리의 흐름

심을 느끼게 할 수 있다는 정도의 인식은 충분히 할 수 있는 나이로 보이고, A가 피해학생들의 명백한 의사에 반하여 지속적으로 앞과 같은 행위를 하여 피해학생들에게 불쾌감을 준 점을 고려하면 A의 행위는 단순히 친구들 사이의 장난을 넘어선 학교폭력에 해당한다고 할 것이다(인천지방법원 2015. 5. 7. 선고 2014구합2281 판결).

3. 학교폭력 사안처리

1) 학교폭력의 신고의무

(1) 관련 법령

「학교폭력예방법」은 학교폭력 신고의무를 규정하고 있다. 특히 교사의 신고의무가 강화되어 있는데, 학교폭력이 성범죄이거나 아동학대범죄에 해당할 경우 신고의무 위반 시 과태료가 부과된다(「아동·청소년의 성보호에 관한 법률」 제67조 제4항, 「아동학대범죄의 처벌 등에 관한 특례법」 제63조 제1항).

- 「학교폭력예방법」 제20조(학교폭력의 신고의무) ① 학교폭력 현장을 보거나 그 사실을 알게 된 자는 학교 등 관계 기관에 이를 즉시 신고하여야 한다.

② 제1항에 따라 신고를 받은 기관은 이를 가해학생 및 피해학생의 보호자와 소속 학교의 장에게 통보하여야 한다.

③ 제2항에 따라 통보받은 소속 학교의 장은 이를 자치위원회에 지체 없이 통보하여야 한다.

④ 누구라도 학교폭력의 예비·음모 등을 알게 된 자는 이를 학교의 장 또는 자치위원회에 고발할 수 있다. 다만, 교원이 이를 알게 되었을 경우에는 학교의 장에게 보고하고 해당 학부모에게 알려야 한다.

⑤ 누구든지 제1항부터 제4항까지에 따라 학교폭력을 신고한 사람에게 그 신고

행위를 이유로 불이익을 주어서는 아니 된다.

• 「아동·청소년의 성보호에 관한 법률」 제34조 ② 다음 각 호의 어느 하나에 해당하는 기관·시설 또는 단체의 장과 그 종사자는 직무상 아동·청소년대상 성범죄의 발생 사실을 알게 된 때에는 즉시 수사기관에 신고하여야 한다.
　1. 「유아교육법」 제2조 제2호의 유치원
　2. 「초·중등교육법」 제2조의 학교

• 「아동학대범죄의 처벌 등에 관한 특례법」 제10조 ② 다음 각 호의 어느 하나에 해당하는 사람은 그 직무상 아동학대를 알게 된 경우나 그 의심이 있는 경우에는 즉시 아동보호전문기관 또는 수사기관에 신고하여야 한다.
　20. 「초·중등교육법」 제19조에 따른 교직원, 같은 법 제19조의2에 따른 전문상담교사 및 같은 법 제22조에 따른 산학겸임교사 등

2) 사안조사

(1) 관련 법령

학교폭력은 은밀하게 이루어지는 경우가 많으므로, 학생들 사이에서 사실 은폐가 행해질 가능성이 있다. 따라서 「학교폭력예방법」은 사안조사를 위한 전담기구 설치 등을 규정하여 신속하고 정확한 사안조사를 꾀하고 있다

• 「학교폭력예방법」 제14조(전문상담교사 배치 및 전담기구 구성) ③ 학교의 장은 교감, 전문상담교사, 보건교사 및 책임교사(학교폭력문제를 담당하는 교사를 말한다) 등으로 학교폭력문제를 담당하는 전담기구(이하 '전담기구'라 한다)를 구성하며, 학교폭력 사태를 인지한 경우 지체 없이 전담기구 또는 소속 교원으로 하여금 가해 및 피해 사실 여부를 확인하도록 한다.

(2) 사안조사와 관련하여 절차상 하자를 인정하여 징계조치를 취소한 판례

① 사안의 개요

중학교 1학년에 재학 중인 A를 가해학생으로 신고하는 학교폭력 피해신고가 학교폭력 신고함에 접수되자, 학교장은 1학년 학생 전체를 대상으로 학교폭력에 관한 무기명 설문조사를 실시하였다. 이를 통해 여러 명의 피해신고가 접수되었는데, 이후 조사과정에서 A는 일부 사실은 인정하였으나 일부 사실은 부인하였다. 또한 A의 모(母)인 B는 자신이 별도로 수집한 증거를 제출하였다.

그런데 학교장은 학교폭력 행위에 관한 조사를 통해 이 사건의 혐의 사실이 모두 인정되는 것으로 보았음에도 A, B에 대한 면담과정이 사건 자치위원회를 개최하는 과정 및 이 사건의 처분을 하는 과정에서 원고들에게 이 사건의 혐의 사실을 서면 등을 통해 명확하게 알려 주지 않고 학교폭력에 대한 징계조치를 하였다.

② 법원의 판단

이 사건에서 보건대, 인정할 수 있는 사정들은 다음과 같다. 첫째, 이 사건 처분의 학교폭력 행위 혐의 사실에는 '지나갈 때 자주 툭툭 침' 등과 같이 중학교 1학년 남학생들에게 흔히 볼 수 있는 장난 또는 치기에 따른 행위로 볼 수 있는 것도 일부 포함된다. 둘째, 중학교 1학년 사춘기 남학생이라는 점을 고려할 때, 피고(즉, 학교장)가 원고 A를 가해학생으로 특정한 후 원고 A로부터 받은 피해를 모두 제보하라는 방식으로 원고 A의 학교폭력 행위를 조사하는 과정에서 일부 허위 사실이 개입하거나, 사실이 과장 또는 왜곡될 가능성이 있다. 셋째, 원고 A가 이 사건의 혐의 사실 중 일부만을 인정하고 있고, 원고 B도 정당한 조사를 요청하면서 자료까지 제출하고 있음에도 이 사건의 자치위원회는 피해학생의 학부모들로부터 원고 A을 어떻게 징계하는 것이 좋을지에 관한 의견만을 주로 청취하는 등 이 사건의 혐의 사실, 특히 원고 A가 인정하지 않는 혐의 사실에 관한 실질적인 조사를 하지 않았고, 어떤 혐의 사실을 이 사건 처분의 원인이 되는 사실로 할 것인지에 관한 결의도 하지 않았다. 넷째, 피고도 이 사건 자치위원회의 위와 같은 회의 결과

에 따라 원고들에게 이 사건 처분을 하면서 처분의 원인이 되는 사실을 특별히 밝히지 않았다. 다섯째, 피고는 이 사건 처분의 원인이 되는 사실을 명확히 밝히라는 이 법원의 명령에 따라 피고의 2013년 2월 1일자 준비서면을 통해 비로소 이 사건 처분의 원인이 되는 사실을 '피고 주장 이 사건 처분 원인 사실' 표시 학교폭력 행위(이하 '이 사건 학교폭력 행위')로 특정하였다. 여섯째, 이 사건의 학교폭력 행위는 사건의 혐의 사실과 달리 피해학생이 20명이고, 이 20명에 대한 혐의 사실 중 일부 혐의 사실이 배제되었다. 피고 또는 이 사건의 자치위원회가 사건의 혐의 사실에서 어떠한 기준과 절차를 거쳐 피해학생 중 11명 및 일부 혐의 사실을 제외하여 사건의 학교폭력 행위를 처분의 원인이 되는 사실로 특정한 것인지 알 수 없고, 자치위원회에서 사건의 학교폭력 행위를 처분의 원인의 되는 사실로 특정했다고 볼 자료도 없다(오히려 이 사건의 학교폭력 행위가 제출된 시점 등을 고려하면 그 행위는 이 사건 처분 이후 소송과정에서 비로소 특정된 것으로 보인다).

앞서 제시한 인정 사실에 변론 전체의 취지를 종합하여 인정할 수 있는 이러한 사정들을 고려하면, 원고들로서는 이 사건 처분에 처분의 원인이 되는 사실이 특정되지 않음으로써 이 사건 처분 당시 피고가 어떠한 근거와 이유로 이 사건 처분을 한 것인지 알 수 없었고, 그에 불복하여 행정구제 절차로 나아가는 데 큰 지장을 받은 것으로 보인다.

나아가 이 사건 처분의 성질상 「행정절차법」 제23조 제1항에 따른 처분의 근거나 이유를 제시하기 곤란하거나 불필요하다고 볼 사정이 없고, 오히려 「행정절차법」의 입법목적 등을 고려할 때, 이 사건 자치위원회의 결의 등을 통해 다툼이 있는 혐의 사실 중 이 사건 처분의 원인이 되는 사실을 특정하고, 이를 원고들에게 명확히 알려 주는 절차가 반드시 필요한 것으로 보인다. 따라서 이 사건 처분은 「행정절차법」 제23조 제1항을 위반한 절차상 하자가 있어 위법하다(청주지방법원 2013. 5. 23. 선고 2012구합2172 판결).

3) 학교폭력대책자치위원회

(1) 관련 법령

학교에 설치하는 학교폭력대책자치위원회는 학교폭력의 예방 및 대책을 심의하는 중요한 기구다. 「학교폭력예방법」은 학교폭력대책자치위원회의 구성과 운영을 상세히 규정하고 있다.

• 「학교폭력예방법」 제12조(학교폭력대책자치위원회의 설치·기능) ① 학교폭력의 예방 및 대책에 관련된 사항을 심의하기 위하여 학교에 학교폭력대책자치위원회(이하 '자치위원회'라 한다)를 둔다. 다만, 자치위원회 구성에 있어 대통령령으로 정하는 사유가 있는 경우에는 교육감의 보고를 거쳐 둘 이상의 학교가 공동으로 자치위원회를 구성할 수 있다.

② 자치위원회는 학교폭력의 예방 및 대책 등을 위하여 다음 각 호의 사항을 심의한다.

1. 학교폭력의 예방 및 대책수립을 위한 학교 체제 구축
2. 피해학생의 보호
3. 가해학생에 대한 선도 및 징계
4. 피해학생과 가해학생 간의 분쟁조정
5. 그 밖에 대통령령으로 정하는 사항

③ 자치위원회는 해당 지역에서 발생한 학교폭력에 대하여 학교장 및 관할 경찰서장에게 관련 자료를 요청할 수 있다.

④ 자치위원회의 설치·운영 등에 필요한 사항은 지역 및 학교의 규모 등을 고려하여 대통령령으로 정한다.

• 「학교폭력예방법」 제13조(자치위원회의 구성·운영) ① 자치위원회는 위원장 1인을 포함하여 5인 이상 10인 이하의 위원으로 구성하되, 대통령령으로 정하는 바에 따라 전체위원의 과반수를 학부모전체회의에서 직접 선출된 학부모대표로

위촉하여야 한다. 다만, 학부모전체회의에서 학부모대표를 선출하기 곤란한 사유가 있는 경우에는 학급별 대표로 구성된 학부모대표회의에서 선출된 학부모대표로 위촉할 수 있다.

② 자치위원회는 분기별 1회 이상 회의를 개최하고, 자치위원회의 위원장은 다음 각 호의 어느 하나에 해당하는 경우에 회의를 소집하여야 한다.

　1. 자치위원회 재적위원 4분의 1 이상이 요청하는 경우

　2. 학교의 장이 요청하는 경우

　3. 피해학생 또는 그 보호자가 요청하는 경우

　4. 학교폭력이 발생한 사실을 신고받거나 보고받은 경우

　5. 가해학생이 협박 또는 보복한 사실을 신고받거나 보고받은 경우

　6. 그 밖에 위원장이 필요하다고 인정하는 경우

③ 자치위원회는 회의의 일시, 장소, 출석위원, 토의내용 및 의결사항 등이 기록된 회의록을 작성·보존하여야 한다.

④ 그 밖에 자치위원회의 구성·운영에 필요한 사항은 대통령령으로 정한다.

(2) 자치위원회 구성·운영상의 하자로 징계조치가 취소된 판례

① 사안의 개요

학교폭력(성폭력)으로 신고된 초등학생의 부모는 학교폭력대책자치위원회가 법을 위반하여 11명으로 구성되고 학부모 위원 역시 적법한 절차를 통해 위촉되지 않았음을 지적하였다. 또한 학교폭력대책자치위원에서 배제되어 있는 학교장이 자치위원회에 참석하여 발언한 것은 중대한 절차적 하자라고 주장한다.

② 법원의 판단

앞서 본 바와 같이 자치위원회는 위원장 1인을 포함하여 5인 이상 10인 이하의 위원으로 구성하되 전체위원의 과반수를 학부모전체회의에서 직접 선출된 학부모대표로 위촉하여야 하는데, 피고가 이 사건 자치위원회의 위원 명부라고 주장

하며 제출한 학교폭력대책자치위원회 등록부에는 이 사건 자치위원회의 위원이 11명으로 기재되어 있어 법에서 정한 인원을 초과하였고, 위 학교폭력대책자치위원회 등록부에 학부모대표로 기재되어 있는 A, B, C, D, E, F가 학부모전체회의에서 직접 선출된 바 없다는 원고의 주장에 대하여 피고는 아무런 주장·입증을 하지 못하고 있는바, 이 사건의 자치위원회는 전체위원의 과반수를 학부모전체회의에서 직접 선출된 학부모대표로 위촉하지 않은 것으로 판단된다. 따라서 이 사건의 자치위원회는 법 제13조 제1항에 위반하여 구성되었으므로, 위법하게 구성된 자치위원회의 의결은 위법하다.

앞서 언급한 바와 같이 피해자 및 가해자에 대한 조치를 결정하기 위한 자치위원회의 회의는 공개하지 아니하여야 한다. 이는 관련자의 사생활과 개인정보 보호뿐 아니라 자치위원회 결정의 공정성·독립성을 확보하기 위한 규정이다. 그런데 학교장인 피고가 자치위원회의 피해자 및 가해자에 대한 조치를 결정하기 위한 회의의 심의·의견진술 절차에 참여하게 되면 이를 바탕으로 한 자치위원회 결정의 공정성과 독립성이 훼손될 가능성이 큰 것으로 보인다. 따라서 학교장이 자치위원회의 피해자 및 가해자에 대한 조치를 결정하기 위한 회의의 심의과정에 참석하는 것은 위 비공개원칙에 반하여 위법하다. 그런데 피고가 이 사건 자치위원회의의 심의과정에 참석한 사실은 당사자 사이에 다툼이 없으므로, 위 회의 의결은 법 제21조 제3항에 위반하여 위법하다(의정부지방법원 2015. 4. 14. 선고 2014구합7133 판결).

4) 학교폭력 가해학생에 대한 징계조치의 종류와 기준

(1) 관련 법령

「학교폭력예방법」에 따른 가해학생에 대한 조치는 징계처분으로서 신중하게 결정되어야 한다. 특히, 교육부는 2016년 9월 1일 「학교폭력 가해학생 조치별 적용 세부기준 고시」를 발표하여 시행하고 있으므로 학교는 해당고시를 기준으로 징계처분을 결정해야 한다(〈표 9-1〉, 〈표 9-2〉 참조).

• 「학교폭력예방법」 제17조(가해학생에 대한 조치) ① 자치위원회는 피해학생의 보호와 가해학생의 선도·교육을 위하여 가해학생에 대하여 다음 각 호의 어느 하나에 해당하는 조치(수 개의 조치를 병과하는 경우를 포함한다)를 할 것을 학교의 장에게 요청하여야 하며, 각 조치별 적용 기준은 대통령령으로 정한다. 다만, 퇴학처분은 의무교육과정에 있는 가해학생에 대하여는 적용하지 아니한다.

1. 피해학생에 대한 서면사과
2. 피해학생 및 신고·고발 학생에 대한 접촉, 협박 및 보복행위의 금지
3. 학교에서의 봉사
4. 사회봉사
5. 학내외 전문가에 의한 특별 교육이수 또는 심리치료
6. 출석정지
7. 학급교체
8. 전학
9. 퇴학처분

• 「학교폭력예방법 시행령」 제19조(가해학생에 대한 조치별 적용 기준) 법 제17조 제1항의 조치별 적용 기준은 다음 각 호의 사항을 고려하여 결정하고, 그 세부적인 기준은 교육부 장관이 정하여 고시한다.

1. 가해학생이 행사한 학교폭력의 심각성·지속성·고의성
2. 가해학생의 반성 정도
3. 해당 조치로 인한 가해학생의 선도 가능성
4. 가해학생 및 보호자와 피해학생 및 보호자 간의 화해의 정도
5. 피해학생이 장애학생인지 여부

표 9-1 학교폭력 가해학생 조치별 적용 세부기준 고시

[교육부 고시 제2016-99호]

학교폭력 가해학생 조치별 적용 세부기준 고시

「학교폭력예방 및 대책에 관한 법률」 제17조, 같은 법 시행령 제19조에 의거 학교폭력 가해학생 조치별 적용 세부 기준을 다음과 같이 고시합니다.

2016년 8월 31일
교육부 장관

제1조(목적) 이 고시는 「학교폭력예방 및 대책에 관한 법률」(이하 "법"이라 한다) 제17조 및 「학교폭력예방 및 대책에 관한 법률 시행령」 제19조에서 위임된 가해학생 조치별 적용 세부 기준을 정함을 목적으로 한다.

제2조(조치의 결정) ① 학교폭력대책자치위원회(이하 "자치위원회"라 한다)는 가해학생이 행사한 학교폭력의 심각성, 지속성, 고의성의 정도와 가해학생의 반성 정도, 해당 조치로 인한 가해학생의 선도 가능성, 가해학생 및 보호자와 피해학생 및 보호자 간의 화해의 정도, 피해학생이 장애학생인지의 여부 등을 고려하여 [별표]에 따라 법 제17조 제1항 각 호의 조치 중 가해학생별로 선도가능성이 높은 조치(수개의 조치를 병과하는 경우를 포함한다)를 할 것을 학교의 장에게 요청하여야 한다.

② 자치위원회는 피해학생 및 신고·고발 학생의 보호가 필요하다고 판단되는 경우 일정기간 가해학생이 피해학생과 접촉하는 것을 금지하고, 가해학생 스스로 자신의 잘못을 되돌아 볼 수 있는 기회를 주기 위해 법 제17조 제1항 제2호 조치를 기간을 정하여 부과할 수 있다.

③ 자치위원회는 가해학생이 학내외 전문가의 도움을 받아 폭력에 대한 인식을 개선하고 행동을 반성하게 하기 위해 법 제17조 제1항 제5호 조치를 기간을 정하여 부과할 수 있다.

④ 자치위원회는 법 제17조 제9항에 따라 가해학생이 특별교육을 이수할 경우 해당 학생의 보호자도 별도의 특별교육을 기간을 정하여 함께 교육을 받게 하여야 한다.

제3조(장애학생 관련 고려 사항) ① 가해학생 또는 피해학생이 장애학생일 경우 법 제14조 제3항에 따른 전담기구 및 자치위원회에 특수교육 교원, 특수교육 전문직, 특수교육지원센터 전담인력, 특수교육 관련 교수 등 특수교육전문가를 참여시켜 의견을 청취할 수 있다.

② 법 제17조 제1항 제5호 또는 제17조 제3항에 의한 특별교육을 실시할 때 피해학생이 장애학생일 경우 장애인식개선 교육내용을 포함하여야 한다.

〈부칙〉

제1조(시행일) 이 고시는 2016년 9월 1일부터 시행한다.

제2조(적용) 이 고시는 시행일 이후 심의하는 학교폭력 사안부터 적용한다.

표 9-2 [별표] 학교폭력 가해학생 조치별 적용 세부 기준

				기본 판단 요소					부가적 판단요소	
				학교 폭력의 심각성	학교 폭력의 지속성	학교 폭력의 고의성	가해 학생의 반성 정도	화해 정도	해당 조치로 인한 가해학생의 선도가능성	피해학생이 장애학생 인지 여부
판정 점수			4점	매우 높음	매우 높음	매우 높음	없음	없음	해당점수에 따른 조치에 도 불구하 고 가해학생 의 선도가능 성 및 피해학 생의 보호를 고려하여 시 행령 제14조 제5항에 따 라 학교폭력 대책자치위 원회 출석위 원 과반수의 찬성으로 가 해학생에 대 한 조치를 가 중 또는 경감 할 수 있음	피해학생이 장애학생인 경우 가해학 생에 대한 조 치를 가중할 수 있음
			3점	높음	높음	높음	낮음	낮음		
			2점	보통	보통	보통	보통	보통		
			1점	낮음	낮음	낮음	높음	높음		
			0점	없음	없음	없음	매우 높음	매우 높음		
가해 학생 에 대한 조치	교내 선도	1호	피해학생에 대한 서면사과	1~3점						
		2호	피해학생 및 신 고·고발 학생에 대한 접촉, 협박 및 보복행위의 금지	피해학생 및 신고·고발학생의 보호에 필요하다고 자치위원회가 의결할 경우						
		3호	학교에서의 봉사	4~6점						
	외부 기관 연계 선도	4호	사회봉사	7~9점						
		5호	학내외 전문가에 의한 특별 교육이수 또는 심리치료	가해학생 선도·교육에 필요하다고 자치위원회가 의결할 경우						
	교육 환경 변화	교 내	6호	출석정지	10~12점						
		7호	학급교체	13~15점						
	교 외	8호	전학	16~20점						
		9호	퇴학처분	16~20점						

※ 법 제17조제2항에 따라 피해학생이나 신고·고발 학생에 대한 협박 또는 보복 행위일 경우에는 제17조제1항 각호의 조
치를 병과하거나 조치를 가중할 수 있음

(2) 학교폭력이 인정되는 경우에는 반드시 가해학생 조치가 있어야 한다는 판례

「학교폭력예방법」 제12조 제1항, 제13조 제1항은 "학교폭력의 예방 및 대책에 관련된 사항을 심의하기 위하여 학교에 5인 이상 10인 이하의 위원으로 구성된 자치위원회를 두되, 전체위원의 과반수를 학부모전체회의에서 직접 선출된 학부모 대표로 위촉하여야 한다."라고 규정하고 있다. 한편, 같은 법 제17조 제1항, 제6항은 "자치위원회는 피해학생의 보호와 가해학생의 선도·교육을 위하여 가해학생에 대하여 제17조 제1항 각 호의 어느 하나에 해당하는 조치를 할 것을 학교의 장에게 요청해야 하고, 자치위원회의 요청이 있는 경우 학교의 장은 14일 이내에 해당 조치를 하여야 하며, 각 조치별 적용기준은 대통령령으로 정한다."라고 규정하고 있다. 이에 따라 같은 법 시행령 제19조는 각 조치별 적용기준으로 '가해학생이 행사한 학교폭력 심각성·지속성·고의성, 가해학생의 반성 정도, 해당 조치로 인한 가해학생의 선도 가능성, 가해학생 및 보호자와 피해학생 및 보호자 간의 화해의 정도, 피해학생이 장애학생인지 여부' 등을 규정하고 있다. 이와 같은 법령의 내용, 형식 및 자치위원회의 구성 취지 등에 비추어 보면, 자치위원회는 학교의 장이 가해학생에 대한 조치를 할 때 학부모 등의 의견을 반영하고 전문가의 조언을 들어 학교폭력예방 및 가해학생 선도에 보다 적합한 조치를 할 수 있도록 하기 위하여 한다. 또한 심의 결과에 대해 학교의 장에게 어떤 조치를 요청할 것인지에 관하여는 재량권을 가지나, 다만 위와 같은 학교폭력 신고가 있고 그에 관한 사실관계가 인정되는 때에는 반드시 「학교폭력예방법」 제17조 제1항 각 호의 어느 하나에 해당하는 조치를 할 것을 학교의 장에게 요청하여야만 하고, 아무런 조치를 취하지 않을 수는 없다(창원지방법원 2015. 1. 30. 선고 2014구합20856 판결).

5) 학교폭력 관련 사항 학교생활기록부 입력

표 9-3   학교폭력 관련 사항 학교생활기록부 기재요령

항목	가해학생 조치사항	졸업 시 조치	보존 및 삭제
학적사항 '특기사항'	• 8호(전학)	학교폭력대책자치위원회에서 심의 후 졸업과 동시에 삭제 가능 → 해당 학생의 반성 정도와 긍정적 행동변화 정도 등 고려	졸업 시 미삭제된 학생의 기록은 졸업 2년 후 삭제 처리
	• 9호(퇴학처분)	–	계속 보존
출결상황 '특기사항'	• 4호(사회봉사) • 5호(특별교육이수 또는 심리치료) • 6호(출석정지)	학교폭력대책자치위원회에서 심의 후 졸업과 동시에 삭제 가능 → 해당 학생의 반성 정도와 긍정적 행동변화 정도 등 고려	졸업 시 미삭제된 학생의 기록은 졸업 2년 후 삭제 처리
'행동특성 및 종합의견'	• 1호(서면사과) • 2호(접촉, 협박 및 보복행위 금지) • 3호(학교에서의 봉사) • 7호(학급교체)	해당 학생 졸업과 동시에 삭제 처리	–

출처: 교육부(2014).

학교폭력 관련 사항을 학교생활기록부에 기재하는 것에 관하여는 여전히 찬반 논의가 계속되고 있다. 이와 관련하여 일부 시·도교육감이 학교생활기록부 기재를 거부하였으나, 이는 법률상 허용되지 않는다는 것이 법원의 판단이다.

학교생활기록에 관한「초·중등교육법」,「고등교육법」및 각 시행령의 규정내용에 따르면, 어느 학생이 시·도를 달리하여 또는 국립학교와 공립·사립학교를 달리하여 전출하는 경우에 학교생활기록의 체계적·통일적인 관리가 필요하고, 중학생이 다른 시·도 지역의 고등학교에 진학하는 경우에도 고등학교의 입학전형에 반영되며, 고등학생의 학교생활기록은 교육부 장관의 지도·감독을 받는 대학교의 입학전형 자료로 활용하므로, 학교의 장이 행하는 학교생활기록의 작성에 관한 사무는 국민 전체의 이익을 위하여 통일적으로 처리하여야 할 성격의 사무다.

따라서 전국적으로 통일적 처리를 요하는 학교생활기록의 작성에 대한 감독관청의 지도·감독 사무도 국민 전체의 이익을 위하여 통일적으로 처리하여야 할 성격의 사무라고 보아야 하므로, 공립·사립학교의 장이 행하는 학교생활기록부 작성에 관한 교육감의 지도·감독 사무는 국가사무로서 교육감에 위임된 사무다 (대법원 2014. 2. 27. 선고 2012추183 판결).

🗂 참고문헌

교육부(2014). 사안처리가이드북.

김용수(2012). 학교폭력, 집단 괴롭힘 등으로 인한 손해배상청구 및 위자료 산정시 참작할 요소. 2012 판례연구, 26(1), 79-138.

천세영, 정일화, 남미정, 김미정, 조성만, 김수아, 유지영, 방인자(2014). 사례와 판례로 이해하는 학교폭력의 예방과 대책. 서울: 학지사.

한유경, 이주연, 김성식, 신민섭, 정제영, 정성수, 김성기, 박주형, 장원경, 이동형, 김영화, 오인수, 이승연, 신현숙(2014). 학교폭력과 괴롭힘 예방 원인과 대응. 서울: 학지사.

|제10장|
학교폭력 유형별 판례분석

1. 학교폭력에서 학교의 책임 범위

앞서 9장에서 살펴본 바와 같이 학교폭력은 상해, 폭행, 감금, 협박, 약취·유인, 명예훼손·모욕, 공갈, 강요·강제적인 심부름 및 성폭력, 따돌림, 사이버 따돌림, 정보통신망을 이용한 음란·폭력 정보 외에도 이와 유사한 동질의 행위로서 피해학생의 신체·정신 또는 재산상의 피해를 수반하는 모든 행위를 포함하는 넓은 개념이다(서울지방법원 2014. 6. 20. 선고 2014구합250 판결 참조). 게다가 학교폭력의 양태는 다양한 행위가 결합되어 나타나므로 그 유형을 따로 분류하는 것이 어렵다.

그럼에도 학교폭력의 주요한 유형에 관한 판례를 분석해 보는 것은 의의가 있다. 학교와 교사는 학생들이 학교폭력 없는 행복한 학교생활을 누릴 수 있도록 학생들을 보호하고 감독하여야 한다. 특히 판례에서는 학교폭력의 범위를 학교에서의 교육활동 및 이에 밀접·불가분의 관계에 있는 생활관계에 한하며, 교육활동의 때와 장소, 가해자의 분별능력, 가해자의 성행, 가해자와 피해자의 관계, 기타 여러 사정을 고려하여 학교폭력 사안이 학교생활에서 통상 발생할 수 있다고 하는 것이 예측되거나 또는 예측 가능성(사고 발생의 구체적 위험성)이 있는 경우에만 교장이나 교사가 보호·감독 의무 위반에 대한 책임을 진다고 보고 있다(1993. 11. 26. 선고 93다1466 판결 등). 다음에서는 실제 판례사안을 보면서 구체적으로 어느 경우에 학교와 교사의 보호·감독 의무가 인정되는지를 살펴보고 학교의 학교폭력 지도 방향을 조정해 보기로 한다. 또한 학교의 보호·감독 의무가 부정되는 사안에서도 학교의 적극적 예방활동을 통해 학교폭력을 예방 및 근절하는 것에 대한 시사점을 얻을 수 있을 것이다.

2. 집단 따돌림 및 괴롭힘

1) 집단 따돌림에 대한 학교의 책임은 인정하였으나 피해학생 자살에 대한 책임을 부정한 사례

(1) 사안의 개요

A, B, C와 망인의 4인은 같은 반 친구들로 2001년 3월경부터 배타적으로 어울리는 작은 집단을 형성하여 지내다가 A가 위 집단을 주도하면서 망인을 집단에서 배척하였다가 다시 끼워 주는 것을 되풀이하였고, 여름방학 이후부터는 망인이 말을 걸어도 아무런 대답을 하지 않는 등 망인을 의도적으로 배제하고, 망인이 교복을 줄여 입은 모습을 보면서 놀리거나 점심시간에 학교급식소에서 망인이 같은 식탁에 앉아 식사하려고 할 때 다른 식탁으로 옮겨 피하기도 하였다. 이런 상황에서 2001년 9월 24일 망인의 필통이 없어지자 망인은 A와 B가 이를 숨긴 것으로 알고 다른 학생들 앞에서 이들에게 따졌다가 자신의 오해로 밝혀져 이들에게 사과하였으나 이들은 망인의 사과를 받아 주지 않고 오히려 망인을 몰아세움으로써 A와의 관계가 더욱 악화되었다. 이와 같은 일이 발생한 후 망인은 2001년 9월 26일경에

는 교복 대신 검은 스웨터를 입고 오고 자율학습 시간에 자주 교실을 드나드는 등 상당히 불안한 모습을 보이며 C에게 자신과 함께 놀아 줄 것을 요청하였는데 이를 알게 된 A, B로부터 'C가 니 쫑이냐'라는 말과 함께 면박을 당하였다.

망인은 2001년 9월 27일 등굣길에 다른 반 친구에게 전날 A로부터 면박당한 일을 이야기하면서 '왕따 당하니까 괴롭고 힘들다. B와 C가 니 쫑이냐고 말하여 상처받았다'고 말하였고, 같은 날 점심시간에 A와 B가 다른 학생들에게 '망인의 성격이 이상하다, 같이 놀지 말라'며 학교급식소로 몰려가 자신만이 남게 되자, 어머니인 원고에게 전화하여 "엄마, 나 사실은 왕따야. 전학시켜 줘. 죽을 것 같아."라고 울면서 이야기하였다. 같은 날 하굣길에 A와 B가 망인에게 약을 올리며 몰아세우기도 했는데, 망인은 귀가한 직후인 같은 날 17시경 자신의 아파트에서 투신하여 자살하였다.

망인의 어머니인 원고는 망인이 3학년에 들어와 1학기부터 A와의 교우관계로 문제가 있는 것으로 생각하여 망인에게 필요하면 학교에 도움을 요청하겠다고 하였다. 하지만 망인이 스스로 해결하겠다 하고 담임교사 등과 상담하지 않았고, 망인이 자살 당일 전화할 때까지 망인이 집단 따돌림을 당하고 있고 이로 인하여 심한 고통을 받고 있음을 알지 못하였다.

망인의 담임교사는 2001년 3월경 중학교에서 폭행사건으로 문제를 일으키고 전학 온 A에 대하여 1교사 1학생 결연 상담제도에 따라 A의 학교생활 전반에 관하여 상담지도를 하였는데, 망인이 학기 초에 A와 급속히 가까워지자 이를 염려하여 망인에게 시간을 두면서 천천히 사귈 것을 권유하기도 하였다. 담임교사는 A가 망인과 집단을 형성하여 친밀하게 지내면서 망인을 집단에서 배척하였다가 다시 끼워 주는 등의 갈등이 있음을 알았으나 학창 시절 교우관계에서 겪는 과정의 일부라고 생각하여 별다른 조치를 취하지는 않았다. 담임교사는 필통 분실사건에 대하여도 알지 못하였으나, 2001년 9월 26일 망인이 상당히 불안한 상태에 있다고 느껴 망인에 대한 상담이 필요하다고 판단하였다. 그리고 2001년 9월 27일 임원회의에 참석한 원고로부터 망인이 그날 점심 때 울면서 전화한 사정을 듣게 되자, A가 봄부터 망인을 집단에 끼워 주었다 뺐다 하는 것을 알고 있었는데 그러면서도 잘 지낼 테니 걱정하지 말아라, 자신이 잘 이야기해 보겠다고 하였다. 망인은 담임교사와 자주 상담을 하였으나 주로 공부문제에 관하여만 상담하였을 뿐 교우관계에 관한 어려움을 이야기한 일은 없었다.

(2) 법원의 판단

① 자살에 대한 예견 가능성 부정

앞과 같은 사실관계를 비추어 살펴보면, 망인의 자살에 직접적인 계기가 된 필통분실사건 이후 A의 망인에 대한 행동은 사회통념상 허용될 수 없는 악질, 중대한 따돌림에 이를 정도라고는 보기 어렵고, 그 이전에 망인을 집단에서 배제한 행위도 빈번하지는 않았던 것으로 보인다. 행위의 양상도 폭력적인 방법에 의하지 않고 무관심으로 소외시키는 것이 주된 것이었던 점, 망인의 행동에 관하여 보면 자살 전날 교복 대신 검정 스웨터를 입고 등교하여 불안한 모습을 보인 점이 평소와 다른 행동으로 보이지만 결석이나 지각을 하지 않고 가정에서도 특별히 우울한 모습을 엿볼 수 없었던 점 등에 비추어 이 사건의 사고 발생 당시 담임교사가 망인의 자살에 대한 예견 가능성이 있었다고 인정하기는 어렵다고 할 수 있다.

② 집단 따돌림에 대한 책임 인정

다만, 앞서 본 사실에 의하면 담임교사는 망인이 A와 친밀한 관계를 맺고 싶어함에도 이러한 관계를 맺지 못하고 집단에서 배척되었다가 끼워졌다 하는 등의 갈등이 있음을 알고 있었음에도 이러한 일들이 학창 시절 교우관계에서 발생할 수 있는 일상적인 문제라고 생각하고 이에 대한 대처를 소홀히 한 과실을 인정할 수 있다. 따라서 그의 직무상 불법행위로 발생한 집단 따돌림의 피해에 대하여 피고가 손해배상책임을 부담한다고 할 것이다.

(3) 판결의 의미

집단 따돌림으로 인하여 피해학생이 자살한 경우, 자살의 결과에 대하여 학교의 교장이나 교사의 보호·감독 의무 위반의 책임을 묻기 위하여는 피해학생이 자살에 이른 상황을 객관적으로 보아 교사 등이 예견하였거나 예견할 수 있었음이 인정되어야 한다. 다만, 사회통념상 허용될 수 없는 악질, 중대한 집단 따돌림이 계속되고 그 결과로 피해학생이 신체적 또는 정신적으로 궁지에 몰린 상황에 있었음을 예견하였거나 예견할 수 있었던 경우에는 피해학생이 자살에 이른 상황에 대한 예견 가능성도 있는 것으로 볼 수 있을 것이다. 그러나 집단 따돌림의 내용이 이와 같은 정도에까지 이르지 않은 경우에는 교사 등이 집단 따돌림을 예견하였거나 예견할 수 있었다고 하더라도 이것만으로 피해학생의 자살에 대한 예견이 가능하였던 것으로 볼 수는 없다. 따라서 교사 등이 집단 따돌림 자체에 대한 보호·감독 의무 위반의 책임을 부담하는 것은 별론으로 하고 자살의 결과에 대한 보호·감독 의무 위반의 책임을 부담한다고 할 수 없다. (대법원 2007. 11. 15. 선고 2005다16034 판결)

2) 학교의 책임이 인정된 사례

(1) 사안의 개요

원고는 2011년 3월 중학교에 입학하여 같은 학교 동급생들인 A, B, C, D, E 등 (이하 '가해학생들'이라고 한다)과 만나게 되었다. 이들은 처음에는 방과 후 시간을 함께 보내는 등 친하게 지냈으나, A가 원고에게 빵을 사 오라는 심부름을 시키는 등 점차 권력적인 관계로 변질되어 갔고, 가해학생들은 원고를 소외시키기 시작하였다.

그러던 중 가해학생들은 2011년 11월 말경에 이르러 본격적으로 원고에 대하여 폭력을 행사하게 되었는데, 원고는 이 사건의 가해행위로 인하여 귀가 찢어지거나 타박상을 입는 등의 신체적 피해를 입었고, 불안감이나 불면증 등으로 정신과적 치료를 받게 되었으며, 2012년 2월 15일경 타 학교로의 전학을 요청하게 되었다.

원고는 2011년에 가해학생들과 어울리면서 교내에서 여러 문제를 일으켜 여러 차례 훈계를 듣고 상담을 받는 등 특별한 주의를 끌어오고 있었으며, 원고의 부모 역시 수차례 면담을 받았다. 가해학생들 중 A, B, E는 2011년 6월경 중학교 교내 화장실에서 급우를 폭행하여 7일간 특별교육을 받았다. 한편, E는 교내 흡연 및 폭력 등으로 2회의 징계를 받았다.

체육교사는 2011년 12월 23일 원고가 얼굴에 상처가 있는 것을 발견하고 그 이유를 물었는데, 원고는 화장실에서 혼자서 넘어져 다쳤다고 대답하였다. 원고의 상처가 학교폭력에 의한 것일 수도 있다고 의심한 체육교사와 담임교사는 CCTV를 통하여 원고가 해당 화장실에 들어간 적이 없다는 점을 확인하고 원고에게 다시 한 번 상처가 난 이유를 물었으나, 원고는 여전히 혼자서 넘어졌다고 대답하였다. 이 사건이 2011년 12월 16일경 원고의 얼굴에 상처가 나 있었던 일(원고는 그 이유를 묻는 담임교사에게 자전거를 타다가 경사진 곳에서 심하게 넘어졌다고 대답했다)과 관련이 있다고 생각한 담임교사는 중학교 3학년에 재학 중이던 원고의 누나와 부모에게 원고가 입은 상처가 폭행으로 인한 것 같다면서 사실을 확인해 달라고 당부하였고, 원고는 귀가 후 비로소 누나에게 이 사건의 가해행위가 있었음을 털어놓았다.

원고의 담임교사는 이 사건의 가해행위가 있었음을 알게 된 후, 원고 및 그의 부모들과 상담하고, 같은 반 학생들과 상담하여 다른 피해 사실이 있었는지 여부를 확인하는 한편, 가해학생들을 훈계하고 반성문을 제출하도록 하였다. 중학교 교장은 학교폭력대책자치위원회를 열어 가해학생들에게 권고전학 등의 징계처분을 하였다.

(2) 법원의 판단

① 교육활동 범위 내 사건으로 인정

2011년 12월 15일자 가해행위는 점심시간에 교실 내에서, 2011년 12월 23일자 가해행위는 수업 시간에 학교 내 화장실에서 발생하였고, 2012년 12월 16일자 가해행위는 학교 내에서 A가 원고의 겉옷을 빼앗고 선배에게 담배를 받아 오라고 시킨 것이 발단이 되어 방과 후 하굣길의 공원과 골목에서 발생하였는바, 이 사건의 가해행위는 학교에서의 교육활동 및 이와 밀접·불가분의 관계에 있는 생활관계에서 발생하였다고 봄이 타당하다.

② 예측 가능성 인정

여러 사정에 비추어 보면, 중학교의 교장이나 원고와 가해학생들의 담임교사들에게 있어 이 사건의 가해행위가 학교생활에서 통상 발생할 수 있음이 예측되거나 또는 예측 가능성이 있었다고 봄이 타당하다.

원고의 담임교사는 원고가 평소 모범적인 학생은 아니었고 학교폭력 전력이 있는 학생들과 어울려 지내고 있었으므로 원고의 생활을 주의 깊게 관찰하고 상담하며, 학교 내에서 수업 시간 전후로 학교 내에서 폭력사건이 있는지 확인하여야 하고, 학급 반장이나 급우들에게 학교 내에서 폭행사건이 발생하거나 학생들의 특이한 동향이 있으면 즉시 담임교사에게 알리도록 하여야 한다. 그런데 원고의 담임교사는 2011년 12월 17일경 병원에 가야 할 정도의 상처(2011년 12월 15일과 다음 날의 가해행위로 인한 것으로 보인다)가 난 원고의 얼굴을 보고 그에게 이유를 물었는데, 원고로부터 '자전거를 타다가 심하게 넘어졌다'는 대답을 듣기만 하고 더 나아가 학급 반장이나 급우들에게 다시 물어보거나 추가적인 확인을 하지 않는 등 미온적으로 대처하였다.

중학교의 교장이나 학교폭력 전력이 있는 학생들의 담임교사는 이 학생들에 대하여 보다 적극적인 자세로 지속적인 면담, 훈화, 생활지도 등 특별한 주의를 기울여 이들이 다시 급우들에게 폭력을 가하지 않도록 지도·감독하여야 한다. 그러나 가해학생 중 일부가 2011년 6월경 다른 학생이 자신들을 욕하고 다닌다는 이유로 학교 내 화장실에서 위 학생을 폭행하여 동부 Wee 센터에서 7일간 특별교육을 받은 전력이 있음에도 불구하고 중학교는 다수의 학생을 상대로 한 일방적인 교육을 실시하였을 뿐이고, 학교폭력 전력이 있는 학생들에 대하여 구체적이고 추가적인 지도·감독을 하였다거나 실효성 있는 대책을 시행하였다는 자료가 없다.

가해학생 중 1명은 서울소년분류심사원 분류심사관에게 '자신이 선배들로부터 금품갈취와 폭행을 당한 사실을 조사해 달라고 학교 측에 요청했음에도 모른 척하는 태도에 불공평하고 억울한 심경에 격분하여 자해하였다'라고 진술하기도 하였다.

(3) 판결의 의미

학교폭력 사건에 관하여 학교생활에서 통상 발생할 수 있음이 예측되거나 또는 예측 가능성이 있었다고 보려면 구체적인 상황에 가해자의 분별능력, 가해자의 성행, 가해자와 피해자의 관계, 기타 여러 사정을 고려하여야 한다. 이 사안에서 피해학생이 가해학생들과 어울리면서 교내에서 여러 문제를 일으켜 여러 차례 훈계를 듣고 상담을 받는 등 특별한 주의를 끌어오고 있었으며, 병원에 가야 할 정도의 상처를 얼굴에 입었다면 비록 피해학생이 적극적으로 학교폭력을 신고하지 않았다고 하더라도 학교폭력이 발생했음이 예측 가능하였다고 볼 수 있다는 것이다. 또한 학교의 보호·감독 의무는 형식적인 다수 학생에 대한 일방적인 교육에 그치지 않고 학교폭력 위험 학생에 대한 구체적이고 추가적인 지도·감독 의무까지 나아가야 한다는 판결이다. (서울북부지방법원 2013. 4. 26. 선고 2012가단6674 판결)

3. 사이버폭력

1) 1차적 폭력에 관하여는 학교의 책임을 부정하였으나 2차적 폭력의 책임은 인정한 사례

(1) 사안의 개요

원고는 2009년 9월 5일경 같은 학교 교우인 A의 초대를 받아 A의 사촌동생인 B의 생일잔치에 참석하게 되었고, 같은 날 A, C 등 3명과 함께 인근 놀이터에서 미끄럼틀 등의 기구를 이용한 일명 '지옥탈출' 놀이(술래잡기의 일종)를 하고 있었다.

그런데 원고는 놀이를 하던 중 A, C와 사소한 말다툼을 하게 되었고, A는 그 후 귀가한 원고에게 계속 연락하여 '다시 나와서 같이 놀자'고 하였으나 원고가 거부하자 이에 화가 나 문자로 절교를 통지하였고, 이에 원고는 A의 휴대전화번호에 대하여 문자메시지 스팸차단 설정을 하였다.

A는 이 같이 원고와 다툰 사실을 D, E 등에게 알렸고, D, E는 원고에게 욕설 및 조롱의 내용을 담은 문자메시지를 발송하기 시작했으며, 원고는 D, E의 휴대전화번호에 대하여도 문자메시지 스팸차단 설정을 하였다. 그러자 A, D, E는 초등학교 내에 있는 'ㅇㅇ동산'에서 만나게 된 F, G, H, I 등에게 '원고의 싸이월드 홈페이지에 욕설 및 협박 게시물을 올리라'는 취지로 말하였고, A, D, E는 그 외 J, K, L, M, N, O, P, Q 등에게도 전화 및 인터넷 등을 통해 연락하여 앞과 같은 지시를 하였다. 이와 같은 지시에 따라 J 등 13명은 2009년 9월 10일부터 같은 달 12일까지 사이에, 원고의 싸이월드 홈페이지 방명록에 성적인 모욕을 동반한 욕설 및 비속어, 협박성 발언을 게시하였다.

원고는 자신의 싸이월드 홈페이지에 접속하면서 이러한 게시물 내용을 확인하게 되었고, 다음 날인 2009년 9월 11일 학교에 결석한 것을 시작으로 약 한 달간 등교를 하지 못하게 되었다. 그러던 중 원고의 이모는 2009년 9월 10일 23시경 원고의 싸이월드 홈페이지에 접속 중 모욕, 욕설 등의 게시물을 확인하고 이를 캡처한 후 같은 날 및 같은 달 12일 2회에 걸쳐 가해학생들에게 이 같은 행위에 대한 책임을 경고하는 글을 해당 홈페이지 방명록에 게시하였고, 이를 알게 된 C는 가해학생들에게 각 게시물을 삭제하여 달라고 부탁하였다.

원고의 모는 학교폭력대책자치위원회에 분쟁조정을 신청하였고, 2009년 9월 24일, 2009년 10월 9일, 2009년 10월 16일의 3회에 걸쳐 열린 학교폭력대책자치위원회 회의에서는 피해학생인 원고에게는 심리상담과 학습보충, 가해학생들에게는 서면사과, 피해학생에 대한 접촉 및 협박 금지, 교내 봉사활동, 심리상담의 조치를 취할 것을 결정하였다.

원고 측은 가해학생들을 정보통신망에서의 명예훼손, 모욕, 협박 등으로 고소하였고, 이 가해학생들은 서울가정법원으로부터 각 소년보호 처분을 받았다. 원

고는 각 가해학생들의 소년보호 처분이 확정된 후 가해학생들의 부모에 대하여
그 감독 의무자로서의 임무해태에 따른 손해배상청구 소송을 제기하였고, 전원에
대하여 승소판결 또는 이행권고 결정의 확정, 조정 등이 이루어졌다. C는 1차 사
이버폭력 이후 원고가 결석하는 동안 원고의 절친한 친구였던 R에게 접근하여 원
고에 대한 험담을 하면서 원고와 놀지 말 것을 종용하였다. 원고 측은 C의 이 같
은 2차적인 따돌림 행위에 대하여 학교폭력대책자치위원회에 분쟁조정 신청을
하였다. 그러나 2009년 12월 10일 개최된 학교폭력대책자치위원 회의에서는 원
고에 대한 학급에서의 따돌림 여부에 대해서는 부결하였고, 따돌림 방지에 대한
특강 1시간 지도를 명하는 결정을 하였다.

(2) 법원의 판단

① 1차 사이버폭력에 대한 학교의 책임 부정

앞서 본 바와 같이 1차적인 사이버폭력 행위는 인터넷을 통해 방과 후 가해학생
들의 집에서 이루어진 사실이 인정되고, 증거의 각 기재에 의하면 초등학교에서는
전교생을 대상으로 한 학교폭력예방교육 및 사이버폭력 및 바른 우리말 사용 지
도 등의 교육을 실시하고, 인터넷 사용 예절 지도에 관한 가정통신문을 발송하는
등 사이버폭력 예방을 위한 사전적 조치를 취한 사실은 우선 인정된다.

그런데 이 사건에서 보건대, 다음과 같은 인정할 수 있는 사정들이 있다. 첫째,
사이버폭력을 포함한 학교폭력은 개인적 요인, 가정환경적 요인, 학교환경적 요
인, 사회환경적 요인 등이 복합적으로 작용하여 발생하는 것이기에 학교환경적 요
인을 제거하는 것만으로 이를 완벽하게 예방할 수 없다. 둘째, 사전적 예방과 관련
된 주의 의무를 높게 요구할 경우 주의의 정도가 강화된다는 긍정적 측면도 있지
만, 사후적 대처와 관련하여 소극적이고 방어적인 태도를 조장하여 오히려 피해학
생의 보호에 미흡하게 될 수도 있다.

앞서 개시한 인정 사실에다가 각 증거 및 변론 전체의 취지를 종합하여 인정할
수 있는 이러한 사정들을 고려하면, 학교폭력과 관련하여 교장이나 교사의 주의

의무 위반이 인정되는 경우는 학교폭력의 일반적 예방을 위하여 통상적으로 이용되거나 알려져 있는 조치를 전혀 취하지 않았거나 불충분함이 명백한 조치만을 취한 경우 또는 구체적으로 어떠한 학교폭력이 발생할 수 있다는 점이 예측되거나 예측 가능한 경우에 이를 방지하기 위하여 구체적인 상황에 따라 교장이나 교사로서 취하여야 할 상당한 조치를 취하지 않은 경우에 한정되어야 할 것이다.

이 같은 기준에 따라 이 사건에서 초등학교의 교장이나 교사들에게 주의 의무 위반이 있었는지를 판단하면 초등학교에서는 학생을 대상으로 한 학교폭력(사이버폭력) 예방교육, 인터넷 예절 교육, 가정통신문 발송 등의 조치가 취해졌다. 또한 사이버폭력 행위는 학교를 벗어난 가정에서 인터넷이라는 가상공간을 통해 은밀하게 이루어지는 점 등을 고려하면, 원고가 제출한 증거만으로는 초등학교의 교장이나 교사들이 사이버폭력을 예방하기 위하여 통상적으로 알려져 있는 조치를 전혀 취하지 않았거나 불충분함이 명백한 조치만을 취하였다거나 이 사건의 가해행위의 발생 가능성을 예측하거나 예측할 수 있었다는 점을 인정하기에 부족하고, 달리 이를 인정할 만한 증거가 없으므로 원고의 위 주장은 이유가 없다.

② 2차적 따돌림 피해에 대한 학교의 책임 인정

초등학교의 교장이 원고의 모로부터 계속해서 원고를 가해학생인 C와 격리되도록 분반조치를 취해 줄 것을 요청받고도 이를 계속해서 거절한 사실은 당사자 사이에 다툼이 없고, 원고가 1차 사이버폭력 피해로 인해 학교에 결석하는 동안 C가 원고와 친한 사이인 R에게 원고와 놀지 말라고 말한 사실, 이에 따라 R은 원고가 다시 등교한 이후에도 한동안 원고와 말을 하지 않은 사실은 인정된다.

한편, 학교폭력이 이미 발생한 뒤에는 피해학생의 심리적 안정과 자존감 회복, 정확한 사실관계의 파악 및 자료 수집, 가해학생에 대한 계도 및 필요한 경우 피해학생과의 격리 등 보복이나 재발 방지를 위한 조치, 학급 내 다른 학생들에 대한 지도 및 교우관계의 복구 등 여러 방법으로 학교폭력의 피해를 최소화하고 재발을 방지하기 위한 사후적 조치가 요구된다. 그런데도 초등학교의 교장은 사이버폭력의 심각성을 제대로 인식하지 못하고 원고의 모로부터 계속해서 가해학생과 원고를 격려해 줄 것을 요청받고도 이를 거절하면서 가해학생들의 서면 사과, 피해학생에 대한 접촉 및 협박 금지, 교내 봉사활동 등의 미온적인 조치만을 취한 채 피해학생에 대하여는 별다른 조치를 취하지 않았다(가해학생에 대한 분반조치는 학교폭력대책자치위원회의 결정이 없이는 불가능하나, 피해학생에 대한 분반조치는 학교장의 재량인 것으로 보이고, 실제로도 이에 관하여 긍정적으로 검토되기도 하였다). 그리하여 원고는 학급에서 매 순간 C 등 가해학생과 부딪힐 수밖에 없었고, 담임교사가 할 수 있는 것도 C에게 주의를 주는 정도에 불과하여 문제의 해결에 거의 도움이 되지 않았다. 그러므로 초등학교 교장이 위와 같이 분반을 거부한 과실이 결과적으로 2차 따돌림 피해가 발생한 원인을 제공하였다고 할 것이다.

(3) 판결의 의미

이 판결은 사이버폭력을 포함한 학교폭력은 개인적 요인, 가정환경적 요인, 학교환경적 요인, 사회환경적 요인 등이 복합적으로 작용하여 발생하는 것이기에 학교환경적 요인의 제거만으로 이를 완벽하게 예방할 수 없는 점을 인정하였다.

따라서 학교폭력과 관련하여 교장이나 교사의 주의 의무 위반이 인정되는 경우는 학교폭력의 일반적 예방을 위하여 통상적으로 이용되거나 알려져 있는 조치를 전혀 취하지 않았거나 불충분함이 명백한 조치만을 취한 경우 또는 구체적으로 어떠한 학교폭력이 발생할 수 있다는 점이 예측되거나 예측 가능한 경우에 이를 방지하기 위하여 구체적인 상황에 따라 교장이나 교사로서 취하여야 할 상당한 조치를 취하지 않은 경우에 한정된다는 것이다.

이 사안에서 1차적으로 발생한 학교폭력(사이버폭력)은 구체적인 예측 가능성이 인정되는 사건이 아니었으므로 일반적인 학교폭력예방교육만으로도 학교의 보호·감독 의무는 이행되었다고 보았다. 그러나 1차 학교폭력 이후 발생한 2차적 학교폭력(따돌림)에서는 여러 방법으로 학교폭력의 피해를 최소화하고 재발을 방지하기 위한 사후적 조치가 요구된다. 피해학생 측이 따돌림 등 사후적 학교폭력을 이유로 가해학생과 원고를 격려해 줄 것을 요청하였다면 학교장은 자신의 재량에 따라 피해학생의 분반 등을 적극적으로 고려해 보아야 하고, 이와 달리 불충분함이 명백한 미온적인 조치나 일반적 예방교육만을 한 것으로는 학교의 보호·감독 의무를 다했다고 볼 수 없다는 것이다.(서울중앙지방법원 2014. 2. 17. 선고 2013가단5051301 판결)

4. 성폭력

1) 성폭력에 대한 학교의 책임을 인정한 사례

(1) 사안의 개요

B, C는 A를 폭행, 공갈하고 추행 또는 간음을 하였고, D, E, F, G, H는 A를 추행하였다. 이에 대하여 B, C는 각각 소년원 송치처분을 받았고, D, E, F, G, H는 보호관찰 및 수강명령 처분을 받았다.

2012년 12월 27일부터 2013년 1월 5일까지 병원에서 A에 대한 정신과적 진찰 및 검사를 한 결과, '사건에 대한 재경험, 과각성, 회피행동 등의 일차적 증상들과 우울감, 자살사고 및 자해 충동, 자해행동 등의 반응성 증상이 관찰되고 있으며, 이 증상들은 향후 치료에 의해 일부 호전될 것으로 보이나, 청소년 시기에 건강하지 못한 심리적 자아 특성을 보이고 있어 치료 후에도 자아정체감 형성 및 인격의 발달에 부정적인 영향을 미칠 것으로 생각되므로, 향후 최소 5년 이상의 정신건강의학적 치료가 필요하다'는 의견이 제시되었다. 그리고 치료 후에도 재경험, 회피행동, 대인관계 및 이성교제의 어려움, 인격장애 등의 후유증이 남을 가능성이 높은 것으로 나타났다.

이 사건이 알려지게 된 경위와 상담과정을 보면 다음과 같다.

2011년 6월 20일 A의 모가 Z 중학교를 방문하여 'A가 또래 상담 때문에 귀가가 늦어지고 힘들어하고 있다'며 항의하고 돌아가자 Z 중학교 전문상담원이 A를 상담하기 시작하였다.

2011년 7월 15일 A의 모가 담임교사에게 전화하여 A가 따돌림을 당하고 있으니 좀 알아봐 달라고 하였고, 그 무렵 A의 부도 담임교사에게 전화하여 같은 내용의 요청을 하였다. 담임교사는 원고 A와 상담을 하고 방학 중 상담을 잘 받으라는 당부를 하였다.

2011년 8월 4일 Y 중학교 상담교사가 Z 중학교 생활인권부 교사에게 'A에 관하여 성 관련 소문이 있다'는 취지로 전화를 하여 이를 전달받은 진로상담 부장은 전문상담원에게 그 내용을 알리고 상담을 통해 알아봐 달라고 하였다.

그 후 전문상담원은 진로상담 부장에게 'A랑 사이가 안 좋은 Y 중학교 여학생이 나쁜 소문을 퍼뜨린 것이고 그런 일은 전혀 있을 수 없다'고 하였고, 2011년 8월 22일 다시 상담 결과를 묻는 진로상담 부장에게 같은 내용의 대답을 하였다. 진로상담 부장은 A를 직접 불러 소문에 관하여 물어보았는데, A가 '절대 그런 일이 없었다. 남학생들하고는 학교 앞 버스 정류장에서 걸어서 얘기하는 게 전부다'라고 부인하자 '그런 소문이 더 이상 나지 않도록 행동을 조심하라'고 하였다.

담임교사는 2011년 8월 24일부터 2011년 8월 26일까지 있었던 수련회에서 비로소 생활인권부 교사로부터 A에 관한 소문 때문에 Y 중학교 교사가 연락을 하였다는 이야기를 듣게 되었고, 2011년 8월 29일 보건교사에게 성 관련 상담을 의뢰하였다. A는 보건교사에게 '그 문제는 방학 때 전문상담원 선생님께 전해 들었고 여러 번 많은 이야기를 통해 이미 마음도 편해져 있다. 그것은 사실이 아니기 때문에 시간이 지나가면 다 잘 해결될 것이라고 믿는다'고 이야기하였고 보건교사는 상담내용을 담임교사에게 알려 주었다.

2011년 8월 31일 Y 중학교 전문상담원이 진로상담 부장에게 '싸이월드 확인해 보는 것이 지도에 도움이 될 것이다'라는 내용의 문자를 보내 전문상담원에게 위 문자내용을 알려 주었으나, A는 전문상담원에게 싸이월드 아이디, 비밀번호는 다 없애 버렸다고 하였다.

2011년 9월 21일 Z 중학교 여학생들이 생활인권부 교사에게 '남자아이들이 A의 나체 사진을 찍었다는 소문을 퍼뜨리고 있으며 어떤 남학생과는 야한 동영상을 찍었다는 소문도 있다'는 이야기를 함에 따라 생활인권부에서는 가해학생으로 지목된 피고 B, C를 불러 조사한 결과 B의 휴대폰에서 A의 나체 사진과 동영상을 발건하였다.

(2) 법원의 판단

「아동·청소년의 성보호에 관한 법률」 제4조 제1항에 의하면 국가와 지방자치 단체는 아동·청소년 대상 성범죄를 예방하고, 아동·청소년을 성적 착취와 학대 행위로부터 보호하기 위하여 필요한 조사, 연구, 교육 및 제도와 더불어 법적 제도적 장치를 마련할 의무가 있다. 이에 따라 학교에서의 성폭력 예방교육의 중요한 부분을 구성하게 되었으며, 증거의 각 기재에 의하면 Z 중학교에서도 성폭력 예방 관련 프로그램을 다양하게 마련하여 실시하고 있음을 알 수 있다. A에 대한 이 사건의 성폭행, 성추행은 비록 방과 후나 휴일에 학교가 아닌 곳에서 발생하였으나, Z 중학교가 성폭력 예방교육에 관하여 책임을 갖고 있는 소속 학생들(단, 일부 가해학생은 다른 학교 학생이다) 사이에서 일어난 일이므로, 교육활동과 밀접·불가분의 관계에 있는 생활관계에서 발생한 사고에 해당한다.

나아가 담임교사를 비롯하여 Z 중학교의 생활인권부, 진로상담부 교사들이 A의 상담을 의뢰하였다면, 상담 내용과 결과를 계속 주시하며 A를 관찰하고 발견되는 문제점에 대하여 적절한 조언을 해 줄 의무가 있었다. 그리고 담임교사가 2011년 6월 20일부터 이루어진 A에 대한 상담내용을 확인하였다면, A가 남학생들 여러 명과 어울려 다니면서 성적인 표현이 담긴 욕설을 주고받고 있고, 아직 성에 대한 인식이 확립되어 있지 않아 성관계를 가볍게 생각하고 있다는 것과 자연스레 남학생들에 의한 성폭력 가능성에 더 많이 노출될 수밖에 없다는 것을 충분히 감지할 수 있었을 것으로 보인다. 나아가 중학교 상담교사로부터 A의 성 관련 소문을 들은 교사들은 A에 대한 상담내용을 바탕으로 A의 친구들을 탐문하거나 제보를 준 학교의 협조를 구해 관련 남학생들을 면담하는 등의 방법으로 소문의 진위를 파악하려는 노력을 기울였어야 했다. 그리고 그 과정에서는 성폭행 피해학생이 수치심이나 보복에 대한 두려움 등으로 피해 사실을 숨기고 사실을 제대로 말하지 않을 가능성도 고려할 필요가 있었다.

그럼에도 불구하고 담임교사는 상담 의뢰만 하였을 뿐, 상담내용을 진지하게 검토하여 A의 생활과 인식 상태를 살펴봄으로써 적절한 조언과 조치를 통하여 성폭력 위험에 더 이상 노출되는 것을 막을 의무를 게을리하였다. 또한 담임교사와 생활인권부, 진로상담부 교사들은 A가 성 관련 소문을 부인한다고 하여 없는 사실로 치부하고 더 이상의 확인을 하지 않았고, 중학교 상담교사가 싸이월드를 확인해 보라는 구체적인 조언까지 하였는데도 싸이월드 아이디와 비밀번호를 지웠다는 A의 말만 듣고 다른 학생들의 싸이월드에 단서가 있을 가능성은 간과한 채 확인을 포기하는 등 소문의 진상을 파악하려는 노력을 게을리함으로써, A에 대하여 이루어진 그동안의 성폭행 사실을 발견하고 추가적인 사고를 막을 수 있는 기회를 놓쳐 버렸다. 이러한 사정들을 고려하면 담임교사와 생활인권부, 진로상담부 교사들은 A에 대한 보호·감독 의무를 소홀히 하였다고 봄이 타당하다.

(3) 판결의 의미

학교폭력(성폭행, 성추행)이 비록 방과 후나 휴일에 학교가 아닌 곳에서 발생하였더라도 학교가 성폭력 예방교육에 관하여 책임을 갖고 있는 소속 학생들 사이에서 일어난 일이므로, 교육활동과 밀접·불가분의 관계에 있는 생활관계에서 발생한 사고에 해당한다고 보았다. 또한 교사가 피해학생의 성향을 잘 알고 있고 피해학생에 대한 구체적인 성폭력 피해 소문을 들은 경우라면, 단순히 상담 의뢰에만 그치지 않고 소문의 진위를 파악하려는 노력을 기울였어야 한다는 것이다. 특히 그 과정에서는 성폭행 피해학생이 수치심이나 보복에 대한 두려움 등으로 피해 사실을 숨기고 사실을 제대로 말하지 않을 가능성도 고려하는 등 학교의 보호·감독 의무를 엄격하게 요구하였다.(서울중앙지방법원 2013. 8. 16. 선고 2012가합32176 판결)

제11장

학교폭력 사례 유형 및 상담 개입

　최근 학교폭력이 심각해지면서 학교폭력과 관련된 상담도 증가하였다. 청소년 기는 아직은 미숙한 자아를 형성해 가는 단계로서 학교에서의 성공적인 경험이나 적응이 중요한 시기다. 우리나라처럼 대부분의 시간을 학교에서 또래들과 생활해 야 하는 청소년들에게 학교에서 폭력이나 괴롭힘을 당하는 경험은 끔찍할 수밖에 없다. 특히 청소년기에 불행한 학교생활이나 관계는 이후 성인기의 행복에도 큰 영향을 미친다는 점에서 학교폭력 피해에 대한 개입 및 상담이 효과적으로 이루 어져야 하는 것이 중요하다.

　학교폭력 상담은 Wee 센터, 청소년상담복지센터, 117센터를 비롯하여 상담을 담당하는 병원, 상담소 등에서 이루어진다. 최근 학교폭력 사례 유형이 신체적 폭 력, 금품갈취에서부터 언어폭력, 집단 따돌림, 사이버폭력, 성폭행 등에 이르기까 지 다양해지면서 상담 사례도 다양해지고 있다. 이 장에서는 다양해지는 학교폭 력 사례 유형을 분석하고, 그 사례에 맞는 상담 및 개입방안에 대해서 설명하고자 한다. 먼저, 학교폭력 가해 및 피해 상담 사례를 유형별로 분석하고, 다음으로, 가해자의 공통적 특성인 공격성에 따른 사례 유형을 분석하고, 마지막으로, 학교폭력 실제 사례에 대해서 소개하고자 한다.

1. 학교폭력 가·피해 상담 사례 유형 및 상담전략

1) 학교폭력 상담에서의 가·피해 상담 사례 분석

학교폭력 가·피해에 적절하게 개입하기 위해서는 먼저 학교폭력의 위험 수준에 대해 파악하여야 한다. 이는 그 위험의 정도에 따라 개입방법이 다르기 때문이다. 이영선 등(2012)은 학교폭력이 위기 수준에 따라 고위험, 중위험, 저위험 수준으로 나눌 수 있다고 하였다. 고위험 수준은 현재 또는 지속적인 학교폭력 경험 중인 경우이며, 중위험 수준은 학교폭력 상황 발생에 대한 두려움을 호소하는 경우다. 그리고 저위험 수준은 학교폭력으로 인한 고민, 괴로움 등을 호소하나 정보의 제약으로 상황판단이 애매한 경우다. 이러한 위험 수준에 따른 개입방법을 살펴보면, 고위험 수준에서는 정서적 위기 완화시키기, 부모님이나 교사에게 알리기, 필요시 긴급출동이나 경호지원에 대해 안내하기, 신고 희망 시 117센터 연계하기가 필요하다. 중위험 수준에서는 정서적 위기 완화시키기, 신고 희망 시 117센터 연계하기, 상담 및 치료 희망·필요 시 청소년상담복지센터 연계 및 채팅상담 연계하기가 필요하다. 또한 저위험 수준에서는 정서적 위기 완화시키기, 이후 좀 더 자세한 내용을 상담과정에서 이야기할 수 있도록 안내해 주고 도움을 청할 수 있는 기관 안내하기 등의 개입이 이루어질 수 있다.

이와 같이 위기 수준에 따라 개입이 달라지는 바, 상담 시 다양한 정보를 파악하는 것이 중요하다. 먼저 학교폭력 피해자의 경우, 내담자의 인적사항 및 보호자의 연락처 확보, 지금 위급한 상황인지(위기, 일회성, 지속적 상담 사례인지 파악), 어떤 도움이 필요한지, 어떤 피해를 당했는지(피해자 및 가해자 신원과 사전에 대한 정확한 사실관계 확인), 지금 다친 곳이 있는지(병원치료 및 입원치료 필요 여부), 피해 사실과 관련된 증거물을 확보했는지(증인, 진단서, 사진, 녹취록 등), 다른 사람에게 도움을 요청했는지(부모 및 교사에게 알렸는지 여부), 도움을 요청하는 데 무엇이 걱정되는지(피해 사실을 알렸을 때 염려되는 것), 폭력 상황에서 벗어나기 힘든 이유가 있는지(지속적으로 이어질 수밖에 없는 상황) 등을 파악한다. 이러한 정보를 가지고 사례를 파악하면, 이를 토대로 상담을 구조화한다. 가벼운 정도의 놀람, 주관적으로 심리적 고통을 호소하지 않는 경우에는 5~10회 정도의 단기상담을 실시하기로 구조화한다. 그러나 내담자의 심리적 어려움 정도가 심한 경우는 병원 등 외부 연계기관과의 협력이 필요할 수 있음을 알린다. 이와 함께 충분히 지지해 주면서 초기 라포 형성 등 구체적인 치료목표를 세우고 상담을 진행한다. 본격적인 개입단계에서는 내담자의 심리적 불안 및 정신 안정을 위해 상담하며, 체계적 이완훈련을 통한 불안 극복 훈련을 실시하고, 피해학생의 외상후 스트레스 장애 증후를 탐색한다. 이때 부모상담을 진행한다면 폭력 경험에 따른 아이의 심리적 상태 이해 및 상호작용 훈련, 폭력피해와 관련된 법률 및 제도에 대한 교육, 아이 심리 상태 이해와 정서 조절하는 법, 중재 대처방법에 대한 지원 및 교육, 대안적 탐색(문제 상황 종결 이후 학교 및 일상생활 복귀와 진로행동에 대한 대안 탐색), 학교폭력 경험으로 인한 정신증적 문제해결 및 치료를 위한 병원 연계 등에 대해 상담을 할 필요가 있다.

학교폭력 가해자에 대한 상담개입과 관련하여서는, 먼저 내담자의 인적사항(나이, 연락처, 거주지) 및 보호자의 연락처 확보, 어떤 도움이 필요한지, 어떤 경우 폭력의 충동을 느끼는지, 평소에 어떤 스트레스가 있는지, 폭력의 유형은 어떤 것이며 얼마나 자주 있었는지, 다른 사람에게 도움을 요청했는지, 도움을 요청하는 데 무엇이 걱정되는지, 학교에서 어떤 조치가 취해졌는지 등에 대해서 파악한다. 이를 파악한 후, 상담자는 품행장애가 아니고 정도가 경미할 때 분노조절 등 문제행동에 대한 직접개입을 단기로 실시한다. 그러나 비행도가 높고 품행장애로 판단되면 품행장애에 대한 개입전략을 세워서 상담한다. 개입방법으로는 사회적 기술, 사회적 문제해결 기술, 사회적 조망 획득, 충동통제 능력 증진 및 분노조절, 행동기술 훈련, 의사소통 훈련, 갈등관리 훈련, 문제해결 훈련, 학업성취에 목표를 둔 개입이 있다. 부모상담에서는 주원인이 가족 내 갈등일 경우 부모상담을 권고하고, 부모의 스트레스 관리를 도우며, 관련 법률 및 제도 교육, 자녀와의 의사소통 기술훈련, 정서조절 훈련 교육 등을 한다.

이러한 위기 수준별 상담개입은 학교폭력 유형별로 좀 더 구체화할 수 있다. 한국청소년상담복지개발원(손재환 외, 2013)은 청소년정책 연구과제로서 학교폭력 사례의 전문상담자들을 대상으로 학교폭력 가해 및 피해사례를 분류하고 이를 바탕으로 학교폭력 가·피해 상담전략 모형을 개발하였다. 연구에서는 학교폭력 전문상담자 인터뷰를 통해서 학교폭력 가·피해 사례 유형을 분류하였다. 이들은 117센터, Wee 센터, 청소년상담복지센터 등 상담실 및 학교에서 학교폭력 관련 상담을 제공하는 전문가들과의 인터뷰, 그리고 학교폭력 관련 문헌 연구를 바탕으로 학교폭력 유형과 호소내용을 파악하였다. 그 결과 학교폭력 유형을 가해 및 피해 호소문제에 따라 구분하여 최종 가해 68개, 피해 70개 호소문제 목록을 확정하였다. 그리고 확정된 호소문제를 다차원척도 분석을 통해서 7개 가해 유형 및 5개 피해 유형으로 구분하였다(〈표 11-1〉 참조).

★ 표 11-1 가·피해 세부 유형 분류

구분	세부 유형
가해 유형	• 유형 1: 심각한 성적 가해 • 유형 2: 인터넷을 통한 가해 • 유형 3: 성희롱 가해 • 유형 4: 따돌림 가해 • 유형 5: 언어적 폭력 가해 • 유형 6: 신체적 폭행 및 금품 갈취 • 유형 7: 괴롭힘 가해
피해 유형	• 유형 1: 성희롱 피해 • 유형 2: 심각한 성적 피해 • 유형 3: 신체적 폭행, 갈취 피해 • 유형 4: 언어폭력 피해와 놀림 피해 • 유형 5: 따돌림 피해

출처: 손재환 외(2013).

(1) 학교폭력 가해 유형 및 개입방안

① 학교폭력 가해 유형 분류

손재환 등(2013)에 따르면, 상담자들은 가해 유형을 구분하는 데 있어 먼저 '성적 가해 여부'와 '가해의 심각성 정도'의 두 차원을 중심으로 학교폭력 가해 유형을 구분 하는 것으로 나타났다. 이는 성적 가해가 있었는지 여부 그리고 가해의 심각성 정 도가 학교폭력 가해 사례를 분석하는 데 중요한 기준이 될 수 있음을 의미한다.

기준이 되는 '성적 가해 여부' 내용으로는 성추행 및 성폭행 등이 해당된다. 그 세부 내용으로는 '옷을 벗겨 놀린다' '신체의 일부를 만지거나 강제로 뽀뽀 및 포옹 을 하는 성추행' '성행위를 강제로 하는 성폭력' '억지로 야한 사진을 보게 하는 것' 등의 성희롱이 포함된다. 성적 가해가 있는 사례에 대한 개입은 학교에서의 처벌 에서부터 법률적 처리나 처벌 등 학교, 가정, 지역사회의 관련 기관들이 관련되어 있는 바, 단순상담에 앞서 해당 기관 간의 연계를 통한 개입에 보다 초점이 맞추어 져야 한다.

두 번째 기준이 되는 학교폭력의 심각성을 살펴보면, 집단폭행, 금품갈취, 약취, 강탈 등은 심각한 가해내용으로, 놀림, 따돌림 등은 비교적 약한 가해내용으로 분 류된다. 앞의 성적 가해 여부와 유사하게, 심각한 가해의 경우는 단순한 심리상담 보다는 부모, 학교, 지역사회의 연계를 통한 조치나 개입에 보다 초점이 맞추어져 야 한다.

이 두 차원에 따라 가해 유형은 크게 네 가지로 나눌 수 있다. 첫 번째는 성적 가 해가 있으면서 가해가 심각한 정도로서 심각한 성적 가해 수준, 두 번째는 성적 가 해는 있지만 비교적 덜 심각한 수준, 세 번째는 성적 가해는 없었지만 심각한 가해 수준, 네 번째는 성적 가해도 없고 심각성 수준도 비교적 낮은 수준이다.

손재환 등(2013)은 이러한 두 차원에 따른 구분을 좀 더 내용별로 세분하기 위해 서 가해 호소문제 목록을 내용별로 목록화하는 위계적 군집분석을 실시하여 7개 의 가해 유형을 추출하였다. 이 7개 가해 유형은 '성적 가해 여부' 및 '심각성 정도' 에 따라 〈표 11-2〉와 같이 분류할 수 있다.

표 11-2 가해 차원 축에 따른 가해 세부 유형 분류

가해 차원 축	성적 가해 유	성적 가해 무
심각한 가해	• 유형 1: 심각한 성적 가해	• 유형 6: 신체적 폭행 및 금품갈취 • 유형 7: 괴롭힘 가해 일부
비교적 덜 심각한 가해	• 유형 2: 인터넷을 통한 가해 • 유형 3: 성희롱 가해 • 유형 4: 따돌림 가해	• 유형 4: 따돌림 가해 • 유형 5: 언어적 폭력 가해 • 유형 7: 괴롭힘 가해

출처: 손재환 외(2013).

② 가해 유형별 개입방안

상담자 및 교사는 학교폭력 가해 유형에 따라 다른 상담전략이 필요하다(손재환 외, 2013). 손재환 등(2013)은 학교폭력 가·피해 문제 유형에 따른 상담전략에 대한 매뉴얼을 개발하였다. 여기서는 매뉴얼에 소개된 유형별 특징, 사례 및 상담전략을 간략하게 소개하겠다.

• 가해 유형 1: 심각한 성적 가해[1]

특징　심각한 성적 가해는 성추행에 해당되는 가해의 내용들로서 세부적으로 옷을 벗겨서 놀리는 것, 신체의 일부를 만지거나 강제로 뽀뽀 및 포옹을 하는 등의 성추행과 성폭력, 억지로 야한 사진을 보게 하는 것 등과 같은 성희롱이 포함된다. 이와 같은 성 관련 가해자들의 정서적 특징은 성적 각성, 애착, 외로움, 수치심과 부끄러움 등의 정서적 취약성을 가지고 있으며(Marshall & Barbaree, 1990), 특히 공감능력이 부족하다(송원영, 오경자, 신의진, 이영준, 오태성, 2005)는 정서적 특징이 있다. 청소년 경우, 성범죄 청소년은 일반 범죄 청소년에 비해 조망수용과 같은 인지적 공감능력에서는 차이가 없지만 공감적 배려 등의 정서적 공감 수준이 낮은 것으로 나타났다(송원영 외, 2005). 또한 이들은 인지적인 면에서 성에 대한 왜곡된 인식을 가지고 있는 것이 특징적이다. 이들은 전통적인 여성관을 가지고 있으며,

---

1) 추천 프로그램: 고정애, 박경(2013). 청소년 성폭력 가해자 대상 피해자 공감향상을 위한 프로그램; 임영선(2009). 청소년 성폭력 가해자 집단 프로그램

여성의 성을 대상화하고, 남성의 성적인 특권에 관심이 많으며, 자신의 성적인 충동은 반드시 지켜져야 한다는 등의 성에 대한 인식을 가지고 있다. 이런 관점을 가지고 있는 가해자들은 자신의 범죄를 부인하거나 피해자의 탓으로 돌리는 경향이 있다(김정아, 1999; 박현이, 1995).

상담전략 먼저, 이들은 피해자에 대한 공감능력이 부족하므로 피해자에 대한 공감에 초점을 맞춘 프로그램이 효과적일 수 있다. 예를 들어, 상담자는 피해자에 대한 가해자의 공감을 향상시키기 위해 역할극을 활용해 볼 수 있다. 역할극에서는 가해자가 먼저 자신의 공격행동을 구체적으로 시연하고, 그다음에 피해자의 역할을 맡아 연기를 하도록 한다. 이때 피해자의 감정에 좀 더 몰입할 수 있도록 가해자가 피해자에게 편지를 쓰도록 해 볼 수 있다. 이러한 과정을 통해 가해자는 피해자의 입장에 서서 그 고통을 경험해 봄으로써 피해자의 감정에 좀 더 공감할 수 있게 된다. 또한 가해자들의 성에 대한 개념을 토론하고, 성에 대한 인지적 왜곡을 수정하는 프로그램도 효과적이다.

• 가해 유형 2: 인터넷을 통한 가해[2]

특징 전통적인 방식의 학교폭력은 신체 완력, 나이, 힘으로 의도를 갖고, 반복적으로 개인이나 집단에게 해를 끼친다(Quiroz, Arnette, & Stephens, 2006). 그래서 어떤 면에서 이러한 학교폭력은 쉽게 드러난다. 그러나 사이버 가해는 타인과 얼굴을 마주할 필요가 없고, 익명으로 이루어져서 가해자의 정체를 구분하기가 더 어렵다(Storm & Storm, 2005). 학교폭력 실태조사(교육부, 2014, 2015, 2016)에서 최근 5년간 학교폭력 피해율은 급격히 줄었음에도 불구하고 사이버폭력이 증가하고 있다는 점은 이를 반영한다.

이 유형의 가해자들은 성적 가해내용이 일부 포함되어 있으나, 비교적 덜 심각한 가해 정도를 나타내면서 인터넷을 통한 가해내용이 많다. 세부내용으로는 '악

2) 추천 프로그램: 이인태(2012). 사이버 불링 피해 예방 프로그램

성댓글 등 인터넷에서 욕을 했다, 단체 채팅창으로 욕을 했다, 인터넷이나 문자 등으로 협박했다, 인터넷에서 합성사진을 올렸다' 등이 해당된다. 메신저 단체 대화방에 특정 학생을 초대한 뒤 단체로 욕을 하거나 괴롭히는 '떼카', 피해학생이 카톡방을 나가도 계속 초대해서 욕하고 괴롭히는 '카톡 감옥' 등이 대표적인 예다.

　이들의 특징으로는 공격적이고 충동적인 성향이 강하며, 자기통제력이 약하다는 점이 있다(민수홍, 2005; 이경님, 하연미, 2004; 이성식, 2006). 사이버폭력에서 특이한 것은, 먼저 사이버폭력의 가해자가 오프라인상의 피해자인 경우가 많다는 점이다. 현실세계에서 지속적으로 피해를 당한 청소년은 깊은 분노를 경험한다. 이들은 이러한 분노를 가상세계에서 여과 없이 드러내기도 한다. 이는 사이버 공간에서의 괴롭힘은 현실과 달리 대면할 필요가 없으며, 행위자가 익명의 상황에서 아무도 모르게 괴롭힘에 참여할 수 있고(Joinson, 2003), 신체적으로 멀리 떨어져 있어서 보복을 당할 두려움을 적게 느끼기 때문이다(Beram & Li, 2007). 예를 들어, 메시지는 개인 아이디 없이 보낼 수 있기 때문에 사이버폭력의 증거가 되는 메시지를 찾기가 용이하지 않다. 또한 사이버폭력의 가해자들은 상대 피해자의 고통을 직접적으로 보지 않고 덜 인지하기 때문에 죄책감 또한 적게 느끼고(Patshin & Hinduja, 2006), 심지어는 지루함 때문에 오락과 즐거움 차원에서(정여주, 2012) 폭력을 가하기도 하는 특징이 있다.

　앞서 서술하였듯이 사이버폭력은 오프라인에 비해서 참여하기는 용이한 반면, 사이버폭력과 그 피해자가 드러나기는 쉽지 않아 발생률이 점점 높아지고 있다. 조사에 따르면, 국내 초등학생의 30%는 단순히 스트레스 해소를 위해 인터넷에 악성 댓글을 달고 있고, 초등학생 28%는 악성 댓글을 다는 것이 크게 문제가 되지 않는 것으로 인식하고 있다고 보고한다(이성대, 황순금, 염동문, 2013 재인용).

■ 보충자료: '출세주의 가해자'

윌러드(Willard, 2006)에 따르면, 사이버폭력 가해자의 상당수는 '출세주의 가해자(social climber bullies)'일 가능성이 많다. 출세주의 가해자들은 주류집단, 워너비(주류의 일원이 되고 싶어 하는 자들), 루저(주류집단에 의해 정의된 루저들) 간 관계를 활용하여 폭력을 가한다. 이런 유의 학교폭력 가해자들은 학교에서 리더 역할을 하기 때문에 못 본 척 넘어가고, 행정가, 교사, 상담자에 의해 좋게 다루어진다. 이때 워너비나 루저로 구분된 아이들의 경우는 학교 교사나 상담자 등에게 사이버폭력에 대해서 보고하지 않는다. 왜냐하면 폭력을 보고했을 때, 워너비가 될 기회를 잃을 수도 있고, 혹은 루저가 될까 봐 두렵기 때문이다. 피해자들 또한 괴롭힘의 정도가 더 심해질까 봐 두려워서 신고하지도 못한다. 또한 이런 상황에서 사이버폭력의 피해자들은 폭력 사실을 이야기했을 때 컴퓨터, 휴대폰 등을 가져갈까 봐 이야기하지 않는다.

상담전략   사이버폭력의 대다수는 충동적이고 자기통제력이 약하기 때문에 정서적 안정감 및 자기효능감, 충동조절을 위한 프로그램이 필요하다. 뿐만 아니라 사이버폭력에 초점을 맞추어, 올바른 인터넷 사용, 사이버폭력 피해자에 대한 공감 등 사이버폭력 예방 프로그램이 교육될 필요가 있다.

■ 보충자료: '사이버폭력 개입 방법'

치바로(Chibbaro, 2007)는 사이버폭력에 대한 개입방법을 소개하였다.

먼저, 학교는 사이버폭력과 관련하여 학교 안이나 밖에서 일어나는 폭력을 아우르는 정책을 만들 필요가 있다(Dyrli, 2005). 사실 사이버폭력은 학교 밖에서 개인적으로 일어나는 경우가 많기 때문에 사이버폭력이 일어났는지를 알아채는 것은 중요하다. 학교 관계자들, 교사, 상담자들은 교육을 통해 사이버폭력을 인식하는 것과 그 개입방법에 대해서 알아야 한다. 또한 상담자나 교사들은 학생들에게 학교 안이나 밖에서 사이버폭력을 인식하는 방법에 대해서 가르치고, 학생들에게 학교정책에 대해 토론하고 사이버폭력을 보고하는 방법을 설명하는 것이 중요하다.

그다음으로, 자녀의 사이버폭력 피해에 대해 부모가 인식하는 것이 중요하다. 예를 들어, 재빠르게 컴퓨터 스크린을 바꾸는 것처럼 뭔가 숨기는 행동을 할 때는 주의를 기울일 필요가 있다. 미국의 인터넷 사용의 안정과 책임 센터(The Center for Safe and Responsible Internet Use)는 사이버폭력과 위협에 대응하는 부모 지침을 발행하여 학교상담자를 대상으로 보급하였다. 만일 자녀가 사이버폭력 피해를 당한다는 사실을 알게 된다면, 어떤 사이버폭력 관련 메시지라도 바로 인쇄하고 저장하며, 자녀의 온라인 활동을 점검해야 한다. 또한 예방 차원에서 부모는 자녀에게 인터넷의 올바른 사용에 대해서 가르칠 필요가 있다. 즉, 온라인상에서 효과적으로 의사소통하는 방법, 그리고 해서는 안 되는 행동과 해야 하는 행동을 가르쳐야 한다고 권유한다.

마지막으로, 상담자는 사이버폭력 가해자를 대상으로 사이버폭력 가해 관련 법적 처벌 및 조치에 대해 인식하고, 긍정적인 자아개념을 개발하고, 사회적 문제해결 및 분노조절 능력을 향상하며, 피해자의 심정에 대해 공감하도록 교육 및 상담을 제공해야 한다. 이와 함께 피해자들이 상담이나 교육을 통해 자기주장 기술 및 사회적 기술을 향상시키고, 긍정적인 자아개념을 개발하며, 사회적으로 고립되지 않고, 향후 피해에 보다 효과적으로 대응할 수 있는 행동을 발달시키도록 도울 필요가 있다.

• 가해 유형 3: 성희롱 가해[3]

특징 이 유형은 불쾌한 응시나 성적 제스처, 불쾌한 신체적 접근 등 피해자에게 정신적·육체적·사회적 피해를 입히는 경우다. 구체적으로 '상대방이 원하지 않는 동영상을 유포한다, 인터넷에서 음란한 대화를 강제로 시킨다, 성적으로 놀린다, 인터넷으로 신체 사진을 유포한다, 화장실에서 고의적으로 쳐다본다, 음란 전화를 한다' 등이 해당된다. 이 유형은 심각성과 비심각성에 걸쳐져 있다.

이 유형은 심각성에 차이가 있다 할지라도 성적인 문제를 가지고 있다는 점에

---

3) 추천 프로그램: 송원영(2007). 인지행동치료 프로그램; 성가해 예방 교육: 청소년 성문화센터 방문하기, 찾아가는 성교육 인형극, 찾아가는 성교육 이동 버스

서 유형 1과 비슷하다. 따라서 유형 1과 마찬가지로 분노, 혐오, 공포 등의 정서가 많고, 공감이 결여되어 있으며(국가청소년위원회 외, 2007), 성에 대한 인지적인 왜곡이 있다.

상담전략   먼저, 가해학생의 입장에서 왜 그런 행동을 했는지 자세히 경청한다. 또한 장난으로 한 일이 상대방에게는 큰 상처가 될 수 있음을 인식시킨다. 이후 성적인 행동을 하는 근본 원인을 찾는 것이 필요하다. 분노조절이 어렵고 충동적인 경향이 강한 이 유형에게는 분노조절 프로그램이 도움이 될 것이다. 이들에게는 분노를 비롯하여 다양한 감정을 인식하고, 그 감정을 충동적으로 푸는 것이 아니라 효과적으로 표현하도록 돕는 것이 중요하다. 이를 위해서 상담자는 내담자로 하여금 분노를 느끼는 상황에 대한 인식, 분노를 표현하는 방식에 따른 결과 이해, 분노조절을 위한 새로운 방법 탐색을 통해 내담자가 보다 효과적인 조절방법을 습득할 수 있도록 도울 필요가 있다. 이후 성적 욕구를 적절하게 관리하는 정신력을 키워 준다.

또한 분노조절 프로그램 외에도, 유형 1과 마찬가지로 공감능력 증진 프로그램과 인지치료적인 차원에서 성에 대한 인지적 왜곡을 수정하는 프로그램이 효과적이다.

• 가해 유형 4: 따돌림 가해[4]

특징   이 유형은 말을 걸어도 대답을 하지 않거나, 아는 친구들과 못 놀게 하거나, 조별활동이나 노는 데 끼워 주지 않거나, 시험 답을 보여 달라고 하는 등 같은 또래 친구를 따돌리는 경우다. 이 유형은 일반 또래들과 비교했을 때 협동성과 자기통제성과 같은 심리사회적 기능이 부족하다. 이들은 또래와의 원만한 상호작용을 하지 못하고 또래 괴롭힘과 같은 공격적인 행동을 보인다.

---

4) 추천 프로그램: 김지영, 정정숙(2011). 학교폭력가해청소년 프로그램; 이영선, 권정혜, 이순묵(2006). 문제해결적 집단상담

이들의 강한 정서적 특징은 공격성이다. 따돌림을 행하는 청소년들은 성장과정에서 타인에 대한 공격적 기질이 형성되는데, 힘과 지배에 대한 강한 욕구를 가지고 다른 사람들을 괴롭힘으로써 만족감을 느끼는 경향이 있다(Bernstein & Watson, 1997; Olweus, 1995, p. 198). 이들이 어린 시절 적대적인 기질을 발달시키는 것은 아동의 다혈질적인 기질뿐만 아니라 부모의 무관심, 체벌의 사용, 어린 시절의 폭력 및 학대 경험에 의한 것이다. 이들은 또한 타인으로부터 인정받고자 하며 또래관계를 지배하고 과시하려는 의도로 따돌림 행동을 하기도 한다. 자신의 우월감을 보여 주고자 경쟁관계에 있거나 유약한 친구를 공격 대상으로 삼기도 한다(Slee & Rigby, 1993).

상담전략　이 유형의 상담에서는 먼저 따돌림 행동을 탓하기 전 그런 행동을 한 이유에 대해 학생의 입장에 대해 자세히 경청한다. 그리고 따돌림 행동의 원인을 파악하고 가해학생의 욕구를 적절하게 풀어 나갈 방법을 함께 찾는다. 또한 상담에서는 공격성, 적개심, 분노, 낮은 공감능력, 지배 욕구 등에 초점을 맞추어 개입이 이루어져야 한다. 특히 청소년의 따돌림 행동이 피해자에 대한 분노 및 화 등 적대적 감정으로 인한 것인지, 아니면 피해자에 대한 분노보다는 인정받고 싶어 하는 동기 때문인지를 구분하여 상담전략을 세워야 한다. 즉, 상대방에 대한 분노나 화로 인한 공격인지, 자신에 대한 우월감 인정을 위한 공격인지에 따라서 공격성은 각각 반응적 공격성, 주도적 공격성으로 구분할 수 있다. 이러한 구분에 근거하여 상담전략을 세워야 하는데, 반응적 공격성과 주도적 공격성에 대한 설명 및 상담전략은 따로 뒷부분에서 자세히 설명하겠다.

• 가해 유형 5: 언어적 폭력 가해[5]

특징　언어적 폭력은 정서나 감정 등 정신적으로 부정적인 반응을 일으키는 폭

---

5) 추천 프로그램: 이수영(2010). 언어폭력예방을 위한 집단상담 프로그램; 김나현(2010). 효과적인 의사소통훈련; 소유진(2011). 초등학교 저학년 대상 집단상담 프로그램

력으로 놀림, 심한 욕설, 협박, 사이버폭력 등이 있다. 여기에는 '외모를 가지고 놀림, 뒤에서 험담함, 없는 사실을 퍼뜨림, 별명을 부르며 놀림, 부모 욕을 함, 전화로 욕을 함, 공개된 장소에서 욕을 쓰거나 망신을 줌, 모욕적인 말을 함, 집안 형편을 가지고 놀림, 나쁜 소문을 퍼트림' 등의 행동이 속한다.

언어폭력 가해자들은 폭력적인 언어를 상대방이 어떻게 느끼고 받아들이는지에 대한 공감능력이 부족하다(오혜영 외, 2009). 또한 타인에게 욕을 하거나 상대가 갖고 있는 약점을 퍼트리는 등의 행동을 통해 자신의 욕구 불만이나 긴장감을 해소하는 경향이 있다(곽영길, 2007; 구자관, 2008). 이들은 상대방의 자아개념을 손상시키고 모욕감을 줌으로써 자신의 자기존중감을 높이고(박경현, 2001), 또래집단에서 자신을 돋보이고자 한다(박민정, 2006).

상담전략   이들에게는 타인에 대한 배려나 공감능력이 부족하고 언어적 폭력의 심각성을 인식하지 못하는 특성을 고려하여 타인의 관점을 경험해 보고, 언어생활을 반성하며, 언어폭력의 심각성을 인식할 수 있는 프로그램이 효과적이다.

• 가해 유형 6: 신체적 폭행 및 금품갈취[6]
특징   신체적 폭행 가해 유형에는 '집단으로 폭행함, 돈을 뺏음, 단독으로 폭행함, 담배 · 술 · 약물 등을 강제로 하게 함, 도구나 물건으로 폭행함, 칼과 같은 흉기로 가해함, 폭력 서클에 강제 가입시킴, 주먹이나 발로 때림, 강제로 기절놀이와 같은 신체적인 고통을 줌' 등의 내용이 속한다.

이 유형의 가장 큰 특징은 공격성이며, 이들은 자신의 욕망이나 감정대로 사회 규범이나 질서를 고려하지 않고 감정대로 행동하는 반사회적 성격 특성을 보인다.

상담전략   집단폭행 가해자상담과 관련하여 송재홍 등(2013)은 다음과 같이 설

---

6) 추천 프로그램: 김지영, 정정숙(2011). 학교폭력가해청소년 프로그램; 김지현(2003). 분노조절 프로그램

명하고 있다. 먼저, 상담자는 집단폭력 행동과 그 행동을 한 가해학생들의 인격을
구분하며, 최대한 가해학생들의 인격을 존중하는 태도를 가지고 그들의 말을 경청
해야 한다. 집단폭력 가해학생들은 대부분 가정에 문제를 가지고 있는 경우가 많
다. 따라서 조심스럽게 이들의 가정환경과 가족관계에 어떤 문제가 있는지 알아
본다. 또한 가해학생들이 외부 폭력세력과 연관되어 있는 경우가 있으니, 외부 폭
력세력과 어떤 연관이 있는지 확인한다. 마지막으로, 집단폭력을 행사했을 때 받
게 될 처벌과 법적 제재를 자세히 안내하고 어떤 경우에도 집단폭력이 허용될 수
없는 사회적 범죄임을 인식시킨다. 이들에게는 공격성과 충동성을 낮추는 프로그
램이 권장된다.

• 가해 유형 7: 괴롭힘 가해[7]

특징   이 유형은 성적 가해내용과 신체가해 내용이 비교적 덜 심각한 수준으로
서 '돈을 빌리고 갚지 않음, 빵·와이파이 셔틀을 시킴, 휴대폰을 빌려 씀, 숙제를
시킴, 소지품을 뺏음' 등의 내용들이 포함된다.

이들의 정서적 특성은 앞의 가해 유형들과 유사하다. 즉, 공격성이 가장 큰 특징
이며, 충동적이고 공감 및 배려 능력이 낮다.

상담전략   이들에게도 공격성과 충동성을 낮추고 공감능력을 함양하는 프로
그램이 권장된다.

(2) 학교폭력 피해 유형

상담자들은 피해 유형을 구분하는 데 있어 '일차적-이차적 피해'와 '피해의 심각성
정도'의 두 차원을 중심으로 구분하였다(손재환 외, 2013). '일차적 피해'는 신체적 폭
행, 갈취 등 가해자의 직접적인 의도가 드러나는 피해로서, 가해행동 자체가 가해

---

7) 추천 프로그램: 허승희, 최태진(2008). 분노조절 및 공감능력 향상 집단상담 프로그램; 정정분
 (2004). 공감향상 훈련 프로그램; 오지혜(2010). 게슈탈트관계성 향상 프로그램

자의 괴롭힘의 목적이 되는 경우다. 반면, '이차적 피해'는 성희롱, 언어폭력, 따돌림 등 가해행동을 통한 다른 부가적인 문제를 일으키는 경우다. 예를 들어, 신체적 폭행은 가해자가 피해자에게 폭력을 가하는 것이 주요 목적인 반면, 언어폭력 등은 가해자에게 언어폭력을 가함으로써 피해자를 심리적으로 괴롭히려는 것이 주요 목적이다.

주목할 것은, 가해 유형의 한 축이 '성적 가해의 유무'인 것과 달리 피해 유형을 구분하는 한 축은 '일차적-이차적 피해'라는 점이다. 이는 상담자들이 가해 사례의 경우는 성적 가해가 있었느냐의 여부를 중심으로 사례를 분석하고 개입하는 반면, 피해 사례에 대한 상담 및 개입을 할 때는 일차적 피해냐 이차적 피해냐를 중심으로 사례를 분석하고 개입함을 의미한다(손재환 외, 2013). 즉, 가해자에 대한 상담이나 개입은 심각성과 함께 성적 가해의 유무에 따라 달라지며, 피해자에 대한 상담이나 개입은 심각성과 함께 일차적-이차적 피해에 따라 달라진다. 앞의 가해 유형 부분에서 설명하였듯이 가해행동의 성적 가해의 유무에 따라서는 법률적 조치에 대한 개입 등 관련 기관과의 연계에 대한 비중이 달라진다. 반면, 피해자에 대한 상담에서 신체적 폭행, 금품갈취 등 일차적 피해의 경우는 피해 사실 자체가 얼마나 심각한지 등 피해 사실에 더 중점을 둔 상담전략을 세우지만, 이차적 피해의 경우는 피해 사실 자체보다는 피해로부터 야기되는 정서적 문제 등 이차적 피해내용을 중심으로 상담전략을 수립하는 것이 중요하다.

앞의 두 가지 기준에 따라서 피해 유형은 크게 네 가지 수준으로 구분할 수 있다. 첫 번째 수준은 심각하게 일차적 피해를 입은 경우, 두 번째 수준은 비교적 약한 일차적 피해를 입은 경우, 세 번째 수준은 심각하게 이차적 피해를 입은 경우, 네 번째 수준은 비교적 경미한 이차적 피해를 입은 경우다.

이러한 두 기준에 따른 구분을 내용별로 조금 더 세분하기 위해서 손재환 등(2013)은 피해 호소문제 목록을 내용별로 목록화하는 위계적 군집분석을 실시하여 5개의 피해 유형을 추출하였다. 〈표 11-3〉은 5개의 피해 유형을 일차적-이차적 피해 및 심각성 정도에 따라 분류한 것이다.

표 11-3 피해 차원 축에 따른 피해 세부 유형 분류

피해 차원 축	일차적 피해	이차적 피해
심각한 피해	• 유형 3: 신체적 폭행 및 갈취 피해	• 유형 2: 심각한 성적 피해 • 유형 1: 성희롱 피해
비교적 약한 피해	• 유형 5: 따돌림 피해 • 유형 3: 신체적 폭행 및 갈취 피해 일부	• 유형 4: 언어폭력 피해와 놀림 피해 • 유형 5: 따돌림 피해 일부

출처: 손재환 외(2013).

① 피해 유형별 개입방안

상담자나 교사들은 다섯 가지 피해 유형에 대해서 이해하고 각 유형에 가장 적합한 상담개입을 하는 것이 필요하다.

• 피해 유형 1: 성희롱 피해

특징   성희롱 피해 유형에는 '원치 않는 동영상 유포, 신체 사진 유포, 인터넷상에서의 성희롱 피해, 악성 댓글 및 욕, 인터넷에 신체 사진 및 합성사진 유포, 음란한 전화나 문자' 등의 피해내용들이 속한다. 그런데 성희롱에서 중요한 것은 피해자의 주관적 심리에 의해서 성희롱이 이루어진다는 것이다(York, 1989). 성희롱은 기본적으로 상대가 원하지 않는 성적 말이나 행동을 의미하지만, 원하느냐 아니냐의 기준은 피해자의 주관성에 달려 있다. 이러한 이유로 성희롱은 같은 행위라 할지라도 행위자가 누구인가에 따라서 피해자의 느낌이 다를 수 있다(김양희, 1995; Frazier et al., 1995).

성희롱 피해자들은 정신적·심리적으로 분노, 두려움, 적개심, 모욕감, 죄책감 및 무력감 등의 부정적인 감정을 경험한다. 구체적으로 이들은 피해자로서 내적 상실감을 크게 경험하는데, 자신이 유용하고 합리적인 사람이라는 자신감의 상실, 사람에 대한 믿음의 상실, 공정성의 표준에 대한 상실 등을 깊이 경험한다(이승길, 2003). 또한 성희롱 가해가 지속될 경우, 피해자들은 덫에 걸린 것 같은 느낌을 경험하며 무력감, 우울, 분노를 경험하게 된다. 이러한 정서적 문제뿐만 아니라 학업이나 대인관계에서도 문제를 경험한다. 이들은 타인에 대한 불신을 가짐으로써 다른 사람들과도 조화로운 생활을 하는 데 어려움을 경험한다.

상담전략   성폭력 피해청소년들을 상담하는 데 있어 초점을 둘 것은 청소년들의 심리적인 내상이다. 성폭력을 당한 이후 이들은 분노, 우울, 죄책감 등의 복잡하고 다양한 감정을 경험하며, 부정적인 자아개념을 소유하게 된다. 상담자는 깊은 공감을 통해 이들이 가지고 있는 다양한 감정을 수용하고, 자신이나 타인에 대한 부정적인 생각 또는 인지적 왜곡들을 다룸으로써 이들이 건강하고 통합된 자아를 형성하도록 도와야 한다.

또한 피해를 당한 상황과 실제 있었던 행동을 구체적으로 이해할 수 있는 질문을 하는 것도 필요하다. 성폭력 피해학생을 상담할 때 취조하듯 꼬치꼬치 캐묻는 질문 태도는 좋지 않지만, 피해학생을 너무 의식해서 구체적인 상황과 사건에 대해 묻지 않고 대충 넘어가는 것도 좋지 않다. 피해사건이 일어난 구체적인 상황과 장소, 가해학생의 행동과 그에 대한 피해학생의 행동, 생각, 감정 등을 구체적으로 탐색한다. 이러한 공감과 탐색을 토대로 피해학생을 격려하고 지지해 준다. 성폭력 피해학생들은 대개 좌절감과 우울감에 젖어 있으며, 자신에 대한 무가치감과 절망감을 느끼고 있다. 따라서 피해학생이 그들의 상처를 극복하기 위해서 노력하고 있음을 인식시키고, 그러한 노력의 가치에 대해 인정해 주는 것이 필요하다.

한편, 사이버 성폭력과 관련해서는 소극적 대응과 적극적 대응을 생각할 수 있다. 소극적 대응으로는 사이버 성폭력 발생 시 가해자에게 반응을 보이지 않는 것이다. 즉, 채팅방이나 게시판에서 나온 후 다시 들어가지 않는다든가, 쪽지와 이메일에 대해서 응답하지 않거나 아예 열어 보지 않는다. 적극적 대응은 사이버 성폭력 발생 시 피해자가 거부 의사를 표명하는 것, 신고를 하는 것, 법적 대응을 하는 것 등이다.

• 피해 유형 2: 심각한 성적 피해[8]

특징   이 유형은 심각한 수준의 성적 피해를 입은 경우로서 '성폭행을 당함, 옷을 벗김, 인터넷상 음란한 대화를 강제로 요구받음, 성적으로 놀림을 당함, 피해자의 신체 일부를 만짐, 성폭력을 당할 뻔함, 게임의 아이디나 아이템을 뺏김, 억지로 야한 사진을 보게 함, 강제로 뽀뽀나 포옹을 당함, 강제로 성매매를 당함' 등이 해당된다.

심각한 성적 피해를 입은 청소년들이 가장 많이 힘들어하는 문제는 심리정서적인 문제다. 이들은 심한 불안감, 우울감, 무력감, 죄책감, 수치감, 혼란감에 빠지거나 가해자에 대한 분노감, 자신을 보호하지 못한 주변 사람들에 대한 배신감, 적개심 등을 경험한다(Fergussion et al., 1996; Mennen & Meadow, 1994). 특히 우리나라 성폭력 피해여성들은 자신의 몸이 더럽혀졌다고 믿기 때문에 이를 수치로 여기고 강간을 당한 경우에는 경찰에 신고도 하지 않는 경우가 많다. 어떤 경우에는 성폭행이 자신의 부주의나 옷차림 때문에 발생했다고 해서 스스로 죄책감이나 자책감을 갖기도 한다. 이처럼 신체적으로 더럽혀져서 누구에게도 떳떳하지 않다는 생각으로 인해 자신을 무가치하다고 느끼는 등 자존감이 현저히 낮아지고 자아개념이 부정적이게 된다(권해수, 2003; Calverley, Fisher, & Ayoub, 1994; Stem et al., 1995). 또한 청소년들은 성희롱이나 성폭력 가해자들뿐 아니라 다른 학생들과의 접촉을 피하고, 등교를 기피하며, 학습장애를 경험한다.

상담전략   성폭력 피해자들에게는 성폭력 피해로 인한 감정을 다루어 주고 상한 자존감을 회복시켜 주는 것이 중요하다(이진아, 2009). 상담자는 성폭력으로 인한 신체적·심리적 후유증을 치유하고, 자기통제력과 자존감 회복을 통해 손상된 자아를 회복하도록 돕는다. 즉, 내면에 쌓여 있는 가해자에 대한 분노를 발견하고 표출하도록 하며, 성폭력 사건을 재조명하여 수치감이나 죄책감으로부터 벗어나도록 도와야 한다. 좀 더 구체적으로 성폭력 피해청소년을 상담할 때는 죄책감, 순

_____

8) 추천 프로그램: 권해수(2008). 성폭력 피해청소년 치유프로그램

결 상실감, 무력감, 소외감과 거절당할 것에 대한 두려움, 정서적 고통, 의존성, 자존감 회복을 반드시 다루어야 한다(이진아, 2009). 다음은 상담 장면에서 이들 각각에 대해 어떻게 다룰지에 대해 간단히 기술한 것이다.

☞ 죄책감

내담자의 잘못된 죄의식을 바로잡아 주고 자신감을 불어넣어 주어야 한다. 예를 들어, 내담자가 성폭행 과정에서 자신의 신체가 반응했다는 것이 스스로 의도적으로 성적인 폭행이나 추행에 가담한 것과는 다르다는 것을 분명히 구분 지어야 한다.

☞ 순결 상실감

내담자는 자신이 더럽혀진 존재라는 등 자아 이미지가 손상되어 있다. 이때 자신의 장단점을 말하게 하고, 부정적인 이미지가 어떻게 형성되었는지 그 과정에 대해 이야기하기, 자신에게 긍정적인 메시지 보내기 등의 작업을 하는 것이 좋다.

☞ 무력감

내담자는 피해 사실을 인정하는 순간, 수치심을 느끼면서 무력감에 빠진다. 이러한 무력감에 대해서 공감하고 수용해 주되, 상담 중반부터는 다른 각도에서 문제를 바로 볼 수 있도록 도와주고, 자신이 통제할 수 있는 부분에 대해서 자각하도록 돕는다.

☞ 소외감과 거절당할 것에 대한 두려움

내담자는 남들과 비교해서 자신이 결점이 있는 존재라고 스스로 낙인찍고 다른 사람들과의 접촉을 피하려고 한다. 따라서 사건으로 인해 내담자 존재 자체가 달라지는 것이 아님을 인식시키고 긍정적인 자아개념을 갖도록 돕는다.

☞ 정서적인 고통

상담자는 내담자가 정서적 고통을 견딜 수 있도록 사회적인 기술을 발전시키는 데 도움을 주어야 한다. 정서적 고통을 느끼는 자신을 그대로 수용하고 위로하도록 도우며, 고통을 견디기 어려울 때 도움을 요청하는 방법을 가르친다.

☞ **의존성**

내담자는 상담과정에서 상담자에 대한 의존성이 높아진다. 이러한 의존성은 상담자가 지시적이고 주도적일 때 내담자의 자율성을 떨어뜨림으로써 심해진다. 따라서 상담자는 내담자가 스스로 문제를 해결해 나갈 수 있도록 인도하고, 상담자뿐만 아니라 친구, 부모와의 긍정적인 관계를 발전시키도록 격려한다.

☞ **자존감 회복**

내담자가 자신이나 타인에 대한 부정적인 태도에 대해 수정하고 자신감을 회복하도록 격려한다. 이때 내담자가 가진 장점 및 강점을 발견하여 지지해 주는 것이 효과적이다.

• 피해 유형 3: 신체적 폭행 및 갈취 피해[9]

특징   신체적 폭행 및 갈취 피해 유형에는 '여러 명에게 맞음, 돈을 뺏김, 강제로 담배·술 등을 하게 함, 툭툭 치고 다님, 한 아이가 계속 때림, 소지품을 뺏김, 지나가는 데 발을 걺, 멍이 들거나 피가 날 정도로 맞음, 폭력 서클에 강제로 가입함, 의자나 책과 같은 물건으로 맞음' 등이 포함된다.

이 유형의 피해자들은 학교폭력 피해 경험을 통해 자아존중감이 낮아지고, 자기방어를 할 수 없는 것처럼 행동하게 된다. 또한 우울감 및 불안감을 경험하며, 공격성이 증가된다. 이러한 공격성의 증가로 인해 피해자들은 학교폭력의 가해자가 되어 더 약한 학생을 괴롭히는 경우가 종종 있다. 이들은 위축되고 주의 산만하고, 나약해지며 학교생활에 전반적으로 적응하지 못한다. 때로 이러한 증상이 심각해지면 자살이라는 극단적 선택을 하기도 한다.

상담전략   이들에게는 낮아진 자기존중감을 높이고 주체성을 회복하며 긍정적인 또래관계를 맺는 것이 중요하다(이진숙, 조아미, 2012). 여기서 주체성이라는 것은 인생에 대한 주인의식이라고 볼 수 있는데, 자신을 존중하고 자신의 삶에 대

---

9) 추천 프로그램: 도기봉, 오주, 신정인(2011). 임파워먼트 교육프로그램

한 주인으로서의 자신감 및 각오(책임감)를 회복하는 것이 효과적이다.

좀 더 구체적으로, 신체폭행을 당한 피해자를 상담할 때는 먼저 힘든 마음을 들어 주고 공감해 줌으로써 상담자에게 내담자가 속마음을 잘 털어놓을 수 있도록 지지해 주는 것이 중요하다(이영선 외, 2012). 이때 피해자가 가해자의 친구로부터 따돌림 등을 당하는 것과 같은 다른 폭력이 존재하거나 지속적으로 피해를 경험하고 있을지를 파악해야 한다. 만약 지속적으로 피해에 노출되는 등 그 심각성의 정도가 크다면, 담임교사 및 학교상담교사와 학교에 고지하고 상담 등 다양한 개입이 이루어지도록 해야 한다. 담임교사와 학교상담교사에게 이야기를 전달할 때에는 객관적인 사실을 중심으로 전달하여야 한다. 학교에 학교폭력을 보고하면 보복성의 학교폭력이 이루어질 수 있다는 것에 주의하여야 하며, 필요한 경우 학교폭력전담경찰관이나 117센터와 상의할 수 있다.

한편, 금품갈취를 당한 정확한 피해 사실(언제, 어디서, 어떤 물건을, 누가 등)을 확인해야 하며, 다른 신체적인 폭행 등의 피해가 없었는지 확인해야 한다(이영선 외, 2012). 이때 가해자가 모르는 사람이거나 지역의 선배일 경우에는 예방 차원에서 담임교사나 상담교사를 통해 학교 전체 예방교육과 순찰 등을 진행하도록 요청한다.

■ 보충자료: '학교폭력 피해자는 가해자가 된다?'

학교폭력 가해자들의 경우 상당수는 이전에 학교폭력 피해자였던 것이 보고된다(신혜섭, 2005; 오주, 아영아, 2006). 이러한 중복 경험자의 비율이, 신혜섭(2005)의 연구에서는 10.8%, 오주와 아영아(2006)의 연구에서는 37.5%로 나타났으며, 정향기와 최태진(2013)의 연구에서는 무려 49.2%로 나타났다. 비슷하게, 미국의 학교에서 일어나는 총기사건 가해자의 2/3는 사건 발생 전 집단 괴롭힘을 경험한 적이 있고, 일부는 장기간에 걸쳐 학교폭력의 희생자였던 것으로 밝혀졌다(이익섭, 최정아, 2008; Vossekuli, Reddy, Fein, Borun, & Modzeleski, 2002).

어쩌면 피해청소년의 감정을 가장 잘 이해할 수도 있는 중복경험자들이 오히려 학교 폭력의 가해자가 되는 원인은 사회적 학습이론으로 설명할 수 있을 것이다. 학교폭력을 경험한 청소년들은 은연중에 폭력으로 문제를 해결하려는 경향을 학습하게 된다. 이들 은 피해경험을 통해 분노를 축적하게 되고 축적된 분노는 더 약한 아이들을 대상으로 표현하게 된다. 이처럼 학교폭력은 또 다른 학교폭력을 부른다.

또한 중복 경험자들은 의사소통 방식이나 행동양식에서 단순 피해자들과 차이를 보인다(정향기, 최태진, 2013). 단순 피해자들은 회유형(타인의 비위를 맞추기 위해서 자신을 가치없게 여기면서까지 행동)이나 어느 정도 산만형 방식을 채택하는 반면, 중복 경험자들은 비난형(타인을 무시하고 오로지 자신만을 생각하는 성향), 산만형 방식으로 의사소통을 한다. 또한 중복 경험자들은 힘이 있고 강한 사람으로 인정받으려 하고, 상대방의 결점을 찾아내서 공격하려 들고 화를 내며, 다른 사람의 말이나 행동에 관계가 없는 행동을 하고, 관심을 받기 위해 다른 사람의 대화에 끼어드는 행동을 한다.

• 피해 유형 4: 언어적 피해와 놀림 피해[10]

특징   언어적 피해는 다른 피해 유형에 비해서 빈도가 가장 높은 편인데, 다른 유형들이 4%에서 18% 내외인 것에 비해 34.8%를 차지할 정도다(교육부, 2016). 이 유형에는 '단체 채팅창에서 욕을 먹음, 내 별명을 가지고 놀림, 뒷담화를 당함, 위협 문자를 받음, 장애나 약점을 가지고 놀림, 집안 형편과 관련해서 놀림을 당함, 부모 욕을 들음, 전화로 욕을 들음, 알리기 싫은 나에 대한 소문이 퍼짐, 비꼬는 말을 들음' 등이 포함된다.

사이버폭력이나 언어폭력의 피해자들은 우울한 기분, 외로움, 불안감, 좌절감, 무기력감을 호소한다. 자존감이 떨어지고, 화가 나거나 슬픔 감정을 경험하며, 비참한 느낌을 가짐으로써 자살에 대한 사고를 갖게 된다(Finkelhor et al., 2000). 이렇게 집단으로부터 지속적으로 언어적 폭력 및 괴롭힘을 경험한 학생들은 또래관계에서 어려움을 경험한다. 연구 결과(이규미, 문형춘, 홍혜영, 1998)에 따르면, 집단

_____

10) 추천 프로그램: 변귀연(2006). 피해청소년을 대상으로 하는 역량강화 집단프로그램

괴롭힘 피해자들은 유약하고 수동적인 태도를 취하지만, 어떤 경우에는 잘난 체하고 타인을 무시하는 태도를 주로 보인다. 피해자들이 이러한 태도를 취하는 이유는 괴롭힘에 따른 피해의식을 갖게 되어 타인의 시선에 대해 지나치게 민감하고 자신을 부정적으로 생각할 것이라고 믿기 때문이다. 그리하여 이들은 또래와 관계를 맺는 데 있어 어려움을 경험한다. 또래관계에서의 어려움으로 인해 이들은 고립되고 외톨이가 되어 다시 집단 괴롭힘의 피해자가 되는 것으로 이어진다.

이 유형은 가해자들로부터 폭력을 당하면서 분노나 공격성을 키우게 되고, 친구들에게 당한 방식 그대로 다른 약한 친구를 공격하기도 한다. 실제 학교폭력 가해자들의 경우 많은 사례에서 학교폭력 피해 경험 역시 가지고 있음을 보고하고 있다(정향기, 정태진, 2013). 특히 사이버폭력의 경우는 상대적으로 직접적인 폭력을 행사하기보다는 자신을 안전하게 숨긴 채 상대방을 괴롭힐 수 있기 때문에 피해자가 가해자가 되는 경우가 많다(Kowalsky, Limber, & Agatston, 2008).

상담전략　언어폭력으로 인해 피해의식 등 정서 불안을 갖게 되는 이 유형의 피해자들에게는 정서조절 전략을 통해 상담이나 교육을 제공하는 것이 효과적이다. 예를 들어, 감정에 이름을 붙임으로써 감정 인식하기, 감정 수용하기, 긍정적 정서를 향상시키기, 고통스러운 상황을 직면하기, 부정적 감정을 긍정적 정서로 수정하기 등의 프로그램을 진행할 수 있다.

• 피해 유형 5: 따돌림 피해[11]

특징　학교폭력 실태조사에 따르면 따돌림 피해는 언어폭력 다음으로 높게 일어난다(교육부, 2016). 이 유형은 '외모를 갖고 놀림, 대놓고 따돌림(왕따)을 당함, 와이파이 셔틀을 당함, 말을 걸어도 대답하지 않음, 침을 뱉음, 무시하는 말을 함, 친구들과 같이 못 놀게 함, 물건을 숨김' 등의 피해를 경험한다.

---

11) 추천 프로그램: 정진영, 채준호(2004). MMTIC을 활용한 관계증진 프로그램; 이영선, 권정혜, 이순묵(2006). 문제해결적 집단상담 프로그램

따돌림 피해자에게 가장 공통적으로 나타나는 것은 낮은 자기존중감이다(김정옥, 2009; 이은주, 2006; 최미경, 2005; Bernstein & Watson, 1997). 이들은 가해자들이 명명한 '왕따'라는 낙인을 가지고 자신의 가치를 평가함으로써 부정적인 자아상을 갖고 자기존중감이 낮아진다. 이들은 정서적으로 우울하며 만성적인 피로감을 경험하게 되고 심지어는 자살로 이어지기도 한다(Kaltiala-Heino et al., 2000; Olweus, 1993). 또한 이들은 우울 외에 불안(특히 사회 불안)과 외로움을 호소한다. 앞의 언어적 폭력 유형에서 언급했듯이, 집단 따돌림 피해자들은 언어적 폭력이나 놀림을 오랜 기간 경험함으로써(혹은 동시에 경험함으로써) 주변으로부터 고립되어 있으므로 집단 따돌림의 대상이 되기 쉽다. 이렇듯 집단 따돌림의 대상들은 또래들과의 관계가 넓지 않기 때문에 상담이나 개입 시 또래들과의 관계를 통해 고립 정도를 줄이는 것이 필수적이다. 이 유형 또한 다른 피해 유형과 비슷하게 누적된 분노를 가지고 있으며, 이는 다른 약한 친구를 대상으로 폭발하기도 한다.

상담전략　집단 따돌림 피해자상담에서는 우선 상담자가 공감과 지지 등을 통해 집단 따돌림 피해자의 무너진 자존감을 높여 주려고 노력해야 한다. 이러한 정서적·심리적인 상처를 다루는 것과 함께 따돌림의 정황 및 이유, 피해기간, 피해자 개인적인 특성, 경험 등에 대해 구체적으로 파악해야 한다. 이러한 파악을 바탕으로 전문상담전략(치료)을 수립하는 동시에, 초기 학급담임의 중재와 대처가 효과적으로 이루어지도록 조치하여야 한다.

또한 다른 또래로부터의 고립을 줄이기 위한 관계증진 프로그램도 효과적이다. 이때 또래로부터의 고립을 줄이는 방법으로 또래상담자를 활용할 수 있다. 또래상담자란 '비슷한 연령의 유사한 생활 경험 및 가치관 등을 가진 청소년 중에 일정한 훈련을 받은 후에 자신의 경험을 바탕으로 주변의 다른 친구들을 돕는 청소년'이다. 상담자나 교사는 또래상담자가 집단 따돌림 피해자의 친구가 되어 학교나 학급에서 피해자가 고립되지 않도록 돕게 할 수 있다. 또래상담자들은 집단 따돌림 피해자에게 다가가 함께 밥을 먹거나 조별 수업을 듣는 등 친구가 되어 주고 고민을 들어 줌으로써 피해자를 정서적으로 위로해 주며 고립감이나 외로움을 경감시켜 준다(한국청소년상담복지개발원, 2014).

■ 보충자료: 또래상담 사례

또래상담자는 경청 등 상담훈련을 통해서 또래 친구의 문제해결을 도울 수 있는 역량을 함양한 후 또래 친구의 생활 전반에서 일어나는 심리·행동상의 문제를 해결하기 위해 조력하는 청소년상담자다(주지선, 조한익, 2014). 1994년에 **한국청소년상담복지개발원**에서 개발된 **솔리언또래상담 프로그램**은 2012년 학교폭력근절 종합대책의 일환으로 전국 초·중·고등학교 확대 보급되었다. 그 결과, 2016년 전국 초·중·고등학교 7,713개교에서 20만여 명의 또래상담자가 학교에서 따돌림, 대인관계 등의 고민을 들어 주고 친구 간 갈등을 해결해 줌으로써 학교폭력이 조기에 해결되고 나아가 건전한 학교문화를 조성하는 데 기여하고 있다. 다음에서는 또래상담 우수사례(한국청소년상담복지개발원, 2013, 2014, 2015)를 소개함으로써 상담자나 전문상담교사들로 하여금 또래상담자가 학교폭력 피해학생을 어떻게 효과적으로 도울 수 있는지를 이해하고 지도하도록 안내하고자 한다.

☞ **학교폭력 가해청소년 상담 사례(내담자 A: 17세, 여자, 고등학생)**

또래상담자는 상담교사를 통해 A 친구를 도와주라는 이야기를 들었다. A는 학교폭력 사건으로 인해 징계를 받았는데, 함께 징계를 받은 친구들이 전학을 간 이후 반에서 외톨이가 되었다. A는 누구와도 대화를 하지 않고, 수업 시간에는 잠만 자는 등 점차 어두워졌다. 또래상담자도 처음에 A가 꺼려졌지만 짝꿍이 되어 말을 걸기 시작했고, A가 차갑게 굴어도 끊임없이 찾아가 말을 걸고 다가갔다. 어느 날 A가 또래상담자를 찾아와 상담을 하고 싶다고 했고, 자신이 왜 학교폭력에 가담하게 되었는지 등의 속 이야기를 털어놓게 되었다. 또래상담자는 부모님이나 선생님들에 대한 강한 증오와 불신을 가지고 있는 A의 속상한 마음을 들어 주었으며, 학교생활에 적응할 수 있도록 함께 산책도 하고 공부도 했다. 그러자 A는 담배 피는 것도 끊고, 수업 시간에 자지 않고 숙제도 미리 하는 등 수업 태도가 좋아졌으며, 선생님들께 칭찬을 받기도 했다. 또한 학급 일에도 적극적으로 참여하고 반 친구들과도 친하게 지냈다.

☞ **동아리에서 따돌림 당한 청소년 상담 사례(내담자 B: 17세, 남, 고등학생)**

　　B는 어떤 사람에 대해 좋지 않은 모습을 게시판에 올렸고, 그 이유로 동아리에서 따돌림을 당하게 되었다. 동아리원들은 B가 이야기를 하면 질문을 무시하고, B에게만 동아리 행사 연락을 해 주지 않고, 동아리 선배에게도 '불량 학생'이라고 이야기하기도 한다. B는 동아리 활동이나 친구들에 대한 애정이 많았기에 좌절이나 우울이 깊어졌으며 벽이나 사물함 등을 치면서 자해 성향을 보이기도 했다. 또래상담자는 B의 동아리 회장에게 B의 상태를 설명하여 협조를 구했다. 또한 B를 주도적으로 따돌리는 A와 이야기를 하며, A의 행동이 B에게 괴롭힘으로 다가올 수 있음을 인식시켰다. 그리고 그 동아리에서 방관자로 있던 두 명의 학생에게 B가 동아리에서 잘 지낼 수 있도록 도와줄 것을 요청하였다. 이후 또래상담부에서 상영하는 심리극에 B 그리고 A를 비롯한 동아리원들을 초청하여 심리극에 참여하도록 도움으로써 서로를 공감하고 화해하도록 도왔다.

2. 공격성에 따른 가해 유형

앞서 제시한 사례분석을 보면 학교폭력의 가해자들에게 공통적으로 나타나는 감정은 공격성이다. 따라서 가해자를 상담할 때, 사례 유형별 상담전략을 세우고 다루는 것도 중요하지만, 공격성을 제대로 다루는 것이 중요하다. 이 절에서는 공격의도에 따라 달라지는 가해 유형에 대해서 설명하고 어떻게 그것에 개입할지에 대해서 설명하겠다.

1) 공격 의도에 따른 가해 유형

학교폭력 가해자들이 보이는 공격성은 의도에 따라 두 가지 종류로 나뉠 수 있다. 다음의 사례를 보자.

① A 사례

국사수업 시간이었어요. 선생님이 휴대폰을 집어넣으라고 했어요. 여자 친구와 카톡하던 중이어서 이제 휴대폰을 집어넣어야 한다고 톡을 하고 집어넣으려고 했어요. 근데 제가 톡하는 걸 보고 선생님이 제 이름을 부르면서 "○○아, 선생님이 휴대폰 집어넣으라고 했지." 이러는 거예요. 제 주변의 모든 애들도 다 휴대폰을 하고 있었어요. 그런데 왜 제 이름만 부르는지 화가 났어요. 완전 찍은 거죠. 그래서 "에이씨, 넣으려고 했어요. 짜증나."라고 말이 나왔어요. 그랬더니 선생님이 앞으로 나오라고 하면서 "너 선생이 우습냐!!" 이러는 거예요. 제가 언제 우습다고 했나요? 너무 화가 나서 저도 선생님한테 막 쏘아붙였어요. 그랬더니 선생님이 울면서 나갔어요. 사실 황당하기도 하고…… 한편으로 왜 그랬나 싶기도 해요.

② B 사례

싸움 잘하는 애들과 다니면 기분이 괜찮아요. 학교에서는 뭔가…… 나는 다른 애들과 다른 특별한 존재 같고…… 애들은 제 눈치를 봐요. 기분이 나쁘지 않아요. 학교에서 그 어떤 애들도 우리한테는 막대하지 못해요……. 가끔 애들이 좀 싫어하고, 멍청해 보이는 애한테 심부름 시키고 그러는 거…… 다른 애들도 은근히 좋아하고 재미있어 해요. 요즘은 선생님들한테 불려 다니는 게 좀 많이 귀찮아서 그냥 좀 자제하려고요.

A 사례와 B 사례의 당사자는 학교폭력 가해자로서 저자가 상담을 했던 실제 사례다. 이 두 사례에서 피해자의 대상이 가해행동을 하는 목적에 어떤 차이가 있을까? 이 두 사례가 공격을 가하는 원인에서 어떤 차이가 있을까? 우리는 그 답을 주도적 공격성과 반응적 공격성이라는 용어에서 얻을 수 있다.

2) 반응적 공격과 주도적 공격

공격성은 크게 반응적 공격과 주도적 공격으로 나눌 수 있다.

　　반응적 공격은 다혈질적인 성격에 의해 즉각적인 위협에 대한 자동적·방어적 차원에서 일어난다(Hubbard, Dodge, Cillessen, Coie, & Schwartz, 2001; Wood & Gross, 2002). 주로 반응적 공격을 하는 청소년은 부모처럼 중요한 성인과 친밀한 관계를 맺지 못해 타인들의 의도를 이해하고, 효과적으로 대응하는 방법을 배운 경험이 부족하다(Dodge, 1991). 이들은 과거에 성인 양육자로부터 거절당한 경험을 하게 됨으로써 내면화된 공격성과 불안을 갖게 되고 작은 스트레스나 위협에도 지나친 정서적인 반응이나 분노를 표현하게 된다. 그런데 이들은 일단 분노를 표현하고 나면, 폭력적인 행동에 따른 피해에 대해서 후회하는 경향이 있다.

　　앞서 제시한 두 사례 중 A 사례는 대표적인 반응적 공격성 사례다. A가 교사에게 화를 내고 쏘아붙여서 결국 눈물을 쏟게 만든 촉발사건은 교사가 A에게 말한 한마디였다. "○○아, 선생님이 휴대폰 집어넣으라고 했지." 여기서 만약 여러분이 A의 입장에서 이런 말을 교사에게 들었다고 하자. 그렇다면 여러분은 A처럼 화가 날 것인가? A처럼 행동할 것인가? 물론 A 입장에서는 억울한 상황일 수 있다. 그렇지만 억울하다고 느낀다고 해서 모든 사람이 A처럼 행동하지는 않는다. A처럼 교사에게 억울하다고 느끼고 화가 났다 할지라도 "네. 알겠습니다."라고 이야기할 수도 있을 것이다. 사실 A는 국사교사뿐만 아니라 다른 몇몇 교사와도 수업시간에 싸우는 경우가 종종 있었다. A는 아버지의 가정폭력으로 고통을 당한 청소년이었다. 아버지는 화가 나거나 기분이 나빠지면 A와 어머니를 때렸다. 이에 따라 A는 화가 나면 소리를 지르고 상대방을 제압하는 것 외에 화를 표현하는 다른 방법을 배운 적이 없다. A는 아버지처럼 힘이 세다고 때리고 욕하는 어른을 경멸한다. A가 생각하기에 어른들은 아버지라는 이유로, 교사라는 이유로, 상대방을 이해하지도 않고 화를 내고 자기 말만 옳다고 고집한다. A는 그런 어른들에게 지고 싶지 않다. 이처럼 반응적 공격자들은 화가 나거나 섭섭하거나 억울한 일 등 부정적인 감정이 있을 때 합리적으로 표현하는 방법을 배운 적이 없어 충동적으로 감정을 표현해서 결과를 더 심각하게 만드는 경향이 있다. 또한 과거에 주요한 타인으로부터 거절당한 경험으로 인해 타인, 특히 권위적인 인물에게 적대감이나 불신을 갖는다. 따라서 권위적 인물들의 행동에 대해 상대방의 의도보다 더 부정적인 방식으로 감정을 느끼는 경향이 있다.

　반면, 주도적 공격은 반응적 공격처럼 위협감에 대한 감정적 · 방어적 반응으로 나타나지 않는다. 주도적 공격은 즉각적이고 자동적인 반응이 아니며 목적적 · 조직적이면서 때로는 계획적으로 일어난다(Galezewski, 2005). 주도적 공격자들은 안정감, 유능감, 통제감을 성취하는 수단으로 공격성을 내면화한다(Cottle, 2004; McAdams & Lambie, 2003). 이들의 반사회적 행동이나 적대감은 (중요한 타인으로부터) 안전하고자 하는 욕구가 좌절된 것에 대한 내면화된 화나 분노가 표출된 것이다. 이들은 행동이나 적대감을 표출함으로써 타인을 궁지에 몰아, 자율성이나 자기충족감이 침해받지 않도록 하는 것이다(Arsenio & Lemerise, 2004; McAdams, 2002). 따라서 주도적 공격성은 개인적 이득(지위, 통제, 자기확신, 만족감 등)을 얻기 위한 도구로서 사용된다. 공격성은 전략적으로 행해지며, 목적을 이룰 때까지 그 강도가 점차 높아지기도 한다(Hubbard et al., 2001). 공격의 시초는 어떤 사건에 의해 일어나는 것이 아니라 자신의 목표를 이루기 위해 가장 약하고 쉬운 상대를 골라 일어난다(McAdams & Lambie, 2003).

　앞서 제시한 사례에서 B는 주도적 공격자다. B는 학교에서 힘이 있고, 다른 학생들과는 다른 힘을 가진 사람으로 인정되기를 바란다. 그가 반 친구를 괴롭히는 이유는 그 친구에 대한 심한 분노 때문이 아니다. 그 친구는 괴롭혀도 크게 문제가 없다고 생각하며, 한마디로 괴롭히기에 가장 만만하기 때문이다. B와 같은 주도적 공격자는 공격을 하는 이유에 대해서 상대방이 문제가 있거나 어쩔 수 없었다는 식으로 정당화하는 경우가 많다. 특히 상당수의 주도적 공격자는 자신의 행동에 대한 정당화를 위해서 타인의 감정을 통제하기도 하는데, 눈물로 호소를 한다거나 반성하는 말을 함으로써 타인을 속이기도 한다(Halberstadt, Denham, & Dunsmore, 2001; Sutton & Keogh, 2001). 주도적 공격자 중에서도 영악한 이는 자신에게 벌을 주려는 사람들에게 가식적으로 듣고 싶어 하는 말을 함으로써 신뢰를 얻어 지속적으로 공격을 할 여지를 만들어 놓는다. B 또한 성적이 상위권이었고 담임교사와 좋은 관계를 유지하고 있었다. 담임교사는 B가 주도적으로 친구들을 괴롭히기보다는 어울리는 친구들이 좀 문제가 있으며, B는 특별하고 싶어서 이들과 어울린다고 생각하고 있었다. 담임교사가 B에 대해 이렇게 생각하는 이유는 평소 B가 성적이 좋고 담임에게 고민을 많이 이야기하는 등 의지하는 모습을 보이고, 패싸움이나 왕따 등 문제행동 시 1차적인 주동자가 되지 않고 싸움이 심각해지면 슬쩍 무리로부터 빠지기 때문이다.

이처럼 주도적 공격자는 의도적이고, 계산적이며, 공격적 행동에 대해 후회하지 않는다는 점에서 반응적 공격자에 비해 공격 성향이 변화되기 어렵다. 반응적 공격자는 행동에 대해 후회를 하기 때문에 행동에 대한 결과에 대해서 면밀히 살펴본 후 분노나 화를 제대로 표현하는 방법을 가르침으로써 효과를 볼 수 있다. 물론 그 화나 분노가 과거 트라우마와 연결되어 있다면 좀 더 상담이나 심리치료가 필요하겠지만, 기본적으로 주도적 공격자에 비해 자신의 행동에 대한 문제를 인식한다는 점에서 상담이나 교육이 좀 더 쉽다고 볼 수 있다. 이에 주도적 공격자를 어떻게 상담하고 교육할지에 대해서는 좀 더 주의 깊게 살펴볼 필요가 있다.

3) 주도적 공격자에 대한 상담 및 개입

주도적 공격자가 공격을 멈추도록 개입하는 데 있어 중요한 것은 공격을 통해 이루게 되는 개인적 목표를 다른 방법으로 얻게 하는 것이다. 즉, 타인을 통제하고 지배함으로써 자신의 존재감을 느꼈다면 다른 친사회적인 방법을 통해 자존감을 느끼게 하는 것이 필요하다. 이를 위해서는 궁극적으로 타인에 대한 진심 어린 공감이 선행되어 공격을 멈추려는 의지를 갖게 하는 것이 필요하다.

주도적 공격자에 대한 개입의 궁극적인 목표는 개인적 목적을 위해 타인에게 상처 입히려는 의지를 억제하도록 다른 사람들에 대한 공감 수준을 발달시키는 것이다(McAdams & Schmidt, 2007). 타인에 대한 공감능력은 친사회적인 행동 습득과 공격행동의 예방과 직접적으로 관련되어 있다(Espelage, Mebane, & Adams, 2004). 공감능력의 발달을 위해, 먼저 상담 장면에서 할 수 있는 것은 가족과의 협력을 통해 공감능력을 발달시키도록 돕는 일이다. 이는 공감능력이 부모나 양육자가 타인을 돌보는 것을 모델링하고 그것을 가치롭게 여길 때 발달되기 때문이다(Swick, 2005). 또한 교사나 학교상담자들은 학교에서 공격적 학생들이 다른 사람들에 대해서 관심을 가지도록 높은 수준의 도덕적 추론을 촉진시킬 수 있다 (Goldstein, Gibbs, & Glick, 1995). 그러나 이러한 공감능력의 개발은 한계가 있다. 공감능력은 점차적으로 발달하는 데 반해, 공격적인 학생의 행동은 즉각적으로 멈추게 해야 하기 때문이다. 이와 관련하여 상담자나 교사는 공감능력에 대한 개발과 함께, 주도적 공격자들로 하여금 바람직한 변화가 그들 자신에게 가장 좋은 이득을 가져다준다는 사실을 인식하게 한다. 즉, 가해자에게 공격을 통해 얻는 이점이 공격성으로 인한 부정적 결과나 친사회적 행동으로 인한 긍정적 결과보다 적다는 점을 구체적으로 인식하게 하는 것이다(Brown & Parsons, 1998; Pellegrini & Bartini, 2001). 또한 교사나 상담자들은 피해자가 주동적 공격자들의 조작적인 책략에 걸려들지 않도록 교육시킬 필요가 있다. 맥애덤스와 슈미트(McAdams & Schmidt, 2007)는 상담교사 및 상담자들에게 주동적 공격자들에 대한 개입과 관련하여 다음과 같은 개입방법을 소개하였다.

첫째, 저지른 공격적 행동에 대한 책임을 지기 위해 어떤 행동을 해야 할지에 대해 명료하게 제시하라. 주도적 공격은 부정적인 공격에 드는 비용이 공격자들이 얻는 이득보다 더 클 때는 발생하지 않는다. 주도적 공격자들이 공격을 통해 얻는 이득이 별로 없음을 알게 하기 위해서 학교는 공격적 행동을 저질렀을 때 가해자들이 해야 하는 행동에 대한 명료한 지침을 두어야 한다. 즉, 공격적 행동에 대한 처벌이 공격적 행동을 통해서 얻는 이득을 더 이상 원하지 않을 만큼 심각한 것이어야 한다(Cole, Cornell, & Sharas, 2006). 절대로 주도적 공격자들이 자신들의 행동에 대해 책임지지 않고 도망갈 수 있는 여지가 있어서는 안 된다. 이때 교사나 학교상담자들은 주도적 공격자들의 기술을 면밀하게 파악해야 한다. 이를 통해 다양한 형태로 이루어지는 가해행동에 대한 학교 측 조치를 빠짐 없이 내릴 수 있도록 한다. 이러한 조치와 함께, 상담자들은 공격적인 행동에 대한 대가를 명료화하고 인식하게 함으로써 가해자들의 긍정적인 행동 변화를 유도할 수 있다. 교사나 상담자들은 공격적 행동을 저지른 것에 대해 변명하고 정당화하려는 가해자들의 노력을 무시함으로써 행동에 대한 처벌이나 조치에 대해서 완전히 받아들이도록 도울 필요가 있다. 예를 들어, 주도적 공격자들은 피해자들이 공격을 유발시켰고, 어쩔 수 없이 그렇게 행동할 수밖에 없었다고 불평을 할 수도 있다. 이때 교사나 상담자들은 가해자들의 불평을 적당히 무시하면서, 향후 공격적인 행동을 했을 때 지금과 같은 처벌을 지속적으로 받을 수밖에 없음을 인식하게 하는 것이 중요하다.

둘째, 토론이나 논쟁을 피하라. 앞서 언급했듯이 주도적 공격자들은 자신의 행동이 필수불가결했고 피할 수 없었다고 이야기함으로써 행동에 대한 책임을 최소화하려고 한다(Sutton, Reeves, & Keogh, 2000). 그들은 무책임성이나 잘못된 행동 하나하나를 비교하여 논쟁함으로써 교사나 상담자의 개입을 최소화하려고 한다. 이러한 주도적 공격자들의 논쟁에 말려들지 않기 위해서 상담자들은 실제 사건에 대한 논쟁을 피해야만 한다(Coloroso, 2002).

셋째, 반복적이고 표준화된 반응을 피하라. 가해행동에 대한 표준화되고 예견된 반응(예: "너가 이런 행동을 하면 이런 일이 계속 일어날 거야.")은 주도적 공격자들이 어떻게 방어할지를 계획할 수 있도록 한다. 가해행동에 대한 결과가 예상되고 고정적이면, 주도적 공격자들은 언제, 어디서, 어떤 사람을 대상으로 공격적 행동을 했을 때 보상이 처벌보다 더 큰지에 대해서 계산하게 된다. 특히 가해자들은 비공격행동을 통해 얻는 보상이나 처벌에 대한 생각이 저마다 다르다. 즉, 전학이 어떤 가해자에게는 큰 처벌이 될 수도 있지만 어떤 가해자에게는 큰 처벌이 아닐 수도 있다. 따라서 교사나 상담자들은 가해자들이 공격행동을 함으로써 얻는 이득이나 손실을 무엇으로 정의하는지 정확하게 이해하고, 그에 따라 징계를 결정하는 것이 필요하다.

넷째, 긍정적인 성취를 강조하되 신중하라. 사실 주도적 공격자들은 다른 사람들에 비해서 칭찬이나 인정에 대한 동기가 크지 않다. 그러나 개인의 가치나 능력에 대한 지속적인 강화는 다른 사람과 마찬가지로 중요하다. 이들이 자신이 존재감을 확인하기 위해 공격적 행동을 한다면, 그 대안으로 친사회적인 행동을 통해 존재를 입증하도록 할 수 있다. 친사회적인 행동으로 타인의 존중을 받을 수 있다는 경험을 함으로써, 이들은 강압적인 행동과 그에 따른 결과를 책임질 위험을 더 이상 감수할 필요가 없어지게 된다(Horne, Orppinas, Newman-Carlson, & Bartolomucci, 2004). 따라서 상담자나 교사들은 이들이 학교에서 자존감이나 성공적인 경험을 하도록 도와야 한다. 다만, 명심해야 할 것은 주도적 공격자들의 성공적인 수행은 강압에 의해서 일어날 때가 많기에 주의 깊게 관찰해야 한다는 것이다. 예를 들어, 반에서 회장으로 뽑힌 학생의 경우 반 학생들이 주도적 공격자를 무서워해서 선출했을 가능성도 있다.

다섯째, 계속 주의를 기울이라. 주도적 공격자들은 위협이나 신체 공격 등으로 타인을 통제하고 자신의 존재감을 입증하는 것이 자동적이기 때문에 언제든지 공격적 행동이 나타날 수 있다. 이러한 공격적 행동에서 감당할 위험이 이득보다 높다는 것을 확실히 느꼈을 때, 이들은 공격적 행동을 멈출 수 있다. 이에 교사나 상담자는 이들의 행동을 지속적으로 관찰하여 감당할 위험이 높다는 것을 확신시켜 주는 것이 필요하다.

여섯째, 사실보다는 감정에 초점을 맞추라. 주도적 공격자들은 공격행동에 대한 방어, 특히 행동 하나하나에 대한 방어를 하는 데 능숙하다. 이에 이들의 공격행동에 대한 책임을 회피하기보다는 받아들이도록 돕는 데 있어, 교사나 상담자들은 공격행동과 관련된 사실에 근거한 토론에 초점을 맞추기보다는 해를 끼친 행동으로 일어난 감정에 초점을 맞추어야 한다. 공격행동과 관련된 감정에 초점을 맞춤으로써 교사나 상담자들은 공격자가 자신의 행동에 대한 책임을 논리적으로 부인하려는 것을 줄일 수 있다. 감정은 옳고 그름을 합리적으로 논쟁할 준거가 없기 때문에 논쟁을 하기 어렵다. 예를 들어, 가해자로 의심받는 학생에게는 이렇게 말할 수 있다. "나는 네가 어떤 방법으로 다른 사람을 괴롭혔는지 정확히 설명하지는 못하겠어. 다만, 나는 피해자들이 보이는 우울한 모습이나 공포스러워하는 모습을 보면서 그들이 괴롭힘을 당했다는 것을 알 것 같아. 음, 아마 네가 그 피해자들이 얼마나 힘든 감정을 느끼고 있는지에 대해 걱정을 하거나 그 괴로운 마음을 이해할 때까지 그냥 네가 가해자고 책임이 있다고 생각할 것 같아."

일곱째, 친사회적인 행동을 가르치라. 주도적 공격자의 행동을 멈추기 위한 개입에는 공격행동의 대안으로서 효과적으로 그들의 욕구를 충족시킬 수 있는 기술이나 행동에 관한 지침이 포함되어야 한다(Aber, Brown, & Jones, 2003; Cole et al., 2006). 적극적 경청, 실패 수용, 충동통제, 협력적 문제해결과 같은 기술을 가르치고 모델링함으로써, 교사나 상담자들은 다른 사람들에게 사회적으로 수용될 수 있는 반응을 공격자에게 직접적으로 가르쳐 줄 수 있다. 이와 함께 공격자에게 타인에 대한 진심 어린 공감을 경험함으로써 공격을 멈추려는 의지를 갖게 하는 것 또한 필요하다.

3. 사례 연구 및 분석

지금까지 학교폭력 가해 및 피해 사례 분석과 상담방안에 대해서 설명하였다. 이 절에서는 실제 사례 분석을 통해서 보다 구체적인 상담방법에 대해 안내하겠다.

1) 학교폭력 피해를 경험한 여성 사례

홍성희와 박승민(2015)은 청소년기에 학교폭력 피해를 경험한 여성 세 명을 대상으로 사례 연구를 하였다. 이는 청소년기 학교폭력 경험을 극복한 사례들에 대한 연구로서, 학교폭력 피해자로 하여금 피해를 극복할 수 있는 많은 정보를 준다.

이 세 사례 중 한 사례는 초등학교 1년 동안 신체적 폭력과 집단 따돌림을 당한 사례이며, 다른 사례는 초등학교 때 시작한 따돌림이 이어져 중·고등학교 때 선배들로부터 신체적 폭력을 지속적으로 당한 사례다. 마지막 사례는 일진에 속한 선배로부터 지속적으로 신체적 폭력을 당한 사례다.

이들 피해여성은 각기 다른 학교폭력을 경험하였으나 극복하는 과정에서는 공통점을 갖고 있다. 홍성희와 박승민(2015)은 연구를 통해 극복방법에서의 네 가지 공통점을 다음과 같이 추출하였다. 교사나 상담자들은 학교폭력 피해자를 상담할 때 이 공통점을 상기하여 학교폭력 피해자들이 효과적으로 극복하도록 도울 수 있다.

첫째, 피해자는 그 사건과 관련된 자신의 감정과 대면하였다. 이들은 몇 년이 지난 현재에도 그 사건을 떠올렸을 때 당시의 감정을 경험하고 힘들어하였다. 그러나 그 과정이 힘들다 해도 결국은 그 상처를 직면해야 할 시간이 필요하다고 이야기하였다.

"상황이 종결되었다고 생각했는데, 음. 문득문득 그런 게 생각이 나면 내 안의 분노가, 갑자기 그 아이들에 대한 분노가 생기고, 내가 그래도 지금은 쟤네보다 훨씬 잘났고 그렇다고 해서 으스대 주고 싶고…… 내가 상태가 안 좋을 때 문득문득 그때의 감정이 올라와요……." (홍성희, 박승민, 2015를 재인용)

이는 학교폭력 피해자를 상담할 때 피해사건과 관련된 감정을 생생하게 직면하고 인식할 수 있도록 도와야 함을 시사한다. 피해자들은 피해를 당한 당시의 다양한 감정을 경험하는데, 이러한 감정들은 사건 당시뿐만 아니라 시간이 지나서도 계속적으로 나타난다. 상담자는 조급해하지 않고, 계속적으로 표현되는 내담자의 감정들을 공감하고 수용해 주어야 한다.

둘째, 이들은 자기 자신을 보호하는 장치를 마련하였다. 연구 참여자들은 피해자로 살아가는 데 있어 자신을 보호해야 하는 방식을 찾아냈는데, 예를 들어서 리더가 되는 것, 착한 아이로 행동하는 것, 외모를 꾸미거나 공부를 하는 것 등의 자신만의 보호 장치를 가지고 있었다.

"꾸미는 것으로 나를 치장하면서 가치를 높이려고 했었던 거 같아요. 가치를 높이면…… 나를 괴롭히는 사람이 줄어드는……." (홍성희, 박승민, 2015를 재인용)

이에 따라 교사나 상담자는 학교폭력 피해자들을 상담할 때 이들이 자신을 지탱할 보호 장치를 갖도록 할 필요가 있다. 이때 이 보호 장치들은 견딜 만한 그 무언가, 사람들이 자신을 인정해 주고 얕잡아 보지 않도록 할 무언가를 계발하는 것이다. 예를 들어, 좋은 성적, 리더가 되는 것, 외모를 좋게 꾸밈으로써 다른 사람들이 자신을 함부로 대하지 않도록 하는 것이다. 여기서 중요한 점은 피해자들이 이러한 그 무엇인가를 만드는 것은 다시 피해자로서만 살지 않겠다는, 그렇게 취급되지 않겠다는 강한 의지를 가지고 있기 때문이다. 그러므로 피해자들을 상담할 때는 그들이 이전과는 다르게 살겠다는 동기를 갖고 자신을 보호할 장치를 마련하도록 돕는 것이 필요하다.

셋째, 이들은 다른 공동체에 속하여 고립을 줄였다. 연구 참여자들은 학교폭력 이후 두려움을 가지고 있었음에도 불구하고 다른 공동체에 속하여 타인과 관계를 맺었다. 흥미로운 것은 이들의 치유가 시작된 지점은 바로 공동체에 소속된 시점이라는 것이다. 공동체는 피해자들로 하여금 자신들의 존재를 수용해 줌으로써 자존감을 향상시키고, 타인에 대한 신뢰를 회복하며, 고립감이나 외로움을 덜어줌으로써 회복하도록 돕는 것으로 보인다.

"먼저 다가와서 같이 놀자고 했고 아팠을 때도 학교를 다닐 수 있도록 도와주고 그러면서…… 소속감이 들면서 더 안전하다고 나를 버리지 않을 것이라는 생각을 하게 되었어요." (홍성희, 박승민, 2015를 재인용)

이에 따라 상담자나 교사는 피해자들이 다른 공동체에 소속될 수 있도록 도울 필요가 있다. 피해자가 관심을 갖거나 참여할 수 있는 공동체, 예를 들어 다른 또래 친구들, 동아리, 교회 등을 함께 탐색하고 그 속에서 활동할 수 있도록 격려한다. 이때 상담자나 교사는 학급 내 또래상담자 등을 활용하여 피해자를 돕는 것도 좋을 것이다.

마지막으로, 피해자들은 자신들이 받은 피해가 힘의 논리로 인해서 발생한 것임을 인식하였다. 이들은 자신들이 받은 피해가 학교 안에 존재하는 서열로 인해 생긴 것임을 인식하였고 이를 통해 힘의 논리에 대한 나름의 방안을 개발하였다. 즉, 공부를 열심히 해서 리더의 자리에 올라서거나, 한 사람은 가해자보다 더 큰 힘을 갖고 그들을 괴롭히는 상상을 하는 방안을 개발하였다.

"일단 리더가 되면, 사람들의 부러움을 산다고 느꼈어요. …… 그렇게 되면 나를
왕따시킬 수 없을 거라고……." (홍성희, 박승민, 2015를 재인용)

여기서 중요한 점은 피해자들이 어떤 방안을 사용했든 간에 그들의 피해가 힘
의 논리에서 왔다는 사실을 깨달은 것이다. 이들은 힘의 논리를 깨달음으로써 그
원인이 피해자인 자신에게 있는 것이 아니라 가해자들, 나아가서는 힘의 논리로
움직이는 사회에 있음을 인식하였다. 이를 통해 자신을 탓하기보다는 자신을 보
호할 보다 현실적인 방안들을 개발하게 되었다. 따라서 교사나 상담자들은 피해
의 책임을 자신의 탓으로 돌리는 피해자에게 그 원인은 가해자에게 있다는 점과
현실적으로 피해자를 방어할 수 있는 것이 무엇인지에 대해서 함께 이야기할 필
요가 있다.

2) 학교폭력 상담 사례

다음은 저자가 실제로 상담한 학교폭력 피해학생과 가해학생 사례다.

(1) 피해자 사례: 언어폭력으로 시달린 소연이 사례

소연이는 중학교 2학년 3월에 무단결석을 한 후 담임교사의 권유로 상담을 받
기 시작했다. 소연이가 학교를 가지 않은 것은 영희라는 친구가 갑자기 며칠 전 소
연이와 친하게 지내고 싶지 않다고 말했기 때문이다. 중학교 1학년 때부터 친해진
영희는 종종 소연이를 놀리거나 따돌리기도 했지만 소연에게는 유일한 친구였다.
소연은 반 친구들이 자신을 이상하게 보고 '왕따'라고 놀리고 아무도 자신과 어울
리지 않기 때문에 학급에 있는 것이 고통스러웠다. 그럼에도 불구하고 학교에 영
희가 있어서 학교에 갈 수 있었는데 이제 영희가 자기를 싫어하기 때문에 학교에
가는 것이 두려웠다.

① 사례분석

소연이는 학급 친구들 몇 명에게 매일 '왕따' '뚱뚱이' '이상한 애'라는 놀림을 받고 있었으며, 학급에서 이야기를 나누는 친구가 없었다. 그런데 소연이가 이렇게 놀림을 당하기 시작한 것은 초등학교 3학년 때부터다. 그 당시 소연이가 놀림을 당한 것은 옷차림이 깨끗하지 않고 말투가 이상하다는 점 때문이었다. 사실 소연이의 어머니는 조현병이었고 아버지는 알코올중독이기에 소연이의 옷차림을 비롯하여 신체의 청결, 학습 등 생활 전반에 대한 지도를 하지 않았다. 초등학교 3학년 때부터 오랜 기간 왕따와 놀림의 대상이었던 소연이는 친구들이나 사람들에 대해서 피해의식을 가지고 있었다. 예를 들어, 쉬는 시간에 눈이 마주치는 친구들은 자신의 욕을 하고 있을 것 같다고 생각하였고, 길을 걸을 때 사람들과 눈이 마주치면 자신의 어머니가 미친 여자라고 욕하고 있을 것 같다고 이야기하였다. 또한 소연이는 대화기술을 비롯하여 사회적 기술이 현저히 낮은 수준이었다. 예를 들어, 인사를 잘한다는 선생님의 칭찬을 듣고 나서 소연이는 상담실에 있는 어린아이를 비롯하여 모든 사람에게 큰 소리로 '안녕하세요'라고 일일이 인사를 하였다. 또한 말투에서도 또래 아이들을 쓰지 않는 고사성어를 쓰거나 '~하셨습니다' 등의 문어체를 사용하였다.

② 개입

소연이의 사례에서는 피해 경험에 대한 감정, 인지적 왜곡 등에 관한 심리상담뿐만 아니라 사회적 기술교육, 학습 멘토링 등 다양한 개입을 실시하였다. 먼저, 소연이는 독서를 통해 외운 고사성어를 구사할 정도로 학습에 대한 욕구가 있었기에 대학생 자원봉사를 연계하여 학습지도를 받도록 하였다. 둘째, 호감 가는 옷차림, 인사하는 방법 등 다양한 사회적 기술에 대해서 교육시켰다. 셋째, 담임교사와 논의하여 학급에서 또래상담자로 하여금 소연이를 도울 수 있도록 하였다. 소연이와의 상담에서는 오랜 왕따 경험으로 인한 우울 및 좌절감, 피해의식 등을 주로 다루었다. 예를 들어, 소연이는 다른 친구들이 자기를 싫어하고 주로 뒤에서 자기 욕을 한다는 생각이 강했다. 이와 관련하여 쉬는 시간에 앉아 있다 다른 친구들과 눈이 마주쳤을 때 '애들이 나에 대해서 욕을 하고 있었다'는 생각이 든다고 했을 때 불안하고 의기소침해지는 마음 등에 대해서 먼저 공감하였다. 그러면서 그 생각이 든 상황에 대해 구체적으로 탐색하고 그 생각에 따른 결과에 대해서 이야기하였다. 즉, 상황을 명료화하면서 다른 아이들이 확실히 그런 생각을 하고 있는지, 그 생각이 확실하다는 것을 어떻게 소연이가 확신하는지, 혹시 그냥 눈이 마주쳐서 아이들이 머쓱해서 이야기를 안 하는 것은 아닌지, 그리고 정확하게 그 생각이 맞는지 아닌지도 모르는 상태에서 그 생각을 갖고 있을 때 일어나는 결과(의기소침해지거나 불안해지는 것, 애들을 째려보고 그냥 누워 버리는 행동 등)에 대해서 함께 탐색하고, 어떻게 생각하고 행동하는 것이 좋을지에 대해서 함께 논의하였다. 이후 소연이는 성적이 10등 안에 들고 글짓기 교내 상도 받을 정도로 학교생활에 두각을 나타내었고, 교우관계도 원만하게 무사히 중학교를 졸업하고 고등학교에 진학하였다.

(2) 가해자 사례: 가정폭력이 학교폭력으로 이어진 도영이 사례

중학교 2학년인 도영이는 학교에서 또래 친구나 후배를 때리고, 수업 중에 교사들과 다투고 싸워서 징계를 받아 상담자에게 의뢰된 학생이었다. 도영이를 의뢰한 교사는 "아이가 상당히 건방집니다. 수업 시간에 선생님들한테 공격적으로 말하고, 심지어 젊은 여자 선생님은 울면서 나갔어요."라고 말하기도 했다.

① 사례분석

도영이 사례의 특징은 주 공격 대상이 교사와 같은 어른이라는 점인데, 이는 도영이가 권위적인 인물에 대해서 부정적인 태도를 가지고 있으며 굳이 공격성을 감추려 하지 않는다는 것을 의미한다. 다음은 도영이와 상담자의 대화로, 도영이가 권위적 인물에 대해서 어떤 태도를 취하는지를 보여 준다.

도영이는 팔짱을 낀 채로 엉덩이를 소파 끝에 걸치고 다리를 작은 탁자 밑으로 쭉 뻗고 앉아서는 고개를 돌려 상담자를 흘끗 쳐다보았다. 상담자가 아이를 향해

몸을 기울이며 "이름이 뭐야?"라고 묻자, 도영은 창밖을 보면서 "이도영."이라고 짧게 말했다. 몇 학년이냐고 묻자 짜증난다는 말투로 "중 2요."라고 말했다. 몇 개의 질문을 한 후 "대인관계, 성격, 진로, 이성교제 중 어떤 이야기하고 싶어?"라고 묻자 "진로요."라고 대답했다. 진로라는 말이 신기해서 도영이에게 물었다. "뭐가 되고 싶어?" 그러자 도영이가 말했다. "조폭이요."

도영이가 상담자에게 취한 태도처럼 도영이는 교사를 비롯한 권위적 인물에 대해서 공격적인 태도를 갖고 있었다. 이러한 공격적인 태도는 아버지가 가족에게 폭력을 행사한 것에 기인한다. 도영이의 아버지는 죽음 직전에 이를 정도로 어머니에게 폭력을 가했으며, 이로 인해 도영이는 아버지를 세 번 경찰에 신고했다. 상담 당시 도영이는 아버지와 어머니가 이혼하여 더 이상 아버지의 폭력을 보지는 않았지만, 도영이는 어머니를 때리는 아버지와 그런 아버지를 말리지 못한 자신에 대한 깊은 분노를 가지고 있었다. 이러한 분노는 아버지와 비슷한 교사들에게로 전이되어 교사들에게 분노를 표출하였다. 뿐만 아니라 도영이는 자신을 무시한다고 여기는 사람들을 대상으로 폭력을 가하였다. 예를 들어, 도영이는 수업 시간에 지나가다가 후배와 눈이 마주쳤는데 후배가 눈을 내리깔지 않고 자신을 똑바로 쳐다보았다는 이유로 이전에 본 적도 없는 후배를 때렸다. 그 당시 후배를 때린 정도가 심각해 상담자가 그렇게 그 애가 미웠냐고 물었을 때, 도영이는 그 순간에 정신을 잃고 제정신이 아닌 상태에서 폭력을 가했다고 이야기했다. 이는 도영이가 아버지에 대한 분노를 후배에게 전이한 것으로 보이며, 신체적 폭력을 가하는 것으로 그 분노를 표현하는 것 또한 아버지로부터 학습한 것으로 보인다.

② 개입

상담자는 도영이가 권위적 인물과의 관계가 어렵다는 점을 인지하여, 먼저 신뢰할 만한 관계를 형성하기 위하여 노력하였다. 이후 아버지의 가정폭력에 대한 분노나 화가 났을 때 감정·사고·행동에 대한 이해 등 분노 감정에 좀 더 초점을 두어 상담을 진행하였다. 도영이는 상담이 진행되는 중에도 수업 시간에 젊은 여교사에게 분노 감정을 표출하여 울리거나 후배를 미친 듯이 때리기도 하였다. 이런 사건이 있을 때, 상담자는 도영이가 상담자와 상담 시간에서 보이는 모습과 교사나 후배들에게 하는 모습이 굉장히 다름을 직면시켰다. 이와 관련하여 도영이는 상담자는 자신을 믿어 주는 사람이고, 다른 사람은 그렇지 않고 자신을 무시하는 사람이라고 이야기하였다. 이후 상담자는 도영이가 자신을 무시하는 것처럼 느껴지는 사람에게 보이는 분노에 대해서 다루었다. 수업 시간에 교사가 자신만 지적하는 것처럼 느껴질 때 그리고 처음 보는 후배가 눈이 마주쳤는데도 눈을 내리깔지 않을 때, 도영이는 사람들이 자신을 무시하는 것처럼 느끼고 강한 분노감을 느끼고 그들에게 공격적인 행동을 한다. 상담자는 도영이가 자신의 공격적인 행동이 일어나는 과정에서 자신의 감정, 행동 및 사고를 이해하도록 도왔다. 다행히 도영이는 그들에게 한 행동이 지나친 행동이었고 그 결과가 자신에게 도움이 되지 않음을 인식하였으며, 이후 무시하는 감정이 들 때마다 행동을 조절하는 모습을 보였다. 또한 진로가 조폭이라고 했을지언정(사실 도영이 주변에서는 누나의 남자 친구인 조폭이 가장 돈을 잘 벌고 있었음) 자신의 미래에 관심이 많음을 고려하여 진로상담을 진행하였다. 도영이는 상담 종결 후 상담실에서 봉사활동을 하기도 하였고, 폭력으로 징계를 받는 일 없이 중학교를 졸업하였다.

🗂 참고문헌

곽영길(2007). 학교폭력 피해에 대한 인식과 경험에 관한 연구: 서울시 고등학생을 중심으로. 동국대학교 대학원 박사학위논문.

교육부(2016). 2016년 2차 학교폭력 실태조사 보도자료.

구자관(208). 언어폭력이 카지노딜러의 소진, 직무만족, 이직의도에 미치는 영향: 분노조절기제의 조절효과를 중심으로. 경기대학교 관광전문대학원 박사학위논문.

국가청소년위원회 외(2007). 성폭력 가해청소년에 대한 인지행동치료(인간존중프로그램 진행지침서).

권해수(2003). 성학대 피해 청소년의 적응유연성에 영향을 미치는 관련 변인 연구. 홍익대학교 대학원 박사학위논문.

권해수(2008). 성폭력 피해청소년 치유프로그램 효과. 상담학 연구, 9(2), 485-499.

김나현(2010). 초등학교 고학년의 언어폭력 예방을 위한 의사소통훈련 프로그램 개발. 한국교원대학교 교육대학원 석사학위논문.

김양희(1995). 성희롱: 경험과 인식, 그리고 정책방안. 한국심리학회지: 사회문제, 2(1), 17-32.

김지영, 정정숙(2011). 중학생들의 학교폭력 가해행동 재발방지를 위한 집단상담 프로그램의 효과. 청소년학연구, 18(8), 141-159.

김지현(2003). 학교징계명령 청소년의 분노조절 프로그램 효과성에 관한 연구. 이화여자대학교 사회복지대학원 석사학위논문.

도기봉, 오주, 신정인(2011). 학교폭력 피해 여고생의 자아존중감과 역량강화를 위한 임파워먼트 프로그램의 효과. 청소년학연구, 18(1), 149-174.

박경현(2001). 언어폭력 예방을 위한 국어 교육의 방향. 경재 논문집, 21, 1-37.

박민정(2006). 초등학교 저학년 학생의 폭력적 언어와 유행어 사용실태 분석. 창원대학교 대학원 석사학위논문.

변귀연(2006). 집단괴롭힘 피해학생의 역량강화를 위한 집단프로그램의 개발과 효과. 한국청소년연구, 17(1), 263-295.

소유진(2011). 언어폭력 예방상담이 초등학교 저학년 아동의 친구관계와 공격성에 미치는 영향. 전주교육대학교 교육대학원 석사학위논문.

손재환, 이대형, 이현진, 유춘자, 정진선, 김수현(2013). 학교폭력 가·피해 상담전략 모형개발. 서울: 한국청소년상담복지개발원.

송재홍, 김광수, 박성희, 안이환, 오익수, 은혁기, 정종진, 조붕환, 홍종관, 황매향(2016). 학교폭력의 예방과 상담. 서울: 학지사.

신혜섭(2005). 청소년 초기의 이성친구에 대한 신체적 폭력에 영향을 미치는 변인. 청소년학연 구, 12(1), 300-324.

오주, 아영아(2006). 중학생 학교폭력 가해-피해 중복경험에 영향을 미치는 요인. 사회복지개 발연구, 12(1), 79-100.

오혜영, 전연지, 강석영, 이대형, 한지현, 채중민, 김수회(2009). 학교폭력(학부모개입지침서 5). 청소년상담문제연구보고서, 2010. 1-136.

이규미, 문형춘, 홍혜영(1998). 왕따 현상에 대한 이해와 상담접근: 상담사례를 통해 본 왕따 현상. 서울특별시 청소년 종합상담실.

이수영(2010). 언어폭력예방을 위한 역할놀이 중심 집단상담 프로그램 개발. 한국교원대 교육 대학원 석사학위논문.

이승길(2003). 성희롱의 개인·기업·국가에 미치는 영향. 여성가족부.

이영선, 김경민, 김래선, 유춘자, 이현숙, 전소연, 조은희, 차진영(2012). 학교폭력 및 청소년상담 위기개입매뉴얼. 서울: 한국청소년상담복지개발원.

이익섭, 최정아(2008). 청소년의 집단괴롭힘 피해경험과 학교부적응 간의 경로분석: 우울 및 공격성을 중심으로. 청소년시설환경, 6(1), 47-58.

이진아(2009). 청소년 성폭력 피해학생 상담. 상담과 지도, 44, 357-372.

정향기, 최태진(2013). 중학생의 학교폭력 경험유형에 따른 의사소통 특성. 상담학연구, 14(1), 573-591.

주지선, 조한익(2014). 또래상담자의 또래상담 교육과 활동 경험에 대한 연구-포커스 그룹 인 터뷰를 중심으로. 상담학연구, 15(6), 2557-2579.

한국청소년상담복지개발원(2013). 또래상담 우수사례집.

한국청소년상담복지개발원(2014). 또래상담 우수사례집.

한국청소년상담복지개발원(2015). 또래상담 우수사례집.

홍성희, 박승민(2015). 청소년기에 학교폭력 피해를 경험한 여성의 삶에 대한 내러티브 탐구: 20대 여성 3인의 사례를 중심으로. 청소년학 연구, 22(5), 131-160.

Aber, J. L., Brown, J. L., & Jones, S. M. (2003). Developmental trajectories toward violence in middle childhood: Course, demographic differences, and response to school-based intervention. *Developmental Psychology, 39,* 324-348.

Arsenio, W. F., & Lemerise, E. A. (2004). Aggression and moral development: Integrating social information processing and moral domain models. *Child Development, 75,* 987-1002.

Bernstein, J. Y., & Watson, M. W. (1997). Children who are targets of bullying: A victim pattern. *Journal of Interpersonal Violence, 12*(4), 483-498.

Brown, K. S., & Parson, R. D. (1998). Accurate identification of childhood aggression: A key to successful intervention. *Professional School Counseling, 2,* 135-140.

Calverley, R. M., Fisher, K. W., & Ayoub, C. (1994). Complex splitting of self-reprentation in sexually abused adolescent girls. *Development and Psychopathology, 6*(1), 195-213.

Chibbaro, J. S. (2007). School Counselors and the Cyberbully: Interventions and Implications. *Professional School Counseling, 11*(1), 65-68.

Cole, J. C. M., Cornell, D. G., & Sheras, P. (2006). Identification of school bullies by survey methods. *Professional School Counseling, 9,* 305-313.

Coloroso, B. (2002). *The bully, the bullied, and the bystander.* New York: Harper-Collis Publishers.

Cottle, T. J. (2004). Feeling scared. *Educational Horizons, 83,* 42-54.

Dodge, K. A. (1991). The structure and function of reactive and proactive aggression. In D. Pepler & K. Rubin (Eds.), *The development and treatment of children aggression* (pp. 77-125). Hillsdale, NJ: Erlbaum.

Espelage, D. L., Mebane, S. E., & Adams, R. S. (2004). Empathy, caring, and bullying: Toward an understanding of complex associations. In D. L. Espelage & S. M. Swearer (Eds.), *Bullying in American schools* (pp. 37-61). Mahwah, NJ: Erlbaum.

Fergusson, D. M., John Horwood, L. J., & Lynskey, M. T. (1997). Childhood sexual abuse, adolescent sexual behaviors and revictimization. *Child abuse & Neglect, 21*(8), 789-803.

Finkelhor, D., Mitchell, K., & Wolak, J. (2000). Online victimization: A report on the nation's youth. National Center for missing & Exploited Chidlren. Retrieved from www.unh.edu/ccrc/Youth_Internet_info_page.html

Frazier, P. A., Cochran, C. C., & Olson, A. M. (1995). Social science research on lay definitions of sexual harassment. *Journal of Social Issues, 51*(1), 21-37.

Galezewski, J. (2005). Bullying and aggression among youth. In K. Sexton-Radek (Ed.), *Violence in schools: Issues, conseqences, and expressions* (pp.121-144). Westpot, CT: Praeger.

Goldstein, A. P., Gibbs, J. C., & Glick, B. (1995). *Aggression replacement training.* Champaign, IL: Research Press.

Halberstadt, A. G., Denham, S. A., & Dunsmore. J. C. (2001). Affactive social competence. *Social Development, 10,* 79-119.

Horne, A. M., Orppinas, P., Newman-Carlson, D., & Bartolomucci, C. L. (2004), Elementary school bully and what to do about it. In D. L. Espelage & S. M. Seaterer (Eds.), *Bullying in American schools* (pp. 297-325). Mahwah, NJ: Erlbaum.

Hubbard, J. A., Dodge, K. D., Cillessen, A. H. N., Coie, J. D., & Schwartz, D. (2001). The Dyadic Nature of Social Information Processing in Boys' Reactive and Proactive Aggression. *Journal of Personality and Social Psychology, 80*(2), 268-280.

Kaltiala-Heino, R., Rimpela, M., & Rimpela, A. (2000). Bullying at School: an indicator of adolescents at risk mental disorders. *Journal of Adolescence, 23,* 661-674.

Kowalsky, R. M., Limber, S. P., & Agatston, P. W. (2008). *Cyber bullying: Bullying in the digital age.* Massachusetts: Slackwell Publishing.

MaAdams, C. R. (2002). Trends in the occurrence of reactive and proactive aggression among children and adolescents: implications for preparation and practice in child and youth care. *Child and Youth Care Forum, 31,* 89-109.

McAdams, C. D., & Lambie, G. (2003). The changing face of youth aggression in schools: Its impact and implications for school counselors. *Preventing School Failure, 47,* 122-130.

McAdams, C. R., & Schmidt, C. D. (2007). How to Help a Bully: Recommendations for Counseling the Proactive Aggressor. *Professional School Counseling, 11*(2), 120-128.

Menne, F. E., & Meadow, D. (1994). Depression, anxiety, and self-esteem in sexually abuse children: Families in Society. *The Journal of Contemporary Human Services, 75,* 74-81.

Olweus, D. (1995). Bullying or pee abuse at school: Facts & Intervention. *Current Directions in Psychological Science, 4*(6), 196-200.

Pellegrini, A. D., & Bockewitz, L. (2005). The teaching of violence prevention in a school setting- What can be done? In K. Sexton-Rad (Ed.), *Violence in schools: Issues, consequences, and expressions* (pp. 91-102). Westport, CT: Praeger.

Slee, P. T., & Rigby, K. (1993). The relationship of Eysenck's personality factors and self-esteem to bully-victim Australian schoolboys. *Personality and Individual Difference, 14*(2), 371-373.

Stem, A. E., Lynch, D. L., Oates, R. K., O'Toole, B. L., & Cooney, G. (1995). Self-esteem, depression, behavior and family functioning in sexually abused children. *Journal of child Psychology and Psychiatry, 36,* 1077-1089.

Sutton, J., & Keogh, E. (2001). Components of Machiavellian beliefs in children Relationships with personality. *Personality and Individual Differences, 30,* 137-148.

Sutton, J., Reeves, M., & Keogh, E. (2001). Distruptive behavior: Avoidance of responsibility and theory of mind. *British Journal of Developmental Psychology, 10,* 1-11.

Swick, K. (2005). Preventing violence through empathy development in families. *Early Childhood Education Journal, 33,* 53-59.

Vossekuli, B., Fein, R., Reddy, M., Borum, R., & Modzeleski, W. (2000). The final repoart and findings of the Safe School Initiative: Implications for the prevention of school attacks in the United States. Washington, DC: U.S. Department of Education, Office of Elementary and Secondary Education, Safe and Drug-Free Schools Program and U.S. Secret Service, National Threat Assessment Center.

Willard, N. (2006). Cyberbullying and cyberthreats: Responding to the challenge of online social cruelty, threats, and distress. Eugene, OR: Center for Safe and Responsible Internet Use.

Wood, C. N., & Gross, A. M. (2002). Behavioral response generation and selection of rejected reactive-aggressive, rejected non-aggressive, and average status children. *Child and Family Behavior Therapy, 24*(3), 1-19.

York, K. M.(1989). Defining sexual harassment in work places: A policy-capturing approach. *Academy of Management Journal, 32,* 830-850.

PART **04**

외국의 학교폭력 대응 사례

제12장 외국의 학교폭력 대응 사례
제13장 외국의 사이버폭력 대응 및 사후지도

|제12장|
외국의 학교폭력 대응 사례

1. 서론

이 장에서는 외국의 학교폭력 대응 사례와 대책을 살펴보고 우리 사회의 학교폭력을 예방 및 대처하기 위한 시사점을 살펴보고자 한다. 이를 위해 미국, 영국, 유럽(핀란드, 노르웨이, 독일), 일본을 집중적으로 분석하였다. 구체적으로 미국은 「안전하고 마약 없는 학교와 지역사회를 위한 법(The Safe and Drug-Free Schools and Communities Act)」「뉴저지 집단괴롭힘방지법(New Jersey Anti-Bullying Bill of Rights Act)」「뉴욕주 반폭력 안전학교에 관한 교육법(New York State Safe Schools Against Violence in Education Act)」과 함께 Second Step 프로그램, RCCP(Resolving Conflict Creatively Program), ICPS(I Can Problem Solve) 프로그램을 살펴본다. 영국은 영국 ABC(Anti Bullying Campaign) 정책, 셰필드 집단따돌림 방지 프로젝트(Sheffield Anti-Bullying Project)를 살펴본다. 그리고 기타 유럽 지역의 프로그램으로는 핀란드의 KiVa Koulu 프로그램, 노르웨이의 Olweus 프로그램, 독일의 베를린 학교를 위한 비상대책방안 지침서를 확인하였으며, 일본에서는 「이지메 방지 대책추진법」, 젊은 도전21: 꿈을 키우는 청소년 플랜 프로젝트를 중심으로 살펴본다. 이는 각 국가의 학교폭력예방정책과 대응 사례들의 비교를 용이하게 해 줄 것이며, 우리나라의 학교폭력예방 및 대처 방안을 구축하는 데 있어 주요한 시사점을 줄 것이다.

2. 미국

미국 내에서 일반적으로 HIB로 표현되는 Harassment(놀림), Intimidation(위협), Bullying(괴롭힘)은 학교폭력을 나타내는 대표적인 단어로 사용되고 있다. 뉴저지 교육국의 보고에 따르면 미국 내 6학년에서 10학년 사이 학생들의 30%가 괴롭힘과 같은 학교폭력을 경험하고 있으며, 8%는 한 달에 한 번 정도 괴롭힘에 대한 두려움으로 학교를 결석하고 있다(New Jersey Department of Education, 2011). 이러한 심각한 학교폭력 상황 속에서 미국 내 많은 주에서는 학교폭력에 대하여 민감하게 반응하고 있으며, 학교폭력이 발생하면 반드시 행정적으로 보고하도록 하고 있다. 이는 법적인 측면에서 요구하고 있는 사항이며, 학교가 적극적으로 학교폭력을 예방할 것을 강조하고 있는 것이다. 게다가 학교폭력과 관련된 기본적인 의무를 내실 있게 준행하지 않는다면 그에 대한 책임을 학교에 엄중히 묻고 있으며, 학교에서도 학생과 교사들에게 학교폭력에 대한 정기적인 교육과 프로그램을 실시하고 있다(교육정책네트워크정보센터, 2012). 구체적으로 미국의 학교폭력과 관련된 대처 방안 및 사례에 대하여 살펴보면 다음과 같다.

1) 안전하고 마약 없는 학교와 지역사회를 위한 법

「안전하고 마약 없는 학교와 지역사회를 위한 법(The Safe and Drug-Free Schools and Communities Act 1994: SDFSCA)」은 연방정부 차원에서 제정된 법령으로서 미 연방

정부가 1994년 제정하였다(도중진, 박광섭, 박행렬, 2012). 이 법의 목적은 학교에서 벌어지는 폭력의 예방, 알코올·담배·마약류의 불법적 사용의 예방, 예방적 차원에서의 부모와 지역사회의 실제적인 관여, 학교 및 연방 지역사회의 협조 등을 지원하는 프로그램 구성에 두며, 이와 관련된 주정부의 예산과 다양한 활동을 정책적으로 지원하기 위해 제정되었다(U.S. Department of Education, 2004).[1]

학교폭력을 예방하는 데 효과적인 이러한 개입 프로그램의 공통된 특성으로 송중일(2012)은 다음의 다섯 가지를 제시하고 있다. 첫째, 학생·교사·학부모를 대상으로 학교에서의 폭력에 대한 인식과 책임감을 향상시키고 이에 대한 명확한 지침을 마련하고 있다. 둘째, 학교폭력이 발생하기 전, 발생하는 과정 그리고 발생 후의 조치에 대한 명확한 지침이 학생·학부모들에게 전달되고 있다. 셋째, 학교 교사·학생·학부모가 함께 참여하도록 하고 있다. 넷째, 개입 프로그램이 학교의 일상적 흐름 및 학교의 목표에 적합하게 구성되어 있다. 다섯째, 교실 밖에서의 활동에 대한 지도·감독 및 모니터링의 강화방안이 포함되어 있다(도중진 외, 2012 재인용).

2) 뉴저지 집단괴롭힘방지법

미국 내 「집단괴롭힘방지법(The Anti-Bullying Bill of Rights Act)」은 1999년 조지아 주에서 최초로 법제화되었으며, 이 법안은 인종이나 성별, 성적 취향, 종교, 장애, 체중 등과 관련하여 학교에서 발생하는 모든 차별, 폭력, 괴롭힘을 금하는 내용으로 구성되어 있다(도중진 외, 2012). 집단 괴롭힘을 방지하는 이런 법이 시행되고 있는 대표적인 지역이 바로 뉴저지 주다. 뉴저지 교육국은 「뉴저지 집단괴롭힘방지법(New Jersey Anti-Bullying Bill of Rights Act)」을 통해서 학교 내 놀림(Harassment), 위협(Intimidation), 괴롭힘(Bullying)(HIB)의 예방 및 중재를 위한 실

---

1) 미국 교육부(U.S. Department of Education)의 웹사이트(http://www2.ed.gov/policy/elsec/leg/esea02/pg51.html#, 2015. 10. 1. 검색)를 참고함

제적인 정보와 전략들을 제공하고 있다(New Jersey Department of Education, 2011). 또한 「뉴저지 집단괴롭힘방지법」에서는 각 학교에 대하여 HIB에 대한 프로그램 및 전략을 요구하고 있고, 학교는 매년 학생들과 함께 해당 프로그램과 정책에 대한 논의도 수행해야 함을 명시하고 있다. 게다가 강력하게 HIB와 관련된 학교 구성원들에 대한 업무와 역할도 설정하고 있으며, 학교안전요원(School Safety Team)의 구성 및 운영, 세부 방침까지도 명시하고 있다(New Jersey Department of Education, 2011).

학교안전요원의 기본적인 업무는 다음과 같다.

- HIB 학생들과 관련된 전체 기록 확인
- 학교 내 HIB 학생들의 유형 파악
- HIB 학생 예방을 위한 학교 내 정책과 학교 풍토(문화) 강화
- 최소 연 2회의 정기적인 회의
- 교육관계자/행정가 요청에 따른 HIB 관련 의무 수행 등

3) 뉴욕 주 반폭력 안전학교에 관한 교육법

미국 뉴욕 주 교육당국은 학업적 우수성과 사회성 증진을 추구하기 위하여 학생과 교사들의 교육 현장과 환경을 안전하게 구축하고자 「뉴욕 주 반폭력 안전학교에 관한 교육법(New York State Safe Schools Against Violence in Education Act)」을 제정하였다(The New York State Education Department, 2015). 이를 통해서 교육 현장과 관련된 다양한 환경 속에서 집중해야 할 사항들을 점검하고 실제로 체크리스트를 작성하여 체계적으로 안전망을 구축한다.[2] School Violence Prevention and Intervention 체제 내에서 학교폭력예방과 중재를 위한 현장 지향적인 워크

---

2) 좀 더 자세한 사항과 체크리스트의 샘플은 뉴욕 주 교육당국(The New York State Education)의 웹사이트(http://www.p12.nysed.gov/sss/ssae/schoolsafety/save/#schoolsafetyplans)에 접속하여 참고하기 바란다.

숍을 수행하고 있는데, 이는 폭력행동에 대한 대응법, 예방, 응급상황 대처, 관리까지 포함하고 있다. 해당 워크숍은 「교육법」에 의거해 수행되며 New York State Colleges and Universities와 교육국이 인준한 기관을 통해서 협력적으로 진행된다. 다양한 영역의 구체적인 워크숍 프로그램도 소개하고 있다.[3]

4) Second Step 프로그램

미국의 대표적인 학교폭력예방 프로그램의 하나가 Second Step이다. Second Step은 일리노이 대학교에서 개발하였으며, 4세에서 14세까지의 교실기반 사회성 발달 프로그램으로서 학생들의 충동적·공격적 행동 감소와 사회정서적 능력 발달을 목적으로 하고 있다. 이 중 공감능력, 충동조절 및 문제해결 능력, 분노조절 능력 향상의 세 가지를 핵심 목표로 하여 집중하고 있으며(한국교육신문, 2013), 이 과정에서 모델링, 리허설, 역할극, 언어중재 과정(verbal mediation)의 활동기법을 적용한다(도중진 외, 2012). 이 프로그램은 연령에 따라 두 그룹으로 분류한다. 한 그룹은 취학연령 이전부터 5학년까지이고, 다른 한 그룹은 6학년부터 중학교 3학년까지다. 전자 그룹은 1년에 20~25과목을 이수하며, 후자 그룹은 처음 1년은 15과목을 이수하고 나머지 2년은 1~8과목을 이수하도록 되어 있다. 교수방법에는 토론, 교사 모델링, 역할극이 포함되며, 학급토론, 역할극, 모델링, 교정적 피드백, 긍정적 강화가 프로그램의 핵심 요소로 강조되어 사용된다(도중진 외, 2012).

5) 미국 RCCP

RCCP(Resolving Conflict Creatively Program)는 ESR Metro(Educators for Social Responsibility Metropolitan Area)와 뉴욕 시 교육위원회가 공동 개발하였으며, 최근

---

3) 워크숍 프로그램의 경우 뉴욕 주 교육당국의 웹사이트(http://www.nysed.gov/heds/IRPSL1. html)에 접속하여 참고하기 바란다.

에는 RCCP 국립센터를 중심으로 미국 전역에 걸쳐 학교폭력과 학생 간 갈등을 해결하기 위해 적용되고 있다. RCCP는 초등학교 교사와 학생들이 비폭력적인 방법으로 갈등을 해결하고 폭력적인 상황이 발생하지 않도록 예방하며, 다른 문화에 대한 이해를 촉진하기 위해 고안되었다(한소은, 2007).

RCCP는 우선 교사들이 자신이 지도해야 할 프로그램의 기술적 내용을 18~24시간 동안 교육받은 후, 프로그램을 교육과정에 편성하여 수업 시간에 실시하는 측면과 또래중재자(peer mediators)로서의 역할 수행, 학교장 교육, 학부모교육 등이 포함되어 있어 폭력과 같은 갈등 상황이 발생하였을 경우 각자의 위치에서 해결할 수 있는 기법들을 교육받도록 하고 있다. RCCP의 교과과정으로는 현재 51개 과목이 다양하게 운영 중이며 그 과정에는 의사소통, 효과적인 감정 표현과 인식을 위한 학습, 갈등 분석 및 해결, 선입견 및 편견 억제, 상대방에 대한 존경과 고마움의 인식, 정서 경험, 협동심, 자기주장 개진훈련 등이 포함되어 있다(도중진 외, 2012).

6) 미국 ICPS 프로그램

ICPS(I Can Problem Solve)는 교사가 중심이 되어 학생들에게 사람들을 이해하고 대인관계 속에서 발생하는 문제들을 적절하게 해결 및 예방할 수 있도록 하는 데 집중하고 있다. 이는 문제해결 예비기술(Pre-Problem-Solving Skills)과 문제해결 기술(Problem-Solving Skills)로 구성되어 있다(박효정, 정미경, 박종효, 2007). 문제해결 예비기술은 문제해결과 관련 있는 용어를 배우거나 자신이나 다른 사람의 감정을 인식하고 다른 사람의 관점을 고려하면서 사건의 계열이나 흐름을 학습하는 내용으로 구성되어 있다. 이에 비해 문제해결 기술은 문제 상황에서 한 가지 이상의 해결책을 생각하고 그 결과를 예상하며 어떤 선택을 할지를 결정해서 목표에 도달하는 과정을 단계적으로 생각하도록 구성되어 있다. 교사가 게임, 이야기, 인형, 역할극 등을 통해서 이러한 기술을 가르치며 실제 생활에서 적용해 보도록 지도한다(박효정 외, 2007).

3. 영국

학교폭력과 관련하여 영국에는 매우 다양한 시각이 존재하고 있으며, 그것을 바라보는 입장과 역할에 따라 그 형태도 다양하게 존재하고 있다. 즉, 각 분야마다 학교폭력에 대해 고유한 접근방식을 택하고 있으며, 학생과 교사, 학부모 및 연구자 간에도 차이를 보이고 있다. 이러한 측면들은 영국 교육부에서 제시하고 있는 자료에서도 명확하게 확인할 수 있는데(www.dfes.gov.uk/bullying), 구체적으로 「The Education and Inspections Act 2006」 「Independent School Standard Regulations 2010」 「The Equality Act 2010」의 법들 속에서 논의가 되고 있다. 하지만 영국 교육부의 2014년 『Preventing and Tackling Bullying Advice for Headteachers, Staff and Governing Bodies』에서는 학교폭력(bullying)을 개인 혹은 집단이 다른 개인 혹은 집단에게 반복적으로 정신적·육체적으로 피해를 주는 행위로 포괄적으로 정의를 하고 있다. 또한 이 자료에서는 사이버폭력(cyber bullying)에 대하여서 명확하게 지적하고 있어 주목할 만하다. 구체적으로 영국의 학교폭력과 관련된 대처 방안 및 사례에 대하여 살펴보면 다음과 같다.

1) 영국 ABC 정책

영국은 학교폭력대책에 있어 학생의 인종, 학부모의 사회경제적 수준, 지역사회 특징과 같은 학교가 처해 있는 특성을 고려하여 학교폭력 대응전략을 수립하고 있으며, 대표적으로 영국 ABC(Anti Bullying Campaign) 정책을 살펴볼 수 있다. ABC 정책은 정확한 관찰, 즉각 보고, 관계자 간 공동 대처, 가해자와 피해자에 대한 공정한 처리를 특징으로 구성되어 있으며(김난영, 김민정, 2013), 가해학생을 위한 교육시설인 Secondary Support Unit(SSU)과 피해학생을 위한 교육시설인 Red Ballon과 같은 대안교실을 마련하고 있다(김난영, 김민정, 2013).

먼저, SSU에서는 교사와 학교장 그리고 부모의 동의로 가해학생이 지정되며, 이들은 일주일에 하루 정도씩 SSU에서 따로 수업을 받게 된다. 이 과정에서 주로 정서교육과 미술, 음악을 공부하며, 수업은 일대일로 이루어지고, 대부분의 학생이 한 학기 정도씩 다닌다(도중진 외, 2012).

한편, Red Ballon은 가해자들이 가는 대안교실과는 달리 학교의 정규교과과정을 모두 교육하고 있으며, 피해자들은 자신들이 다시 학교생활에 적응 가능하다고 판단될 때까지 이곳에 머물면서 교과과정을 이수하게 된다(도중진 외, 2012). 은퇴한 교사들을 중심으로 시작된 해당 교육과정은 피해학생들이 다시 학교로 돌아간 후에도 정기적인 전화상담을 통하여 그들의 원만한 학교생활이 유지되고 있는지를 확인한다(구효진, 2002: 도중진 외, 2012 재인용).

2) 셰필드 집단따돌림 방지 프로젝트

셰필드 집단따돌림 방지 프로젝트(Sheffield Anti-Bullying Project)는 교육과정 중심의 학교폭력예방 프로그램으로서 학급 수준에서 활용되는 집단극이나 비디오, 이야기책이 학교폭력 시나리오 위주로 되어 있으며, 학생들의 인식을 증가시키는 데 초점을 두고 있다(배진형 외, 2013). 셰필드 집단따돌림 방지 프로젝트는 세 가지 핵심적인 교육활동을 지향하는데 이는 다음과 같다(도중진 외, 2012).

첫째, 품질관리모임 활동이다. 일반 기업체처럼 5~12명의 학생이 정기적으로 함께 모여 자신이 속한 학급이나 학교의 문제점을 분석·의논하고 그것을 긍정적으로 변화시키기 위한 방법을 논의하는 모임이다. 이러한 활동을 통하여 자신이 속한 집단의 실질적인 문제를 해결하기 위한 대책을 발견하고 실행한다.

둘째, 드라마와 역할놀이 활동이다. 이는 학생들이 다양한 관점에서 학교폭력 문제를 이해하도록 하는 장치다. 이러한 활동을 통하여 가해학생, 피해학생, 교사 모두가 개인적인 경험, 가해행위의 동기, 폭력행동이 가져오는 영향, 학교폭력을 중지시킬 수 있는 방안 등에 대하여 생각해 볼 수 있는 기회를 갖게 된다.

셋째, 독서, 토론활동, 글짓기 등의 활동이다. 이를 통해 참여자들이 학교폭력에 관한 이슈를 생각해 보도록 한다. 이러한 활동들은 학생들이 다양한 맥락에서 그들 스스로에 대한 생각을 하도록 하고, 어떻게 다른 사람과 관계를 맺어야 하는가에 대해 새로운 관점을 경험하도록 한다.

4. 기타 유럽

유럽에서는 핀란드의 KiVa Koulu 프로그램, 노르웨이의 Olweus 프로그램, 독일의 베를린 학교를 위한 비상대책방안 지침서를 중심으로 살펴보고자 한다. 유럽의 경우 전 세계적으로 학교폭력 대응 전략과 프로그램으로 높은 인지도를 자랑하고 있는 것을 확인할 수 있어 우리나라의 학교폭력예방 및 대처 방안 수립에 주는 시사점을 크다고 판단된다. 구체적으로 핀란드, 노르웨이, 독일의 학교폭력과 관련된 대처 방안 및 사례에 대하여 살펴보면 다음과 같다.

1) 핀란드의 KiVa Koulu 프로그램

핀란드의 KiVa Koulu 프로그램은 9년제 종합학교를 대상으로 2009년부터 시행된 학교폭력 대응 프로그램이다. KiVa Koulu는 학교폭력에 맞서는 학교라는 의미를 가지고 있는데, '괴롭힘에 맞서다'라는 의미의 'Kiusaamista Vataan'의 두 머리글자와 '학교'라는 의미의 'Koulu'로 구성된 이름이다(박영욱, 김학린, 2014). KiVa Koulu 프로그램은 전국에 있는 약 2,800여 개의 종합학교 가운데 90%에 이르는 2,500개 학교가 참여하여 효과적으로 운영되고 있으며, 이 프로그램의 핵심적인 수행 주체는 KiVa팀이라는 전문적인 특별 체제다(박영욱, 김학린, 2014). 이러한 KiVa 프로그램은 크게 학생보호와 관련된 '일반 지침(General Action)'과 심각한 괴롭힘을 저지할 수 있는 절차와 관련된 '구체적 문제해결(Indicated Action)'의 두 가지 형태로 구성된다(박효정, 2014). 일반 지침은 학생집단이 괴롭힘 행위를 근절시키는 역할을 할 수도 있다는 것을 지각하도록 하고, 괴롭힘을 당한 학생에 대한 공감대를 형성함은 물론 그들을 돕는 전략을 개발하고 활용하도록 함으로써 자기효능감을 증대시키는 데 목적이 있다(박효정, 2014). 구체적 문제해결은 학교폭력이 발생했을 때 이를 적절하게 해결하고, 피해학생과 가해학생 모두를 도와주는 데 목적이 있으며, 괴롭힘 행위가 실제로 학교 담당자들에게 포착되었을 때 운영되는 프로그램이다(박효정, 2014). 이러한 KiVa 프로그램은 현재 연령을 중심으로 3개의 유닛 (Unit)—6~9세, 10~12세, 중등학교—으로 구성되어 있다.[4]

한편, KiVa팀의 구성원들은 각 학교에서 재임 중인 3명의 교사로 이루어지며, 팀원의 선정은 자원자를 우선하지만 교장이 임명하는 방식도 가능하다(박영욱, 김학린, 2014). 이들 팀원은 프로그램 운영을 위해서 특별교육을 받은 교사들이며, 이들에 의해서 기본적인 팀원들이 구성된다고 볼 수 있다. 이러한 특별팀은 팀단위로 프로그램이 시행되며 KiVa 프로그램 내에서 개인단위의 문제해결과 전략 구축을 시도하지 않는다. 즉, 핀란드 학교폭력 대응전략의 핵심은 전문적인 팀단위의 조직과 체계성으로 볼 수 있다. 이러한 측면은 학교폭력과 관련된 교사 개인 중심의 대응체제가 강한 국내의 맥락과는 다소 차이가 있다.

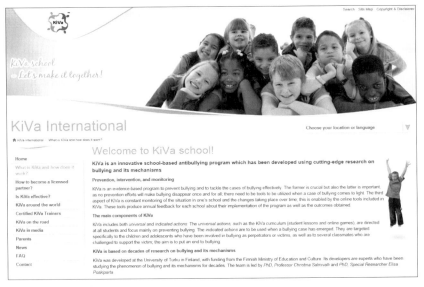

◢ 그림 12-1   KiVa Koulu 프로그램의 공식 홈페이지(www.kivaprogram.net)

4) 해당 사항과 관련하여 최근 KiVa 프로그램의 홈페이지(http://www.kivaprogram.net/)를 참고하라.

2) 노르웨이의 Olweus 프로그램

Olweus 프로그램은 학교폭력 사건이 발생할 때 교사, 학부모 등 성인들의 강력한 개입을 강조하는 학교폭력예방 프로그램으로서 전 세계적으로 학교폭력예방 프로그램의 교과서적인 역할을 하는 프로그램이다(류영숙, 2012). 이는 적극적인 수준에서 학생들의 동료관계를 개선하고 학교를 안전한 장소로 구성해 갈 책임이 학교에 있음을 전제하면서 전략들을 구축해 나간다(박효정, 2014). 이와 관련하여 박효정(2014)은 Olweus 프로그램을 두 가지 측면에서 구분하여 설명하고 있는데, 일차적인 차원에서 이 프로그램은 초·중·고등학교 학생 모두를 대상으로 하며, 이차적인 차원에서는 학교폭력의 직접적인 가해자와 피해자를 대상으로 하여 개별적인 프로그램에 참여하도록 하고 있다고 보고한다. 이러한 접근은 Olweus 프로그램이 ① 기존의 학교환경을 재구성하여 친사회적 관계 및 행동을 향상시키고, ② 학교 내 모든 장소에서 성인들이 보다 철저하게 감독하도록 하며, ③ 괴롭힘이

그림 12-2 Olweus 프로그램의 공식 홈페이지(www.violencepreventionworks.org)

발생했을 때 그에 대한 책임의식을 가지게 하고, ④ 학생들에게 괴롭힘은 용납되지 않을 것이라는 메시지를 분명하게 전달하는 것과 같은 핵심 목적을 달성하게 하고 있다(박효정, 2014).

이를 위하여 Olweus 프로그램은 특별히 네 가지 원칙을 제시하고 있다. 첫째, 학교폭력 현상에 대한 인식 고취, 둘째, 교사, 학부모 등 성인들의 능동적 참여 유도, 셋째, 폭력을 금지하는 명확한 규칙 개발 및 적용, 넷째, 피해학생 보호와 지원에 초점을 둔 대안 마련이다(류영숙, 2012). 한편, 이러한 네 가지의 원칙을 중심으로 개인적 수준(Individual-Level), 학급 수준(Classroom-Level), 학교 수준(School-Level)의 대안을 제시하여 학교폭력예방을 위해 노력하고 있으며(류영숙, 2012), 최근에는 여기에 지역사회 수준(Community-Level)도 추가하여 진행하고 있다.[5]

3) 독일의 베를린 학교를 위한 비상대책방안 지침서

베를린 주 교육부는 베를린 주의 모든 학교가 학교폭력이나 비상 상황이 발생하였을 경우 일관성 있게 대처할 수 있도록 학교폭력 상황에 대한 주요 정보를 종합하여 지침서를 발간하였다(교육정책네트워크정보센터, 2012). 이 지침서는 학교, 청소년 지원, 학교심리학자, 경찰, 보건기관이 자신들의 실제 경험을 바탕으로 지침서 발간에 협력하고 있으며, 이 지침서는 위험 상황에 따라 학교폭력을 3단계로 분류하여 각 상황에 대한 실질적 대처방안을 제시하고 있다. 학교폭력의 위험 상황 3단계는 〈표 12-1〉과 같다.

표 12-1 학교폭력의 위험 상황 3단계

위험 수준 정도	수준 1(낮음)	수준 2(중간)	수준 3(높음)
사건의 책임	학교	학교/경찰	경찰

---

5) 이와 관련해서는 최근 Olweus 프로그램의 홈페이지(http://www.violencepre ventionworks.org)를 참조하라.

내용	• 모욕, 위협, 폭행 • 왕따 • 중독물품 소비 • 자살 표현과 공표 • 학교직원 사망	• 살인위협 • 강도 높은 위협 • 가정 폭력 • 중독 물품 거래 • 강도 • 심각한 물리적 공격 • 성적 공격 • 자살시도 • 학교관계자 공격 • 문화유산 파괴 • 반헌법적 표현 • 무기소지	• 살인 • 화재 • 인질사건 • 폭발물 • 자살/학교에서 사망 • 총기 사용

출처: 교육정책네트워크정보센터(2012)를 재구성.

또한 학교심리학자나 청소년 지원 등을 위한 자가도움을 위해서 적합한 지원체계 및 예방, 상담, 지원 프로그램의 정보를 제공하고 있다. 구체적으로 모든 비상 상황에 대한 대처방안은, ① 개입-종료(응급상황 II, III은 즉각 조치-개입-종료), ② 돌봄-피해자 지원-조치방안, ③ 알림, ④ 애프터케어-회복지원-예방, ⑤ 보충적 정보제공 등으로 구성되어 있다(교육정책네트워크정보센터, 2012). 이 외도 베를린 학교를 위한 비상대책방안 지침서에는 학교폭력이 발생하였을 경우 필요한 추가적 정보와 처리절차를 위해 서류양식과 법/규정 등이 함께 제시되어 있다(교육정책네트워크정보센터, 2012).

5. 일본

서구사회의 학교폭력과 관련된 대처 방안 및 사례 이외에도 동아시아 지역의 맥락으로서 일본을 살펴보자. 특징적으로 일본은 학교폭력과 관련된 문제의 해결을 위하여 중앙정부 수준에서뿐만 아니라 지역사회 수준에서도 다양한 시도가 이루지고 있으며, 학교, 가정, 지역사회가 연계하여 시스템이 구성되는 특징을 볼 수 있다. 이는 우리나라 정책 구성에 있어 시사하는 바가 크다고 판단되며, 구체적인 내용은 다음과 같다.

1) 이지메 방지대책추진법

일본은 역사적으로 힘의 불균형, 계속성, 심각한 고통의 3요소 속에서 이지메[6]에 대한 정의와 관점을 발전시켜 오고 있는데, 최근에는 '괴롭힘을 당했다고 인식하는 것'이 있다면 이지메로 보는 입장까지 이르렀다(서경란, 2014). 일본에서 이러한 이지메가 심각한 사회적 이슈가 되면서 2013년 관련 법률이 구체적으로 공포되었다. 「이지메 방지대책추진법」은 이지메가 이지메를 당한 아동·청소년의 교육받을 권리를 현저하게 침해하고, 그 심신의 건전한 성장 및 인격의 형성에 중대한 영향을 줄 뿐만 아니라, 그 생명 또는 신체에 중대한 위험을 일으키게 할 우려가 있다는 것을 고려하는 것이다(이수광, 2015). 「이지메 방지대책추진법」에서는 이지메 방지를 위해 관계 행정기관의 장과 제휴·협력하여 이지메의 방지 등을 위한 대책을 종합적으로 추진하기 위한 기본방침을 정하도록 하는데, 이는 지방 공공단체와 학교에도 동일하게 적용된다. 효과적인 수행을 위하여 지방 공공단체는 학교, 교육위원회, 아동상담소, 법무국 또는 지방법무국, 도도부현 경찰, 그 외의 관계자에 의해 구성되는 이지메 문제 대책연락협의회를 둘 수 있으며, 필요시 교육위원회에 부속기관으로서의 세부적인 조직을 둘 수 있다(이수광, 2015).

2) 젊은 도전21: 꿈을 키우는 청소년 플랜 프로젝트

앞서 언급하였듯이 일본은 중앙정부 수준에서 학교폭력과 관련된 문제의 해결을 위하여 노력하고 있을 뿐 아니라 지역사회 수준에서도 활발한 접근과 노력을

---

6) 이지메는 '괴롭히다, 들볶다'는 의미를 가진 동사인 '이지메르(いじめる)'를 명사화하여 만든 용어다(서경란, 2014, p. 23).

시도하고 있으며, 학교, 가정, 지역사회가 연계하여 시스템을 구성하는 특징을 볼 수 있다. 이러한 맥락에서 지역사회 수준에서 학교폭력을 대처하기 위한 대표적인 사례가 오사카부의 제3차 오사카 청소년 육성계획에 바탕을 둔 '젊은 도전21: 꿈을 키우는 청소년 플랜 프로젝트'다.

이 프로젝트는 오사카부의 관과 민이 연계하여 종합적인 수준에서 청소년의 문제해결에 집중한 것으로, 청소년들에게 행동의식, 생명존중 의식, 규칙준수 의식을 함양하는 데 목적을 두고 수행되었다(한소은, 2007). 즉, 청소년들에게 시행착오와 실패에 대한 두려움보다는 도전과 개척의식을 지원하는 것이 관·민 차원에서 이루어졌다고 볼 수 있다.

📑 참고문헌

교육정책네트워크정보센터(2012. 8. 27). 독일의 학교폭력 대처 방안. 한국교육개발원. http://edpolicy.kedi.re.kr(2015. 10. 26. 인출)

교육정책네트워크정보센터(2012. 8. 27). 미국의 학교폭력 대처방안. 한국교육개발원. http://edpolicy.kedi.re.kr(2015. 10. 2. 인출)

김난영, 김민정(2013). 학교폭력근절대책 관련 해외사례조사. 감사연구원.

구효진(2002). 영국 내의 Anti Bullying Campaign에 관한 소개, 학교폭력 근절을 위한 국민 대토론회 발표문. 청소년보호위원회.

도중진, 박광섭, 박행렬(2012). 학교폭력의 예방 및 근절을 위한 지자체의 역할 수립 용역. 대전: 대전광역시.

류영숙(2012). 학교폭력의 실태와 대처방안에 관한 연구. 한국교원교육연구, 29(4), 615-636.

박영욱, 김학린(2014). 학교폭력 대응체계 개선방안 연구: 지방자치단체의 역할을 중심으로. 분쟁해결연구, 12(2), 85-108.

박효정(2014). 세계의 교육: 외국의 학교폭력예방 프로그램 운영 실태. 한국교육개발원 교육개발 웹진, 41(4). http://edzine.kedi.re.kr/winter/2014/article/world_01.jsp

박효정, 정미경, 박종효(2007). 학교폭력예방 프로그램 개발 연구. 서울: 한국교육개발원.

배진형, 김상곤, 윤철수, 정연정, 이종익, 최세나, 이예니, 남경현, 박윤정(2013). 학교폭력예방 및 해결을 위한 다차원적 접근 매뉴얼: 안전하고 평화로운 학교 만들기. 한국학교사회복지사협회.

서경란(2014). 학교폭력 및 집단 따돌림에 대한 대처 방안 연구. 건국대학교 대학원 석사학위논문.

송중일(2012). 학교폭력 보호관찰 대상자의 효과적 재범방지 방안. 보호관찰, 12(1), 39-66.

이수광(2015). 집단따돌림으로 인한 학생 피해자 구제와 민사책임의 귀속. 충북대학교 대학원 박사학위논문.

폴인러브(2013). 4대악 세계는 지금. http://polinlove.tistory.com/7300

한국교육신문(2013. 1. 14.). KEDI 학교폭력예방 프로그램 국제세미나개최. https://www.hangyo.com/app/news/article.asp?idx=41202(2015. 10. 12. 인출)

한소은(2007). 학교폭력예방을 위한 상담 프로그램 비교연구: 한국, 미국, 유럽, 일본을 중심으로. 경기대학교 대학원 석사학위논문.

UK, Department for Education. (2014). Preventing and tackling bullying Advice for headteachers, staff and governing bodies. UK, Department for Education. https://www.gov.uk/government/publications/preventing-and-tackling-bullying(2015. 10. 27. 검색)

New Jersey Department of Education. (2011). Guidance for Schools on Implementing the Anti-Bullying Bill of Rights Act. New Jersey Department of Education. The New York State Education Department. http://www.p12.nysed.gov/sss/ssae/schoolsafety/save/ (2015. 10. 1. 검색)

U.S. Department of Education. (2004). Safe and Drug-Free Schools and Communities Act. U.S. Department of Education: Office of Safe and Drug-Free Schools.

U.S. Department of Education. http://www2.ed.gov/policy/elsec/leg/esea02/pg51.html# (2015. 10. 1. 검색)

KiVa Koulu 프로그램 홈페이지 www.kivaprogram.net

Olweus 프로그램 홈페이지 www.violencepreventionworks.org

|제13장|
외국의 사이버폭력 대응 및 사후지도[1]

1. 서론

최근 청소년들의 스마트폰 사용이 급증하면서 온라인 공간에서 이루어지는 사이버폭력(온라인 괴롭힘) 문제도 함께 증가하고 있다(최숙영, 2014). 최근 청소년정책연구원이 실시한 조사의 결과에 따르면 전체 중·고등학교 학생의 약 28%가 사이버폭력을 경험한 것으로 나타났다(이창호, 신나민, 하은빈, 2014).[2]

서구 국가들에서도 역시 온라인 공간이나 SNS 등에서 이루어지는 사이버폭력 폐해가 심각한 사회문제로 제기되면서 사이버폭력 피해를 견디다 못해 자살하는 청소년이 나타나게 되었고, 최근 'cyberbullicide', 즉 '사이버폭력 자살(cyberbullied+suicide)'이라는 신조어까지 만들어지게 되었다(Hinjuja & Patchin,

---

1) 이 장은 '조윤오(2015). 외국이 청소년 사이버불링 대응방안 및 개입프로그램 고찰, 경찰학논총, 10(3)' 논문을 참고하여 수정·요약하였다.

2) http://www.womennews.co.kr/news/82354#.VgondMfovX1(2015. 9. 29.)

2010; Waggoner, 2015). [3]

이 장은 이런 맥락에서 외국의 사이버폭력 대처방식을 관련 입법례 및 개입 프로그램을 중심으로 소개하는 데 그 목적이 있다. 사이버폭력 기존 국내 연구들은 사이버폭력에 대한 개념 정의나 범위, 특징, 심리적 · 정서적 폐해, 인구사회학적 특징 및 가해자-피해자 혹은 주변인 관련 요인분석 중심으로 사이버불링 문제를 다루어 왔다(강민규, 2015; 송주영, 장준오, 2014; 유완희, 2015; 조윤오, 2013).

언론의 주목을 받은 몇몇 사이버폭력 자살 사례를 가지고 '엄벌주의(get-tough policy)' 위주의 무관용 원칙(zero tolerance)만을 고려한다면, 근본적인 사이버폭력 해결방안을 만들 수 없고, 사후 수습에 한정된 불완전한 개입을 하게 될 우려가 있다(오세연, 곽영길, 2013; 임상수, 김국현, 문성학, 2013). 따라서 외국의 대응 방향을 고찰함에 있어 입법 동향과 함께 개별 사이버폭력 예방 프로그램에 대해서도 살펴볼 필요가 있다.

미국의 경우, 2009년에 메건 마이어(Megan Meier)가 허위의 MySpace 계정 피해로 자살하게 되면서 의회에 처음으로 「메건 마이어 사이버폭력 예방법(Megan Meier Cyber Bullying Prevention Act)」이 소개되었다(이창호, 신나민, 하은빈, 2014). 그리고 미국 내에서 법령 제정을 통한 문제해결이 아니라, 기존의 청소년 교육환경과 소년사법 체계 내에 사전 예방과 교육에 치중한 궁극적인 해결방안을 제시하려는 접근이 강조되기 시작했다(Hendricks et al., 2012; Stebner, 2013; Willard, 2007). 이에 따라 최근 미국, 캐나다, 독일, 호주 등에서 대두되고 있는 청소년 사이버폭력 대응책의 쟁점과 문제해결 방향, 관련 프로그램 운영 사례 등을 심도 있게 고찰해 보겠다.

물론 미국 내에서도 2013년도 이후 캘리포니아 주나 플로리다 주처럼 자체적으

....

3) 전통적인 금품갈취나 신체적 폭력과 달리 사이버폭력은 익명성, 전파성, 지속성, 은밀성 등으로 인해 그 폐해가 더 심각하여 청소년 피해자가 자살과 같은 극단적인 선택을 할 가능성이 크다. 실제 사이버폭력은 학교 밖 공간에서 24시간 은밀하게 피해자를 통제하는 방식으로 이루어져 피해자에게 미치는 부정적 영향력이 일반 학교폭력의 그것보다 더 큰 것으로 나타났다(Chi & Frydenberg, 2009; Waggoner, 2015; Willard, 2007).

로 강력한 제재 수단을 새롭게 부과하는 주도 있고, 입법 자체에 매우 조심스럽게 접근하는 주도 있다(Perry, 2013; Waggoner, 2015). 각 국가와 지역별로 서로 다른 입법례를 규정하고 있으므로 획일적으로 특정 대응전략이 더 우월하다고 단정 지어 말할 수는 없겠지만, 개별 상황을 최대한 고려하여 각 상황이 가진 장단점을 비교해 보는 것이 우리나라가 처한 현 상황에 맞는 한국형 사이버폭력 예방 프로그램 개발을 위한 첫 단추가 된다고 하겠다.

따라서 이 장에서는 미국과 캐나다의 최근 사이버폭력 입법 내용을 소개하고, 추가적으로 다른 나라들(호주, 독일, 타이완)의 사이버폭력 예방 프로그램을 검토할 것이다. 미국의 경우, 개별 학교폭력 법안을 갖고 있는 49개 주 중 47개 주가 사이버폭력 관련 행동을 규정하고 있는데, 여기에서는 최근 언론의 주목을 받은 판례내용을 중심으로 핵심 사이버폭력 입법 내용을 소개하는 데 초점을 둔다(Waggoner, 2015).

호주 교육당국은 일찍이 캐나다 정부가 개발한 'CyberCop'이라는 개입 프로그램을 활용해 왔는 바, 이에 대한 프로그램 소개를 포함시키고, 독일과 타이완에서 사용하고 있는 'Media Heroes'와 'WebQuest' 개입 프로그램들도 함께 검토할 것이다. 마지막으로는 외국의 사이버폭력 대응방안을 검토한 후, 우리나라 상황에서 얻을 수 있는 시사점을 사이버폭력 예방정책 방향과 프로그램 개발 차원에서 논의한다. 먼저 외국의 사이버폭력 대응정책을 살펴보기 전에 각 국가에 공통적으로 적용되는 청소년 사이버폭력 문제의 특징 및 대응정책 원칙에 대해 살펴본다.

2. 사이버폭력의 특징 및 대응 원칙

1) 사이버폭력의 개념 및 특징

사이버폭력의 일반적인 특징을 논하기 전에 사이버폭력에 대한 개념을 먼저 간략히 살펴보자. 사이버폭력이란 보통 인터넷 공간이나 온라인 내 블로그, 인스턴트 메시지 혹은 MySpace나 페이스북, 카카오톡과 같은 SNS(social network service)를 통해 교묘하게 피해자를 괴롭히는 행위로 정의할 수 있다(Conn, 2009).

일반적인 오프라인상의 '괴롭힘(bullying)'과 다르게, 사이버폭력은 온라인 공간에서 24시간 계속해서 피해자를 괴롭힐 수 있고 학교 밖 공간에서도 가해자가 피해자를 지속적으로 따돌리고 괴롭힐 수 있다는 점에서 전통적인 학교폭력과 구분될 필요가 있다(Willard, 2007). 미국 캘리포니아 주 당국은 사이버폭력을 "전자 장치나 사진 등을 이용하여 의도적으로 피해자를 괴롭히는 행위"라고 정의하면서 사이버 공간에서 나타나는 가해자의 의도적 반복행위를 강조하기도 하였다(California Department of Education, 2012).[4]

사이버폭력은 기존의 신체적 폭력과 중첩되어 발생하기도 하지만, 분명 몇 가지 일반 학교폭력과 구분되는 특징을 가지고 있다. 사이버폭력은 온라인이나 스마트폰과 같은 새로운 전자 기기를 활용하기에 그 수법이나 폐해가 일반 학교폭력과는 다르다고 할 수 있다. 금품갈취나 신체적 폭력과 같은 전형적인 학교폭력은 경제적 배상이나 치료 과정을 통해 어느 정도 세월이 지나면 일정 부분 손상이 줄어들 수 있으나, 온라인 공간에서의 소문이나 합성사진, 욕설, 댓글 유포 등은 원래의 처음 정보를 삭제해도 사이버 공간의 전파성으로 인해 피해자가 입게 되는 고통이 계속될 수밖에 없다(Hinduja & Patchin, 2010).

2011년 미국 오클라호마 주 털사(Tulsa)에서 두 명의 소녀가 탈의실에서 한 여학생의 사진을 무단으로 인터넷 트위터에 올렸는데, 사진이 순식간에 많은 사람에게 퍼져 나가서 원본 사진을 삭제했음에도 불구하고 피해자에 대한 정보의 유출을 막기 어려운 상황이 되어 버렸다(Waggoner, 2015). 이와 같이 사이버폭력은 온라인 공간이 가진 전파성으로 인해 가해자가 대면 접촉을 통해 사과를 하고 사건

---

4) 한편, 사이버폭력이 일반 학교폭력과 유사한 성격을 갖는다고 보고, ① 공격의 반복성(repetition), ② 가해자의 공격 의도성(intention to harm), ③ 가해자-피해자 사이의 힘의 불균형(power imbalance)을 공통된 특징이라고 보기도 한다(Parada, 2008; Tangen & Campbell, 2010). 이러한 세 가지 특징은 스웨덴의 유명한 학교폭력 전문가 올베우스(Olweus, 2007)가 불링(폭력, bullying)을 정의할 때 사용한 것이기도 하다. 이에 대해 사이버폭력에 일반적인 폭력과 달리 반복성이나 힘의 불균형이 반드시 필요한 것은 아니라는 주장도 있다(Bailey, 2014).

을 해결하려고 해도 짧은 순간에 시간과 공간을 초월하여 순식간에 피해가 발생하기 때문에, 일반 오프라인상의 학교폭력보다 더 심각한 결과가 초래된다(Bailey, 2014).

가해자가 갖고 있는 피해자에 대한 무감각성과 죄의식 부족도 사이버폭력이 갖고 있는 큰 특징에 속한다. 가해자가 피해자의 고통을 눈으로 직접 보는 것이 아니기에 온라인 공간에서는 피해자가 느끼는 고통에 대해 상대적으로 둔감할 수밖에 없고, 그 결과 가해자가 느끼게 되는 죄책감과 피해자에 대한 공감 정도가 현저히 떨어진다(Bailey, 2014). 일반적인 학교폭력보다 온라인 공간에서 이루어지는 괴롭힘이 더 잔인한 형태를 갖고, 신체적 폭력보다 더 오래 지속되는 이유도 바로 여기에 있다(Willard, 2007).

피해자 입장에서 봤을 때 온라인 공간이 갖고 있는 이러한 비대면성이라는 특징이 사이버폭력을 더욱 고통스럽게 만드는 요인일지 모른다(강민규, 2015; 조윤오, 2013). 익명성 뒤에 숨어서 피해자를 교묘하게 괴롭히는 경우, 피해자의 불안감과 고통은 더 커질 수밖에 없고, 피해자가 가해자를 알고 있는 경우에도 24시간 시간과 장소를 초월하여 피해자를 괴롭히고 통제한다는 점에서 피해자의 심리적 고통은 오프라인상의 학교폭력보다 더 클 수밖에 없다(Hinjuda & Patchin, 2010). 이런 이유로 실제 일부 연구에서 인터넷 공간에서의 사이버폭력 피해학생들이 일반 학교폭력 피해학생보다 더 심각한 심리적 불안감과 우울감을 호소하고, 결국 자살시도와 같은 극단적인 자해행위를 더 많이 하는 것으로 나타났다(Chi & Frydenberg, 2009; Willard, 2007; Ybarra, 2004; Ybarra, Mitchell, Finkelhor, & Wolak, 2007).

2) 사이버폭력의 대응원칙: 총체적 학교 접근방식

지금까지 그 폐해의 심각성 측면에서 사이버폭력이 가진 특징을 살펴보았다. 사이버폭력은 일반 학교폭력보다 피해자에게 더 큰 고통을 남기기 때문에 개별 상황에 맞는 전문화된 개입 프로그램을 필요로 한다. 외국에서는 비교적 다양한 개입 프로그램을 만들어 각 학교에 보급해 왔는데, 대표적인 프로그램 개발 원칙이 '총체적 학교 접근(whole school approach)'이라고 할 수 있다(Tangen & Campbell, 2010).

총체적 학교 접근은 사이버폭력 대책 및 개입 프로그램 개발이 훈육적인 방식의 사후 처벌내용 교육에 한정된 것이 아니라, 학생들 스스로 자연스럽게 온라인 공간에서 올바른 행동을 선택할 수 있도록 하는 자발적인 '대처능력(coping capacities)'을 말한다(Chi & Frydenberg, 2009; Ybarra, 2004). 즉, 총체적 학교 접근이란 사이버폭력 발생사건 하나에 초점을 맞춘 사후 대책이 아니라, 학교 사회에 적용 가능한 다양한 자원을 폭넓게 사용하는 근본적인 문제해결 방식이라고 볼 수 있다(Smith, Schineider, Smith, & Ananiadou, 2004).

이는 사이버폭력 유형에 상관없이 모든 학교폭력 전반에 적용될 수 있는 문제행동 예방 지침이라고 볼 수 있으며, 여기에는 통합적인 개입 프로그램을 개발하기 위한 학교 운영 전반의 변화가 포함된다. 기존의 학교 커리큘럼 운영방식을 변화시켜 학교폭력이나 사이버폭력 문제를 학교 교사와 학생 등 전체 학교구성원이 자발적으로 해결해 갈 수 있도록 하여 사이버폭력 처벌내용을 일방적인 강의 위주로 전달하는 데 그치는 것이 아니라, 학교 분위기와 학습문화, 상호 갈등해결 대처능력 향상 등을 전반적으로 변화시켜 자연스럽게 학교 구성원 전체가 사이버공간에서의 인지적 행동 변화를 일으키도록 한다(Power & Kalina, 2009). 여기에는 학생들이 학습하게 되는 리더십 스타일이나 학교 학생 관리방식 등을 변화시키는 것, 그리고 학생 감독방식이나 과외수업 운영방법 등을 전반적으로 변화시키는 것이 모두 포함된다.[5]

이러한 총체적 학교 접근방식은 교육 현장의 입장에서는 매우 추상적인 것으로 보일지도 모른다. 이에 호주 교육당국은 2010년 「국가학교 안전 프레임워크

---

5) 호주는 총체적 학교 접근방식을 바탕으로 다양한 프로그램을 개발했는데, 그중 대표적인 것이 The Philosophy for Children(P4C)이라는 사이버폭력 예방 프로그램이다. 이것은 실제 온라인 공간에서 발생하는 사이버폭력 문제를 일종의 실제상황 문제(real-life problems)로 제시해 주고, 학생들 스스로 비판적 사고와 사회적 상호작용 활동을 통해 문제를 해결해 가도록 한 일종의 사이버폭력 예방 인지발달 교육 프로그램이라고 하겠다(Power & Kalina, 2009; Tangen & Campbell, 2010).

(The National Safe Schools Framework)」라는 보고서를 통해 그 활동을 구체적인 매뉴얼로 발전시킨 바 있다[Department of Education, Employment and Workplace Relations(DEEWR), 2010]. 무엇보다도 호주의 경우 학교가 학생의 안전을 책임지고 학교 공간 밖에서도 학생들이 위협을 느끼지 않고 서로 원만한 관계를 유지하는 것이 중요하다고 보고, 학교수업을 통해 사회적 상호작용(social interaction)과 사회성 기술훈련(social skill training)을 받는 것이 총체적 접근방법의 핵심이라고 보았다(Tangen & Campbell, 2010). 호주 정부가 소개한 총체적 학교 접근법의 아홉 가지 핵심 개념을 간략히 설명하면 다음과 같다.

첫째, 학교당국이 학교 안전을 위해 주도적인 책무(leadership commitment to a safe school)를 다하여야 한다. 안전을 위한 주도적인 책무란 각 학교가 모든 자원을 활용하여 학교 공간 안팎에서 학생들의 안전을 적극적으로 책임져야 한다는 것을 의미한다. 학교 안전을 확보하기 위한 책임교사 배정과 데이터 수집, 사이버폭력 발생 시의 법적 문제 해결, 학교 안전활동의 효과성 평가 등이 모두 이에 해당한다.

둘째, 학교 전체 구성원들이 서로를 믿고 지원하는 분위기를 만들고, 구성원들이 안전한 학교문화에 연결(supportive and connected school culture)되어 있어야 한다. 학생들이 상호 간의 신뢰를 바탕으로 서로를 지원하고 친숙하게 여기는 분위기를 조성해야 하는 것이다. 갈등 상황에 대비한 적절한 모니터링 시스템이 만들어져야 안전한 학교문화가 정착될 수 있다. 이것은 학교 교사 간의 신뢰와, 교사와 학생 간의 신뢰, 그리고 학생과 학생 간의 신뢰를 모두 포함하는 학교 구성원 전체의 신뢰문화 형성을 의미한다.

셋째, 구체적인 학교 안전 정책과 절차(policies and procedures)를 강조한다. 문제 발생 시에 학교에서 어떤 의사소통 경로를 거쳐야 하고, 어떤 절차를 통해 학교당국과 부모, 학생, 주변 관계자들이 사이버폭력 문제를 해결하고 그 책임 소재를 가릴 것인가에 대해 사전에 명문화하도록 하는 것이다.

넷째, 학교 교사 및 담당자들이 사이버폭력 예방과 관련된 전문적인 지식을 습득(professional learning)해야 한다. 학생들이 사이버폭력과 학교폭력으로부터 안전할 수 있도록 교사들은 관련 지식과 방법을 명확히 숙지하고 있어야 하고, 그 지식 습득 여부를 객관적으로 학교당국이 평가·확인하는 절차를 지속적으로 유지해야 한다.

다섯째, 학교 구성원과 일반 학생들이 오프라인 외에 온라인 공간에서도 안전한 선택을 할 수 있는 긍정적 행동관리(positive behavior management) 전략을 학교당국이 사전에 마련해 놓아야 한다. 학생들의 개별 욕구와 연령에 적합한 안전행동 학습 강화전략이 준비되어 있어야 하고, 학교 교사 및 구성원 전체가 그 강화전략에 대해 정확히 숙지하고 있어야 한다는 것이다. 즉, 효과적인 안전행동 습득 요령 및 위험관리 전략이 온라인에서도 이루어지도록 사전에 학교당국은 고위험 학생을 관리하기 방안을 가지고 있어야 한다.

여섯째, 학생들의 참여태도와 사회성기술 발달, 학교안전 교과과정(engagement, skill development and safe school curriculum)을 발전시킬 수 있는 노력을 해야 한다. 학생들이 안전행동을 숙지하고 사이버폭력에 대처할 수 있도록 정규 학습과정을 개발해야 하는 것이다. 학생들이 타인의 감정에 공감하고, 타인의 이야기를 경청하며, 올바른 인간관계를 형성하는 데 실질적인 도움이 되는 효과적인 교육 프로그램이 운영되어야 하고, 그 교육과정 속에서 사회적 대인관계 증진이 이루어질 수 있는 다양한 활동이 연령대별로 마련되어 있어야 한다. 여기에는 물론 이를 운영하는 교사들을 위한 전문적인 교수법도 함께 개발되어 있어야 한다.

일곱째, 학생 개개인의 복지, 주인의식 극대화된 학교(a focus on student wellbeing and student ownership)를 만들어야 한다. 이것은 학생 스스로 자신의 안위를 위해 최선의 선택을 할 수 있는 여건을 만들어 주어야 한다는 것을 의미한다. 의사결정 단계에서부터 학생의 의견과 목소리가 최대한 반영되고, 개방된 환경에서 또래집단의 의견이 언제든지 공유될 수 있는 환경이 만들어져 있어야 할 것이다.

여덟째, 사이버폭력이 발생하기 전에 고위험 학생군을 대상으로 한 초기 개입과 특정 대상을 향한 학생 지원활동(early intervention and targeted student support)이 마련되어 있어야 한다. 학생들의 가정환경이나 과거 학생들의 공격행동 기록 등을 바탕으로 학교는 사이버폭력이 발생하기 이전부터 고위험 가해학생 및 잠재적 피해학생을 대상으로 한 학교폭력예방활동 및 사전 지원활동을 적극적으로 실시해야 한다.

아홉째, 사이버폭력을 예방하기 위해 학교는 학생 가족 및 지역사회와 유기적으로 협력(partnerships with families and community)할 수 있는 상황을 만들어야 한다. 학생들의 공격행동과 사이버폭력 문제는 학교 혼자 힘으로 완벽하게 예방할 수 없기에 가정의 협조와 지역사회의 도움이 필요하고, 다양한 자원을 동원한 협력체계를 유지해야만 한다. 여기에는 형사사법기관과의 공조체계도 포함된다(DEEWR, 2010).

3. 외국의 사이버폭력 대응 정책 및 프로그램

1) 사이버폭력 대응 입법례

(1) 미국의 사이버폭력 사례 및 입법 내용

최근 사이버폭력 연구센터(Cyberbullying Research Center)가 발표한 한 보고서에 따르면, 미국 10대 청소년의 약 50%는 사이버폭력 피해를 경험한 적이 있고, 무려 20%는 온라인 공간에서 가해자로부터 정기적으로 사이버폭력 피해를 당하고 있었다(Waggoner, 2015).

사이버폭력 형태나 범죄 수법도 매우 다양하여 피해자를 괴롭히는 협박 메시지부터 스마트폰 문자 발송, 전자 기기를 통해 상대방이 원치 않는 소문 퍼뜨리기, 소셜 네트워킹 사이트를 통해 합성사진이나 개인 정보를 유포시키는 행위, 개인의 정보를 허락 없이 훔치는 행위 등 매우 광범위한 수준에서 새로운 전자 장치와 SNS를 기반으로 한 다양한 형태의 사이버폭력이 일어나고 있다(Hendricks et al., 2012).

앞서 언급한 바와 같이 미국은 2009년에 사이버폭력 피해로 자살을 한 메건 마이어의 죽음으로 인해 미국 의회에 「메건 마이어 사이버폭력 예방법」이 제시되면서 본격적인 입법과정이 시작되었다.[6] 2013년 7월을 기점으로 하여 미국 내 47개 주가 학교괴롭힘, 즉 'bullying' 관련 법률을 갖게 되었고, 일부 법률은 구체적으로 전자 장치 관련 범죄(electronic harassment)를 그 내용에 담기도 하였다. 관련 법률이 없는 주는 「형법」 내 관련 규정을 준용한다고 할 수 있는데, 이런 주로는 알래스카와 위스콘신, 몬태나의 세 개 주만 있을 뿐이다(State Cyber Bullying Laws, 2013; Waggoner, 2015). 특히 미국 50개 주 가운데 19개 주가 사이버폭력 관련 규정을 법안에 갖는데 대표적으로 캘리포니아, 루이지애나, 네바다, 오리건, 워싱턴 등이 있다(이창호 외, 2014).

미국은 2013년 들어 본격적으로 대다수의 주가 사이버폭력 처벌규정을 갖게 되었다고 말할 수 있는데, 이것은 2013년에 캘리포니아에서 발생했던 한 소녀의 사이버폭력 자살사건과 관련이 있다. 15세 소녀인 오드리 포츠(Audrie Potts)가 파티에서 술을 먹고 정신을 잃은 상황에서 성폭행을 당했는데, 술에서 깨어났을 때 신체의 은밀한 부분에 남자아이의 이름이 적혀 있고 '내가 여기를 지나갔음'이라는 사진이 인터넷에 떠도는 사건이 발생했다. 오드리는 자신의 페이스북에 "모든 사람이 그날 밤 내게 있었던 일을 알고 있는 듯하다. 마치 지옥에 있는 것 같다."라는 말을 남기고, 정확히 일주일에 후에 자살로 생을 마감했다(Stebner, 2013).

원래 캘리포니아 주는 미국 내에서 2008년에 처음으로 사이버폭력 법을 통과시킨 최초의 주이기도 하다. 2013년 오드리 사건으로 인해 사이버폭력 관련 규정이 강화되었는데, 초기 법률을 근거로 캘리포니아 주는 일찍부터 학교 당국이 사이버폭력 가해자를 처벌 및 훈육할 수 있는 법적인 권한을 한 단계 더 발전시키는 기회를 만들었다. 사이버폭력 법의 연혁을 설명하자면, 캘리포니아 주에서 일명 「세스

6) 미국의 경우 그 이전부터 사이버폭력 자살사건이 다수 발생했다. 이에 일부 지역에서 사이버폭력 혹은 사이버스토킹 등의 표현을 사용하면서 악플과 같이 인터넷을 통해 다른 사람을 괴롭히는 행위에 대해 강력하게 대응한다는 입장을 표명했는데, 2008년 8월 미주리 주가 사이버폭력을 처벌하는 법안을 통과시키기도 했다. 이것은 2006년 말 미주리 주에서 13세 소녀가 사이버폭력으로 자살하고, 2007년 버몬트 주에서도 13세 소년이 사이버폭력으로 자살한 일련의 사건과 관련이 있다. http://terms.naver.com/entry.nhn?docId=2076462&cid=41810&categoryId=41812(최종확인 2015. 10. 3.)

법(Seth's Law)」으로 알려졌던 초기 법안은 2011년에 캘리포니아 주지사에 의해 합법적인 법률로 공식적인 인정을 받았고, 2012년 들어 학교당국이 학교 공간 밖에서 일어난 모든 사이버폭력 사건까지 학생의 신고 및 요청이 있을 경우 광범위하게 조사할 수 있다는 규정으로 발전하였다(Waggoner, 2015).

　미국 캘리포니아 주의 사이버폭력 법은 이러한 사이버폭력 조사의 문제점을 인식하여 온라인 공간에서 발생한 사이버폭력 사건에 대해서 만약 '학교 캠퍼스의 안전과 정상적인 운영에 지장을 초래한다'면 학교가 자체적으로 사이버 공간에서 일어난 문제행동을 조사한 후 학교의 교육목적에 맞게 가해자 및 관계자를 징계할 수 있다는 규정으로 확대 발전하였다. 참고로 미국 대법원 판례(Tinker v. Des Moines, 1969)는 학교폭력 관련 징계가 캠퍼스 내 학교 공간 내에서 일어난 문제행동에 한정되고, 만약 그것이 학교교육 시간이나 캠퍼스 공간을 벗어난 외부 장소에서 일어난 것이라면, 학교의 정상적인 교육 과정과 활동에 큰 지장을 초래(disruption of educational process at school)할 때에만 학교가 징계를 할 수 있도록 규정하고 있다(Thomas & Murphy, 2013).

　최근 들어 캘리포니아 주의 사이버폭력 법은 더욱 강화되었다. 일명 캘리포니아 「Assembly Bill 256」이라고 불리는 이 법안은 2014년 1월부터 본격적으로 시행되면서, 사이버폭력이 학교 공간이나 교육 시간과 전혀 상관없는 상황에서 발생한 경우에 학교당국은 가해자를 정학 혹은 퇴학시킬 수 있다는 강경대응(get-tough)식의 처벌규정으로 변모되었다(Waggoner, 2015). 다시 말해, 그 전까지는 학교 수업이나 운영에 직접적인 문제를 야기하는 사이버폭력에 대해서만 학교가 가해자를 훈육할 수 있다는 입장이었으나, 이제는 성문화된 법률을 통해 학교 공간 밖에서 일어난 범죄 중에서 학교 운영에 직접적인 지장이 없는 경우에도 학교당국이 가해자를 처벌할 수 있다는 규정으로 발전되었다고 볼 수 있다. 그러나 미국의 일부 주에서는 여전히 학교 공간 밖에서 일어난 학교폭력이나 학교 캠퍼스 밖의 사이버폭력에 대해서는 언급하지 않고 있다. 중요한 것은 최근의 추세가 사이버폭력을 하나의 심각한 범죄로 인식하고 무관용 원칙으로 대처하는 기조가 강해지고 있다는 점이다. 2013년 이후 많은 주에서 사이버폭력을 일종의 중대한 범죄로 보고 공식적인 규정을 통해 일반 학교폭력과 사이버폭력을 구분한 후, 후자를 더 강경하게 처벌해야 한다는 추세로 바뀌고 있는 상황이다(Thomas & Murphy, 2013; Waggoner, 2015).

실제로 2013년에 플로리다 주에서 12세의 어린 소녀 레베카 세드윅(Rebecca Sedwick)이 사이버폭력 피해로 자살하자, 플로리다 의회는 의도적으로 온라인 공간에서 타인을 괴롭히는 행위에 대해 1급 경범죄(first-degree misdemeanor)로 처벌하고, 사이버폭력 속에 협박이 있었을 경우에는 3급 중범죄(third-degree felony)로 처벌한다는 강경한 법안을 내놓았다(Perry, 2013; Waggoner, 2015). 구체적으로 살펴보면, 2013년 5월에 플로리다 주지사가 학교폭력 법안(Florida's Bullyiing Law)을 수정하여 사이버폭력 규정을 추가하면서, 여기에 학교 공간 밖에서 이루어지는 사이버폭력에 대해서도 만약 '학생의 학교생활에 사이버폭력 행동이 영향을 준다면 학교당국이 재량을 가지고 가해학생을 징계할 수 있다'는 명문 규정으로 발전시킨 것이다(Perry, 2013).[7]

(2) 캐나다의 사이버폭력 사례 및 입법 동향

캐나다 역시 사이버폭력 예방 및 대책 수립에 매우 적극적으로 대처해 온 나라에 속한다. 2013년 이후 연방 의회에서 사이버폭력 처벌문제를 놓고 관련 법안 내용과 「형법」 개정에 대해 팽팽하게 의견이 대립한 것은 사실이나, 아만다 토드(Amanda Todd)와 레티아 파슨스(Rehteah Parsons)와 같은 어린 청소년들의 죽음이 사이버폭력과 직접적인 관련이 있다는 사실이 알려지자, 2013년 이후부터 캐나다 정부는 강력한 사이버폭력 예방정책을 수립하기 시작했다(Bailey, 2014).

---

7) 그러나 미국의 최근 판례가 모든 형태의 온라인 문제행동을 '사이버폭력'으로 처벌하는 것은 아니다. 펜실베이니아의 2013년 판결에서는, 중학교 학생이 허위로 MySpace 계정을 만들어 학교 교장 선생님을 사이버 공간에서 공개적으로 비난하고 우롱한 행위에 대해 학교가 학생에게 내린 징계는 타당하지 않다고 보았다(J.S. v. Blue Mountain School District, 2013). 여기에서 미국 법원은 학생이 사용한 MySpace라는 인터넷 사이트가 학교 캠퍼스 인터넷 내부 망에서 쉽게 접근 가능한 사이트가 아니기 때문에 그로 인한 어떠한 학교 운영상의 커다란 중단이나 지장이 발생하지 않았다고 판시했다(Waggoner, 2015).

캐나다는 2013년 본격적으로 법무부 장관인 피터 맥케이(Peter MacKay)가 「온라인 범죄로부터 캐나다인을 보호하는 법(Protecting Canadians from Online Crime Act)」을 제안하면서 적극적으로 사이버폭력에 대처하였고, 「형법」 개정을 통해 상대방의 동의 없이 온라인에 개인의 사진 이미지를 유포하는 행위 등을 공식적으로 처벌할 수 있는 근거를 만들기 시작했다. 2013년에 발표된 「온라인 범죄로부터 캐나다인을 보호하는 법」은 캐나다에서 소위 「Bill C-13」으로 불리는데, 그 핵심 내용은 온라인 공간에서 교묘하게 이루어지는 다양한 형태의 사이버폭력을 공식적으로 처벌할 수 있고, 국가는 온라인 공간에서 강화된 증거수집 권한 및 감시·감독 재량을 갖는다는 데 있다. 다시 말해, 인터넷 운영자 혹은 제3자는 경찰이 요구하는 경우 특정 사건에 대한 정보를 경찰의 영장이 없어도 수사기관에 제공해야만 한다(Mian, 2014).

연방 차원의 논쟁에도 불구하고 캐나다 노바 스코티아에서는 「사이버 안전법(Cyber-Safety Act)」이라는 새로운 사이버폭력 예방 법안이 소개되기도 하였다. 사실, 2011년부터 일련의 청소년 사이버폭력 피해사건으로 인해 캐나다에서는 사이버폭력 관련 법안들이 이미 활발히 논의되기 시작했다. 캐나다에서 어린 청소년 피해자들이 자신들이 겪은 사이버폭력 피해 사실을 유튜브(Youtube) 등의 인터넷 비디오 사이트에 공개한 후, 결국 그 고통을 이기지 못하고 자살하는 사례가 계속되면서 피해가족들과 일반 대중이 청소년 사이버폭력의 심각성과 처벌 및 방지 대책에 더욱 큰 관심을 갖게 된 것이다. 이에 캐나다의 사이버폭력 입법절차와 관련이 있는 몇 가지 핵심 사례를 소개하면 다음과 같다.

첫째, 청소년 사이버폭력이 캐나다에서 큰 주목을 받게 된 계기는 2011년 10월 오타와에서 15세 소년 제이미 허블리(Jamie Hubley)가 사이버폭력 피해로 자살하게 되면서부터다. 자살 이전부터 제이미는 학교 내에서 오랜 기간 전형적인 학교폭력에 시달리고 있었다. 일종의 '게이 소년(gay boy)'으로 알려져 있었고, 성적 정체성(sexual identity)이 다르다는 이유로 제이미는 교내에서 상당 기간 괴롭힘을 당해 왔다. 즉, 이미 오프라인 공간에서 친구들로부터 괴롭힘과 폭력을 당해 오던 상황이라고 하겠다. 제이미는 소셜 미디어를 통해 자신의 학교폭력 상황에 대해 이야기하고 도움을 요청하기도 했으나 온라인 공간에서의 사이버폭력 괴롭힘이 심각해지자, 우울증과 고통을 견디지 못하고 끝내 자살로 생을 마감하였다. 이 사건이 언론의 주목을 받고 대중에게 알려지자, 캐나다에서는 법 개정을 통해 동의 없는 개인의 사진이나 이미지 유포행위뿐만 아니라, 여성을 대상으로 한 성별 기반의 증오 메시지 유포(gender-based hate propagation)를 처벌하는 근거 조항을 만들었다(Bailey, 2014). 온라인 공간에서 어쩌면 가장 쉽게 공격받을 수 있는 성적 취약계층인 청소년 성 소수자[레즈비언(Lesbian), 게이(Gay), 양성애자(Bisexual), 성전환자(Transgender), 퀴어(Queer): LGBTQ]를 공식적으로 국가가 보호하고, 사이버 공간에서 이루어지는 무차별적인 공격을 처벌하겠다는 강한 의지를 표명한 것으로 볼 수 있다.

둘째, 2012년에 캐나다 브리티시 컬럼비아에서 15세 소녀가 사이버폭력으로 자살하는 사건이 발생했다. 아만다 토드라는 한 소녀가 우연히 인터넷 채팅을 하게 되면서 익명의 한 남자에게 자신의 가슴 사진을 보여 주게 되었고, 그로 인해 사이버 공간에서 상당 기간 협박과 괴롭힘을 당하게 되었다. 친구들 사이에서도 아만다의 가슴 사진이 인터넷에 떠돌아다닌다는 사실이 알려졌고, 학교 내에서 아만다는 지속적인 사이버폭력을 당하게 되었다. 아만다는 자신이 경험한 고통과 사이버폭력 피해가 얼마나 심각한지 직접 자신의 피해 사례를 온라인에 올렸고, 심지어 집 안 공간에서도 자신은 안전할 수 없으며, 사이버폭력으로 인해 자신은 전학을 가도 안전할 수 없다는 메시지를 유튜브에 공개적으로 알리기도 하였다. 아쉽게도 아만다 사건은 아만다가 자살한 이후에나 캐나다 경찰에 공식적으로 접수되어 가해자에 대한 처벌과 수사가 이루어졌다.

셋째, 2013년 또 한 번 캐나다에서 사이버폭력이 큰 이슈가 되었는데, 그것은 노바 스코티아에 거주하는 17세 소녀 레티아 파슨스가 사이버폭력으로 자살하면서부터다. 한 소녀가 파티에서 정신을 잃고 강간을 당했는데, 그 강간 피해 사진이 인터넷에 유포되면서 소녀는 정상적인 생활을 할 수 없게 되었다. 원래는 네 명이 레티아를 강간했고 그중 한 명이 사진을 온라인에 올렸는데, 2011년 10월에 소녀의 부모는 그 사건에 대해 캐나다 할리팩스 경찰서에 범죄 사실을 신고했지만, 경찰은 증거 불충분으로 사건을 진행하지 않았다. 결국 강간을 당한 소녀는 일 년 넘게 자신의 피해 사진을 보고, 자신을 괴롭히고 놀리는 주위 사람들을 견뎌 내야 했다. 파슨스가 자살한 이후, 2013년 8월 캐나다 경찰은 아동 음란물 유포행위에 대해서만 수사를 개시했고, 강간사건에 대해서는 여전히 피의자를 처벌하지 못하고 있는 상황이다(Mian, 2014).

결국 캐나다는 2011년 이후, 언론과 대중이 레티아와 아만다 그리고 제이미의 자살사건을 알게 된 후부터 청소년 사이버폭력 피해의 심각성과 폐해 그리고 국가의 강력한 대처에 큰 관심을 보이기 시작했다고 볼 수 있다. 이런 이유로 노바스코티아에서 레티아 파슨스 사건이 발생한 후 정확히 한 달 후에 「사이버안전법」이라는 새로운 법안이 통과되었고, 이 법을 통해 사이버폭력 문제를 해결하기 위한 적극적인 움직임이 캐나다 지역사회에 나타나기도 했다. 구체적으로 말하면, 사이버 공간에서 자신에 대한 괴롭힘과 불링(폭력) 피해가 계속될 것이라고 여겨지면, 피해자는 법원에 보호명령을 신청할 수 있는데, 그 요구가 상당하다고 인정되면 법원은 피의자에게 인터넷 공간 및 전자 장치 내에서 자료물 게시나 의사소통 자체를 금지시킬 수 있다. 또한 「사이버안전법」은 캐나다의 「교육법(Education Act)」 개정을 근거로 학교 밖에서 발생한 범죄에 대해서도 그것이 명확히 학교교육 환경에 장애를 초래한다면 학교가 적극 개입할 수 있다는 권한과 근거, 관련 재량 범위를 구체화하였다(Mian, 2014).

캐나다의 상황을 요약하자면, 2008년 이후부터 캐나다 연방 의회에서 사이버폭력에 대한 공식적인 논의가 계속 이루어지다가 2011년 이후에 발생한 세 건의 청소년 자살사건으로 사이버폭력에 대처하기 위한 적십자 학교폭력예방 프로그램(Red Cross Anti-Bullying Program)이 연방 차원에서 만들어졌고, 관련 법령을 수정하기 위한 「형법」 개정도 전격적으로 이루어진 것이다. 또한 온라인 공간에서 상대방의 동의 없이 사진을 유포하거나 협박하는 가해자를 경찰이 보다 신속하게 추적하고 체포할 수 있는 강화된 수준의 권한이 부여되기도 하였다(Bailey, 2014).

캐나다에서는 사이버폭력에 대한 강경대응과 국가적 차원의 무관용 원칙이 강조되었지만, 동시에 사이버폭력이 갖고 있는 근본적인 문제를 해결하기 위한 다양한 프로그램 개발도 이루어진 것으로 볼 수 있다. 처벌적인 대응만으로는 청소년 교우집단에서의 관계적 갈등에서 비롯되는 사이버폭력의 원천적인 문제를 해결할 수 없다는 데 학교당국과 의회가 동의한 것이다. 즉, 캐나다에서는 「형법」 개정 등을 통한 형사법 차원의 대응만으로는 청소년들의 사이버폭력 문제행동을 완전히 억제할 수 없다는 인식도 함께 이루어졌다(Mian, 2014). 이러한 대응전략은 청소년들이 처벌규정이나 「형법」 내용을 정확히 숙지하지 못할 가능성이 크고, 자신들의 행동이 어른이나 경찰들에 의해 쉽게 발각되지 않을 것이라고 잘못 생각하거나 청소년 사이버폭력의 가해-피해 중첩성을 악화시킬 것이라는 논거에서 비롯된 것이기도 하다(Frydenberg & Brandon, 2007; Main, 2014; Tagen & Campbell., 2010). [8)]

2) 사이버폭력 예방 프로그램 사례

(1) 호주의 BOC 개입 프로그램

이 절에서는 청소년 사이버폭력을 예방하기 위한 구체적 개입 프로그램에 대해 살펴보겠다. 사실, 사이버폭력 개입 프로그램과 관련하여 외국에서도 어떤 개입 프로그램이 가장 효과적인지에 대해서는 정확히 밝혀진 바가 없다(Tangen & Campbell, 2010). 단, 한 가지 기억해야 할 것은 사이버폭력에 대한 처벌내용을 단순히 교육시키는 훈육적 차원의 개입(discipline)보다는 학생들 스스로 사이버 안전과 사이버폭력 예방의 필요성을 인식하고 올바른 대처능력을 학습할 수 있도록 해 주는 학교 기반의 보편적 개입(school-based universal intervention)이 비용-편익 차원에서 더 중요하다는 점이다(Chi & Frydenberg, 2009; Ybarra, 2004).

이런 이유에서 호주의 BOC 프로그램은 크게 학교 기반의 보편적 개입전략을

---

8) 결국 캐나다에서는 법률 개정과 처벌, 온라인 수사 권한 강화 등을 통한 사이버폭력 억제도 필요하지만, 학생들 자체에서 스스로 네티켓을 학습할 수 있는 회복적 사법 접근이 필요하고 취약 청소년들을 위한 다차원적인 사이버폭력 문제해결 전략(multi-faceted problem solving strategies)이 필요함을 인식했다고 볼 수 있다(Bailey, 2014).

중점적으로 사용했다고 볼 수 있는데, 일명 'The Best of Coping(BOC)'이라는 이름으로 학생들의 사이버폭력 '대처(coping)' 기술을 강조한 프로그램을 개발·보급했다. 구체적으로 말해서, 이 프로그램은 사이버폭력 발생 상황에서 학생들이 어떤 대처행동을 보여야 하는지에 초점을 둔 일종의 교육형 인지행동 프로그램이라고 말할 수 있다.

이 개입전략에서는 학생들의 일반적인 대처행동을 크게 세 가지로 구분하였다. 즉, ① 바람직한 생산적 대처행동(productive coping), ② 바람직하지 않은 비생산적 대처행동(nonproductive coping), ③ 타인에게 문의하는 대처행동(reference to others)으로 유형화하였다. 이 프로그램에서는 사이버폭력 유형별로 학생들이 보이는 대처행동을 세부적으로 나누어서 학생 참가자들이 가장 안전하고 효과적인 대처행동을 스스로 자연스럽게 학습하도록 유도하였다(Frydenberg & Brandon, 2007). 사이버폭력 문제에서도 기존의 갈등 상황 문제해결 전략과 대처기술 사회성 훈련 원칙이 동일하게 적용되어야 한다고 본 것이다.

구체적으로 설명해 보면, 바람직한 생산적 대처행동은 학생들이 자신의 관심을 돌릴 수 있는 다른 취미활동에 몰두하기, 친한 친구들과 더 많은 시간을 함께하기, 긍정적인 상황을 상상하기, 공부나 숙제에 전념하기, 문제해결 방법을 적어보기, 사회적 집단행동을 결성하기 등을 포함할 수 있다.

반면, 바람직하지 않은 비생산적 대처행동에는 문제 상황을 무조건 회피하기, 끊임없이 최악의 상황을 생각하며 걱정하기, 문제 원인을 나 자신이라고 보고 나 자신을 비난하기, 아무에게도 이야기하지 않고 비밀로 하기, 아무것도 하지 않고 문제가 저절로 사라지기를 기다리기, 문제가 해결된 이후의 모습 상상하기 등의 대처행동이 포함된다.

마지막으로, 타인에게 문의하는 대처행동에는 유사한 문제를 갖고 있는 사람과 만나기, 사회적 지지망을 형성하기, 전문가의 도움을 공식적으로 요청하기, 종교적·정신적 지원 대상 찾기 등이 포함된다(Chi & Frydenberg, 2009; Frydenberg & Brandon, 2007).

호주의 BOC 프로그램은 추가적으로 학생들 개인의 안전과 온라인 공간에서의 올바른 행동 선택을 도와주기 위해 캐나다 정부가 보급한 CyberCops라는 보조 프로그램을 사용하고 있다(Ontario Physical Health Education Association, 2007).[9] 캐나다의 CyberCops 프로그램은 기본적으로 학생 혼자 사용하도록 만들어졌는데, 호주에서는 BOC 프로그램의 보조용으로 단체수업에서 CyberCops 프로그램을 함께 활용하기도 한다(Chi & Frydenberg, 2009). CyberCops 내용이 일부 포함된 호주의 BOC 프로그램 교육 내용 및 일정을 간략히 살펴보면 〈표 13-1〉과 같다.

★ 표 13-1 호주 BOC 개입 프로그램의 내용 및 구성 절차

회기	목표	활동내용
1	대처기술이론 소개	스트레스 상황에서의 대처 반응 살펴보기, 문제와 두려움, 감정적 갈등 상황에서 사람들이 보일 수 있는 대처방식의 유형, 이론, 문제점 등에 대해 학습하기
2	긍정적 생각이란?	갈등 상황별로 대처기술이 달라져야 하는 이유 생각하기, 긍정적 사고 과정을 통해 나의 태도와 감정, 대처방식들의 문제점에 대해 통찰하기, 변화를 위한 새로운 사고과정 학습하기
3	잘못된 나의 생각 되돌아보기	사람들이 갖고 있는 비생산적인 대처방식들에 대해 생각하기, 잘못된 생각들을 유형화한 후 바람직한 생산적 대처방식으로 바꾸기 위한 절차들을 구체화하기
4	주위 사람들과 함께하기	주위 사람들과 의사소통하는 방법들에 대해 생각해 보기, 다른 사람들의 이야기를 경청하는 법 연습하기, 메시지를 전달하고, 사이버공간에서 다른 사람들의 숨은 의사를 정확히 파악하는 법 익히기
5	도움을 요청하는 법	내가 도움을 청할 수 있는 지원 네트워크를 살펴보기, 가족, 친구, 지역사회 내에서 도움을 청하는 방법, 도움 네트워크 대상 및 방법들에 대해 다시 생각해 보기, 도움이 필요한 상황과 도움별 요청 요령에 대해 고민해 보기

....

9) https://www.ophea.net/old-programs-and-services/ophea-resources/cybercops(최종확인 2015. 10. 4.)

6	근본적인 문제해결 전략	문제 상황에 대처하는 세부절차들에 대해 생각해 보기, 근본적인 문제해결 전략 연습하기, 갈등 상황별 문제해결 전략 구체화하기
7	의사결정의 비법	의사결정 성공 및 실패 사례 분석하기, 의사결정에 영향을 미치는 감정과 행동, 태도 살펴보기, 갈등해결을 위한 의사결정 성공 전략 학습하기
8	성공목표를 수립하는 법	자신이 원하는 성공목표와 달성방식 간의 관계 생각해 보기, 목표를 수립하는 절차에 대해 배우기, 미래 목표를 설정하는 전략 연습하기
9	성공목표를 달성하는 법	목표 달성 요소들에 대해 학습하기, 목표 달성 계획을 구체화하여 문서화하는 법 연습하기, 목표 달성 이후의 평가방법 배우기
10	시간 관리를 통한 성공 비법	문제해결을 위한 시간관리 방법 학습하기, 효과적인 방식으로 시간을 관리하는 방법 배우기, 시간 관리를 위한 잘못된 습관 고치기 및 행동변화 연습하기
11	사이버세상 대처 연습	사이버폭력 피해경험 대처하는 요령 배우기, 피해 경험에 대한 감정적·인지적·행동적 대처방식 평가하기, 건강한 대처능력 반복 연습하기

출처: Chi & Frydenberg(2009), p. 201: Frydenberg & Brandon(2007), 재인용.

(2) 독일의 Media Heroes 개입 프로그램

이 절에서는 독일에서 자체 개발한 Media Heroes라는 개입 프로그램의 원리 및 내용에 대해 살펴보겠다. 독일 역시 다른 나라들과 마찬가지로 최근 청소년들 사이에서 사이버폭력 문제가 급증하면서 다양한 개입 프로그램을 제작·보급하기 시작했는데, 사실 아직까지 어떠한 프로그램이 가장 효과적인지에 대해서는 정확히 알려진 것이 없다(Wölfer, Schultze-Krumbholz, Zagorscak, Jäkel, & Göbel, 2014).

단지, 독일은 청소년 다섯 명 중 한 명꼴로 사이버폭력에 관여하고 있다는 통계가 발표된 바, 사이버폭력 가해자, 피해자 혹은 가해-피해 중첩 그룹을 대상으로 다양한 프로그램 운영을 강조하고 있는 것이 현재의 상황이다(Suzuki et al., 2012; Schultze-Krumbholz, & Scheithauer, 2010).

독일에서는 보통 개입 프로그램을 만들 때 사이버폭력이 가진 특수성에 착안하여 문제행동이 반복되지 않도록 하는 데 초점을 둔다. 앞서 언급한 것처럼 온라인 공간이 가진 전파성, 비대면성으로 인해 한번 정보가 누출되면 그 폐해는 결코 돌이킬 수 없게 된다(Hinduja & Patchin, 2010). 따라서 청소년들이 사이버폭력으로 피해자가 입게 될 사후 피해와 정신적 고통에 공감할 수 있는 경험을 갖도록 하는 데 주력한다.

사이버폭력이 발생할 경우 그것이 결국 오프라인상의 일반 학교폭력과 중복되어 같이 발생하는 경우가 많기 때문에 이미 어느 정도 알고 지내는 가해자-피해자 관계를 어떻게 중단할 것인가의 문제가 중요하다(이창호 외, 2014; Bailey, 2014; Hinjuja & Patchin, 2008). 즉, 독일에서는 Media Heroes를 만들 때, '온라인 공간'이 가진 특수성도 고려하지만 결국 전통적인 학교폭력예방내용도 함께 고려하여 사이버폭력 예방 프로그램을 제작한다고 말할 수 있다(Wölfer et al., 2014).

2012년에 Schultze-Krumbholz 등이 개발한 Media Heroes 프로그램은 학생 혼자 활용하는 방과 후 개인용 학습 프로그램으로 개발된 것이 아니라, 정규 교사가 중학생을 상대로 정규수업에서 예방교육을 할 때 활용하기 위해 만들어진 것이다. 온라인에서 청소년들이 할 수 있는 선택 가능한 많은 행동 중 어떤 행동을 선택해야 하는지를 명확히 알려 주는 것이 이 프로그램의 궁극적인 개입목표다(Schultze-Krumbholz et al., 2012). 이는 청소년들이 보이는 행동은 일정한 단계를 거쳐 체득되는 것이고, 특정 대상이나 상황에 대한 올바른 지식과 태도, 윤리, 통제력 등만 있으면 사이버 공간에서도 안전한 의사결정을 내릴 수 있다고 보는 '계획행동이론(theory of planned behavior)'을 바탕으로 하였다(Ajzen, 1991).

계획행동이론의 원리를 단계별로 설명하면 다음과 같다. 첫째, 사회기술 훈련을 실시하여 청소년들이 사이버 공간에 대해 기본적으로 어떤 이해와 지식을 갖고 있는지 확인하는 단계를 만든다(Wölfer et al., 2014). 따라서 이 단계는 사이버 공간에 대한 개인의 '지식과 능력'이라는 단계로 지칭할 수 있다. 둘째, 자신들이 갖고 있는 사이버 공간에서의 잘못된 습관과 문제행동을 직면할 수 있는 '태도 변화'라는 단계를 거치게 된다. 스스로 어떤 문제행동을 갖고 있는지 정확히 인식해야만 그 행동을 수정할 수 있기 때문이다. 사이버폭력 등의 행동이 사후에 어떤 폐해를 갖고 오는지에 대해서도 이 단계에서 명확히 학습하도록 한다. 셋째, '주관적인 내면의 규범 및 윤리'라는 단계를 통해 학생 전체가 사이버폭력의 심각성과 책임에 대해 인식하도록 한다. 내가 옳다고 믿는 것이 무엇이며, 왜 그렇게 행동하지 못하는가에 대해 가해자, 피해자, 목격자가 함께 학교 분위기 전체를 바꾸기 위해 노력해야 하며, 변화를 위한 윤리적 기준을 만드는 데 함께 참여해야 한다. 주관적인 내면의 윤리감과 책임감을 형성했다면, 넷째로 행동을 변화시켜야 할 단계가 이어진다. 일명 '지각된 행동 통제'라는 단계로서 온라인 공간에서 스스로를 보호하는 구체적인 행동강령과 외부에게 도움을 요청하는 행동방식 등을 직접 체험해 보는 단계다.

이러한 일련의 과정을 통해 마침내 프로그램 참가자는 사이버폭력에 대한 개인의 '의도(intention)'를 구체적으로 변화시키게 되고, 사이버폭력에 반응하는 '행동(bevavior)'도 완전히 바꿀 수 있게 된다(Wölfer et al., 2014). 이 논리적 단계를 도식화하면 [그림 13-1]과 같다. 이것의 구체적인 프로그램 운영방법과 수업내용 등에 대해 살펴보면 다음과 같다.

보통 일주일에 90분 수업을 기준으로 일주일에 한 번씩 프로그램을 실시하는데, 10주 동안 이루어지는 프로그램도 있고, 4회 정도 하고 짧게 끝나는 집중 프로그램도 있다. 프로그램을 운영하는 교사가 각 섹션별로 추가활동이 필요하다고 생각하면, 탄력적으로 프로그램 운영 스케줄을 바꿀 수 있다. 그리고 매뉴얼 내에

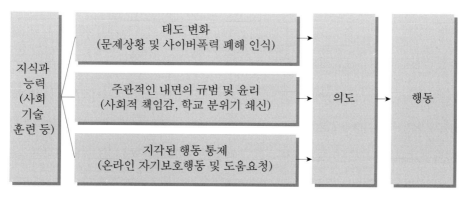

▲ **그림 13-1** 계획행동이론에 근거한 Media Heroes 구성 원리

서 제공하는 다양한 자료를 선택해서 쓸 수 있다는 것이 독일 Media Heroes의 장점이다(Wölfer et al., 2014). 각 섹션 모듈 별로 어떤 활동을 주로 교육하는지 살펴보면 〈표 13-2〉와 같다.

★ 표 13-2 독일의 Media Heroes 프로그램 내용 및 구성

모듈 목표	활동내용	구체적 운영방법
새로운 매체의 등장: 찬반 논쟁	사이버폭력이 우리의 일상에 미치는 부정적 영향력에 대해 논의하고, 본 프로그램의 특징 및 절차에 대해 설명함.	• 새로운 매체들의 유형 • 새로운 매체들의 특징 • 프로그램 운영 원칙 • 통계 및 사실에 기초한 설명
사이버폭력 정의 및 폐해 이해하기	사이버폭력을 바라보는 학생들의 태도와 문제점에 대해 이야기함. 사이버 공간에서 이루어지는 잘못된 행동들에 대해 진솔하게 이야기하도록 함.	• 부정적인 온라인 사용습관 • 인터넷 규범 인식의 문제점 • 사이버폭력 실태 심각성 • 사이버폭력의 부정적 결과
올바른 감정과 시각: 공감 훈련	사이버폭력의 유형 및 수법을 살펴보고, 각 유형별로 피해자와 주변인에게 어떤 부정적 결과를 초래하는지 학생 참가자 스스로 직접 공감하게 함.	• 사회적 대처 기술 향상 • 타인의 감정에 대한 공감 • 인터넷 습관행동 교정 연습
사이버폭력 역할 연습	학생들이 다양한 사이버폭력을 체험해 보는 시간을 갖고, 역할연습(role play)을 통해 그 폐해에 대해 직접 느끼고 학습하게 함.	• 인지행동치료 방식 접근 • 사이버폭력 유형별 체험 • 다양한 시각을 직접 체험하여 대처방안을 스스로 학습할 수 있도록 유도
인터넷 안전: 친구 또래 활동	청소년 중 사이버폭력 또래 전문가를 선발하여 인터넷 안전활동 지식을 직접 발표하게 하고, 또래 토론을 이끌도록 함.	• 학생 집단 내에서 서로 공감대를 형성하며 또래 집단 교육-학습 분위기 형성 • 자기효율성을 극대화시킬 수 있는 방향으로 운영
합법적 대처: 도덕적 딜레마	'법정 놀이' 등을 통해 사이버폭력이 야기하게 될 소송 문제와 처벌 수위 등에 대해 정확히 이해하도록 함.	• 법적인 처벌 심각성을 고지 • 청소년의 도덕적 딜레마와 정의 유지 문제 등 토의

부모님과 함께하기: 부모 교육	사이버폭력 또래 전문가를 통해 부모님에게 사이버폭력의 실태 및 문제점, 감독 방향 등을 설명함.	• 학생 스스로 사이버폭력 관련 자료 수집 • 부모 교육 회기 정기 개최 • 학생들에게 권한부여 효과
평가 및 결과 보고	지금까지 학습한 모든 내용을 반복해서 학습하고, 그 효과성에 대해 이야기함.	• 사이버폭력 객관적 데이터 및 관련 지식 퀴즈 모의시험 • 추가, 보완 부분 논의

출처: Wölfer et al. (2014).

(3) 타이완의 WebQuest 개입 프로그램

청소년들의 전자 매체를 이용한 폭력이 급증하는 상황에서 타이완은 각 학교에서 학생들에게 교사가 직접 수업 현장에서 사용할 수 있는 WebQuest라는 사이버폭력 예방 네트워크 프로그램을 개발 · 보급해 왔다(Lee, Zi-Pei, Svanstrom, & Dalal, 2013).

표 13-3 타이완의 WebQuest 사이버폭력 예방 프로그램 구성내용

회기	목표	활동내용
1	들어가기 (Introduction)	• 첫 회기에 본 프로그램에 대해 설명해 주고, 구체적인 과제활동을 시작하기 전에 전체 학생을 몇 개의 팀으로 나누어 줌. • 일상생활에서 학생들이 보여 주는 컴퓨터 네트워크 사용 습관 및 사용용도, 방법 등에 대해 논의함. • 사이버폭력 예방법을 배우기 위해 인터넷에서 어떤 사이트를 확인해야 하는지 살펴봄.
2	WebQuest 과제 활동(1): Network Pickets	• 집단 토론 및 과제활동을 통해 인터넷 및 네트워크 컴퓨터의 특징에 대해 논의함. • 학생들이 보여 주는 인터넷 사용 패턴에 어떤 특징이 있는지 살펴보고, 네티켓 요령 등에 대해 팀별로 논의함.
3	WebQuest 과제 활동(2): The News Chase	• 집단별로 인터넷에서 수집할 수 있는 사이버폭력 사례들을 확인하고 그 특징을 분석함. • 사이버폭력 피해자들이 보이는 사후 반응을 살펴보고, 피해 대응 방법 및 전략에 대해 논의함. • 긍정적인 피해 사후 반응에 대해 조사함.

4	WebQuest 과제 활동(3): Network Law Enforcement	• 사이버폭력 가해행동으로 어떤 처벌을 받게 되는지 살펴봄. • 법적인 이슈들과 처벌 내용을 조사한 후, 그에 대한 간단한 퀴즈 모의시험을 실시함. • '네트워크 안전 지키기'라는 게임 등을 실시하여 처벌 내용을 완전히 숙지하도록 함. • 팀별로 사이버폭력 행동 처벌 관련 포스터를 만들어 발표하는 시간을 가짐.
5	활동 절차 설명하기	• 각 수업이 시작되기 전에 학생들에게 어떤 절차로 수업이 진행될 것인지 대해 설명함. • 각 회기를 시작할 때마다 전체적인 활동 내용을 알려 주고, 학생들이 과거에 배운 내용과 이번 시간에 배울 내용 그리고 다음 회기에 배우게 될 내용을 매주 반복해서 설명해 줌.
6	해결 자료 제공하기	• 과제 활동에 필요한 자료들을 학생들에게 사전에 제공해 줌. • 인터넷 네트워크 외에도 문제해결을 위해 관련 통계 자료나 사진, 영상물, 신문 등의 광범위한 자료를 꼼꼼하게 준비해서 학생들에게 제공함.
7	평가 및 결과	• 팀별로 어떤 기준에 의해 과제활동을 평가하게 되는지 미리 학생들에게 자세히 설명함. • 평가 기준 및 내용을 학생들이 분명히 이해할 수 있도록 풀어서 설명하고, 그 기준을 가지고 집단 활동을 평가함. • 과제를 통해 학생들이 느끼고 배운 것이 무엇인지 서로 의견으로 주고받도록 하고, 그 결과에 대한 피드백을 교사가 학생들에게 전해 줌.

출처: Lee et al. (2013).

WebQuest 프로그램은 교육 현장에서 학생들의 학습 체험을 돕기 위해 외국어 학습용, 과학수업용, 음악 및 미술 교육용으로 비교적 오랫동안 다른 분야에서 이미 활발히 사용해 온 학습 프로그램이다(Johnson & Zufall, 2004). 여기에 청소년들의 사이버폭력 예방 지식과 태도 그리고 가해행동의 의도에 초점을 둔 개입 프로그램을 첨가하면서 학생들이 개별 활동이 아닌 집단 체험활동으로 사이버폭력과 관련된 문제점을 인식하고, 해결방안을 도출해 내기 위해 개발되었다(Li, 2007).

다시 말해, 웹페이지상의 레이아웃을 통해 학생들이 직접 체험활동을 하다 보면, 자신이 알고자 하는 내용을 보다 효과적으로 학습할 수 있다는 의도에서 이 프로그램을 계획했다고 하겠다. 방대한 양의 정보를 혼자 단순히 읽고 암기하는 것보다 인터넷상의 자료 네트워크 분석 및 통합을 통해 집단으로 함께 문제의 원인과 해결방안 등을 고민하여 보다 효과적으로 문제가 가진 심층적인 의미를 찾을 수 있다는 장점이 있다(Johnson & Zufall, 2004).

혼자서 문제를 찾는 것이 아니라 주위 친구들과 함께 네트워크 인터넷 정보를 공유하며 함께 정보를 찾다 보면, 더 현실감 있는 사례들과 관련 정보를 자연스럽게 많이 학습하게 된다. 동시에 어쩌면 사이버폭력이 온라인 공간에서 발생하는 문제행동이기에 그 개입방법의 학습도 사이버 공간에서 실시하는 것이 더 효과적일 수 있다(Lee et al., 2013).

4. 외국의 사이버폭력 대응 전략의 시사점

1) 학교 밖 공간 처벌에 대한 탄력적 적용 검토

지금까지 외국에서 이루어지고 있는 사이버폭력 대응책에 대해 살펴보았다. 기존 학교폭력과 달리, 사이버폭력은 24시간 피해자를 통제하고 피해자를 학교 공간 밖에서 괴롭힐 수 있다는 점에서 시간과 공간을 초월한 전문화된 개입전략이 필요하다고 본다. 우리나라 교육부(2013)의 학교폭력 실태조사 자료에 따르면, 학교폭력을 당했다고 응답한 학생들의 절대 수치는 감소하는 경향이 있으나, 전체 학교폭력 중 사이버폭력이 차지하는 비율은 점차 증가하는 상황에 있다(교육부, 2013).

따라서 우리나라에서는 먼저 미국의 사례와 같이 법률 개정 등을 통해 학교 및 형사사법기관의 사이버폭력 조사, 처벌 범위 및 재량을 확대·구체화할 필요가 있다. 물론 미국의 경우, 우리나라와 사이버폭력이 발생하는 배경이나 심각성 정도, 범죄 수법이 다를 수 있어 무조건 그 처벌 수위나 조사 권한을 동일하게 할 수

는 없을 것이다. 이창호 등(2014)의 연구에서도 우리나라와 비교하여 미국의 학교
는 보통 무료 채팅 서비스보다는 페이스북이나 인스타그램을 통한 사이버폭력이
주로 발생하고 있어 그것의 폐해 양상이 우리나라의 것과는 다르고, 심각성 정도
도 상대적으로 더 낮은 것으로 나타났다.[10] 그럼에도 불구하고 미국에서 학교당
국이 수업 시간 이외에, 학교 캠퍼스 밖에서 발생한 사이버폭력에 대해서 일반 학
교폭력과 달리 공식적으로 처벌과 징계를 강화하겠다는 규정을 만들어 그 심각성
에 강력하게 대처한다는 의지를 표명한 것은 바람직한 방법이라고 본다. 특히 캘
리포니아 주의 「Bill 256」이 상징적으로 학교 캠퍼스 밖이나 학교수업 시간 이외
의 시간대에 발생한 사이버폭력에 대해서도 학교가 징계할 수 있다고 규정한 것
은 국가의 강력한 의지와 시간과 장소를 초월한 탄력적 처벌 필요성을 보여 준 것
이다.

　심지어 캐나다는 새로운 법률 제정을 통해 상대방의 동의 없이 일부 영상이나
이미지를 배포한 경우, 경찰에게 필요한 경우 영장 없이 피의자의 개인정보도 수
집할 수 있는 막강한 권한까지 부여하고, 사이버폭력 피해자는 보호명령까지 신청
할 수 있도록 하여 전통적인 오프라인상의 학교폭력보다 더 강력한 제재 의지를
갖고 사이버폭력을 다루고 있다.[11]

　미국의 경우 일부 판례에서 학교수업 운영과 학교교육에 막대한 지장을 초래하
는 경우인가를 놓고 여전히 논쟁이 오가는 것은 사실이지만, 청소년들에게 사이
버폭력에 대해 금품갈취나 신체적 폭력보다 더 강력한 대응 메시지를 전달할 필
요가 있다는 것을 인정하는 것이 최근의 추세다(Waggoner, 2015). 우리나라도 청
소년 사이버폭력에 대처하기 위해 학교당국과 형사사법기관이 '학교 공간'을 뛰

---

10) 미국과 우리나라의 청소년 사이버폭력 형태에 대해 이창호 등(2014)은 "국내의 사이버폭력은 컴
퓨터 기반이라기보다는 카카오톡이나 SNS 사용이 가능한 스마트폰을 위주로 이루어지며 결과적
으로 학교 안팎이라는 장소 구분을 무색케 한다."라고 표현하기도 하였다.

11) 이와 관련하여 영국에서는 교사가 필요하다고 판단되는 경우 학생의 휴대폰을 포함한 부적절한
이미지나 파일을 찾아내어 삭제하는 권한까지 부여하고 있고, 캐나다에서는 경찰이 사이버폭력
행위 방지 목적으로 사이버폭력 가해자들의 데이터를 추적하기 위해 컴퓨터, 모바일 기기를 원거
리에서 해킹해 추적할 수 있는 권한을 명문으로 규정하고 있다(이창호 외, 2014).

어넘는 보다 확대된 수준의 실질적인 조사와 훈육, 처벌 재량을 가질 수 있도록 하고, 그 내용도 명문화된 법률규정으로 보장해 주는 방안을 강구해야 할 것이다.[12]

2) 개입 프로그램에 대한 근거중심 평가 필요

외국의 사례에서 한 가지 눈여겨봐야 할 점은 강화된 처벌, 수사 권한뿐만 아니라 사이버폭력 개입 프로그램에 대한 끊임없는 정부당국의 개발 노력이 있었다는 점이다. 미국 보건복지부의 인터넷 사이트에는 단순히 피해학생들을 위한 정보만 있는 것이 아니라, 방관자에 해당하는 다수의 일반 학생과 잠재적인 가해학생 그리고 교사, 학부모를 위한 자료가 풍부하게 제공되고 있다.[13]

이 장에서는 미국과 캐나다의 입법 추세 외에도 호주, 독일, 타이완에서 사용하고 있는 개입 프로그램을 소개했는데, 이 프로그램들에 대한 각 국가들의 사후 평가 결과와 근거중심(Evidence Based) 프로그램 개발 태도를 진지하게 살펴볼 필요가 있다. 이를 통해 사이버폭력의 실태조사나 개입 프로그램 개발에 그치는 것이 아니라 장기간에 걸쳐 각 개입 프로그램들이 보여 주는 사후 효과성과 문제점 수정을 위한 지속적인 개입 노력을 먼저 배워야 할 것이다(Chi & Frydenberg, 2009; Le et al., 2013; Wölfer et al., 2014).

각 국가의 프로그램들이 나름의 다양한 이론적 배경과 운영 특색을 갖고 있지만, 한 가지 동일한 것은 청소년들의 사이버폭력을 예방하기 위한 개입활동이 단

---

12) 우리나라 「학교폭력예방 및 대책에 관한 법률」 제2조(정의)에서는 '학교폭력'이란 학교 내외에서 학생을 대상으로 발생한 상해, 폭행, 감금, 협박, 약취·유인, 명예훼손·모욕, 공갈, 강요·강제적인 심부름 및 성폭력, 따돌림, 사이버 따돌림, 정보통신망을 이용한 음란·폭력 정보 등에 의하여 신체·정신 또는 재산상의 피해를 수반하는 행위라고 본다. 그리고 동법에서는 '사이버 따돌림'이란 인터넷, 휴대전화 등 정보통신기기를 이용하여 학생들이 특정 학생들을 대상으로 지속적·반복적으로 심리적 공격을 가하거나, 특정 학생과 관련된 개인정보 또는 허위사실을 유포하여 상대방이 고통을 느끼도록 하는 일체의 행위로 정의한다. 따라서 현행 규정에서는 학생과 학생 간의 사이버폭력만을 다룰 뿐, 교사와 학생 간의 사이버폭력 문제는 포함시키지 않고 있다(이창호 외, 2014).
13) http://www.stopbullying.gov/ (최종확인 2015. 10. 3.).

순히 온라인 공간에 한정된 문제행동에만 신경을 쓰는 것이 아니라, 학교 내에서의 인간관계와 사회적 기술, 갈등 대처능력 향상에 관심을 가진다는 것이다. 타이완의 WebQeust 프로그램은 앞서 살펴본 바와 같이 인터넷 네트워크를 통해 집단활동으로 다양한 사이버폭력 예방활동을 학습하도록 하였다. 단순히 개별 지식을 습득하는 데 의의가 있는 것이 아니라 집단활동을 통해서 또래집단들이 서로 협력하며 사이버폭력 문제에 관심을 갖도록 하는 데 그 의의가 있다. 독일의 Media Heroes 역시 사이버폭력 자체에 대한 처벌규정을 전달하는데 목적이 있는 것이 아니라 결국 계획행동이론을 근거로 내면의 태도 변화와 규범적인 행동통제에 초점을 둔 대처능력 향상에 궁극적인 목적이 있었다.

우리나라에서도 이러한 요소들을 강조한 개입 프로그램이 실제 어느 정도로 사이버폭력 예방에 효과를 보이는지 객관적으로 평가하는 연구들이 진행되어야 할 것이다. 즉, 신체적 폭력과 사이버폭력이 중복해서 발생하는 경우가 많고, 사이버폭력 가해와 피해 역시 중첩해서 일어난다는 점을 기억하면서 기존 학교폭력예방 프로그램과 연계된 개입전략을 만들고, 무엇보다도 각 프로그램의 효과성을 장기적으로 평가하여 청소년 성별, 연령 및 특정 대상별로 전문화된 유형화 예방전략을 수립해야 한다.

3) 극단적 사례를 뛰어넘는 총체적 학교 접근방식의 필요

사이버폭력에 대처하는 입법례와 사회적 캠페인 및 관련 개입 프로그램은 청소년 피해자의 자살과 언론의 주목으로 인해 우리나라뿐만 아니라 외국에서도 비교적 짧은 시기에 이루어졌다. 2013년 이후에 발생한 일련의 비극적 사건으로 인해 강력한 법적 처벌조항과 다양한 개입 프로그램이 만들어졌음을 앞에서 살펴보았다.

그러나 청소년 사이버폭력 사건들 대다수가 사실 신고조차 되지 않고 혹은 외부에 알려졌더라도 피해자가 자해나 자살시도 등의 극단적 행동은 하지 않고 끝난다. 비극적인 어린 청소년의 자살로 전격적인 입법과정이 이루어졌으나, 자살

시도까지 가지 않는 사이버폭력 피해 사례가 보이는 다수의 사건에도 관심을 가질 필요가 있다. 피해자의 고통에 대해 가해자와 주변 사람들이 충분히 공감하지 못하고 시간이 지나 사건 자체가 처벌 없이 종결되면서 피해자도 온라인 공간에서 자신에게 일어났던 모욕이나 욕설을 잊고 살기도 한다. 피해자의 고통에 경중은 없겠지만, 분명 모든 사이버폭력 사건을 그 수법이나 빈도, 심각성에 상관없이 동일하게 다루는 것은 옳지 않다.

사이버 공간에서 쌍방이 함께 욕설을 할 수도 있고, 오프라인에서 피해자였던 청소년이 사이버 공간에서 가해자의 모습을 보일 수도 있다. 때로는 피해자에게 오프라인상의 폭력이나 금품갈취, 성추행 등의 심각한 신체적 폭력을 같이 저지르면서 사이버폭력을 저지르기도 하고, 익명성 뒤에 숨어서 피해자를 괴롭히기도 한다. 이처럼 가해자와 피해자의 관계가 불분명하기에 극단적 사례를 뛰어넘는 통합적인 사이버폭력 대처전략이 필요하다고 하겠다. 이에 따라 호주당국이 강조하고 있는 아홉 가지 원칙을 우리나라 사이버폭력 예방대책에도 적극 활용하는 자세를 가져야 할 것이다.

중요한 것은 다양한 사이버폭력 형태 앞에서 국가가 총체적 학교(whole-school) 원칙을 고수할 수 있는 강한 의지를 보여야 한다는 점이다. 호주의 BOC 개입 프로그램이 총체적 학교 원칙을 바탕으로 하면서 일반적인 갈등해결 전략을 이용해 사이버폭력 문제를 해결하려고 한 것은 바람직한 방법이라고 볼 수 있다. 개인적으로 단순히 사이버 공간에서 가해자-피해자 사이에서 일어나는 해프닝이 아니라 학교구성원 전체의 사회적인 관계 맺음과 행동 선택 인지구조상의 심각한 문제가 발생했다고 보고, 전 학교 시스템과 수업 운영방법이 사이버폭력을 예방하기 위한 활동으로 연결될 필요가 있다. 총체적 학교 접근방식에 따라 학교가 사이버폭력 예방을 위한 정규 커리큘럼을 만들고, 이를 통해 학생들이 학교 공간에서부터 안전감과 상호 공유의식을 느끼도록 해야 한다. 또한 학교만의 힘으로 사이버 공간에서의 위험을 해결하는 것이 아니라, 지역사회 시민단체와 소년사법기관 등과 연계하여 예방활동을 펼치고, 교사들이 구체적으로 사이버폭력에 대처할 수 있는 방법을 개발하고 효과적인 지식을 지속적으로 제공하는 시스템을 갖추어야 할 것이다.

5. 결론 및 정책적 제언

최근의 학교폭력 발생 실태조사를 보면 전형적인 금품갈취나 폭력을 수반한 학교폭력은 감소하는 추세이나, 전자 기기를 이용한 사이버폭력 비중은 증가하는 상황에 있다(교육부, 2013). 그리고 청소년들의 스마트폰 보급률이 계속 증가하면서 SNS 환경에서의 범죄 현상도 날로 복잡해지는 상황이다(윤해성, 박성훈, 2013). 이에 이 장에서는 효과적인 사이버폭력 대책을 마련하기 위한 목적에서 문헌고찰 방식으로 외국의 청소년 사이버폭력 대책 동향 및 관련 개입 프로그램을 살펴보았다.

미국과 캐나다의 경우 2013년 이후부터 강력한 사이버폭력 예방규정을 명문화하고 있는 추세인데, 이것은 최근 발생한 일련의 사이버폭력 피해 자살사건들과 관련이 있다. 해외에서 발생한 사건들과 그 후속조치들을 세심하게 살펴 우리나라에서도 청소년 사이버폭력 문제에 대처하기 위한 효과적인 전략을 마련해야 할 것이다. 즉, '학교 공간 밖' 혹은 '학교 정규 시간' 이외에 발생하는 사이버폭력에 대해 보다 신속하게 대처할 수 있는 한국형 대응전략을 만들어야 하고, 학생들의 상시 안전을 보장하는 총체적 학교 접근방식을 고민해야 한다.

캐나다의 경우, 일부 사이버폭력 사건 수사에서 경찰에게 영장 없는 증거수집 권한까지 부여하였고, 특히 청소년 성 소수자(LGBTQ)를 보호하기 위한 성별 특성 기반의 증오 메시지 유포 처벌조항까지 제정하였는데, 이것은 우리에게도 시사하는 바가 크다. 사이버폭력 피해가 계속될 우려가 있을 경우, 법원에 미리 피해자 보호명령까지 신청할 수 있도록 하는 제도는 사이버폭력이 가진 전파성이라는 특성을 인식하여 유죄판결 확정 이전에 사이버폭력 피해자를 보호한다는 강경한 국가의 의지를 표명한 것이라고 볼 수 있다.

최근 우리나라 교육부와 한국교육학술정보원(KERIS)이 적극적으로 청소년 사이버폭력을 예방하기 위해 예방교육 자료를 개발·보급하고, 전국에 사이버폭력 대응 거점 Wee 센터를 만들고 있는 것은 이런 의미에서 매우 시의적절한 움직임이라고 본다. 물론 현장에서 사이버폭력 프로그램 운영 전문가 부족과 프로그램 개입활동에 대한 경험 및 노하우 부족, 관련 예산 부족 등의 문제를 해결해야 하나, 사이버폭력 예방 필요성을 인식하여 전국 학교 및 교육청 단위에서 「학교폭력예방 및 대책에 관한 법률」(동 시행령 포함)을 근거로 학교장 연수와 실무자 교육을 확대하고 있다는 것은 분명 바람직한 대응이라고 할 수 있다.

또한 앞서 살펴본 바와 같이 독일, 호주 그리고 타이완에서는 24시간 실시간으로 발생하는 사이버폭력 문제에 효과적으로 대처하기 위해 Media Heroes, The Best of Copoing, WebQuest와 같은 다양한 개입 프로그램을 개발·보급하고 있다. 단순한 처벌내용 전달 위주의 교육이 아니라 학생들 스스로 가해행동을 억제하고, 사후 피해의 폐해를 최소화하며, 방관자로서 재범을 막을 수 있는 인지행동전략과 대처기술을 향상시키는 데 초점을 둔 프로그램을 개발하여 수업 커리큘럼 내에서 적극 활용하고 있는 것이다. 우리나라도 특정 개입 프로그램이 어떤 효과성을 보이는지 장기간의 종단 연구를 통해 평가해 보고, 프로그램에 그 피드백을 반영하여 보다 효과적인 한국형 사이버폭력 예방 프로그램을 개발·운영해야 할 것이다. 마지막으로, 사이버폭력 프로그램의 배경 이론으로서 호주와 독일에서 총체적 학교 접근방식과 계획행동이론을 사용하고 있는 바, 우리나라에서도 범죄학과 교육학 등을 아우르는 간학문적 관점(interdisciplinary perspective)의 이론 개발과 효과성 평가가 심도 있게 논의되기를 기대한다.

📂 참고문헌

강민규(2015). 사이버불링피해와 내재화 문제행동의 관계에서 우울반응양식의 매개효과. 건국대학교 교육대학원 석사학위논문.

교육부(2013). 2013년 2차 학교폭력실태조사 및 정보공시 분석결과 교육부 보도자료(2013. 11. 29. 인출). http://www.moe.go.kr/web/100026/ko/board/view.do?bbsId=294&mode=view&boardSeq=51534

오세연, 곽영길(2013). 사이버 불링을 통한 학교폭력의 실태와 대응방안에 관한 연구. 한국치안행정논집, 10(3), 65-88.

유환희(2015). 사이버불링 공격적 피해자의 심리적 특성: 공감과 공격성 중심으로. 한남대학교 교육대학원 석사학위논문.

이창호, 신나민, 하은빈(2014). 청소년 사이버불링 실태 및 대응방안 연구. 한국청소년개발원 연구보고서, 한국청소년정책연구원.

윤해성, 박성훈(2013). SNS 환경에서의 범죄현상과 형사정책적 대응에 관한 연구. 한국형사정책연구원보고서, 한국형사정책연구원.

임상수, 김국현, 문성학(2013). 사이버 불링의 이해와 법률적, 교육적 대응책. 한국윤리교육학회 학술대회, 2, 26-60.

조윤오(2013). 사이버불링 피해가 청소년의 비행에 미치는 영향: 우울감의 매개효과. 청소년학연구, 20(10), 117-142.

최숙영(2014). 사이버불링에 대한 국내외 연구 동향 및 대응 방안 연구. 한국컴퓨터교육학회, 17(6), 35-48.

Ajzen, I. (1991). The theory of planned behavior. *Organization Behavior and Human Decision Processes, 50*, 179-211.

Bailey, J. (2014). Time to Unpack the Juggernaut?: Reflections on the Canadian Federal Parliamentary Debates on Cyberbullying. *Dalhousie Law Journal, 37*(2), 661-707.

California Department of Education.(2012). What is cyberbullying? (Retrieved May 29. 2013.) http://www.cde.ca.gov/ls/ss/se/bullyfaq.asp

Chi, C. W., & Frydenberg, E. (2009). Coping in the cyberworld: program implementation and evaluation-a pilot project. *Australian Journal of Guidance and Counseling, 19,* 196-215.

Conn, K. (2009). Cyberbullying: A Legal Review. (Retrieved January 20. 2014.) http://www.ascd.org/publications/educational-leadership/mar09/vol16

Cyber Bullying Research Center. (Retrieved May 29. 2013.) http://cyberbullying.us/

Cyberbullying statistics. (2013). Source: bureau of Justice Statistics, US Department of Health and Human Services, Cyberbullying Research Center. (Retrieved December 10. 2013.) http://www.statisticbrain.com/cyber-bullying-statistics/

Frydenberg, E., & Brandon, C. (2007). *The best of coping: Instructors manual*. Melbourne, Australia: Oz Child.

Hendricks, L., Lumadue, R., & Waller, L. R. (2012). The evolution of bullying to cyber bullying: An overview of the best methods for implementing a cyber bullying preventive program. *National Forum Journal of Counseling and Addiction*, 1(1). (Retrieved April 2. 2013.) http://www.nationalforum.com/Electronic%20Volumes/Hedricks%20LaVelle%20Cyber %20Bullying%20NFJCA%20VI%20NI%20202012.pdf

Hinduja, S., & Patchin, J. W. (2010). Cyberbullying Identification, Prevention and Response. (Retrieved June 12. 2013.) http://www.cyberbullying.us/cyberbullying_Identification_Prevention_Response_Fact_S heet.pdf

Johnson, D., & Zufall, L. (2004). Web watch not just for kids anymore: WebQuests for professional development. *Reading Online, 2*, 26-30.

Li, Q. (2007). New bottle but old wine: A research of cyberbullying in schools. *Computers in Human Behavior 23*(4), 1777-1791.

Mian, C. (2014). Cyberbulling and surveillance new legislation loses sight of the problem. *CCPA Monitor, September*, 26-29.

Ontario Physical Health Education Association. (2007). Cybercops: Mirror Image. An interactive Internet Safety Program. Ophea H&PE Curriculum Resource Support Document (retrieved June. 2008.) http://www.fims.uwo.ca/NewMedia2007/resources/6/Tina/McFadden_CyberCops2_document.pdf.

Powell, K. C., & Kalina, C. J. (2009). Cognitive and social constructivism: Developing tools for an effective classroom. *Education, 130*, 241-250.

Perry, K. H. (2013). New bullying law puts focus on cyberbullying, in school and at home. (Retrieved January 3. 2014.) http://jacksonville.com/news/health-and-fitness/2013 06-07/story/n

Schultze-Krumbholz, A., & Scheithauer, H. (2010). Cyberbullying unter Kindern und Jugendlichen. Ein Forschungsüberblick [Cyberbullying among children and adolescents. *A literature review]. Psychosozial, 33*, 79.

Suzuki, K., Asaga, R., Sourander, A., Hoven, C. W., & Mandell, D. (2012). Cyberbullying and adolescent mental health. *International Journal of Adolescent Medicine and Health, 24*, 27-35.

State Cyberbullying Laws. (2016). A Brief Review of State Cyberbullying Laws and Policies. (Retrieved December 10. 2016.) www.cyberbulling.us/Bullying_and Cyberbullying_Laws.pdf

Steber, B. (2013). Audie Pott suicide: Details of online chats emerge a year after teen killed herself following alleged assault and cyberbullying. New York Daily News, Wednesday, September 18, 2013. (Retrieved September 11. 2013.) http://www.nydailynews.com/news/national/new-details-revealed-audie-pott-cyber bullying-suicide-article-1.1459904

Tangen, D., & Campbell, M. (2010). Cyberbullying prevention: one primary school's approach. *Australian Journal of Guidance and Counseling, 20*, 225-234.

Thomas, J., & Murphy, K. (2013). Cyberbullying: parents, school officials both search for answers. (Retrieved November 10. 2013.) http://www.mercurtnews.com/education/ci_23158922/cyberbullying

Waggoner, C. R. (2015). Cyber bullying: The public school response. *Insight to a Changing World, 1*, 2-20.

Willard, N. E. (Ed.). (2007). *Cyberbullying and cyberthreats: Responding to the challenge of online social aggression, threats and distress.* Champaign, IL: Research Press.

Wölfer, R., Schultze-Krumbholz, A., Zagorscak, P., Jäkel, A., Göbel, K., & Scheithauer, H. (2014). Prevention 2.0: targeting cyberbullying @ school. *Prev Sci, 15*(6), 879-87.

Ybarra, M. L. (2004). Linkage between depressive symptomatology and Internet harassment among young regular Internet users. *CyberPsychology & Behavior, 7*(2), 247-257.

Ybarra, M. L., Mitchell, K. J., Finkelhor, D., & Wolak, J. (2007). Internet prevention messages: Targeting the right online behavior. *Archives of Pediatrics and Adolescents Medicine, 161*, 204-205.

|찾아보기|

인명

Agatson, P. W. 224

Bauerlein, M. 245
Baumrind, D. 34
Beran, T. 224, 236

Dart, R. 223
Dellasega, C. 202

Elder 64
Evans, M. M. 231

Gardner, H. 60
Gladwell, M 60
Guerra, N. G. 241

Hay, C. 231
Hinduja, S. 224, 225, 226, 227, 230, 232
Hoover, J. 239

Kingdon, J. W. 65
Knowler, C. 197

Kõiv, K. 199
Kowalski, R. M. 224, 227

Lenhart, J. 236
Li, Q. 224, 236
Limber, S. P. 224

Mitchell, K. J. 236

O'Keefe, M. 37
Olweus, D. 14, 181

Patchin, J. 224, 225, 226, 227, 230, 232

Smith, A. 60

Van Batavia, A. 200

Williams, K. R. 241

Ybarra, M. L. 236

권선애 206
김지영 208

도기봉 208

박남 205

염영미 205

최희영 207

내용

117 학교폭력신고센터 79, 80
4대악 63
5·31 교육개혁 63

ABC 정책 353, 359
Be-Prox 프로그램 100
CC 모델 234
CR 모델 234
HIB 354
ICPS 프로그램 353
KiVa 프로그램 99
Olweus 프로그램 363
One-Stop Service 150
RC 모델 234
Second Step 프로그램 353
ViSC 사회적 유능감 프로그램 99
Wee 센터 81, 148, 150, 151, 152, 153, 168, 169, 172, 175, 176
Wee 스쿨 150, 152, 153, 170, 172, 175, 176
Wee 클래스 72, 148, 150, 151, 153, 169, 170, 172, 175
Wee 프로젝트 73, 84, 86, 87, 88, 148, 149, 150, 151, 152, 154, 174, 175, 176

가면성 우울 191
가정폭력 59, 60, 93
가정폭력범죄의 처벌 등에 관한 특례법 62
가정형 Wee센터 89, 93, 148, 151, 152, 153, 171, 172, 175, 176
가정환경적 요인 255
가족치유캠프 92
가해자 251
가해-피해 중복 경험자 208
간접적인 가해 16
간접적인 학교폭력 28
갈등관리 기술 243, 244
갈등해결 104
감정조절 104
강제적인 심부름 78
개인적 요인 253
개입 259
경계선 성격장애 195
경찰청 72, 77, 80, 85, 91
계몽주의 사상운동 60
계속 운영학교 132
계획행동이론 390
고위기군 학생 심리치료 이행 표준 매뉴얼 93
고의성 182
공감능력 32, 201
공격성 31, 254
공중의제 64
관계적 고립 246
관계적 폭력 202, 246
교과수업 126

교내교사 125
교사 관계 128
교사 단독 138
교우관계 256
교원 가산점제 82
교육과정 142
교육과학기술부 75, 79
교육부 78, 84, 90, 238
교육인적자원부 70
국가학교 안전 프레임워크 376
국립청소년 인터넷드림마을 89
군대폭력 59
권위적 부모 34
권위주의적 부모 35
근거중심 397
긍정적 행동관리 378
긍정적인 학교문화 97
기본 프로그램 104
기회의 용이성 230

내재화 189
놀이 공동체 243
뉴욕주 반폭력 안전학교에 관한 교육법 353
뉴저지 집단괴롭힘방지법 353

다문화가정 75
다중지능이론 60
다중흐름모형 65
대안교육 강화 64
대인관계 능력 60
도구적 의미 224
도덕 감정론 60
도움행동 128
동조행동 41
또래관계 98
또래상담 76, 83

또래조정 83
또래집단 256

맞춤형 대안교육 93
모듈 103
모듈 운영시간 126
모듈형 프로그램 103
모방 41
무경계성 227
무경계적인 특성 227
문제 대처능력 209
문제의 흐름 65
문화체육관광부 81, 85, 91
미래창조과학부 84, 90
미술기법 205

바람직하지 않은 비생산적 대처행동 387
바람직한 생산적 대처행동 387
바른말 누리단 86
박근혜 정부 63
반복성 16, 182
방송통신위원회 76, 86
방임 59
방임형 부모 35
배움터지킴이 89
범죄예방환경설계 89, 92
범죄율 196
법무부 76, 79, 85, 90
법적 장치 49
보건복지부 85, 91, 93
부모 감독 요인 256
부모의 유형 34
불안 245
비대면성 227
비운영학교 122
비인지적 역량 61

사안처리점검단 87
사이버 감옥 229
사이버 괴롭힘 238
사이버 따돌림 22, 229, 233
사이버 스토킹 229
사이버 왕따 22, 238
사이버폭력 13, 22, 84, 251
사전 설문조사 123
사전-사후검사 평균 차이 129
사회기술 훈련 390
사회문제 64
사회성 및 정서능력 학습 프로그램 198
사회적 기술훈련 프로그램 199
사회적 동물 243
사회적 이슈 64
사회적 죽음 225
사회적 처단 231
사회환경적 요인 256
사후 설문조사 123
상대적 빈곤가정 33
상대정화구역 45
상호성 40
상호작용효과 132
성폭력 59
셰필드 집단따돌림 방지 프로젝트 360
소년법 80
스마트폰 중독 243
습관화 41
신규학교 132
신문활용교육 207
실천적 전략 262
심리사회적 역량 126
심리적 요인 254
심화 프로그램 104

아동보호전문기관 62

아동안전지킴이 92
아동폭력 60
아동학대 93
아동학대 · 범죄의 처벌 등에 관한 특례법 62
안심알리미 서비스 75
안전하고 마약 없는 학교와 지역사회를 위한 법
　　353
안전한 학교문화 377
안전행정부 85
애정 차원 34
양육 태도 186
어깨동무학교 83, 89, 92
어울림 프로그램 83, 84, 92, 95
어울림 프로그램 적용학년 122
어울림 프로그램 추진 기본계획 96
언어문화 86
언어폭력 28, 84, 87
여성가족부 76, 80, 85, 91, 93
연구시범학교 124
외현화 189
운영 모듈명 125
운영 현황 123
운영방식 124
운영주체 및 방법 124, 138
운영학교 122
위기 147
위기학생 148, 150, 151, 174
유기적으로 협력 379
유희성 230
음악치료 프로그램 206
의도성 16
의사소통 104, 125
이동성 233
이명박 정부 63
이지메 방지대책추진법 354, 366
익명성 226, 227

익명적인 공간 233
인성교육 83, 89
인지적 능력 60
인지행동치료 205
인터넷 중독 240, 243
인터넷중독대응센터 84
일반운영학교 124
일진문화 48

자기조절 능력 60
자기존중감 60, 104, 188
자기통제력 192, 255
자기효능감 191
자살률 224
자살생각 216
자치법정 83
잠재적 폭력 246
장기계획 수립 142
장애학생 75
재심 79
적극적 대처 128
적대적 반항장애 195
전문상담교사 82, 93
전문상담인력 81, 87
전인적 성장 60
전체 프로그램 구성 105
전통무술 프로그램 200
전파성 227
절대적 빈곤가정 33
절대정화구역 45
젊은 도전21 354
정기운영 124, 137
정보통신부 71
정부의제 64
정서 맥락 단서 244
정서 문해력 197

정서조절 능력 191
정책의 변동 65
정책의 흐름 65
제1차 학교폭력 실태조사 82
제1차 학교폭력예방 및 대책 5개년 기본계획 69
제2차 학교폭력예방 및 대책 5개년 기본계획 73, 74
제3차 학교폭력예방 및 대책 기본계획 89, 90
주관적 행복 59
주의력결핍장애 195
지역청소년통합지원체제 72
지원 시스템 142
직접적인 가해 16
직접적인 피해 28
진학률 38
집단 따돌림 28, 78
집단 체험활동 394
집단괴롭힘방지법 355
집단성 228
집중운영 124, 137

창의적 체험활동 126
청소년 경찰학교 91
청소년보호위원회 70
청소년비행예방센터 80, 85
청소년폭력예방재단 207, 235, 236, 238
초기 개입 378
초등학생 맞춤형 학교폭력 대책 63
총체적 학교 접근 376
충동성 31
측정 변인 123
친구관계 187

태도 변화 390
통제 차원 34

폭력 13
폭력·따돌림 없는 학교 만들기 29
폭력행위 14
품행장애 195
프로그램 개발 지침 109
프로그램 구성 107
프로그램 운영방식 137
프로그램 운영시간 139

학교 27
학교 기반의 보편적 개입 386
학교 부적응 64, 93
학교 안전 정책과 절차 377
학교 요인 257
학교별 익명신고 89
학교보건법 44
학교보안관 89
학교상담 150
학교생활만족도 128
학교생활적응 126, 128, 133
학교안전요원 356
학교전담경찰관 72, 84, 85, 88, 91
학교폭력 13, 27, 38, 59, 60, 63, 93, 148, 149,
　　150, 155, 158, 167, 175
학교폭력 경향성 98, 107
학교폭력 발생 97
학교폭력 불안감 63
학교폭력 사례 및 징후 108
학교폭력 사안처리 88
학교폭력 상담 149, 154, 155, 157, 174, 175, 176
학교폭력 실태조사 28, 92
학교폭력 인식 및 대처 104
학교폭력 허용도 128
학교폭력근절 종합대책 66, 77, 82
학교폭력근절 추진협의체 72
학교폭력대책국민협의회 66

학교폭력대책기획위원회 67
학교폭력대책자치위원회 62, 67, 69, 79, 88
학교폭력예방 및 대책 기본계획 61
학교폭력예방 및 대책에 관한 법률 17, 61, 241
학교폭력예방법 61, 62, 63, 67, 69, 77
학교폭력예방역량 101
학교폭력예방재단 208
학교폭력의 개념 61
학교폭력전담경찰관 80
학교환경 186
학부모 상담 175
학부모대표 62
학생 언어문화 개선 84
학생 지원활동 378
학생보호 인력 88, 92
학생용 기본 프로그램 113
학생자치법정 85
학습권 246
학업성취도 국제비교 59
학업중단 청소년 통합지원 프로그램 83
학업중단숙려제 64
학원폭력 63
한국인터넷진흥원 228, 242
한국정보화진흥원 228, 229, 232, 236, 238,
　　239, 240, 241, 246
해바라기 아동센터 77
핵가족화 35
행동화 모델 191
행정자치부 71, 90
허용적 부모 35
현장 적합성 121
현장중심 학교폭력 대책 82, 87
효과성 121
힘의 불균형 16, 182, 226, 232

|저자 소개|

김봉섭(Kim, Bong Seob)
경희대학교 언론학박사
현 한국정보화진흥원 디지털격차해소팀장

김붕년(Kim, Bung-Nyun)
현 서울대학교 의과대학 정교수
　서울대학교병원 소아청소년정신과장
　교육부 및 여성가족부 청소년위원

김의성(Kim, Uisung)
고려대학교 법학전문대학원 전문석사
현 대전광역시교육청 변호사

김혜림(Kim, Hae-Lim)
서울대학교 의과대학 의학전문대학원 수료

박효정(Park, Hyojung)
숙명여자대학교 교육학박사
전 한국교육개발원 교육현장지원연구본부장
　한국교육개발원 학교폭력예방연구지원센터 소장
현 한국교육개발원 선임연구위원

서미(Seo, Mi)
전 미국 시애틀 퍼시픽대학교 초빙교수
　한양대학교, 건국대학교 강사
　경기도 시흥시 청소년상담복지센터 상담부장
현 한국청소년상담복지개발원 상담조교수

이영주(Lee, Youngju)
미국 테네시대학교 녹스빌(University of Tennessee, Knoxville) 교육학박사
전 경성대학교 외래교수
　충남대학교, 대전대학교 강사
　School Board of Alachua County 학교심리학자 인턴
현 KAIST 전문선임연구원
　한국심리학회 산하 학교심리학회 자격위원장

이인재(Lee, Injae)
서울대학교 교육학박사
전 광주교육대학교 교수
현 서울교육대학교 교수

이현철(Lee, Hyunchul)
경북대학교 교육학박사
현 고신대학교 기독교교육과 교수

전인식(Jun, Inshik)
현 한국교육개발원 학교폭력예방연구지원센터 연구위원

정시영(Jung, Si Yung)
고려대학교 교육학박사과정 수료
전 국무조정실 교육정책과장
　교육부 대학원지원과장
　교육부 학교생활문화과장
현 경남과학기술대학교 사무국장

조윤오(Cho, Younoh)
미국 뉴욕시립대학교(City University of New York) 존제이형사사법대학(John Jay College
   of Criminal Justice) 범죄학박사
전 법무부 행정고등고시 44회 합격 보호관찰관(서울남부보호관찰소)
현 동국대학교 경찰사법대학 부교수

최성보(Choi, Sungbo)
교육학박사
전 한양대학교 겸임교수
   서울교육대학교 강사

학교폭력예방 및 학생생활의 이해
- 공감, 소통, 배려가 답이다 -
Understanding School Bullying Prevention and Student Life

2017년 6월 30일 1판 1쇄 발행
2018년 2월 20일 1판 2쇄 발행

지은이 • 김봉섭 · 김붕년 · 김의성 · 김혜림 · 박효정 · 서미 · 이영주
       이인재 · 이현철 · 전인식 · 정시영 · 조윤오 · 최성보
펴낸이 • 김진환
펴낸곳 • (주) **학지사**
         04031 서울특별시 마포구 양화로 15길 20 마인드월드빌딩
대표전화 • 02)330-5114   팩스 • 02)324-2345
등록번호 • 제313-2006-000265호

홈페이지 • http://www.hakjisa.co.kr
페이스북 • https://www.facebook.com/hakjisabook

ISBN 978-89-997-1286-9 93370

정가 19,000원

이 도서의 국립중앙도서관 출판시도서목록(CIP)은 서지정보유통지
원시스템 홈페이지(http://seoji.nl.go.kr)와 국가자료공동목록시스템
(http://www.nl.go.kr/kolisnet)에서 이용하실 수 있습니다.
(CIP 제어번호: CIP2017013605)

교육문화출판미디어그룹 **학지사**
심리검사연구소 **인싸이트** www.inpsyt.co.kr
원격교육연수원 **카운피아** www.counpia.com
학술논문서비스 **뉴논문** www.newnonmun.com
간호보건의학출판 **정담미디어** www.jdmpub.com